批判性思维与基础教育课程教学丛书
主编 林胜强 仲海霞

批判性思维与中学物理

汪明 著

中国人民大学出版社
·北京·

批判性思维与基础教育课程教学丛书

编委会
（按姓氏拼音排列）

【顾问】

董　毓　教育部高等学校文化素质教育指导委员会批判性思维和创新教育分指导委员会主任，华中科技大学教授

杜国平　中国逻辑学会副会长兼秘书长，中国社会科学院哲学研究所教授、博士生导师

吴格明　中国逻辑学会逻辑教育专业委员会主任，江南大学教授

杨武金　中国逻辑学会常务理事，教育部高等学校文化素质教育指导委员会批判性思维和创新教育分指导委员会常务理事，中国人民大学哲学院教授、博士生导师

张建军　中国逻辑学会副会长，南京大学逻辑和认知研究所所长，哲学系教授、博士生导师

【主编】

林胜强　中国逻辑学会逻辑教育专业委员会副主任，教育部高等学校文化素质教育指导委员会批判性思维和创新教育分指导委员会委员，四川师范大学逻辑与信息研究所教授

仲海霞　教育部高等学校文化素质教育指导委员会批判性思维和创新教育分指导委员会委员

【编委】

陈咏梅　北京市八一学校发展处主任、校长助理
李晓艳　华中科技大学附属小学校长
汪　明　江苏省常州高级中学副校长
徐　飞　江苏省南京市中华中学校长
余党绪　上海师范大学附属中学副校长

出版说明

进入 21 世纪以来，很多国家和国际组织都在考虑未来人才需要什么样的素质，纷纷提出了核心素养的概念。他们普遍认为，在这个变动不居的世界，教育再按部就班地传授知识培养人才，将不能适应时代的要求，必须从以传授知识为主导的传统模式转向培养核心素养的模式，必须着力培养学生应对世界的关键能力和必备品质。很多国家及国际组织普遍强调的未来核心素养都强调"4C"，即批判性思维（Critical Thinking）、沟通（Communication）、创新（Creativity）、合作（Collaboration）。良好的沟通是在相互理解和信任的基础上进行的，创新是以问题和挑战精神为前提的，合作需要以尊重和自尊为条件，而这些都是批判性思维的内在要素，它们相互依存，共同促进。

在我国，批判性思维是创新人才不可或缺的基本素质这一点已基本达成共识。基础教育正在经历一场深刻的变革，对知识与技能的崇拜将逐渐转向对核心素养的关注。

2017年9月,中共中央办公厅、国务院办公厅印发的《关于深化教育体制机制改革的意见》中指出:"要注重培养支撑终身发展、适应时代要求的关键能力。""培养认知能力,引导学生具备独立思考、逻辑推理、信息加工、学会学习、语言表达和文字写作的素养,养成终身学习的意识和能力。"

教育部2018年1月5日发布的《普通高中课程方案和语文等学科课程标准(2017年版)》对中学生加强"批判性思维训练"提出了更具体的要求。加强批判性思维训练,已涉及基础教育的各门学科,对中小学教师的核心素养和知识结构也提出了新的要求。而近年来国内的中(高)考也在加强对学生理性思维能力、分析论证能力的考查。

综合情况来看,学生具有良好逻辑推理能力与批判性思维能力越来越重要了。批判性思维仿佛一夜之间成了教育交流的使者,让我们的基础教育一下子有了与发达国家的基础教育展开对话的支点。这是令所有关注中国教育的人感到欣喜的事情。

有专家建言,要加强顶层设计,将批判性思维的培养和发展纳入国家教育规划,要在大中小学各科教学中贯穿批判性思维的训练,开设批判性思维课程;要组建研究机构,研究批判性思维的发展与培养;要开展调研,加强总结,制定政策,宣传推广;要编写批判性思维教材,培训师资将批判性思维融入各科教学。

为总结基础教育批判性思维能力培养理论研究和实践中取得的成果，进一步推进基础教育批判性思维能力培养工作，我们组织了包括教育部高等学校文化素质教育指导委员会批判性思维和创新教育分指导委员会成员，相关高等院校和教育科研机构的专家，中小学政治、语文、英语、历史、地理、数学、物理、化学、生物等学科的骨干教师，将自己或学界的成果和经验进行总结和梳理，编写了"批判性思维与基础教育课程教学丛书"，陆续向社会公开出版发行，进一步推进批判性思维与基础教育课程教学。

伟大的物理学家爱因斯坦曾经说过，教育的本质不是学习知识，而是训练大脑学会思考。学会思考、选择，拥有信念、自由，这是教育的目的，也是获得幸福的终极能力！

综上所述，在基础教育课程教学中贯彻批判性思维，改变和改善我国中小学生的学习状态与思考方式，从而提升全民的创新能力，已成为大势所趋，人心所向。

"批判性思维与基础教育课程教学"丛书
编委会

代序一

批判性思维：培养开放理性的人

一、批判性思维教育，时不我待

在中国推广批判性思维教育的动力，首先源自我个人求学生涯中的深切困苦和醒悟。三十多年前，我被公派出国深造。作为一个在国内受过良好的理工科、逻辑和西方科学哲学教育的青年教师，一个按考试成绩衡量的高才生，一个按当时发表的文章衡量的有潜力的学者，在经历了最初在异国生活的新鲜感后，我就陷入了茫然之中。我所擅长的一切考试和"学术"技能，在那里都没有用处，我不会阅读、分析、推理、判断、写作，我无法和周围的老师、同学进行学术对话。他们不想听我复述这个或者那个西方哲学家的言论，而是要听我的想法、我的替代观念、我的依据、我的论证……而我根本不知道如何做。即使在英国繁花如锦的春夏，伦敦政治经济学院的日子对我来说，也经常是清冷和灰色的。我一度以为这只是因为自己的英语还不能适应哲学讨论，数年之后，在加拿大求学期间接触了批判性思维教学，我才知道这也是因为自己不会那种探究实证的"理性语言"，这对我其实是另一门"外语"。

三十多年后的今天，情况似乎依然如故。开放理性和探究实证的思维能力依然是我们的孩子们没有学到的"外语"。这早已经不是新闻。媒体报道，美国教授评价她的中国学生"几乎不知道怎样去分析和思考"。[①] 具有中外研究经历的教授痛感，应试教育培养出来的优秀中国学生完全无法进行批判性阅读和自主研究，什么都得"一口一口地喂他"。显然，即使三十多年过去了，我们的学生在思维和创新能力上依然没有实质性进步。

更有甚者，当今一些学生道德堕落。当清华大学教授钱颖

[①] 转引自：周成刚. 中国留学生的三种能力亟待提升．（2016-03-21）. https://mp.weixin.qq.com/s?_biz=MzAxNTgxODc5Mg==&mid=402579238&idx=1&sn=25df927867af0dac79189ca706e40b62&scene=4#wechat_redirect. 3月18日，《华尔街日报》头版刊登题为《中国留学生数量暴增 美国高校恐难适应》的报道。……纽约大学中国历史学科教授丽贝卡·卡尔受访时称，她不得不为中国学生调整自己的教学内容，这给她的工作造成负担。她认为，很多中国学生"没有做好留学准备，他们几乎不知道怎样去分析和思考，写作水平也不尽人意"。不少教授表示，一些中国学生在课堂上要么一言不发，要么提问时语言表达不够清晰，不能进行有效交流。

一痛斥"中国教育的问题,绝不仅仅是培养不出杰出人才的问题,更严重的是造就了不少没有人格底线的人",他表达了我们焦虑的心声:中国的未来如何能放在这样既无德也无能的人的肩膀上?

怎么会这样呢?我们不是提出了素质教育吗?三十多年来我们不是进行了很多教育改革吗?

是的,这些年我们经过了很多很多的教育改革,耗费了大量的资源、时间和劳动。但是,在提高学生的认知和思维能力方面,没有达到预期的效果。南京师范大学教授吴康宁的《中国教育改革为什么会这么难》[1]一文指出,历年的教育改革,有不少无效或者没有达到初衷。他总结的原因包括:利益冲突;有良好愿望但目标却脱离实际;手段单一,靠发公文来推行;缺乏上下一致的共识和系统全面的努力;旧的文化和习惯的阻碍,导致执行中的推诿拖延、上有政策下有对策;等等。

他列出的这些原因确实是存在的。不过,在我看来,还漏掉了一个重要原因:在教育改革的理念中缺乏明确的认识。比如,素质教育到底是什么?减少知识性传授的目的到底是什

---

[1] 吴康宁. 中国教育改革为什么会这么难[J]. 华东师范大学学报(教育科学版), 2010, 28 (4).

么？要达到什么目标？这些都没有清楚和广泛的共识。很多人心中的素质教育就是文娱活动。2015年，我在《人民教育》上发表《角逐批判性思维》[①]一文，呼吁和阐述批判性思维教育，杂志专门为此加上"编者按"，也指出这一点："上个世纪，我国提出素质教育。素质是什么？该怎么培养？让学生唱歌跳舞，搞点活动，是不是素质教育？是的，但这不是全部。真正的素质，应该是包括批判性思维在内的各种品格与能力。"

其实，这样显而易见的事实被强调过无数遍：人才必须是能思维的人才，是能批判性思维的人才。没有思维发展能力的科技"人才"是一个自我矛盾和荒谬的概念。中国科学院院士杨叔子总结道："批判性思维是理性和创造性的核心能力，批判性思维教育是培养领军人才的必要手段，没有批判性思维教育就没有真正的素质教育。"没有听过谁来反驳这个说法，但是，在教育领域中，它似乎被当作了隔壁人家的新年愿望，与自家毫无关系。结果，我们看到了这样的奇特现象：既然不否认批判性思维是理性和创造性的必要条件，那么就应该去形成这个条件，是不是？这就好像，既然承认电是电器工作的必要条件，我们得把电准备好，是不是？但是，不管听起来如何难

---

① 董毓. 角逐批判性思维［J］. 人民教育，2015（9）.

以置信，现实的情况就是，我们承认电是必要的，实际却是在制造没有电炉丝的"电炉"。我们看到的是创新国家的目标和教育措施与实践的脱节。

2018年，人们震惊地看到了中兴事件。然而，难道我们没有努力发展高科技吗？不是。四十多年前，我们就欢呼科学的春天来到了。二十多年前，芯片工业就已经被列为优先发展。十几年前，"核高基"（核心电子器件、高端通用芯片及基础软件产品）就已立项，要求在2020年有根本改变。但是，这些年过去了，除了通信装备，其他所有类型的芯片，国产率仅占0.5%左右。很多被扶持的芯片企业经常面临仿冒、偷盗、收买的指责。也就是说，即使是发展，也不完全是自主发展。

为什么？中兴事件后，一些科研专家直接指责是当下的教育导致他们根本无法得到符合要求的人才。芯片工业的业内人士也指出："应试教育体制下题海战术培养的人"，没有了主动性和追求，"很难适合半导体工业发展的需要"，"填鸭式，以老师或知识为权威的教育目的和方针，已经到了寿终正寝的关头"。[1]

---

[1] 梁昌年. 我在中芯国际的往事. (2018-04-30). http://finance.ifeng.com/a/20180430/16223224_0.shtml.

2019年，华为事件之后，任正非也在多个场合谈到教育，并说："国家的竞争力是在中小学教师的讲台上实现的。"

但是，并非今天人们才认识到，背标准答案的考试，肯定不能提供高科技所需的研究型、创造性的人才，不能提供具有开放理性、求真精神和分析推理能力的人才。然而这些年来，应试教育对社会的侵入程度反而变本加厉，培优竞争甚至从幼儿园就开始了；几乎每个学校最显著的光荣榜都是高考成绩榜。另外，包括教育工作者在内，很多人已对我们的教育丧失信心。2015年，上海、武汉等地提出要建立"创新城市"时，其纲要中关于创新人才的一项，全都是引进人才，而不是自己培养。而这一愿望从来没有问过一个前提性问题：从哪里引进人才？大概是美国？那么，美国会让你收割它的庄稼吗？今天，美国甚至把敌视的眼光对准了一般留学生，这些现状应该使人完全清醒：这样的"人才政策"行不通。

简言之，我们需要自己培养人才。但是，长期以来，虽然我们有创新国家的目标，也看到了问题的症结所在，但与之相对应的具体、有力的教育行动一直显得很薄弱。

因此，人们的忧虑在加深加剧。其实从21世纪初开始，即使被中东困局拖着，美国也念念不忘把战略围堵的矛头对准中国，而高科技封锁一直是它最着力的举措。今天，广泛依靠国际科技人才发展的华为受到的围堵打压，集中体现了美国对高科技战寸土必争的坚决和蛮横。任正非对重视基础教育的呼吁也体现了他的忧虑。其实，2005年中国就提出"把建设创新型国家作为面向未来重大战略"，要求在15年内，把提高自主创新能力摆在全部科技工作的核心位置，实施科教兴国战略和人才强国战略，等等，并制定了《国家中长期科学和技术发展规划纲要（2006—2020年）》。不妨设想一下，如果从2005年，我们就能从小学四年级左右开始，全面开展批判性思维教育，培养求真、开放的精神和探究实证的技能，那么，在2019年的今天，即使高科技落后的状况还没有实质性改观，我们也会已经拥有一大批25岁左右在研究生层次上的有理性和创造性的青年人才储备，那么，我们对未来的底气和希望就完全不一样了。

时不我待，如果现在还是没有开始这样做，下一个15年到来时会怎样呢？

二、为什么要创造就绕不过批判性思维？

我们现在来阐述如何在教育中推行批判性思维教育。对此，我们需要理解批判性思维及其作用，以便做对、做好这样的教育，不至于或者拒绝它，或者走向形式主义。

下面并非一个虚构的场景，它把我们目前的根本困境显露出来。

在加拿大一所大学医学院的实验室里，指导教授手下有两位博士生，一位来自加拿大本土，一位来自中国。某日开会，讨论下一步的研究方向和项目。教授先让大家谈谈最近在读的文献和研究设想。那位本土博士生谈了他读的几篇科学论文，提出了疑问和延伸研究的设想。他兴致勃勃地和导师交换意见，定下寻找信息和设计检验的方案。然后，导师示意中国来的博士生谈谈。这位博士生拿起笔记本，开始汇报前期交代的实验完成情况。看来他很用功，教授交代的实验都完成了，并有结果产生。汇报结果后，教授问他对下一步的研究有什么想法。他想了想，随即摇了摇头，两眼瞪着教授说："不知道。"教授问："你读了我建议你读的文章和资料吗？"他说："读了。"教授问："那你有什么想法？"他继续摇头："不清楚。"

这样的场景早已为人熟知。这位中国博士生的局促和无力感很典型，他没有学习过怎么研究，不知道怎样进行批判性阅读和问题分析等工作。他是从中学到大学靠背诵标准答案考试的高分生。常年的备考和考试让他锻炼成了考试机器，具有在多选题中猜中答案的高超能力。但是，在现在的教授面前，他不能说：如果你出考题，我肯定可以得高分，我感知答案的能力比谁都强……他只能沉默。末了，他的教授或许会评论说，他缺乏批判性思维的培养。而这正是他的西方同学的优点，因为他们从小学就开始了这样的能力培养，现在做研究根本不需要手把手教。

西方老师们说"缺乏批判性思维"，并不是指不会否定某个结论，而是指缺乏细致、深入地理性分析以及发展自己的问题和想法的能力。这样的批判性思维是指开放的理性精神和探究实证的能力。按照目前最为流行的定义（恩尼斯），批判性思维是为了发展认知和良好决策而进行的理性的、反思性的思维，它由理智上的品德（也可以称为"习性"）和技能两方面结合而成。理智上的品德，最核心的是求真、开放、理性、公正、反思和发展的心智倾向。批判性思维的"批判"一词，不是空洞负面的否定，而是主动通过理性质疑和建设性开放来不断发展的倾向，即它包含这个不断发展的精神。

批判性思维的技能，并不是指一种思维技能，而是包括阐述、分析、解释、推理、综合、评价、判断等多种思维技能。熟悉布鲁姆的认知能力层次模型（如图 1 所示）的，就知道这是指记忆之上的从理解到应用、分析、整合、评价等高层次思维技能。

图 1　布鲁姆认知能力层次模型

（金字塔从上到下：评价、整合、分析、应用、理解、记忆）

不过，如恩尼斯所指出的，布鲁姆的层次模型并不完全准确地反映思维活动特征，这些技能其实不是严格分层和有次序的，而是相互包含的。比如，评价和整合需要分析，其实分析也需要评价和整合。这些技能也和创造互为基础和相互包含。因此，我们要清楚，批判性思维不是单一的某一种思维技能，而是这些合理认知和决策所需的技能的综合总称。批判性思维教育，就是培育所有这些高阶思维技能。

批判性思维的开放理性精神和技能，是通过探究和实证的认知过程实现的。探究，就是开放式的全面探寻、调查、研究等；实证，是立足于具体实践的检验和论证。西方教学中流行的教学法，比如基于问题的学习（problem-based learning）、项目式学习（project-based learning）和研究性学习（research-based learning），都是探究实证的学习。它们都是从问题提出和分析开始，探索已有的各方面的观念、论证和信息，进行分析、评估、推理和比较，提出自己的观点和解释，然后进行检验或综合论证，从而确定解释或结论为真知。我们把这个探究实证总结成一个"思维图"的八大步骤：

（1）理解主题问题：提出和分析论题、问题。

（2）分析论证结构：辨别和分析对问题的各种观点的论证及其结构。

（3）澄清概念意义：对各种观念提出澄清意义和理由的问题，定义关键词。

（4）审查理由质量：探究所有可能得到的信息，评估它们的真假或可接受性。

（5）评价推理关系：清理和评价推理关系，审视它们的相关性和充足性。

（6）挖掘隐含假设：挖掘和拷问隐含前提、假设、含义和后果。

（7）考察多样替代：创造、考察不同的观点、论证和结论，进行竞争、比较、排除。

（8）综合组织判断：综合各方论证的优点，形成一个全面和合适的结论。

概括如图2所示：

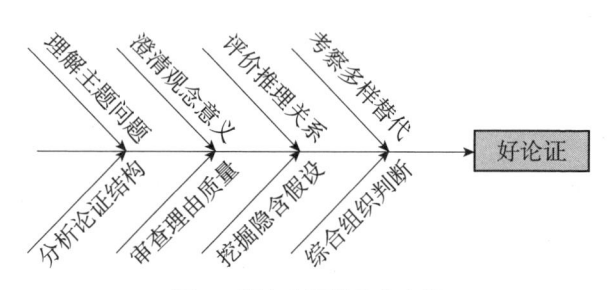

图2　探究实证的八大步骤

（箭头上方：理解主题问题、澄清观念意义、评价推理关系、考察多样替代；箭头下方：分析论证结构、审查理由质量、挖掘隐含假设、综合组织判断；指向"好论证"）

应该再次强调，这八大步骤是探究实证过程的实现，或者说是指导探究实证的原则和方法。所谓的基于问题的、项目式或研究性学习等，其实就是学习和实践这些方法，也就是说，它们根据批判性思维的原则和方法，来学习成为批判性思维的人才。

简言之，批判性思维和创新的密切关系表现为两大方面。一方面，创新需要批判性思维。这首先体现在以开放、多样化和无限发展的精神打消封闭和被动心理，起着破路先锋的作用。其次，批判性思维的探究实证以有具体依据的问题开路，通过充分搜寻信息，进行分析、推理、评估、判断等的思考，最后提出替代观念、解释和论证，这些正好为创新所需要的"问题""信息"和"思维"三大要素奠定温床。另一方面，批判性思维又需要创新，因为批判性思维要求提出替代观念、解释和论证，均需要依靠创造；只有创造出这些替代者，才能辩证思考，才能竞争、选择和综合。所以，它们之间的互相依赖关系可以部分地概括为"不破不立，不立不破"。这是我们说批判性思维是创新国家的必要条件的一个意思。

当然，开放理性思维的作用不仅仅表现在促进创新上。一切需要谨慎、仔细思考的地方，都需要批判性思维，包括科学研究、技术创新、社会决策、法庭判决、职业选择、信息评估、观念接受等人生发展的各个方面。更重要的是，批判性思维教育是为了培养德育和智育全面结合的人。这样的人坚守这样的信条：自主来于自立、权力和责任相配，自律是自由的前提。这样的人既头脑灵活又脚踏实地……我们常常用"思想开放、兢兢业业"八个字来概括批判性思维要培养的开放理性的人，这样的人能创造、能明辨、能成功。相反，今天的教育中，以考试分数为纲的"智育"成为单一目标，德育和体育常被虚化。我们从幼儿园就开始给孩子们灌输大人的知识，但是他们长大后许多却成为精神和体质上孱弱的"巨婴"，人到三十依然是不给买玩具就在地上打滚的孩子。这样导致了社会中戾气蔓延：伸手要物质享受，不能得到便撒泼。巨婴成群的社会不可能和崇尚自力奋斗、坚持不懈精神的社会抗衡，不可能带来一个强大和文明的国家。成功的人生与和谐的社会，只能建立在具备批判性思维的精神和能力之上。

三、批判性思维课程改革：目标和内容

那么，基础教育中的开放理性和探究实证的批判性思维教育，如何在课程和教学中实施？

一开始，我们需要把目标理清，批判性思维首先是开放理性精神的培养，所以在基础教育中的思维教育，是以理智的品德为主，以技能为辅。在《角逐批判性思维》一文中，我提出，中国基础教育中的批判性思维教育，应注重培育如下基本习性（理智美德）和明辨、发展能力：

（1）谨慎和谦虚的态度，愿意学习、思考的品质以及文明讨论的习惯。

（2）讲道理、下判断要有理由，有全面收集信息的习惯。

（3）意识到现实问题是复杂的，并有分解、分辨主次和关系的初步能力。

（4）懂得要清晰、具体和有条理地思考和表达。

（5）有判断信息的可靠性的初步能力。

（6）知道要考察信息是否足够支持自己和他人的立场、观点。

（7）试图辨别自己和他人观点背后的假设、立场和视角。

（8）注意寻求和对比不同观点，比较它们的根据和优缺点。

我们也提出，培养这些开放理性、灵活思考和实证素质的最好办法，就是进行实证和探究式学习。所以，基础教育从小学开始就应该着重培养体现这一素质的三大能力——批判性阅读、探究式学习（研究性学习）和批判性写作。这是技能培养的三大目标，而问题和论证的分析、评估和发展是它们的贯穿性技能。

为什么？因为阅读是学习知识的主要渠道，但是背诵的阅读是高分低能的主要原因之一，只有批判性阅读才能理解知识和发展知识。批判性阅读要求不仅知其然，还知其所以然，这是通过分析知识的根据、来源和机制完成的。在批判性阅读中，分析和评估文本的论证是理解"所以然"的主要活动，然后以此为根据，发展质疑和自主判断。上面提到的中国的博士生读了科学文章而没有任何想法，就是没有批判性阅读能力，不能从阅读中发现问题、激发思考。

探究式学习，是专门练习如何生产知识、解决问题、合理决策的全过程。它从提出问题和分析问题开始，经过探索和评估各方信息、观念和论证（即批判性阅读），提出自己的替代观点、假说或决策，最后在多种具有差异性的论证中选择有充足理由支持的、最佳的结论和方案。探究式学习完整实现前述的批判性思维的八大步骤，特别以问题分析和论证评估为主轴来训练探究实证能力。

批判性写作包括分析性和论证性写作。分析性写作其实就是对他人文章的批判性阅读后的写作，论证性写作是论证自己的观点、解释和决策，它应该是探究和实证的结果。其包括问题分析、批判性阅读和综合论证。所以，结合探究式学习的批判性写作，是最能锻炼和反映批判性思维的方法。我们一再提倡这样的批判性写作，正是希望它能带动这样的全程训练。

根据这样的品德和技能训练目标，在课程安排上，应该是两者结合：开设单独的批判性思维通用课程，在学科课程与教学中渗透批判性思维精神和教学法。开设一个批判性思维通用课程是必要的，它集中讲解批判性思维原则和方法，给学生一个导引和工具的集合。它也是可行的，华中科技大学附属小学面向小学生开设的批判性思维课程就是一个证明。我们需要做的是把这样的课程全面推广到各个学校中去。

不过，批判性思维的通用课程，也是为了用批判性思维的精神和指导原则来改革各学科中的知识学习和灌输教学法。也就是说，批判性思维最终要渗透到各学科课程和教学中。

以语文为例，批判性思维渗透的语文教学是"大语文"，它不仅仅是教语言文字，而且需要兼顾文字和思维、知识和素质、品德和技能、传统和当下、现实和未来、课堂和实践各个方面。当今语文教育的一个当务之急是要大幅度提高反映社会实践和训练探究实证的教学内容，增加思想性、社会性、信息性、科学性、综合性和论述性的文本学习，适当减少纯粹文字的、抒情的、虚构性的学习内容。课外活动要增加阅读和探究式项目学习任务，课堂时间上需要增加探究性和议论文写作课时。

不仅文科需要这样改革，理科也可以和应该这样。学科特点会导致做法不同，但批判性思维的探究实证原则可以融入各种学科教育中。根据批判性思维的探究实证原理，就可以推导出这样的教学方向：

（1）历史性：从历史和背景中理解科学问题和思想。

（2）构造性：分析科学观念网络和推理的前提和机制。

（3）多面性：理解科学检验和论证的正反构成和意义。

（4）想象性：对观念和原理的运用进行多样化的假想推理。

这四大方面的考察，可以细化成系列的引导性问题来实施批判性思维的培养。比如对问题可以考虑它的背景、历史道路、思想框架，以及隐含前提和其他观念的关系等。对科学论证可以提出它的推理、理由、假设、适用范围和反例等问题，对它的运用可以提出范围、机制、依据和结果等问题。对教科书的原理可以进行变换条件、场景、范围和假设而进行假想推理，了解它在不同情况下的表现和可能的限度。这些是在科学教育中培养批判性思维的可供借鉴的途径。

当然，在基础教育的小学、初中和高中的不同阶段，培养批判性思维的品质和技能是有不同方式的，也是应该循序渐进的。在小学阶段，培养要求是讲道理、举例子、多思考为什么、清楚表达、愿意听他人说话、想多种原因或方案这样的习性。培养这些习性要渗透在各种文本的阅读和练习中。比如读一个故事，教师要在读前、读中、读后去引导学生思考和想象，猜测故事的发展，理解故事的逻辑，想象故事在不同情况下的走向，将自己的感受和其他阅读联系起来，等等。这些会保留孩子的好奇心、想象力和自主性，培养讲道理、寻求不同思路的习性。

到了中学阶段，批判性思维的培养要加强开放理性的习性和深入思考的习惯。如果在中学毕业时，学生们：

- 有意识地自我反思，愿意为自己的判断和行为负责；
- 总是要看理由之后才相信一个说法，并为自己的说法提供理由；

- 总是要看有没有别的说法和可能；
- 爱好清晰、准确、简洁的概念和文字；
- 爱问为什么，希望了解问题的来源、理由、原因和作用机制；
- 喜欢挖深层假设，包括自己观点的深层假设和可能偏见；
- 自觉联系具体和整体的背景来看问题、下判断；
- 尊重多样性，追求公正。

那么，加上能进行探究式学习（探究实证），到了大学或者职场上，他们就有了坚实的理性和创新的意愿和素质。在社会上，他们是能理性辨别和判断的人。

四、批判性思维教育的枢纽：教学法和教师

有了课程教学内容，还远远不够。教师是教育的关键，是实现批判性思维教育的枢纽。没有合格的教师，事情就不会成功，传统习惯可能会扭曲教学的初衷。比如在语文教育中，即使在有限的议论文写作的课堂上，许多老师重视的不是说理，而是炫耀文采或者宣泄情感。语文特级教师余党绪指出，在议论文中更重视"文采、气势和技法"、偏爱"审美趣味与艺术

品位"的人很多,"这种膜拜空洞的文采与技法的'文人情结',已经成为一种深层无意识,盘踞在一些语文教师的心中,根深蒂固,难以撼动"。这使我们的语文教育,即使在难得的可以训练认知和理性能力的机会中,也仅仅在训练抒情和文采。学生往往缺乏创造知识、合理思考上的训练。

缺乏能教批判性思维的老师,和教师的技能与意识都有关系。我们先谈技能。一个有趣的现象是,我们见到很多人,都觉得不用读书就知道批判性思维是什么,但很快就证明其实不是那么回事。他们的情况分"误解"和"表面化"两大类。误解中很多来自下意识的望文生义,觉得批判性思维就是负面的批判。这样的误解导致一部分人拒绝推行批判性思维,而另一部分人真的在课堂上针对他不喜欢的东西进行大批判。这两种情况都给我们带来困扰,甚至增添了实现目标的困难。

另一种情况是,虽然知道一些批判性思维的名词,但没有具体和细致的了解,而这给教师的教学带来直接的障碍。如果问要培养学生的什么能力,回答都是"分析问题、解决问题的能力",这是对的。但是分析问题、解决问题的能力到底指什么?很少有人能正确地回答。说到教学方法,没有人不知道"启发式教学"这一名词。但是,什么是启发式教学?怎么结合自己的学科和学生的学习目标来进行启发式教学?这就很少有人知道了。如今推行的研究性学习，也是很少有教师具备起码的能力来指导如何提出好的探究性问题、如何进行问题分析、如何从中知道信息和论证的探究，并发展相应的替代性解释或结论。写作也是如此，一本写作教材可能会充满令人迷惑的新名词和新规则，但却没有看到议论文是围绕理由、结论和推理关系三要素来安排的迹象。

所以，我们一再强调：教师，从大学到中学，从一线教师到出考题判卷的专家，都要接受批判性思维的系统培训，包括批判性思维的技能和批判性思维的教学法。在技能方面，以下这些是教师特别需要的：

（1）能指导好的探究性问题的提出和分析。

（2）了解好论证的主要构成和标准。

（3）能指导证据的收集并判断证据质量、相关和充足性。

（4）了解对问题的原因提出可检验的解释性假说的原则。

（5）能辨别隐含前提和假设，了解构造反例和进行假想推理的技能。

（6）能指导分析性和"正—反—正"格式的研究性论文。

所谓批判性思维的教学法，指的是实现培养批判性思维人才的各种教学法。这是指以问题导向为核心来进行讨论、项目研究、翻转课堂、互助学习等教学法。我们把这些统称为问题导向的批判性思维教学法。简单地说，教师根据学习知识和启发思考的目标，在课程教学前就构造引导性的问题（导读问题），要求学生根据问题阅读课文材料；然后，教师在课堂上依据这些导读问题，灵活运用各种方法（苏格拉底问答、学生互教互学、小组讨论、课堂测试和练习交替等），引导学生学习、讨论、探究，以及课后学习和最终考核，从而以问题为线索完成知识和思维的训练。这个教学的灵魂是问题引导和师生互动。

图 3 是这个方法的简要图示：

根据课程要求设计主题问题，练习，并将它们贯穿在课程各要素之中

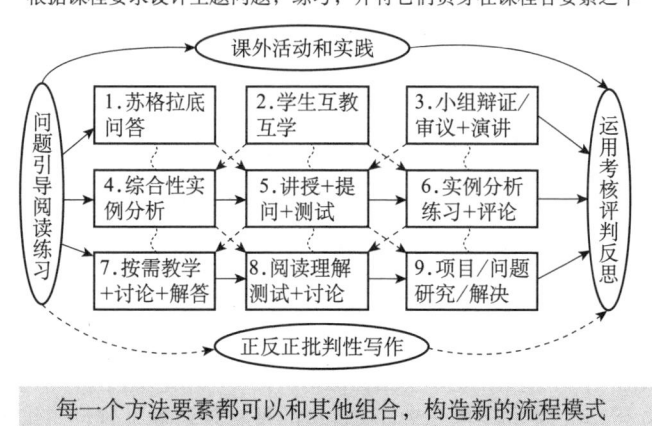

每一个方法要素都可以和其他组合，构造新的流程模式

图 3　以问题引导的综合配套教学流程

我们常说，做到这样的问题引导式教学，不仅需要教师扮

演"苏格拉底—教练—认知活动主持人"的三位一体的角色，而且需要教师自己观念的变革，甚至是精神的提升和转化。后一点更需要也更难。因为批判性思维是品德塑造，这是需要言传身教才能实现的人的转化。想想看，我们要学生获得前文提到的"有意识地自我反思，愿意为自己的判断和行为负责"等习性，这些其实不正是教师自己要先做到的吗？如果教师不以身作则，如何让学生认可用自我批评来求进步是正常的事，如何养成倾听他人意见的君子之风？教师的教育行为不仅仅是在课堂上的言辞，而且包括教师课上课下的语气、举止行为，包括教师对学生提问的微笑鼓励，对学生不成熟意见的认真亲切的倾听姿态，对自己不知道的事情的坦率承认，对学生的探究和不同答案的引导和认可……这样的老师，才是具有批判性思维精神和能力的老师。

所以，一方面，我们强调教师的技能培训是重中之重，没有全面系统的培训，教师不能达到三合一的境界，不可能实施问题导引的互动性教学，那么所谓"创新教育"将是空话。另一方面，培养自立自主的全面发展的人，需要教师自己注重不断学习、谨慎思考、开放发展。这是教师自身的精神、品德、习惯、观念和思维模式的转变，是文化和价值观的转变。如果教师自己完全是自我中心和功利主义的，批判性思维教育将难以实现。不用说，这是全面、深刻、系统的改革,它绝不是容易的事情。

五、系统工程和牵牛鼻子

如前所述,思维方式是文化的部分,改造思维涉及改造文化。中国文化虽然"尊重知识"(虽然"知识"这一概念是争议之处),但并非"尊重知识创造",思维方式的变革代表着成为"创新国家"所需要的社会和文化改变,不用说,这是困难的。2018年,北京大学光华管理学院的外籍金融学教授、中国经济问题专家迈克尔·佩蒂斯(Michael Pettis)说,美国不需要担心中国会主宰未来的高科技领域,因为中国缺乏创新文化,而"要获得一种创新文化是很难做到的","所需要的改革对中国这样的国家来说是相当吓人的"。佩蒂斯以自己在北大教学多年的经验说:"我常常和学生为此而产生问题。这些是中国最聪明的孩子,但我还是不能让他们脱离死记硬背这条失败的老路。他们认为,如果学习再刻苦一点,他们就能成功。我会告诉他们:'不,少学习,多思考。'真是非常非常地困难,这里(中国)没有这种文化。"

是的,创新文化需要批判性思维,而这种主动、求真、实证、竞争、发展的思维品质,在西方也是长期积累而成的。

从古希腊开始的理性精神，加上英国的经验主义思潮和分析哲学的传统，经过从杜威开始的教育改革的长期锻造，最后在美国形成了尤其显著的创新文化氛围。它表现为知识精英中有追求真理、认真、自立和开创的倾向；他们崇尚多元、发展的知识观，相信认识的发展，热衷实证实践，并以理性的批判为合作准则。这样的科技团队，既有个人自主，也有良性协作。

这些和中国文化讲究情感、关系和社会地位形成鲜明对比。许多人的学习目的，不是求得真理，而是黄金屋、颜如玉和乌纱帽。我们的文化主流中没有鼓励根据经验实证来对"圣人之言"进行质疑和发展的精神。"尊重知识"的口号很自然代表着对经书的绝对、静止和教条性的态度和对读书人的物质要求的满足。这又和脱离实际的清谈传统、今天个人功利主义价值倾向形成叠加，最后的结果是：没有能动性的个人和缺乏合力的团队，这甚至成为我们科研机构的主体。

所以，要将非创新文化改造为创新文化，必须充分意识到它的艰巨性和长期性，它需要全面、深入和系统的工作，不能头痛医头、脚痛医脚，不能蜻蜓点水轻描淡写，不能满足于开大会、定规则和发文件，也不能只是事后惩罚。自然，思维教育是重头，这是绕不过去的。我们必须清清楚楚地承认，人才培养的重点是高品质思维的培养，这是不能回避的，也不能以老办法敷衍。我们需要全面进行批判性思维教育，要改善人的主观创造性能力。

同时，需要改善社会环境和价值观。翟天临"博士"学位等事件说明，在一个不认真不求真，以利己主义和拜金主义为价值观的"学术共同体"中，那些从西方移植过来的学术准则、评估标准、盲审规定、论文发表要求、委员会安排等规章制度，都不值印刷它们的那张纸的价值。人的求真、认真的素质是决定性的。我们需要通过批判性思维精神的培养，影响人、文化和社会，将求真、求知的精神追求内化到人的信念和文化的核心中。

因此，在"创新国家"的目标下，再造这样的科学精神环境，我们至少需要做这样的事情：

（1）统一思想，在批判性思维教育的目标和原则下指导教育改革的方针和政策。

（2）在教育和社会的价值观中树立自立自主、求真求理、灵活开放、兢兢业业的氛围，杜绝虚假、投机、利己主义的风气，这是教育改革的内外环境。

（3）形成有上述共识的官员、教师、专家、家长、学生等方面的联盟，共同协同行动。

（4）教育主管部门要全面规划，将批判性思维的开放理性精神和探究实证原则体现到教学目标、原则、大纲、教材、案例辅助教材、教学法中，并形成配套的教育资源。

（5）为探究实践活动配套相应的各种校外教学和实践活动。

（6）在学校职称和奖励政策上鼓励批判性思维教学，以培养未来人才为第一产出标准。

（7）立刻全面推行教师和相关教育官员的培训，将批判性思维能力列入教师岗位要求。

（8）改革考试，引导和服务于批判性思维教育的方针和实施。

这些当然很难，但如果我们全力一心，这些不是不可能做到的。当年我们依靠自力更生艰苦奋斗精神造出"两弹一星"，据周光召等科学家的回忆，在共同的求真和国家利益为上的气氛中，他们具有科学民主精神，大家都敢争论，没有权威之别。这就是开放理性的气氛。这说明我们是可以——至少在一定范围内——有这样的创新环境的。我们可以采取建"特区"的做法，先在一些地方施行。西湖大学的建立，便显示了这样的努力。但基础教育要跟上，也要有相应的试验"特区"，以便向这样的高等学校输送保有学习好奇心、头脑灵活、脚踏实地的苗子。

另外，改革考试，虽然放在以上项目的最后，却是牵一发而动全身的牛鼻子。考试历来是教学的指挥棒，家长都不愿意学生学对考试没有用的东西，那么就从改革高考开始。这既重要又必要。因为目前的考试不仅是教育问题的反映，而且是教育问题的一个重要原因。以 2016 年中国高考作文评分标准看：

发展等级（20分）

● 内容（20分）：切合题意，中心突出，内容充实，感情真挚。

● 表达（20分）：符合文体，要求结构严谨、语言流畅、字体工整。

发展等级（20分）

● 深刻：透过现象深入本质；揭示问题产生根源；观点具有启发作用。

● 丰富：材料丰富；形象丰满；意境深远。

● 文采：语言生动，句式灵活；善于运用修辞方法；文句有意蕴。

● 创意：见解新颖、材料新鲜、构思精巧；推理、想象有独到之处；有个性特征。

对比美国 SAT 考试的作文（分析一篇论述观点、争论、趋势的文章）。它的目的是考查是否具有大学和职场需要的阅读、写作和分析能力。强调理解、分析和证据运用：根据批判性推理和原文中的证据来做出分析和评价。

标准

理解：仔细理解文章中的观点、论证和风格。

分析：阐述和评价文章如何构造了一个说服性的论证。引用文章使用的证据、推导和风格等要素来形成和支持这样的阐述和评价。

写作：清楚组织和表达观点，标准的写作英文。

SAT 和我们的高考作文的标准相比较，清楚地显示中美教育在培养人才上的差异。我们更突出情感、文采、个人主观感受，偏向叙述、抒情能力；而美国考试更突出客观理解、分析论证，偏向理性和认知发展能力。这是培养抒情文采与培养探究实证的对比。这一对比就很清楚，我们的学生为什么缺乏理性认知能力，为什么不能生产知识。如果只会抒情和文采，没有客观和实证的意识，那么，再配以自利和投机的价值观，结出的果实就是曾经感动四方的"寒门状元之死"之类的东西：追求恶俗、放大私欲、以假为真、全力煽情、玩弄文字……全是销售技巧，毫无真情、德行和理智。

所以，改革高考和其他考试，使之服务于创新国家的目标，并带领其他的措施，是当务之急。我们认为，至少高考改革要向这样的方向进发：

● 增加需要批判性思维阅读的考试题。

● 增加需要实际的分析和推理的考试题，比如用数学技能解决实际问题的题。

● 鼓励合理论证的答案，比如在多选题旁提供考生给出选择的理由的空白，即使答错，如果有其道理，可以考虑给分。

● 议论文作文，必须是批判性思维的辩证和实证的论文，强调清晰表达、运用实证例子和考虑不同观点三个最低要求。

还要注意，高考中的批判性思维能力测试，不要变成考知识，不要沦为另一个可以刷题备考的领域。考题要避免性质单一、去语境的论述片段，而是真实、完整的文章，以考查学生对它从前述"思维图"的各方面进行阅读理解和评价，而且还可以将这样的阅读和分析性写作结合起来。

一个令人欣慰的迹象是，2019年的高考已经在政治、历史特别是语文中明确提出了考察批判性思维能力，在其他学科中也提到探究和解决问题的能力。这是观念的一大进步。高考作文中也出现一些较好的议论文题目。比如全国Ⅰ卷的"热爱劳动"演讲稿，议题明确，并列出几个不同观点，使得论证需要有辩证性，它的最佳状态应该是一个综合论证、情感、叙述、修辞和交流技巧的劝说文。不过要注意的是，理性论证必须是它的硬核，其他技巧是辅助。没有合理论证的主体，会流于空泛口号、非理性情绪和美丽辞藻的滥用。所以评分首先要按照议论文的三大最低要求来进行。这一点需要得到出题专家的共识。另外一些作文题也显示，具体的考试改革有很多工作要做，包括需要有大量的合格的出题专家、评分专家等，以确保考试真的在检验学生的论证说理能力，由此引导基础教育的改革。所以，考试改革和教师培训是重中之重。

近年来，基础教育领域的一些学校已经开始了有益的思维教育探索，比如华中科技大学附属小学、北京市八一学校、北京市第十九中学、潍坊新世纪（上海）学校、南京市中华中学、上海师范大学附属中学等。这些探索取得令人兴奋的成果。但是，和数以万计的中小学相比，还远远不够。

我们期望，全国的基础教育能尽快向思维能力教育方向做出更大的努力。时不我待，我们等一天，就是耽误我们的未来一天。2015年《角逐批判性思维》一文的"编者按"在最后引用习近平总书记的话，并疾呼道："在发展的机会和竞争的威胁并存的世界里，时不我待。坐而谈早该过去，起而行已经到来。进行批判性思维教育，让孩子成为创造者，是一件'不能等待、不能观望、不能懈怠'的大事。"

编写和出版"批判性思维与基础教育课程教学丛书",是"起而行"的作为,它将对各科教学起到显著的指导作用,十分必要和重要。如果我们大家都像这样在各方面做实事,努力发展批判性思维教育,在下一个 15 年到来时,会有一个新一代人才高潮出现。

董毓

2019 年 7 月

代序二

打开批判性思维的窗

思维是人类最重要的高级心理活动之一，科学思维是中学物理学科核心素养的重要组成成分，中学生科学思维能力培养是物理教学最重要的任务。《普通高中物理课程标准（2017年版）》提出，科学思维包括"质疑创新"等要素。恩尼斯将批判性思维定义为：注重于决定相信什么或做什么的反省思维。由此看来，它与"质疑创新"有着密切的联系。

世界各国都非常重视中小学生批判性思维的培养。作为基础教育阶段科学教育重要组成部分的物理科目，如何在教学过程中承担起渗透批判性思维的历史重任？作为物理教师的我们，又该如何在中学物理具体教学中理解、渗透批判性思维？《批判性思维与中学物理》这本书就做了有益的探索，并给出了许多有价值的答案。

《批判性思维与中学物理》由江苏省常州高级中学分管教

学与科研的汪明副校长所著,他是江苏省特级教师、正高级教师、博士、全国优秀教师,也是教育部"国培专家"、江苏省"人民教育家培养工程"培养对象、江苏省"333高层次人才培养工程"学术带头人。作者学养较深厚,精通中学物理教育教学理论和实践,将自身在一线教学中对批判性思维的长期思考和实践尝试浓缩成文并汇聚成册,以较严谨的论述和翔实的案例阐述了在中学物理中如何进行批判性思维的培养。"批判性思维与中学物理教学如何整合"这个课题的国内研究者较少,成熟的著作也不多,因此,汪明老师的《批判性思维与中学物理》一书的出版,是非常值得祝贺的。该书对批判性思维在中学物理教学中的应用具有较强的指导意义,可以有效地帮助广大一线物理教师探索如何进行批判性思维教学。

全书总共十二章,结构严谨,逻辑性强,理论与实践相结合,既系统地介绍了批判性思维能力的有关理论,又为我国当前的中学物理教育中批判性思维实践提供了切实可行的操作指导和建议。具体来说,可以将全书分为五大部分,第一部分(第一章)精讲了物理学与批判性思维的交错关系,解释了思维、批判性思维的概念,并阐释了物理学科的批判性思维教学的本质特征和思维范式,还讲述了在中学开展批判性思维教学的价值意义。第二部分(第二章)阐述了科学发展与批判性思维的历史演进，对比了中西科学文化中批判性思维的萌芽，并以物理学的集大成者牛顿和爱因斯坦的成就取得过程为例，说明批判性思维对于科学理论的创新和社会的进步有着巨大的推动作用。第三部分（第三章）将批判性思维与学生发展核心素养、物理学科核心素养、物理学科思维能力的关系进行了细致入微的剖析，并提出中学物理学科中批判性思维的培养理论框架：以物理现象为起点、以物理学史为主线、以批判性思维能力为目标、系统讨论批判性思维能力。第四部分（第四章至第十一章）分别讲了批判性思维的八个具体维度，即猜想与假设、形象与直觉、求同与求异、比较与类比、归纳与演绎、分析与综合、模型与抽象、溯因与推理。在每一类思维中，作者基本上先进行相关概念的精准辨析，然后从物理学史中搜集大量相关思维的具体案例来进行佐证，进而剖析相关思维在中学物理学习中的具体体现和教育功能。相关思维在中学物理具体教学中的设计案例和习题应用是本书的一大亮点，作者将几十年教学过程中所积累的素材按相应的思维模块倾心奉上，并一一进行了深度的操作性剖析，提供了具体的、可操作的教学策略和技术，为广大老师提供了批判性思维与物理教学融合的现实指南。第五部分（第十二章）从心理学与教育学理论出发，构建了基于批判性思维的深度学习模型，从理论层面解构了中学物理教学如何实现批判性思维培育的问题，并以物理课堂教学设计作为实践操作引领，具有教学论与方法论上的意义价值。

正如汪明老师在书中前言写到的那样："太山不让土壤，故能成其大；河海不择细流，故能就其深。"相信《批判性思维与中学物理》这本书的出版和发行，会给正在中学物理中尝试批判性思维教学抑或对批判性思维感兴趣的你，打开另外一扇窗，带来一个新的思路。

潘苏东

2020年2月

代序三

科学思维与批判性思维

欣闻汪明老师的新书《批判性思维与中学物理》即将出版，实是一件幸事。据我所知，这应该是国内基础教育领域第一本系统论述物理学科中如何融入批判性思维教学的专著。最近几年，我国的基础教育领域开始关注培养学生的批判性思维，然而讨论主要还是集中在语文、历史等人文学科。我们一直缺乏如何在理科尤其是物理这样的基础性学科中进行批判性思维教育的系统梳理。汪明老师的这本书不仅在理论上对物理学科的思维方式进行了系统的思考，而且提供了丰富的教学案例，实为一项开创之举。

物理与批判性思维是什么关系呢？

我在高中时学习的是理科，然而在高考结束之后，我的大学专业以及后来的工作都不再与物理有直接关系。所以，高中时学习的物理，除了模模糊糊剩下几个人名和公式之外，时至今日全部都交还回去了。最近几年我关注基础教育领域的批判性思维教学，一直思索的问题是：物理（以及其他各学科）应该教会学生什么？难道三年甚至更长时间的辛苦学习仅仅是作为一个应付高考的工具？我们希望学生从这门学科中获得哪些可以终身受益的东西？

学生从物理中可以获得哪些终身受益的东西？我向一位物理学博士提出这个问题。他想了想，说："假如现在有个人跟你说他在某个地方看到一个身高20米的巨人，就像是姚明放大了十倍，你信不信？"我说："当然不信。"为什么不信呢？因为有悖常识。一般而言，有悖常识的断言需要承担相当大的举证责任。所以，不管对方描述得多么绘声绘色，如果看不到相当确凿的证据，我不会轻易相信。那么，物理学博士是怎么看待这样的消息呢？他说："这样的巨人是不可能存在的。要知道，随着物体尺寸的增长，其体积（以及相应的重量）的增长速度快于表面积的增长速度。因为面积与平方成正比，而体积与立方成正比。假设有这么一个相当于普通人等比例放大十倍的巨人，那么他的重量就大概是普通人的1 000倍，而其骨骼横截面则是普通人的100倍。在单位面积上，巨人的骨骼必须承受的重量就是普通人体骨骼所承受的10倍，而人的大腿骨在单位面积承重增加不到10倍的时候就会断裂。所以，这个巨人只要跨出一步，他的大腿就会断裂。不仅是骨骼，巨人的其他身体机能，如供氧、消化等，也会受到表面积与体积的不相称带来的限制。这些系统性的限制决定了这样等比例放大的巨人是不可能存在的。"

他的一番见解让我看到了经过长期系统的物理学科训练的人与我这样为应试学习物理的人的区别。在《普通高中物理课程标准（2017年版）》中，物理学科核心素养包括物理观念、科学思维、科学探究、科学态度与责任四个方面。上面这个小例子就很好地说明了"物理观念"和"科学思维"在日常生活中体现在什么地方。这可以从对比中看出来：作为一个批判性思维的研究者，我知道面对一则信息时不应该轻信，在做出判断时要依靠确凿的证据和严谨的推理。但是当面对这样的具体问题时，我能想到的仅仅是常识或经验等主观的角度。我在中学所学习的物理并没有内化成那位博士所具有的物理观念和思考角度：从所讨论的对象本身的特性和结构出发，从物理的客观规律出发，通过量化的计算推出结论。

正如本书中所说的"物理学科思维的特征是用准确的表述和严谨的方法对事实真相进行描述"，"准确的表述、严谨的推理、追求真相、尊重理性"都属于批判性思维的核心要素，这些要素在不同的学科领域有不同的具体表现。在物理学中，它表现为对物理对象的特性进行细致考察、严格定义物理量、可量化的计算、基于客观物理规律进行推理，从而将判断和信念建立在坚实的基础上。如果说在高考结束之后物理学科应该留给学生什么，我觉得这应该是清单上的重要一项。

2018年在常州高级中学举办的"第三届全国基础教育批判性思维教学研讨会"上，我与汪明老师初次见面。当时我就很惊奇且佩服汪老师在烦冗的校务工作之余仍然对教学有精湛的研究。在阅读本书初稿的时候，我与汪老师有了进一步的交流。他的谦虚认真和对书稿的精益求精更加令我印象深刻。在谦虚认真的背后，我看到的是一个批判性思考者的态度：不盲从他人的意见，愿意不断反思自己的想法。唯有这样，思考才能够精益求精。

本书第十二章提出的"基于批判性思维的深度学习模型"，与我所一直推行的基于建构主义思想的探究式学习不谋而合。深度学习的目标是思维技能的迁移，也就是给学生留下点什么可以令其终身受益的东西。在一次论教育的讲演中，爱因斯坦引用了这样一句谚语："教育就是当在学校所学的一切全都忘记之后还剩下来的东西。"愿本书为向着这样的目标摸索前进的教育者们带来启发。

是为序。

仲海霞

2020年6月

前　言

清华大学经济管理学院前院长钱颖一教授曾说：教育的价值不仅体现在学生的知识掌握上，更体现在学生的思维发展上，其中的核心是批判性思维与创造性思维教育。

多少年来我们一直告诉学生：知识就是力量。知识当然重要，但是知识不是教育的全部内容。我们还要知道：思维更有力量！作为教师，我们要思考如何提升学生的思维品质，这是时代的需要。

在以知识为中心的教育观念下，教师为让学生掌握知识点而形成了一系列教学方法，学生通过"刷题"来提高应试能力，已经发展到了极端严重的程度，导致学生普遍缺乏好奇心、想象力和批判性思维能力，特别是不敢于、不善于提出问题。教育的价值不是记住很多知识，而是训练大脑的思维。在这个维度上，我们的教育是薄弱的。在当今时代，我们的教育需要批判性思维。

批判性思维作为一种能力，有别于知识。批判性思维能力不是指学科知识，而是一种超越学科，或是说适用于所有学科的一种思维能力。

批判性思维这个概念来自西方，但是早在两千多年前，春秋战国时代的"百家争鸣"就充满着批判精神。中国传统文化是儒道释结合的，文化能够传承下来，就是批判、融合、再批判、再融合的结果。

批判性思维是人的思维发展的高级阶段，它有两个主要特征：第一，如何质疑。即"会提问"，这是批判性思维的起点。第二，如何判断。即"会解答"，用有说服力的论证和推理给出解释和判断，包括新的、与众不同的解释和判断。

把这两个特征结合在一起，批判性思维就是以提出疑问为起点，以获取证据、分析推理为过程，以提出有说服力的解答为结果。在这个意义上，"批判"不是"否定"，而是一种谨慎的判断，始于怀疑，终于理性。它应该是审辩式、思辨式的评判，更多是建设性的。

批判性思维除了在能力层次之外还有一个更重要的层次,它是一种思维心态或思维习惯,称为心智模式(mindset)。这个层次超越能力,是一个价值观或价值取向的层次。批判性思维作为一种能力,更多关注的是"如何思考";批判性思维作为一种思维心态,更多关注的是"习惯于以何种方式思考"。

心理学家卡罗尔·德韦克(Carol Dweck)的畅销书 *Mindset: The New Psychology of Success*(中文版《看见成长的自己》)描述了两种心智模式——"成长型心智模式"(growth mindsets)和"不变型心智模式"(fixed mindsets)。不变型心智模式认为人的智力是与生俱来的,固定不变的;而成长型心智模式则认为人的潜能是未知的,智力可以因努力而习得和成长。这就需要拥有一种开放式的思维习惯,批判性思维正是让人生不局限于"how"的范畴,更多地从"why"的范畴来进行思考,让成长不再懈怠,即使人生遭遇重大挑战,依然可以茁壮成长。

批判性思维是创新能力的基础,为有质量的生命成长奠基。

批判性思维除了要求在逻辑上、统计上不犯错误之外,更重要的是要想别人没有想过的问题,问别人没有问过的问题,并且要刨根问底,探究深层次、根本性的原因。无论是学术原创,还是经济社会发展中的技术和管理创新,都是奠定在批判性思维基础上的。运用批判性思维,对理论和知识产生过程、方法、证据等提出适当的质疑,就是创新的开始。

批判性思维强调科学的实验方法:首先提出一个假设,随后制定步骤来检验这个假设,而最终的实验证实了假设的可行性。即提出假设,最后通过研究找寻答案。如果最后假设被证明是对的,成就感就会油然而生,也许还会衍生一些新的问题。

著名作家米兰·昆德拉(Milan Kundera)曾经说过:"人们的愚蠢来自对每件事都有一个答案。学习大师的智慧来自对每件事都有一个问题。"最能启发人思考的方式是提问,提问能引起好奇心,而好奇心会成为思考的动力。一般而言,人们会比较抵触他人的说教,但同样的道理如果是自己感悟或发现的,却往往兴奋难忘。因为发现和感悟无法通过说教,而要通过思考才能获得。但中国学生提出的问题,大都是关于"如何"的,很少是关于"为何"的。我们往往满足于"知其然,不知其所以然"的一知半解,但不求甚解。

钱颖一教授曾指出,中国教育在培养知识和技能上的特点,是"高均值、低方差"。均值就是平均水平。中国大规模的基础知识和技能的传授很有成效,使得中国学生"均值"较高，包括小学、中学，甚至是大学，与同一年龄段、同一学习阶段的学生进行跨国比较。这种教育优势对推动中国经济在低收入发展阶段的增长非常重要，因为它适合"模仿和改进"的经济发展方式，有利于流水线式的重复性工作，这在制造业非常明显，在服务业也是一样。

但是，中国学生在知识和技能上的"方差"太小。"方差小"就是两端的人少，出众的人少，杰出人才少，拔尖创新人才少。当前绝大多数中国学生缺乏好奇心、想象力和批判性思维能力。好奇心和想象力部分来自天生，但是后天的教育把人先天的好奇心和想象力给磨灭了，再加上学生的批判性思维能力得不到培养，学生的创造能力就大大降低。

长期以来，教育学语境中"全面发展"的人才标准往往异化为"平均发展"，甚至"庸常发展"：思想棱角"磨"得圆滑了、思维活力逐渐弱化了、灵感与创意不由自主地黯淡了。所谓"发展"的应然内涵被浅化、窄化、庸俗化，最后沦为技能或知识的简单数量"堆积"。

回顾美国20世纪70年代批判性思维运动的兴起，与当时的社会文化背景密切相关，因为信息时代人们每天都要面对大量的良莠不齐、真假混杂的信息，没有批判性思维就会陷入一片茫然。而今，我们更是生活在信息爆炸的年代，唯有质疑、思索、批判才能去伪存真、明辨是非，"谣言止于智者"，提高每位公民的批判性思维能力是整个社会都不容忽视的责任。在当今信息社会，我们更应重视批判性思维的培养。

批判性思维是未来高素质人才必须具备的能力和品质，这个理念已经得到世界高等教育领域的普遍认可。批判性思维对于实现民族复兴的中国梦的意义重大。党的十八大做出了实施创新驱动发展战略的重大部署。要实现创新，就离不开批判性思维。国内的一些著名的高校已经开始推广批判性思维的教育，如清华大学、复旦大学、华中科技大学等。

但在中国，批判性思维教育还处于起步阶段，在基础教育阶段尤其如此。但已有一批基础教育的先行者正在筚路蓝缕，开拓创新。《批判性思维与中学物理》这本书，正是在物理教学中融入批判性思维的成果。"太山不让土壤，故能成其大；河海不择细流，故能就其深。"愿我们的微薄努力，在学科教学中培养学生的批判性思维能力的积极尝试，能为改变基础教育的面貌做出前行者的努力。

汪明

2021年1月

目 录

第一章 物理学与批判性思维研究述评　001
　第一节 物理学起源与批判性思维　001
　第二节 批判性思维教学概念界定　008
　第三节 开展中学批判性思维教学的意义　016
第二章 科学发展与批判性思维的历史演进　021
　第一节 中国古代文化体系中批判性思维的萌芽　022
　第二节 西方科学文化体系中批判性思维的产生与发展　026
　第三节 物理学家的批判性思维与科学创新发展　030

第三章 物理核心素养与批判性思维时代特征　038
　　第一节　批判性思维与学生发展核心素养　039
　　第二节　批判性思维与物理学科核心素养　042
　　第三节　批判性思维与物理学科思维能力　047

第四章 猜想与假设　055
　　第一节　猜想与假设的相关概念　056
　　第二节　猜想、假设与物理学的发展　062
　　第三节　猜想与假设在中学物理学习中的作用　075
　　第四节　中学物理中"猜想与假设"的教学
　　　　　　案例　080

第五章 形象与直觉　091
　　第一节　什么是形象思维与直觉思维　092
　　第二节　形象思维、直觉思维与物理学的发展　096
　　第三节　形象思维、直觉思维与中学物理教学　109
　　第四节　中学物理中"形象与直觉"的教学
　　　　　　案例　129

第六章 求同与求异　142
　　第一节　求同思维与求异思维的相关概念　143
　　第二节　求同思维、求异思维与物理学的发展　148
　　第三节　求同思维、求异思维与中学物理教学　162

第七章 比较与类比 183

- 第一节 比较思维和类比思维 184
- 第二节 比较思维、类比思维与物理学的发展 194
- 第三节 类比思维会出现"科学失误" 214
- 第四节 中学物理中"比较与类比"的教学案例 230

第八章 归纳与演绎 244

- 第一节 归纳法与演绎法的概述 245
- 第二节 归纳、演绎与物理学的发展 263
- 第三节 中学物理中"归纳与演绎"的教学案例 272

第九章 分析与综合 290

- 第一节 什么是分析与综合 291
- 第二节 分析思维、综合思维与物理学的发展 298
- 第三节 分析与综合对学习和运用物理知识的作用 307
- 第四节 中学物理中"分析与综合"的教学案例 320

第十章 模型与抽象 332

- 第一节 物理模型与物理抽象解读 333

第二节 从宏观天体到微观粒子的模型与抽象 346
   第三节 中学物理模型与抽象的分类和特点 356
   第四节 中学物理中"模型与抽象"的教学案例 369

第十一章 溯因与推理 415
   第一节 溯因推理概述 416
   第二节 溯因推理与物理学的发展 426
   第三节 溯因推理与中学物理教学 441
   第四节 中学物理中"溯因与推理"的教学案例 452

第十二章 基于批判性思维的深度学习模型 463
   第一节 批判性思维与深度学习 465
   第二节 基于批判性思维的深度学习模型 472
   第三节 课堂教学案例的具体实施 476

参考文献 495

后记 540

第一章 物理学与批判性思维研究述评

判天地之美，析万物之理。——庄子

深入你的内心，认识你自己！——苏格拉底

第一节 物理学起源与批判性思维

一、从"杞人忧天"谈起

杞国有人忧天地崩坠，身无所寄，废寝食者。

又有忧彼之所忧者，因往晓之，曰："天，积气耳，亡处亡气。若屈伸呼吸，终日在天中行止，奈何忧崩坠乎？"

其人曰："天果积气，日、月、星、宿，不当坠耶？"

晓之者曰："日月星宿，亦积气中之有光耀者；只使坠，亦不能有所中伤。"

其人曰："奈地坏何？"

晓之者曰："地积块耳，充塞四虚，亡处亡块。若躇步跐蹈，终日在地上行止，奈何忧其坏？"

其人舍然大喜，晓之者亦舍然大喜。

"杞人忧天"的寓言，故事虽短，但寓意深刻，妇孺皆知。从现代批判性视角看来，这则寓言耐人寻味。我们将寓言主题分解成三个部分：观点、理由、论据。观点是我们对待主题的态度，我们想表达什么，希望听众相信什么；理由是针对具体想法表达自己的态度，理由一般具有一定主观性，属于观点（opinion）；而论据是证明观点，一般都以客观事实、数据（facts）来呈现。从积极方面思考，寓言中出现两类人，即"杞人"和"晓之者"。"杞人"从日常生活中发现问题，"忧天地崩坠"，有善于观察和勤于思考的好表现，"晓之者"则具备了关心他人、批判性思考的好品质。"晓之者"鲜明地亮出观点：天不足忧坠，地不足忧坏。有理由，有论证（demonstration）——天乃积气，不会坠；地乃积块，不会坏；日月星宿积光，坠也无妨。

虽然从现代科学来看，"晓之者"对天、地、日、月、星等的解释是不科学的，缺乏事实数据（客观实验）支撑，如

"流星坠地"就不仅仅是发光现象，也是发光发热高温物质撞击地球造成损伤的现象，但从当时的生产力和认知水平来看，"晓之者"的解释无可厚非。尤为难得的是，这个寓言所蕴含的批判性思维已经初具雏形。可惜后来研究者没有追问其物理现象，探寻其科学本质，只是慢慢演变为成语，主要作用是讽刺社会上一些患得患失、胸无大志的人，提醒大家不要去忧虑那些不切实际的事物。

二、科学起源于"观察星空"

大家都明白，物理学是一门自然科学，是许多新技术和新材料的基础。赵凯华教授曾指出："我们的时代是科学和技术的时代……正确的世界观和价值观、正确的思想方法、各种观念和思潮，都必须以科学为依据……物理学作为研究自然界最普遍规律的科学和最成熟的自然科学，对科学世界观的形成所起的作用是最直接的，物理学方法是科学方法的典型代表。"那么，物理学发展的源头在哪里呢？科学界主流思想认为，物理学研究自然界起源于观察星空，即天文学。科学具有批判性和审美性。首先，天文很美，具有强烈的审美特征。生活喧嚣，星空宁静；生命短暂，星空永恒。其次，有历史记录以来，我们就关注天空，以得知耕种和收割的时令，战争与和平的征兆，等等。《周易》中有记载："观乎天文，以察时变，观乎人文，以化成天下。"上文中"杞人"和"晓之者"其实可算得上科学研究的先行者，遗憾的是并没有启迪出中华民族的批判性思维，后续者没有继续系统深入地研究，错失了科学发展机遇。而西方研究走上了另一条道路，科学发展蔚为大观，其研究轨迹梳理如图1-1所示。

考察西方天文学发展历史，我们发现，科学研究是以观察实验为先导，以物理建模为载体，以假说理论为核心，以证据实践为手段，不断反思、实验、评估和完善，最终形成科学解释。批判性思维已经孕育出创新精神和创新品格，科学家通过对星空的观察，提出了"地心说"和"日心说"两种物理模型，并通过质疑和判断，由开普勒将圆轨道运行调适成椭圆轨道，再通过观察数据，进行论证评估，终于发现各大行星的运动规律。这里包含一种基于理性的深情和应用客观事实进行理性评价的能力，其中既有质疑、比较、鉴别、判断等诸多要素，也有科学家对独立思考的坚持，这正是批判性思维教育的价值所在。

三、你会"批判性思维"吗？

通过以上学习，你可能初步理解了进行批判性思考的重要

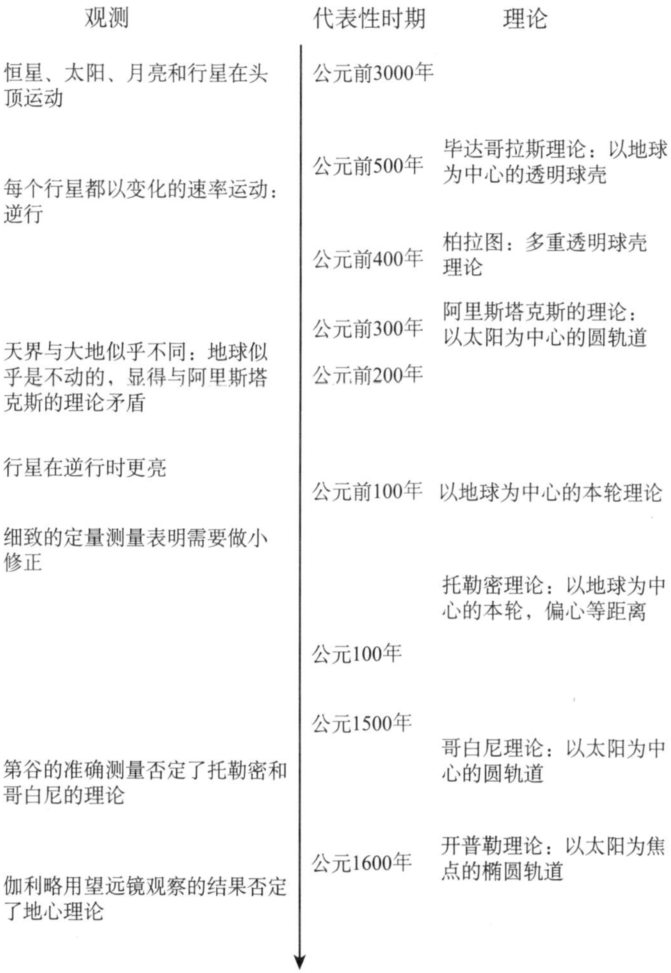

观测	代表性时期	理论
恒星、太阳、月亮和行星在头顶运动	公元前3000年	
每个行星都以变化的速率运动：逆行	公元前500年	毕达哥拉斯理论：以地球为中心的透明球壳
	公元前400年	柏拉图：多重透明球壳理论
天界与大地似乎不同；地球似乎是不动的，显得与阿里斯塔克斯的理论矛盾	公元前300年 公元前200年	阿里斯塔克斯的理论：以太阳为中心的圆轨道
行星在逆行时更亮	公元前100年	以地球为中心的本轮理论
细致的定量测量表明需要做小修正	公元100年	托勒密理论：以地球为中心的本轮，偏心等距离
第谷的准确测量否定了托勒密和哥白尼的理论	公元1500年	哥白尼理论：以太阳为中心的圆轨道
伽利略用望远镜观察的结果否定了地心理论	公元1600年	开普勒理论：以太阳为焦点的椭圆轨道

图1-1　西方天文学早期历史概要

性了。尤其在当下，很多中国教育的批评者和抨击者常常高谈阔论，说中国学生和教师都缺乏批判性思维，那么，你还很淡定吗？其实，我们每天都在思考，批判性思维也不复杂。如果你正在做以下四项工作，就说明你已经在进行批判性思考了。

一是观察发现，并进行问题质疑。首先，要揭开影响我们思维和行为方式的因素的面纱。我们会进行问题观察吗？面对习以为常的结论，我们会质疑其正确性吗？我们对问题的质疑是基于何种思维范式进行假设的呢？批判性思维就是要有意找出我们做出假设的思维层面的深层次原因。譬如上述"地心说"和"日心说"，虽然模型假设显著不同，但都不约而同地选择圆轨道运行来解释，因为当时主流科学思维范式认为匀速圆周运动是自然界最优美的运动形式，星球运行轨迹自然要遵从这一法则。

二是合理假设，并进行检验判断。在质疑之后，我们开始进行判断和假设，并检验这些假设是否真正准确，这是批判性思维的第二步，即试图评价我们的假设是否合理和可靠。这时，我们已经自觉地开始了评估和评价，即力图确定假设的合理性，如何种情况下合理，何种情况下不合理，何种假设是普适的，何种假设只适用于特殊条件等，此过程的关键是采集可信的证据信息。例如：无论采用"地心说"还是"日心说"，都必须符合行星运动的客观规律，且要与实际观测数据完全一致。

三是多角度看问题，并进行分析论证。要确定假设是否合理，检验假设是否准确，最关键是看证据的来源，即证据是否具有效力。最好的方法就是从多个不同的角度来考察假设，用明确信息来证实这个事实断言的可靠性。一般而言，描述性论证有以下几种：（1）直觉。直觉判断有时会出错。（2）个人经历。个人经历会让我们以偏概全。（3）典型案例。生动具体的案例会影响我们的情感认同，从而会影响我们的注意力和判断力。（4）专家意见。但要记住，专家也会犯错误。（5）个人观察。我们的所见所闻其实都是经过一系列的情感、态度和价值观过滤后的事实。（6）类比。尽量找自己和大众熟悉的事物特征判断，为不熟悉的事物提供一些洞见。（7）科研报告。科学研究的信息分析与数据处理应该是获得证据的最佳方式，因为其可控、精确、可验证、可重复。"地心说"符合日常观察经验，也为宗教权威所支持，获统治地位2000多年。但天文望远镜的出现和大量的实验事实使得"地心说"最终为人们所否定。所以，实践可以推翻理论，而理论永远不能推翻实践。

四是积极反思和评价，并做出明智选择。批判性思维的最终目的是让我们做出明智行动。科学必须讲究理由与逻辑，在科学语境中,理由应该合乎理性,服从自然规律,从这个层面来说,违背自然原理的就不足以成为理由,因此在科学体系中,理由也应符合逻辑,让我们的思考以元认知为基础,对事物进行多面立体的综合认识,不盲从、有理性,改善思维品质,提升生活质量。以开普勒行星定律为例,现在观察到"地球是绕太阳运动的",这是自然经验观察后的研究结果;而理论陈述是"所有行星绕太阳的轨道都是椭圆,太阳处于椭圆的一个焦点上",这种理论就是由观察陈述与理论陈述构成的,讲究理由与逻辑,客观、理性,且能重复验证,具有强烈开放性,这就是科学的、真的、高品质的。简而言之,批判性思维能确保我们的假设合理、行动可实现预期。

第二节 批判性思维教学概念界定

一、什么是思维?

在知晓批判性思维概念之前,我们要弄清思维的定义。思维,最初意义等同于逻辑思维,简单说来,就是认识过程的高级阶段,涉及所有的认知或智力活动,它探索与发现事物的内部本质联系和规律性,是人脑借助于语言对事物的概括和间接的反应过程。后来，人们发现还有具象思维、顿悟思维等思维形式的存在。可见，思维方法有多种类型，现在根据几种不同的标准，分别做出说明：

根据思维的形式，可分为逻辑思维和非逻辑思维。其中，逻辑思维包含演绎思维、归纳思维、溯因思维等，非逻辑思维包含感性具象思维、顿悟灵感思维等。

根据思维进程的方向，可分为横向思维和纵向思维。横向思维又称水平思维，具有发散性和方向性，是围绕同一个问题从不同的角度去分析，或是在对各个与之相关的事物的分析中寻找答案。纵向思维又称垂直思维，具有递进性和收敛性。在解决某一个问题时，能一直钻研，步步深入，是一种"打破砂锅问到底"式的思维。

根据思维的目的性，可分为上升性思维、求解性思维和决断性思维。上升性思维是把个别经验上升为普遍性的认识。求解性思维是问题解决思维，是条件到问题解决的桥梁。决断性思维是用来规范未来实践过程的或以预测其效果为中心的思维。

根据智力的品质，可分为再现思维和创造思维。再现思维就是依靠过去的记忆而进行的思维，不产生新思想。创造思维虽然是依赖原有的经验和知识，但是把它们综合和分析来组成全新的事物。

如果不考虑划分标准的唯一性，那么这些类型的思维方式其实是相互交叉的，例如：演绎思维与归纳思维可以有发散与收敛的要素，也可以是上升性思维或创造思维。其实，从功能上看，这些思维方式都可用于评价、论证和创新，具备批判性思维方法要素。那么，什么是批判性思维呢？

二、什么是批判性思维？

批判性思维是"critical thinking"一词的直译，其中术语"critical"，有学者认为源于希腊语的两个词根：一个是"kriticos"，意为"辨别、判断"；另一个是"kriterion"，意为"标准"。因此，从词源上讲，"critical"意味着"基于标准的辨别性判断"。另有学者认为"critical"源自希腊语"kritikos"，而后者源自"krinrin"（做决定、决策），这样理解的批判性思维与决策相联系。对于"critical thinking"的概念，国内外众多学者给出了不同的定义，我国学者对其也有不同的翻译，如"批判性思维""审辨式思维"等。现在梳理如下：

（1）现代批判性思维的代表人物约翰·杜威（John Dewey）提出了"反省性思维"（reflective thinking）概念。1909年，他在《我们如何思维》中给出"反省性思维"的定义：指对任何信念或被假定的知识形式,根据其支持理由以及它所指向的进一步的结论,予以能动地、持续地和细致地思考。反省性思维本质上是假说的系统检验,有时也称为"科学方法",它包括问题的定义、假说的提出、观察、测量、定性和定量分析、实验、解释、用进一步的实验检验暂时的结论。

(2) 20世纪50年代,奥瑟尔·史密斯(B. Othanel Smith)指出批判性思维是满足遵守逻辑的规范和既定方法,以及在课程和整个经验范围内遇到的判断和推理中所要求的各种能力。

(3) 20世纪60年代,罗伯特·恩尼斯(Robert H. Ennis)发展了史密斯关于批判性思维的概念,他认为批判性思维不仅仅是推理的过程,还包括结论、适当的概括、事实与假设。后来恩尼斯又将批判性思维定义为"注重于决定相信什么或做什么的合理的反省思维"。20世纪80年代,恩尼斯进一步指出:批判性思维包括两个方面,一是认知技能,二是情感倾向。

(4) 20世纪80年代,哈维·西格尔(Harvey Siegel)提出,批判性思维意味着"适当地为理由而行动",强调"理性评估技能"和"批判性思维倾向"。

(5) 20世纪90年代,批判性思维权威理查德·保罗(Richard Paul)指出,批判性思维就是通过一定的标准评价思维,进而改善思维,批判性思维是积极地、熟练地解析、应用、分析、综合、评估支配信念和行为的那些信息的过程,这些信息通过观察、实验、反省、推理或沟通收集或产生。

批判性思维概念的不同解释引起了研究者的重视,研究者希望找到一个批判性思维通用的定义。20世纪90年代以来,研究者进行了大量整合批判性思维定义的尝试,这些尝试的方法主要可以分为三种：

第一种方法是将各种定义直接进行综合。简·哈伦恩(Jane. S. Halonen)和丹尼尔·法斯寇(Daniel Fasko)整合了心理学、哲学和教育学对批判性思维的定义,把批判性思维定义为：以反省的怀疑主义,主要从事决定信什么或做什么并能证明是正当合理的行为与心理活动的习性和技能。

第二种方法是从各种定义中抽取共同要素。很多批判性思维专家采取了这种方法,拉尔夫·约翰逊(Ralph H. Johnson)、西格尔等人分别用这种方法给出了批判性思维的不同定义。亚历克·费雪(Alec Fisher)和迈克尔·斯克雷文(Michael Scriven)发现大多数定义中包括推理/逻辑、判断、元认知、反思、提问和心理过程。意大利和澳大利亚的几位学者概括出批判性思维技能的四个主要范畴：澄清、评价证据、形成和判断推论、使用合适的战略战术。

第三种方法是"德尔菲法"。1987年,美国哲学学会

(APA）邀请46位专家，从1988年开始，历时3年，经过6轮磋商，最终形成了"德尔菲报告"。这个权威报告强调了批判性思维的两个维度——批判性思维技能和批判性思维心理倾向，把批判性思维技能定义为："批判性思维是有目的的、自我校准的判断。这种判断表现为解释、分析、评估、推论，以及对判断赖以存在的证据、概念、方法、标准或语境的说明。"批判性思维心理倾向则指出："批判性思维者习惯上是好奇的，全面掌握信息的，信任理性，心灵开放，灵活，能公正做出评估，诚实面对个人偏见，审慎做出判断，乐于重新思考，清楚争议所在，有序处理复杂问题，勤于寻找相关信息，合理选择标准，专注于调查询证，坚持寻求学科和探究环境所允许的精确结果。"

另外，美国的琼斯和其研究合作者（Jones, Dougherty, Fantaske & Hoffman, 1995；Jones, Hoffman, Moore, Ratcliff, Tibbetts & Click, 1995）咨询了500个决策者、雇主和教育者，最终给出了一个定义：批判性思维是一个广义的术语，是以开放的方式描述推理，并给出无限个解决方案，从中选出最优的，它涉及构建情况并支持得出结论的推理。用公式表示出来即"态度＋知识＋技能＝批判性思维"（Attitude＋Knowledge＋Thinking Skills＝Critical Thinking）。

从以上定义可以看出，批判性思维并非怀疑一切或否定一切，而是一种扬弃的辩证思维形态，是思维的逻辑性、灵活性和创造性等思维品质的综合。其主要特征是批判和继承，否定和肯定互相包含和统一；讲究实事求是，基于证据，寻求独立分析和评价，严格求证过程，严密科学分析，在否定错误中引导科学发现，在肯定结论中突出创新创造。在人类的认识活动中，特别是在自然科学研究过程中，批判性思维是最基本和最富有创造性的思维形式。

三、物理学科的批判性思维教学

物理学的核心特征是科学精神，而在一定程度上科学精神与批判性思维是同向而行，相互依存的。它们具有如下共同特征：

一是以问题为导向，对具体问题进行具体分析，对于具体的研究对象，寻求事物间的规律，并由此构建理论体系。

二是具有开放性和客观性，理性、真实、可查证、无边界、重事实、讲道理，一切以客观事实的观察为基础，探寻现象背后的原因，揭示现象发生或变化的内在规律，通过证据，依据理性和逻辑推导出结论，通常科学家会设计实验并控制各种变量来保证实验的准确性及解释理论的普适性。

三是存在适用范围,允许可错性和可证伪性。科学的核心是不确定性,解释物理现象的科学假说是临时的,需要越来越多的证据,所以只具有统计性质;批判性思维也认为不存在放之四海皆准的绝对真理。例如:广义相对论在微观世界失效,量子理论在宏观世界失效。虽然科学家们仍然在努力寻找,是否存在某种大一统理论,但这必须建立在能认识客观实践的基础之上。

四是强调独立思考和判断,不迷信权威。独立思考、独立判断,是物理学和批判性思维所共同具有的寻求真理所需的思维品格。科学理论来自实践,也必须回到实践,它必须能够解释其适用范围内的已知的所有事实,能通过实验验证,不唯书、不唯上、只唯实。

具体到物理学科教学,教师需要对学生进行批判性思维和科学思维的训练,引导学生尊重事实和证据,有实证意识和严谨的求知态度;理性务实,逻辑清晰,能运用科学的思维范式认识事物、解决问题、规范行为等。其思维范式为"提出命题→理论解释→理论预言→实验验证→反思完善理论",具体如下:

(1)命题一般是从新的观测事实或实验事实中提炼出来,或从已有原理中推演出来。

（2）尝试用已知理论对命题做解释、逻辑推理和数学演算。如现有理论不能完美解释，需修改原有模型或提出全新的理论模型。

（3）新理论模型必须提出预言，并且预言能够为实验所证实。

（4）一切物理理论最终都要以观测或实验事实为准则，当一个理论与实验事实不符时，它就面临着被修改或被推翻的风险。

学生通过对高中物理学科的学习，应具有批判性思维的意识，能基于证据大胆质疑，从不同角度思考问题，追求科技创新；具有构建理想模型的意识和能力；能正确运用科学思维方法，从定性和定量两个方面进行科学推理、找出规律、形成结论，并能解释自然现象和解决实际问题；具有使用科学证据的意识和评估科学证据的能力，能运用证据对研究的问题进行描述、解释和预测，最终促进批判性思维和创新性思维的形成。

第三节　开展中学批判性思维教学的意义

一、满足知识经济时代对高层次人才的需求

在以知识经济和信息化社会为特征的 21 世纪，社会需要

的是具有高阶思维和具备高认知水平的劳动者和创造者，批判性思维对社会价值创新不可或缺。2002年，美国正式启动21世纪核心技能研究项目（Partnership for 21st Century Skills, P21），努力探寻那些可以让学生在21世纪获得成功的技能，建立21世纪技能框架体系，在世界范围内产生了广泛影响。美国P21框架的核心技能、与之配套的课程以及支持系统之间的相互关系以彩虹图呈现，如图1-2所示。图中彩虹部分的外环呈现学生学习结果的内容，即核心素养，主要包括"学习与创新技能"（批判性思维与问题解决、创造性与创新能力、交流沟通与合作能力）、"信息、媒体与技术技能"（信息素养、媒体素养、ICT素养）、"生活与职业技能"（灵活性与适应性、主动性与自我导向、社会与跨文化素养、效率与责任、领导与负责）三个方面。这三方面主要描述学生在未来工作和生活中必须掌握的技能、知识和专业智能，是内容知识、具体技能、专业智能与素养的融合；每一项核心素养的落实都要依赖于基于素养的核心科目与21世纪主题的学习，即彩虹的内环部分；图中的底座部分呈现的四个支持系统，包括21世纪核心素养的标准与评价、课程与教学、教师专业发展以及学习环境，它们构成了保证21世纪核心素养实施的基础。可以看出，批判性思维被美国教育协会认为是21世纪基础教育最应该培养的高阶思维能力之一。

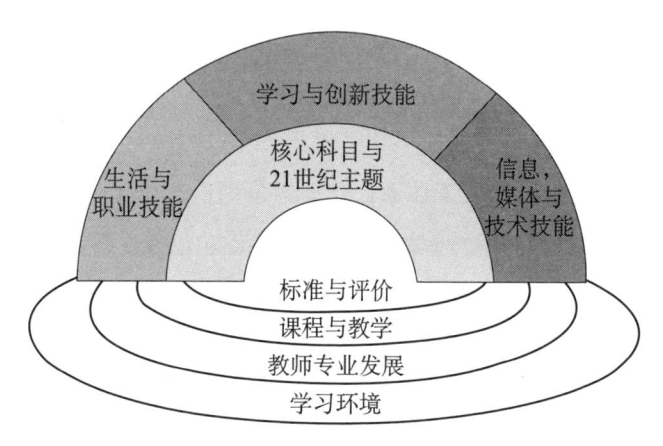

图 1-2 P21 彩虹图

2005年，欧盟发布的《终身学习核心素养：欧洲参考框架》（*Key Competences for Lifelong Learning: A European Reference Framework*）指出，基本语言、文字、数学及信息能力是终身学习的基础，"学会如何学习"是所有个体学习活动的基础，批判性思维、创造性思维、主动性、问题解决能力、风险评估能力、决策能力、情绪管理能力是终身学习者必不可少的几种基本素养。批判性思维被欧盟作为"最重要的人们终身学习离不开的基本素养之一"。2016年，我国也发布了《中国学生发展核心素养》，该文件把我国学生需要发展的核心素养归为三大方面、六大素养和18个关键要素，其中明确地将"批判质疑"作为中学生核心素养的重要组成之一。

二、符合学科教学与批判性思维相融合的趋势

目前，学者研究达成共识，批判性思维可以通过教学得以改进，但是在如何被习得方面还存在争论，争论的焦点围绕应该采取"独立式"教学还是"整合式"教学展开。"独立式"教学强调开设批判性思维相关课程，可脱离现有学科主题内容，直接开展批判性思维技能水平和思维倾向教学。"整合式"教学又可采用"注入式"和"浸润式"两种教学形式，是通过学科教学进行批判性思维水平和倾向进行培养。"注入式"和"浸润式"教学的相同之处是鼓励学生在充分理解学科教学内容的基础上批判地思考，差别只是在学科教学过程中，是否明确将批判性思维倾向和能力展示出来，"注入式"强调明示，"浸润式"则强调内隐和潜移默化。约翰·梅可派克（John E. McPeck）是"整合式"教学的支持者，他认为，没有学科知识支撑的思维技能是没有意义的，批判性思维是"在一定的情境下运用反思来解决问题的能力"，在一个领域中习得的批判性思维技能无法应用于其他领域，一般的、通用的批判性思维是不存在的。而恩尼斯和保罗等虽然是"领域独立性"的支持者，但也赞同学科教学与批判性思维相融合，恩尼斯认为，不管采

取何种思维教学形式,超越内容的思维迁移都是问题的核心所在;保罗认为,批判性思维是一种元认知技能,"是一种思考方式——思考者在任何主题、内容或解决问题中通过巧妙地控制思维内部结构和智力标准来提高他们的思维品质"。可见,即使是支持"独立式"开展批判性思维教学的学者,对批判性思维融合学科教学也并不反对。物理学科的概念与规律的形成过程,本身就渗透了科学思维与科学思想方法,通过批判性思维的融入,对培育学生不盲从、会质疑、会批判的科学态度,深入理解科学本质,为学生发展核心素养形成奠定了有益的基础。

结语

我们认为,批判性思维能力也是创造力的基础。学生只有养成批判性思维的习惯,才能发现社会问题,探寻出解决方案,从而形成创新潜能和创造能力。换句话说,批判性思考者经常会分析和评价他们自己的思考过程,这种思维方式可以在任何领域得到应用。为实现这些目标,课程需要超越对学科知识的简单的认知性掌握,需要将批判性思考融入课程教学,需要多学科的共同努力,培养学生批判性思维进行跨学科整合,强化批判性思维的发展性和迁移性,鼓励学生承担起对社会的使命担当与发展重任。

第二章 科学发展与批判性思维的历史演进

> 我们可以通过正确的思维方式达到最和谐、最完美的境界。——查尔斯·哈尼尔
>
> 认识一位天才的研究方法,对科学的进步,甚至对他本人的荣誉,并不比发现本身更少用处。——拉普拉斯

物理学是人类探索、研究、感悟宇宙万物变化规律的知识体系。物理学既是求真的、创造的,又是严谨的、实事求是的。思维是人脑对客观事物间接的和概括的反映,是在表象、概念的基础上进行分析、综合、判断、推理等理性认识的过程。科学思维则是形成并运用于科学认识活动、对感性认识材料进行加工处理的方式与途径的理论体系,它是人类实践的产物,每一种科学思维方法都必然经历产生、发展、演变和进化

的历史过程。同时，物理学的内核是科学思维，科学思维的本质是批判，科学的基本态度就是质疑，与批判性思维有着千丝万缕的联系。

第一节　中国古代文化体系中批判性思维的萌芽

在历史长河中，人类最初的原始思维是以感性认识为主体的，它的特点呈现为具象性和直观性。有文字记载的中国人关于思维方法的论述，可追溯至公元前8世纪的西周时期；而西方国家关于思维方法最早最成熟的研究，应该是公元前7世纪到公元前3世纪的古希腊时期。李约瑟曾在《中国科学技术史》中说道："当希腊人和印度人很早就仔细地考虑形式逻辑的时候，中国则一直倾向于发展辩证逻辑。与此相应，在希腊人和印度人发展机械原子论的时候，中国人则发展了有机宇宙的哲学。"李约瑟所说的这种"辩证逻辑"就是中国传统思维中的辩证思维。如在《老子》一书中，就用了几十个概念，包括有无、多少、大小、长短、轻重、高（上）下、左右、前后、正反、静躁（动）、刚（坚）柔、强弱、祸福、荣辱、有余不足等，来说明事物之间的矛盾及其对立关系，足见老子对事物的矛盾关系有着深刻的洞见。这种运用对立统一的观点来认识和分析各种自然现象的表征，也是今天批判性思维中不可或缺的思维方式。

一、系统思维

中国传统文化中系统思维的思想也非常明显。系统思维，就是指把天地、人、社会看作密切贯通的整体，天下归于一个系统和整体中，各系统要素之间互相依存、相互统一。《周易·系辞传下》说："天下之动，贞夫一者也。"《道德经》说："圣人抱一为天下式。""一"即整体，相互贯通。儒家学派代表人物孟子和道家学派代表人物庄子对此有更进一步的阐释——《孟子·尽心上》说："夫君子所过者化，所存者神，上下与天地同流，岂曰小补之哉？"《庄子·齐物论》说："天地与我并生，而万物与我为一。""上下与天地同流"跟"万物与我为一"则说明，无论是儒家还是道家，都是把人与天地万物都看作一个整体系统。

二、直观思维

直观思维，就是应用以往经验知识和积累，在此基础上自觉地把握事物本质，以及基于这种能力而产生的思维方式。在我国古代，对于宇宙本体和"天—地—人"的系统，人们认为不能仅依靠语言、概念、逻辑推理去感知，而应借助于对于"象"的直觉进行体验和顿悟。《周易·系辞传上》说："子曰：书不尽言，言不尽意。然则圣人之意其不可见乎？子曰：圣人立象以尽意。"这里的"立象"就是借助直观思维来理解事物的精髓。

三、类比思维

我国传统文化中的类比思维，是从"天—地—人"系统整体思维衍生出来的，是指由两个对象内部属性关系的某些方面相似，而推出它们在其他方面可能相似的推理方法。我国先民很早就发现天地万物、人事习俗存在着类别，当两类事物之间的差异性和相似性都被认识得很清楚时，类比思维就具有很强的说服力。庄子就擅长比喻论证和类比论证，他在《齐物论》中通过狙公赋芧、罔两问景、庄周梦蝶等比喻，来论证对任何事物的认识本无确定不变的是非标准，一切是非之争，都是对道的全面性的歪曲和割裂，反对认识的片面性。孔子鲜明地主张"举一隅而以三隅反""闻一而知十"，来强调类比思维的重要性。

四、逻辑思维

我国传统文化中出现过逻辑思维的萌芽，墨子提出了"察类明故"的思想。"察类"就是明确物质种类之间的关系，"明故"就是分析物质原因和结果的关系。他推崇"以名举实""以辞抒意"和"以说出故"，反对孔子的"正名"说，提出了"取名予实"的思想。"取名予实"是指要根据事物的发展变化来确定事物的名称，按照事物的本来面目来认识事物，不能凭主观想象。这已经非常接近用概念、判断和推理来论证的逻辑思维体系，与批判性思维意义相通。

当然，我国传统文化虽然呈现批判性思维的特征，但它是散乱的、破碎的，没有统一的理论论证体系，只能说是初具雏形，而且还有严重不足。如在直观思维方面与认识论脱节，我国古代辩证法思想在具体形成和表述形式中最常见的一种方式是借助于"涤除玄览"的直觉体验和"豁然贯通"的神秘顿悟，而不是对概念的辨析和语言的陈述；在类比思维方面与逻辑学脱节，我国古代各种类比外推方法都力图脱离具体的认知过程和认知形式，以某种超语言的、直观的、意会性和象征性的方式直接把握事物的辩证性质，很少有人会对自己的理论范畴予以严格概念界定，各种辩证法范畴往往是模糊多义的、随意流动的，更没什么人着意建立一套自己独立的概念体系，缺乏明确的逻辑规范和有层次的推理程序，特别是混淆了不同事物各自特有的本质、规律、过程等，这很容易导致简单化的、主观随意的、神秘性的认识，最终走向辩证法的反面。

第二节　西方科学文化体系中批判性思维的产生与发展

科学起源于西方，这是无可争辩的事实。爱因斯坦曾说过："中国的先贤没有走上科学道路并不令人奇怪。"他认为，西方科学之所以能够发展而且不断壮大，得益于两个伟大的成就，一个是古希腊的古典哲学逻辑体系，另一个是通过系统的实验找出存在的因果关系。但是中国并没有走上这两条路中的任何一条。可以说，正是这两个成就催生了西方科学的诞生和快速稳步发展。批判性思维与这两点联系非常紧密，纵观西方方法论发展史，归纳和演绎、实验和逻辑，相互联系，相互争辩，共同推动了科学的发展。

一、苏格拉底的"助产术"

古希腊时期所形成的科学思维，是现代批判性思维和创新性思维的起源。苏格拉底的"助产术"本质是一种探究性质疑精神，他经常采用"诘问式"的形式，以提问的方式揭露对方学说中的矛盾，动摇对方论证的基础，指明对方的无知。其实这已经初步带有批判性思维的实践艺术，并且被后来众多的学者所传承。

二、亚里士多德的"逻辑方法论"

亚里士多德总结了古希腊学者对逻辑问题的研究，不但把逻辑确定为科学方法，创立了三段论式演绎推理，还对归纳法、归谬法、例证法以及观察法都有深入研究，写出了系统论述方法的著作《工具论》。他提出：假如我们不善于应用归纳和证明，就不可能获得知识。亚里士多德所指的"证明"就是其著名的三段论逻辑推理方法。归纳推理是从一些特殊的知识前提推出一般性的结论（通常称为"从特殊到一般"），而证明是一种演绎推理，它是从一般性的知识前提推出特殊性的结论（通常称为"从一般到特殊"）。他还强调，没有归纳，人们就不可能认识事物的一般规律。亚里士多德把归纳和证明并列为获取知识的基本方法，一定程度上推动了批判性思维作为认识论和方法论的发展。

三、伽利略的"科学研究方法"

伽利略是近代科学史上划时代的人物,他创立了现代科学研究方法。在伽利略看来,科学研究和科学发现的正确道路是从观察实验出发,用数学定量地表达科学规律,然后用实验加以印证。这种数学与实验相结合的科学研究方法使得物理学摆脱了依靠形而上学思辨、自觉、猜测和定性的研究状况,坚持了归纳与演绎有机统一,走上了坚实的科学探索的道路。伽利略被称为实验科学的创始人和近代科学的奠基人。

不仅如此,他还推动了近代自然科学由定性研究转向定量研究,实验方法成为探索、发现自然奥秘的公认的科学方法。同时,伽利略用自制的天文望远镜进行天文观测,颠覆了传统的天文学理论,为哥白尼"太阳中心说"理论的广泛传播提供了科学基础。不仅如此,实验方法融入数学论证,改变了科学的性质和方向,最终赋予了近代科学以"实验科学"的基本特征,也为批判性思维发展注入了定量研究的科学内涵。

四、康德的"理性批判"

康德提出要批判人的认识能力,批判认识的可能性和界限。他指出,不是事物在影响人,而是人在影响事物。要全面把握客观事物，就不能脱离主体的认识能力，对主体认识能力的批判，保证了主体对事物的认识在其可能的范围内进行。是人在构造现实世界，在认识事物的过程中，人比事物本身更重要。在他看来，只有先确定我们认识事物的能力，才能确定我们能否确切地认识事物。康德第一个提出要对认识能力、认识的可能性进行批判，对主体本身进行批判，拓宽了批判性思维的范围。康德所倡导的批判精神，对知识的进步产生了重要的影响。康德的著名论断就是："人为自然界立法。"他的这一论断与现代量子力学有着共同之处，即事物的特性与观察者有关。

五、黑格尔的"辩证法"

黑格尔认识到思维过程中反思的重要性与复杂性，开始在自己的哲学体系中尝试运用辩证法的逻辑，建立有可能进行"多元"思考的体系，并彻底打破了三段论的推断方式，建立起了自己的"逻辑、自然、精神"辩证哲学体系，第一次把辩证法上升为思维的普遍规律。他认为，最初的概念是尚未展开或显露的东西，是一种潜在的形式存在，经过不断的反思和否定，后概念吸收了前概念的积极因素，充实了自己的内容，因而后概念包含了前概念的某些特征，比前概念更为丰富，是它和它的对立面的统一。黑格尔认为反思是创造的起点，这一思想极大地影响了当今人们对开展批判性思维教育的重要性的认识，也为后来培养批判性思维和创新性人才奠定了理论基础。

总而言之，批判性思维过程自古有之，从苏格拉底的追问到亚里士多德的三段论，从伽利略的实验哲学到康德的理性批判，再到黑格尔的辩证法，"批判意识"可谓贯穿西方哲学发展的始终。只不过在古希腊时代和中世纪，批判式的思辨过程只是作为思辨的方法得以运用，而没有受到足够的重视，直至近代，当批判式思辨被运用到对"人"的探索过程中时，才终于显示出其威力，大放异彩。

第三节　物理学家的批判性思维与科学创新发展

为什么我们关注物理学家的批判性思维呢？物理学作为一门基础科学，从它的辉煌发展史可以看出它对社会发展的巨大推动作用。从牛顿的《自然哲学的数学原理》到爱因斯坦的相对论研究，以及近代量子力学蓬勃发展，物理学已经建立了非常完整的科学理论体系，当然这一理论体系的建立过程是非常漫长而曲折的。在物理学发展创新过程中，物理学研究方法与批判性思维对其建立起着至关重要的作用，科学家的批判性思维作用于已知的物理知识体系，以物理概念与定律的形式规范和影响科学研究进程，从而对科学创造起着启示和创新作用。

一、牛顿批判性思维的突破进展

在牛顿之前，科学家们，如哥白尼和开普勒，都信奉"简洁性"与"和谐性"。他们首先习惯于提出无法证实的准则，把自然规律的主宰归因于上帝，即运动规律应该是"和谐而简洁"的。以"日心说"为例，哥白尼自我评价就是它显示了"令人欣赏的对称性"和"清晰的和谐性"。而牛顿运用批判性思维，他的科学观是因果决定论。他认为世界万物的运动均是统一的，所有的结果都有明确的原因，只要知道物体的初始状态，利用牛顿三大定律、万有引力定律以及微积分，便可精确预言之后任何时刻该物体的运动状态和位置。

牛顿认为客观世界是物质的、统一的、相互联系的。他在《自然哲学的数学原理》中写下了"哲学中的推理法则"。其内容如下：

（1）除那些真实而已足够说明其现象者外，不必去寻求自然界事物的其他原因。

（2）自然界不做无用之事，只要少做一点就成了，多做了却是无用，因为自然界喜欢简单化，而不爱用什么多余的原因夸耀自己，对于自然界中同一类结果，必须尽可能归之于同一种原因。

（3）物体的属性，凡既不能增强也不能减弱者，又为我们实验所能及的范围内的一切物体所具有者，就应视为所有物体的普遍属性。

（4）物体的属性只有通过实验才能为我们所了解……在实验哲学中，我们必须把那些从各种现象中运用一般归纳而导出的命题看作完全正确的，或者是非常接近于正确的。

在这些推理法则中，第（1）条是"简单性原则"，第（2）条和第（3）条是"统一性原则"，第（4）条表明牛顿对于在观察、实验的基础上通过归纳而得出自然规律的这一方法的信念，表明牛顿把观察和实验作为科学研究工作的出发点，把归纳法作为求得自然规律的基本方法，反对空想和虚伪。

"实验—归纳"是牛顿科学方法的重要特征。除此之外，牛顿还非常重视数学方法在物理学上的应用。在牛顿之前，伽利略首先走上以采用精确的数学分析和总结实验数据为特点的物理学研究道路。牛顿则第一个大量地运用数学方法来系统地梳理物理理论。这是因为，事物之间的本质联系只有通过数学才能归纳为可进一步测量、应用和检验的公式或定律。他先抽象概括出一些基本概念，定义为严格的物理量，再通过定量化数学研究来研究相关变量和瞬时关系，最终发现了运动三大定律和万有引力定律，为物理学理论体系的建立树立了成功的典范。

二、爱因斯坦批判性思维的创新发展

爱因斯坦对批判性思维的发展与创新尤为直接，爱因斯坦在世界统一观和唯物主义认识论的基础上，形成了自己独特的批判性思考，创造出"直觉—演绎"思维，他称之为"探索性的演绎法"。他完美地结合了经验论与唯理论，实现了逻辑思维与非逻辑思维的统一。他指出，科学认识必须以经验事实为基础，不能依赖研究主体而独立存在；而科学发现是概念的运动，概念则是思维的自由创造。他认为："想象力比知识更重要，因为知识是有限的，而想象力概括着世界的一切，推动着进步，并且是知识进化的源泉。"爱因斯坦明确了想象力是科学研究中的实在因素，这是典型的非逻辑方法，不仅如此，他还肯定了直觉、顿悟、灵感等对科学研究的重要作用。同时，他非常注重逻辑思维，如分析、综合、归纳、演绎、类比、数学论证等，认为可以通过演绎形式来得到完整的科学理论，物理学的创造原理逻辑结构都存在于数学中，且有优美的数学表达形式。

爱因斯坦运用其丰富的想象力，创新了批判性思维的表现内涵，他设计了许多著名的理想实验，把理想方法和实验结合起来。例如："假想光波随光速前进实验"使他觉察到牛顿运动定律的局限性；"演绎同时性的相对性的光速火箭理想实验"使他得出了光速不变原理；"理想升降机实验"使他得出了著名的广义相对论的等效原理；"假想质子和中子的聚变实验"导致了质能公式的发现；等等。正如他所说，理想实验无论什么时候都是不能实现的，但它使我们对科学实验有更深入的了解。他强调："科学就是有这样的一种企图，它要求我们把杂乱无章的感觉经验同逻辑上贯彻一致的思想体系对应起来。"这种"直觉—演绎"思维与当时主流物理思想"实验—归纳"的逻辑思维大不相同，具有思辨和理性相结合的特征，彰显出批判性思维的综合性、复杂性、开放性和求真性的特征。

爱因斯坦认为，自然界中各种纷纭复杂的现象具有内在的统一性，这种统一性遵循着对称性和简单性两个原则。他明确地提出了事物之间都是相互联系的，必须看到这种联系，不能孤立地去看某一事物。具体说来，他运用批判性思维发展出的相关科学思想如下所述：

一是简单性原则。自然界本质上是简单的，所以科学理论也要追求简单性。物理上真实的东西一定是逻辑上简单的东西。

二是实在论原则。相信存在一个离开知觉主体而独立的外在世界是一切自然科学的基础。

三是精确性原则。理论物理学家在描述各种关系时，要求尽可能达到最高标准的严格精确性，这样的标准只有用数学语言才能达到。

四是可逆性原则。牛顿方程的可逆性表明，自然界本身是可逆的，时间是一个没有方向、没有箭头的参量，从现在追溯过去以及从现在推测未来是完全相同的。

五是单值决定论原则。全部物理学的纲领性目标就是对自然的实在状况做出完备的描述，即单值决定论的而非统计性的描述。

六是还原性原则。既然物理学基本规律看来已经可靠地建立起来了，大概不能期望它们在有机界里是不正确的。

七是连续性原则。具有意义的世界是一个连续区（如时空、运动、自然界等都是连续的）。

爱因斯坦进一步发展了物理学中的批判性思维，他强调指出：首先，理论不应当同经验事实相矛盾；其次，新理论不是毁灭了旧理论的成就，而是在更高的理论水平上发展了旧理论。爱因斯坦的狭义相对论及其所有的推论已经把牛顿运动定

律作为 $v \ll c$ 时的极限情况包含在内；而他的广义相对论则是在狭义相对论和万有引力定律的基础上发展起来的。在没有引力场时，广义相对论又回到了狭义相对论；在只考虑一级近似时，广义相对论又回到了牛顿的引力理论。从批判性思维视角来看，科学没有永恒的理论。说相对论推翻了牛顿力学，那是不公正的。相对论也不是终极真理，它还将让位于更加科学的理论。新理论既应该指出旧理论的优点，也应该指出它的局限性，而且使我们能在更高理论水平上重新得到自己的旧概念。其实，新旧理论之间否定之否定、螺旋式上升的关系，正是批判性思维教学所倡导的客观真实。批判性思维从本质上来说是一种反省式思维，它是对理论假说的系统检验，强调质疑精神与证据研究的有机统一。

结语

概括说来，批判性思维虽是 21 世纪的人才必须具备的重要核心素养之一，但它不是空中楼阁，而且自古有之。在东方，早在《中庸·第二十章》有言："博学之，审问之，慎思之，明辨之，笃行之。"批判性思维呈现为完善自我修养价值观的一种认识方式。在西方，它推崇形式逻辑与理性原则，苏格拉底如是，现代西方的批判性思维亦如是。苏格拉底"助产术"的四步骤——反讽（从对方判断推出矛盾）、归纳（从个别概括到一般）、诱导（反复诘问后接受真理）、定义（抽象概括出明确的概念），与现代批判性思维强调的独立思考、审慎判断、论证评价等已经非常类似，合乎理性原则，适应逻辑检验。因此，我们强化批判性思维的培养，主要是帮助学生正确看待和有效处理社会问题、科学问题和实际生活问题，让学生在面对不同的复杂情境时，能够不懈质疑、理性分析、不断反思，得出合理的结论或提出有效的解决方案。批判性思维就是未来学习、生活必备的能力。

第三章　物理核心素养与批判性思维时代特征

　　每一个时代的理论思维，包括我们时代的理论思维，都是历史的产物，它在不同的时代具有完全不同的形式，同时具有不同的内容。——恩格斯

　　学校的目标应当是培养有独立行动和独立思考能力的个人，不过他们要把为社会服务看作自己人生的最高目标。——爱因斯坦

我国在对普通高中课程标准进行修订时提出了基于核心素养的基础教育课程改革理念。核心素养应该是在个体终身成长和社会发展过程中形成的关键的、重要的、居于核心地位的素养。按照经济合作与发展组织（OECD）的界定，"素养不只是知识与技能，它是在特定情境中个体通过利用和调动心理社会

资源（包括技能和态度）以满足复杂需要的能力"。核心素养不是各学科领域具体的知识和技能，也不是传统意义上理解的"认知能力"，而是个体在应对和解决复杂现实问题时的综合性品质。核心素养的获得是后天的、可教可学的，既具有发展的连续性，也存在发展阶段的敏感性。也就是说，核心素养不是人类行动本身，而是个体行动背后的内在品质，是对个体相关的知识、能力、品格及价值观念的整合。这对于理解批判性思维具有极其重要的意义。纵观欧盟、OECD、美国、澳大利亚等组织和国家的素养框架，批判性思维始终被认为是个体面向21世纪的核心素养之一。

第一节 批判性思维与学生发展核心素养

正如 OECD 教育部长所言，"我们理解的素养包含知识、技能、态度和价值观"。每个国家有每个国家的发展阶段，育人目标也会各具特色。学生发展核心素养，主要指学生应具备的、能够适应终身发展和社会发展需要的必备品格和关键能力。研究学生发展核心素养是落实立德树人根本任务的一项重要举措，也是适应世界教育改革发展趋势、提升我国教育国际竞争力的迫切需要。

美国把其 21 世纪诸多素养进一步聚焦为"4C 核心素养"，即批判性思维能力、沟通能力、创新能力、合作能力。如果把核心素养聚焦为两方面，那就是创新与合作；再次聚焦，"核心素养的心脏"（the heart of key competencies）是反思，反思其实就是对思维不断批判、不断重新认知的过程。美国哲学学会（APA）通过批判性思维的德尔菲报告强调："批判性思维是有目的的、自我校准的判断。这种判断表现为解释、分析、评估、推论，以及对判断赖以存在的证据、概念、方法、标准或语境的说明。"与此同时，他们还指出："批判性思维者习惯上是好奇的，全面掌握信息的，信任理性，心灵开放，灵活，能公正做出评估，诚实面对个人偏见，审慎做出判断，乐于重新思考，清楚争议所在，有序处理复杂问题，勤于寻找相关信息，合理选择标准，专注于调查询证，坚持寻求学科和探究环境所允许的精确结果。"如果说前者是指个体拥有的批判性思维技能，后者则是指向个体批判性思维的心理倾向。这一批判性思维的概念更加符合之前所述的核心素养内涵。此观点要求摒弃所谓的"批判性思维训练课"的做法，主张批判性思维的培养要以复杂的、灵活多变的真实情境为载体，以不同（学科）课程领域的知识和技能为基础，依托特定领域的具体活动。只有这样，批判性思维的培养才能真正得以实现。正是各种真实的开放性情境激发了学生的好奇心，培养了他们对问题追根究底的探究倾向。

与之对比，我国学生核心素养关注的是必备品格、关键能力和正确价值观，它以培养"全面发展的人"为核心，分为文化基础、自主发展、社会参与三大方面，综合表现为人文底蕴、科学精神、学会学习、健康生活、责任担当、实践创新六大素养，具体细化为国家认同、理性思维等18个关键要素。我国21世纪人才的关键能力也是聚焦于创新能力和批判性思维培养，而必备品格则是坚强的意志力，价值观和健康的体魄是落实核心素养过程中的基础和根本保证。在我国核心素养体系中，与批判性思维结合最紧密的是六大素养之一的"科学精神"。科学精神主要是学生在学习、理解、运用科学知识和技能等方面所形成的价值标准、思维方式和行为表现，具体包括理性思维、批判质疑、勇于探究等基本要点。以"批判质疑"为例，要求学生具有问题意识；能独立思考、独立判断；思维缜密，能多角度、辩证地分析问题，做出选择和决定。这些都是批判性思维的显著特点。

在另一素养"学会学习"中，其中两个要素"乐学善学、勤于反思"也与批判性思维相联系。学生在学习意识形成、学习方式方法选择、学习进程评估调控等方面的综合表现，正是与批判性思维的情感倾向相关联。在"实践创新"素养下的"问题解决"这一要素，也和批判性思维紧密相关。学生在日常活动中适应挑战、解决问题时所形成的实践能力和创新意识正是培育学生批判性思维的目的所在。物理学科的教学正好提供了良好的教育载体，给学生提供了真实的思维场景和问题情境，在与情境持续互动过程中进行观察、实践、反思和行动，从中创生知识、发展观念，培养了学生诠释、分析、评估和推论的能力。

第二节　批判性思维与物理学科核心素养

学科核心素养是学科育人价值的集中体现，是学生通过学科学习而逐步形成的正确价值观念、必备品格和关键能力。物理学科核心素养主要包括物理观念、科学思维、科学探究、科学态度与责任四个方面，这四个方面构成了中学物理学科教育的终极目的。

一、物理观念和批判性思维的关系

物理观念是从物理学视角形成的关于物质、运动与相互作用、能量等的基本认识，是物理概念和规律等在头脑中的提炼和升华。物理观念包括物质观念、运动观念、相互作用观念、能量观念及其应用等要素。批判性思维的一个重要特征就是对信什么和干什么做出判断，这种判断需要有分析和评价，做到全面、公正、清楚、准确、相关、有深度，并具有严格的逻辑性。而物理观念正是从物理学视角解释自然现象和解决实际问题的基础，它要求学生不仅理解和掌握物理知识，而且将所学习的大量具体知识围绕学科核心概念整合内化，在此基础上形成对物质世界的整体思考和系统认识。显然，学生在形成物理观念的过程中，必然孕育了对批判性思维的培养，物理观念是学生在头脑中形成的对世界的正确认识，也是对物理课程进行批判性思考的结果。

批判是对已有的各种观点接受之前必须进行的审查和质疑，通过批判来了解这些观点是否符合事实。批判性思维是教育和学习的必然产物，也是一种思维习惯和能力素养。如果一位物理教师在物理观念教学中，善于联系生活实际，创设各种社会实践情境，让学生自由发表自己的观点，通过自己的努力寻找相关的证据，敢于面对偏见，勇于坚持己见，让学生在学习物理学概念与知识的同时，将概念的内涵和外延都表述清楚，将物理知识整合、内化、提炼、升华成自己的物理观念，让学生初步具有现代物理的物质观念、运动观念、相互作用观念、能量观念等,并能用这些观念描述自然界的图景、解释自然现象和解决实际问题,那么学生就具备了形成观念的意识和问题解决的能力,自然也形成了批判性思维能力。

二、科学思维和批判性思维的关系

科学思维主要包括模型建构、科学推理、科学论证、质疑创新等要素。它是从物理学视角对客观事物的本质属性、内在规律及相互关系的认识方式;是基于经验事实建构理想模型的抽象概括过程;是分析综合、推理论证等科学思维方法的内化;是基于事实证据和科学推理对不同观点和结论提出质疑、批判,进而提出创造性见解的能力与品质。不难看出,物理学科核心素养中对科学思维的定义包含了分析综合、推理论证,基于事实证据和科学推理对不同观点和结论提出质疑和批判,进行检验和修正等,这些都是批判性思维所强调的。批判性思维要求能够基于事实证据进行科学推理,并能对不同观点和结论提出质疑,结合论据进行科学论证,批判、检验和修正结论,强调不盲目地接受,也不盲目地否定。这也正是科学精神的体现价值。

物理学科教育的过程本质上就是提升学生科学思维品质的过程,科学领域中的思维过程涉及建立模型、假设推理、设计实验、采集数据和分析、处理和解释等阶段中的认知过程，如归纳、演绎、类比和问题解决这些要素，反映了科学思维是以科学知识经验为中介，体现为对多变量因果系统的信息加工过程，而对多变量系统进行信息加工离不开批判性思维中的分析、推理、评价、解释等诸要素，可见，批判性思维是提升科学思维不可或缺的工具。此外，在物理学科问题解决的过程中，无论是推理还是综合，都需进行主动的思考，并以冷静客观的态度对外在信息加以厘清、辨别、假设及验证，这种理性、虚心的态度与心灵特质，正符合批判性思维强调的心胸开阔的物理学科能力与质疑精神，所以批判性思维强调的气质倾向是科学思维的重要运作基础。

三、科学探究和批判性思维的关系

科学探究是物理学科核心素养的主要内容之一，也是中学物理学科教育中重要的教学方法之一。从内容上看，中学物理教学中的科学探究主要包括问题、证据、解释、交流等要素，这些要素把科学探究和批判性思维紧密地联系在了一起。科学探究包含很多批判性思维的内容，例如："运用批判思维和逻辑思维进行假设，思考替代性解释"；"运用批判性思维对第一手事件和现象以及第二手资料进行分析，以判断它们的可靠性";"根据对科学的理解,运用批判性思维解释证据,根据逻辑推理决定选择何种模型";等等。事实上,科学推理因涉及决策而和批判性思维有着不可分割的关系。科学探究要求具备辨别或提出一个问题的能力;要求从可靠的信息源中搜索并筛选信息的能力;要求在实验设计时用到的推理能力,包括计划控制变量,以及做书面或口头报告需要的策略与战术等,这些都是恩尼斯在批判性思维分类中提到的能力。由此看来,科学探究的过程离不开批判性思维的参与,两者在技能方面有着很多的交叉重叠,在探究的过程中瞄准批判性思维会有一举两得的功效。

四、科学态度与责任和批判性思维的关系

科学态度与责任是指在认识科学本质,认识科学、技术、社会和环境关系的基础上,逐渐形成的探索自然的内在动力,严谨认真、实事求是和持之以恒的科学态度,以及遵守道德规范、保护环境并推动可持续发展的责任感。科学态度与责任主要包括科学本质、科学态度、社会责任等要素。

物理学与日常生活联系紧密,推动着现代技术的发展,极大地改善了人类的生活,但也随之带来了一系列问题,如温室效应、能源危机等。学生需要保持一种质疑批判的精神,不迷

信，不盲从，遵循科学研究规范，关心人类福祉，对所学的科学知识和科技成果始终保持怀疑的态度，在求证的过程中始终坚持证据导向，坚持实事求是，明确社会责任感，这些都是批判性思维的主要内容。

此外，对科学本质的理解离不开批判性思维的参与。树立正确的科学本质观，就是要准确理解科学是基于证据的解释，随着证据的不断更新迭代，科学随之动态发展。物理学作为一门基础的自然科学学科，知识的不确定性和相对真理性是矛盾地共存的，学生需要理解科学定律是一定条件下的科学近似，或许随着人类眼界的扩大和新的客观条件的发掘，现在正确的理论在明天会被推翻或被重新认识，但只要目前它能合理解释并能准确预测自然界的行为，它就是"科学的和正确的"。

第三节　批判性思维与物理学科思维能力

林崇德指出，学科思维能力是教师和学生通过教学活动使得学科知识概括化的能力，既以学科知识为载体，又要超越具体知识形成稳固的心理特质。物理学科思维的特征是用准确的表述和严谨的方法对事实真相进行描述，而批判性思维也具有准确性、严谨性的特征。批判性思维能力包括六项思维技能：

解释（interpretation）、分析（analysis）、评估（evaluation）、推论（inference）、说明（explanation）和自我校准（self-regulation）。全国高考物理命题委员会在比较各学科特点及其对学生素质和能力发展贡献的基础上，根据学科的特点和需要，从中学物理教学和高考命题的实践经验出发，对物理学科思维能力提出了五个方面的要求：理解能力，推理能力，分析综合能力，问题解决能力，实验能力。这些能力与批判性思维能力相互融通。在科学语境中，批判并不是代表不赞同，而是指寻求真理、不断反思。批判性思维教育的目标是培养具有优秀批判性思维品质的学生，在学科学习和日常生活实践中，他们能够有效整合批判性思维的各种技能并加以运用，具有强烈的自信心、自觉性和良好的判断力。

一、理解能力

理解能力是指理解物理概念、物理规律的确切含义，理解物理规律的适用条件，以及它们在简单情况下的应用；能够清楚地认识概念和规律的表达形式（包括文字表达和数学表达）；能够鉴别关于概念和规律的似是而非的说法；理解相关知识的区别和联系。显然，理解能力与批判性中的解释（interpretation）能力相对应。理解能力的子技能包括归类、理解意义和澄清含义、识别各个研究对象之间的联系。如对万有引力定律的发现背景的理解，我们就要熟悉相关物理天文学发展史，不能把定律仅仅理解为简单的数学表达式，或者仅是行星绕太阳的运行规律，不仅要知道它是在开普勒三定律基础上产生的，还要知道它适用于对各类天体运行规律进行研究，现在仍规划和指导我们对未来太空探索的方向。

二、推理能力和分析综合能力

推理能力是指能够根据已知的知识和物理事实、条件，对物理问题进行逻辑推理和论证，得出正确的结论或做出正确的判断，并能把推理过程准确地表达出来。分析综合能力是指能够独立地对所遇到的问题进行具体分析，弄清其中的物理状态、物理过程和物理情境，找出其中起重要作用的因素及有关条件；能够把一个较复杂问题分解为若干较简单的问题，找出它们之间的联系；能够理论联系实际，运用物理知识综合解决所遇到的问题。推理能力和分析综合能力，与批判性思维中的分析（analysis）和推论（inference）能力相近，也具有部分的说明（explanation）能力因素。推论能力的子技能包括质疑证据、构想替代方案和推出结论；分析综合能力的子技能包括审查理念、发现论证和分析论证。说明（explanation）能力要求的用证据的、概念的、方法论的、规范的和语境的术语表述推论是正当的，也体现了综合分析与逻辑推理。如运用隔离体方法研究物体运动时，先是合理地对研究对象进行隔离分析，考察待研究系统中部分物体，准确分析它的受力、运动等情况，提取个研究对象的相关信息；再通过推论，得出题设中没有明确给出的信息或隐含假设，识别各研究对象之间的联系；最后根据已知已学的物理规律，推理和说明系统内各物体运动情况和功能转换关系。

三、问题解决能力

问题解决能力，在物理学科中特指运用数学处理物理问题的能力，是指根据具体问题列出物理量之间的关系式，进行推导和求解，并根据结果得出物理结论，必要时能运用几何图形、函数图像进行表达、分析。概括地说，就是以问题为导向，具体情况具体分析，合理选取研究对象，定量寻求各物理量之间的规律，并由此建构理论体系。这与批判性思维中的分析（analysis）、推论（inference）、说明（explanation）和评估（evaluation）等相关联。具体到解决某一物理问题中，首先，要明确分析的具体目标，即明确研究对象，用什么物理规律解决问题；其次，要掌握解答物理问题时常用的分析方法，如分清步骤、分解结构、图解分析、对比分析等方法；然后，要运用程序法分析，建立物理模型，分析物理过程，运用物理规律，求解数学方程；最后，要分析反思问题解决的方法与策略，如针对生活中的物理现象，先考察原始物理问题的开放性，再纯化生活问题科学建模，提出对问题解决的见解主张，并利用数据、概念、规律和数学公式等合理的论据，进行恰当的论证，能够正确地分析论证的过程，评估假设和检验模型的科学性和合理性。

四、实验能力

实验能力是指能独立完成实验，能明确实验目的，能理解实验原理和方法，能控制实验条件，知道为了达到实验目的需要证明什么问题、测量哪些物理量；会使用仪器，会观察、分析实验现象，会记录、处理实验数据；会尊重客观事实，能灵活地运用已学过的物理理论、实验方法和实验仪器处理问题；了解误差的概念，知道影响实验准确度的因素，懂得反思和评价，会科学判断实验结果的合理性和可靠性。从以上可以看出，实验能力几乎考察了从解释（interpretation）到自我校准（self-regulation）所有的批判性思维能力。如在设置实验目标和选取实验原理的过程中，要学生根据自身的感知、经验进行判断；在实验过程中，不仅要会根据实验步骤来进行分析与评估，更要强调自我校准能力，需运用自身的元认知，自我审查、自我校正，准确审视实验结果；在数据处理和误差分析的过程中，要通过分析、归纳、推理等来进行说明和解释；在分析实验精度和结果可靠性的过程中，需要推理、综合与评估等，这些都是批判性思维的重要的思维技能。

马克思曾经指出："归纳、分析、比较、观察和实验是理性方法的重要条件。"马克思将观察和实验与归纳、分析、比较同列，很有前瞻性和开拓性，因为观察和实验本身就是抽象与概括，是比较、分析和综合，在实验中，我们实际就是把抽象、分析与综合的方法进行物化。首先，实验是一种抽象。因为在自然条件下所发生的现象常常受多种因素的干扰，我们通常都是先控制实验条件，排除次要因素，纯化研究对象的实验条件，一般是通过实验仪器或者控制实验条件的方式来实现。其次，实验也是一种分析与综合。实验是分析，这是不言而喻的，因为实验能够人工控制和人为改变实验现象发生的条件，这是理性分析在感性具体事物中的呈现，而实验综合思维就是把某一需要研究的过程中的各个组成因子复合为一个整体的思维，考察它们的整体性质。不仅如此，实验也是比较，是类比，如对比实验和模拟实验等，正是因为实验能把抽象的理性方法再现于感性的具体对象之中，所以在培养学生的批判性思维时，是不可代替的探索自然科学的重要手段和方式。

由上可知，物理学科的批判性思维，不仅是理性的心态、敢于质疑的品格，更是一种综合性的能力。它包括多个维度，如在思维内容维度有科学现象、问题、概念和规律等，在思维能力维度有观察概括、推论预测、解释论证、探究创新等，在思维品质维度有深刻性、灵活性和敏捷性等。因此，结合物理学科核心素养和学科能力特征，借鉴国内外对批判性思维能力研究的模型，本书将开展物理学科的批判性思维教学理论框架界定为：以物理现象为起点，以物理学发展史为主线，以批判性思维能力为目标，系统讨论批判性思维能力的外显结构。

结语

概括说来，中学物理学科批判性思维能力培养具有以下四个特征：一是以物理知识为媒介，二是思维方式要外显，三是思维结构要系统，四是思维特质要稳定。具体来讲，就是实现逻辑思维与非逻辑思维的结合，将归纳与演绎、分析与综合、抽象与具象、比较与分类、推理与溯因等各种方法相统一，寻求各种思维方式的互补，综合应用；坚持科学性和批判性，以显性的批判性思维能力为载体，让学生顺利进行物理知识的输入、存储、加工、关联，实现科学理解；让学生能分析解释、推论预测、综合论证具体生活情境和物理问题；让学生在面对陌生和不确定性问题时，能利用逻辑思维、直觉思维和联想思维，产生探寻新知识和新方法的能力，会质疑、会迁移、会批判、会创新，真正实现核心素养的发展。

第四章　猜想与假设

　　一切定律和理论本质上都是试探性、猜测性和假说性的。——波普尔

　　没有大胆的猜测，就不会有伟大的发现。——牛顿

猜想与假设是运用批判性思维，对问题中事物的因果性、规律性做出的假定性解释，属于理性思维。猜想与假设本身就具有批判性，从其构成来看，可分为两个环节：一是猜想环节，二是假设环节。猜想是学生接触到问题后，在已有知识经验的基础上，结合对客观现实的感性认识，依靠直觉而做出的各种假定。假设是在猜想的基础上经过一系列的观察、实验、分析、比较、归纳等逻辑推理，排除掉一些不可能的猜想而得到的较为科学的猜测。假设比猜想更具有合理性，对探究的问

题更有针对性和指导性。在猜想环节，学生充分发挥主体性，积极主动地提出尽量多的猜测与可能，不需要考虑问题与猜想之间的因果逻辑关系，因此思维常常处于一种非常活跃的、非逻辑的、发散的状态。在假设环节，学生通过对猜想进行排查并对猜想的种种解释进行提炼总结，因此需要一种逻辑的聚合思维。在科学探究中，提出合理的猜想与假设，除了为探究活动指明方向外，还可以充分发展学生的创造性思维，培养学生的创造能力。

第一节　猜想与假设的相关概念

一、猜想

猜想是人们以一定的经验材料和已知的事实为依据，或以已有的科学理论和技术方法为指导，通过观察、实验、联想、对比、分析、归纳等，对未知的事实或现象的原因及其规律所做的推测性或假定性说明。猜想并不是胡猜乱想、凭空想象，它是合情推理的，既有逻辑思维参与其中，也有直觉、想象的因素，属于综合程度较高的认识过程。

二、假设

假设是人们在科学探究中提出来的一种假定性结论。猜想用合理的语言表达出来就成为具体的假设。它应该包括两个阶段，即提出假设和验证假设。其中，提出假设是在已知事实的基础上经过逻辑推理，为解决问题的方便而做出的假定性说明。例如：在解决物理或者数学问题时，为了解题方便，我们常常对一些未知量进行假设。

猜想与假设的主要区别在于它们二者所要表达的侧重点不同，猜想针对的是问题的成因，也就是"为什么会这样"，而假设针对的是解决问题的方式方法和可能出现的结果。提出假设后，我们必须对假设进行验证以辨别其真伪。

猜想与假设虽然在含义上或程度上不尽相同，但其本质是一样的，都是根据事实对未知事物或现象及其规律所做的推测性论断。它们是经验材料与科学理论之间的一座桥梁。猜想与假设在实际的探究活动中常常彼此依存、互相融合。

三、猜想和假设的原则

（一）主体性原则

根据建构主义的观点，学生是教学活动的积极参与者和知识的积极建构者,而教师的作用则是成为学生建构知识的积极帮助者和引导者,因此教师在引导学生进行猜想和假设时要以学生为主体,切不可越俎代庖。

(二)合理性原则

物理学中的猜想不是指生活中的胡猜乱想,它讲究客观、科学、合乎理性。不合理的猜想与假设不仅没有发展成为科学结论的可能,对科学探究过程也没有意义。其实,学生在学习某一物理知识之前,已经有一些前概念的认识,对物理现象的理解和解释,往往有自己的观点和想法,有时与科学的概念、科学的思维方式相距甚远,甚至大相径庭。这时,教师就要帮助学生去伪存真,引导学生有根据地进行合理的猜想和假设。

(三)方向性原则

猜想与假设是在探究之前对研究问题所进行的一种科学预见性活动,指导着探究计划的制定和方案的设计,是学生确定研究方向、选择实验方法和实验器材的基础。自然界是一个简单有序的系统,它的每一个进程都是规律性的、必然的。因此,提出的猜想与假设应能使学生明确探究的方向,能解决问题,帮助其寻找事物之间的普遍联系和一般规律,从而指导整个探究活动的进行。

(四) 开放性原则

猜想与假设是科学探究中学生思维最活跃的阶段,不同学生由于经验、知识、能力的不同,对问题的认识也不同,因此会提出不同的假设。探究教学要调动全体学生的积极性、主动性,发展学生自主思考、自主创新的能力,这就要让每位学生提出自己解决问题的假设,教师不要对学生进行过多的干涉,以保证提出的猜想与假设的开放性。

四、猜想与假设的特征

知识的获得可以是"经验—归纳"的过程,也可以是"问题—假设—验证"的过程。这取决于教学内容的特点,前者更多的是倾向于经验性的知识和逻辑实证的方法;后者则将知识视为一种关系,看作人主动建构的过程。在建构主义看来,知识不再是纯粹客观性的。可以将科学知识看成由假说和模型所构成的系统,这些假说和模型是描述世界可能是怎样的,而不是描述世界是怎样的。这些假说和模型之所以有效,并不是因为它们精确地描述了现实世界,而是因为它们精确地预言了现实世界。因此,猜想与假设指向一种可能,是基于个体的认识基础而提出的一种预言。猜想与假设具有如下特点:

（一）猜想与假设具有经验性和科学性

猜想与假设是对所提出问题的推断和假定。因为问题离不开背景材料，所以猜想与假设不但要以实验材料、经验事实等为基础，而且要以所掌握的理论知识为依据，然后经过实践去验证。因此，猜想与假设不是无根据的猜测和幻想，不是主观臆造，它不同于毫无科学根据的神话和缺乏逻辑的幻想和空想。

例如，开普勒总结出太阳系行星运动的三定律之后，许多科学家就思考："是什么原因使行星绕太阳运动？"但胡克、哈雷等科学家缺乏清晰的关于运动和力的科学概念，无法对行星的运动给出科学的解释。牛顿在"力是改变物体运动速度的原因"这一认识的基础上，提出行星绕太阳运动需要受到指向圆心或椭圆焦点的力，这个力就是太阳对行星的引力。也就在这样的猜想基础上，牛顿推导出了行星与太阳之间的引力表达式，并借助于"月地检验"大胆地提出了万有引力定律。

（二）猜想与假设具有多样性和易变性

诺贝尔奖获得者汤川秀树说过一段发人深省的话："当回顾理论物理学的历史时，我们说得过分一些，这几乎可以称为错误史。许多科学家提出的理论大多数是错误的，因而没有生存下来，只有少数正确的理论才继续生存……但是，没有少数成功背后的许多失败，知识就几乎不可能有任何的进步。"对于同一个问题，可能产生多种假说。在探究过程中，由于个体的经验不同、知识背景不同、研究角度不同、实验观察的结果不同等，不同的个体对同一问题可能存在多种假设，也就使得对同一问题产生的猜想与假设具有了多样性和易变性。猜想与假设虽然包含着对事物的本质和规律的猜测，但在假设中不可避免地出现了假定、猜测、想象、虚构等成分，这些都是大胆创造的结果，有待于时间的考验。有些假说可能被证伪而淘汰，也有些假说可能被进一步地修正、补充和完善，最后上升为理论。因此假设的多样性和易变性就带来了假设的不完备性和有待验证性。

例如：看到太阳的东升西落，根据生活经验就产生了太阳绕地球转的猜想；"小孔成像"是光的直线传播的例证，若是基于经典的光学理论，就可以成为光的粒子性猜想的佐证；针对黑体辐射的实验规律，维恩和瑞利从经典的电磁学理论角度形成理论公式就存在无法解决的困难；卢瑟福的 α 粒子散射实验，若忽略了少数大角度偏转的粒子，就不会形成原子核式结构模型的猜想。

（三）猜想与假设具有丰富多样的种类

从不同的角度分类，猜想与假设有多种类型。根据对象的不同，可分为事实假说和理想假说；根据概括水平的不同，可分为常识性（或观察的）假说、科学假说和形而上学假说；根据来源的不同，可分为经验概括性假说、演绎推论性假说、自由创造性假说和直觉性假说。

例如：卢瑟福根据 α 粒子散射实验得出的原子核式结构模型就是一种事实假说；伽利略在理想斜面基础上得出的物体在不受力的前提下将保持原来的运动状态就是一种理想假说；汤姆逊发现电子后根据原子整体不带电而提出的原子"枣糕模型"就是一种常识性假说；爱因斯坦提出的物理定律与参照系的选择无关这一相对性原理就是一种科学假说；亚里士多德提出的重的物体比轻的物体下落得快就是一种经验概括性假说；牛顿在开普勒三定律基础上得到的万有引力定律就是一种演绎推论性假说；玻尔根据光谱的不连续性等特征提出的半经典半量子化的原子模型就是一种自由创造性假说；法拉第根据电流的磁效应坚信磁亦能生电就是一种直觉性假说等。

第二节 猜想、假设与物理学的发展

猜想与假设既是科学研究的重要方法，又是科学认识发展的必要环节。历史上有很多伟大的发现都源于科学猜想。例如：19世纪20年代，奥斯特发现了电流的磁效应，揭示了电现象和磁现象的联系，法拉第由此猜想，磁也能产生电，抱着这个猜想，他坚持不懈，历经十年的探索，终于发现了电磁感应现象，宣告了电磁学的诞生。20世纪末，为解释黑体辐射的实验规律，维恩和瑞利分别提出辐射强度按波长分布的理论公式，但都存在致命缺陷，普朗克综合二者的研究成果，大胆提出了能量子假说，破除了"能量连续变化"的传统观念，成为新物理学思想的基石之一……纵观科学的发展史，任何一个科学理论的诞生，都伴随着大胆的猜想与假设。我国《普通高中物理课程标准（2017年版）》也把猜想与假设放在极其重要的位置，要求学生"尝试根据经验和已有知识对问题的可能答案提出猜想，能对探究的方向和可能出现的探究结果进行推测与假设"。

一、光的本性的探寻

早在17世纪，物理界就开始了对光的本性问题的讨论，并逐渐形成了关于光的本性的两种学说——微粒说与波动说。荷兰物理学家惠更斯是波动说的主要代表，大名鼎鼎的牛顿则是微粒说的创始人。两种学说均可解释光的反射与折射现象，但它们对折射现象的分析得出了截然相反的结论。

微粒说得出密介质中的光速大于疏介质中的光速，而波动说则得出密介质中的光速小于疏介质中的光速。由于当时实验条件的限制，无法在实验室中用测定光速来进行判断，以致两派之争持续了几个世纪之久。由于牛顿的威望，在整个18世纪，微粒说占据着统治地位。但是，1801年，英国学者托马斯·杨首次成功地进行了光的双缝干涉实验，并对薄膜干涉现象做出了合理的解释。1808年，马吕斯偶然发现光在两种介质界面上反射时的偏振现象。1816—1819年，菲涅尔和他的积极支持者阿拉果在共同实验中，发现相互垂直的偏振光不相干涉的现象，最终证实了光是横波。这些实验事实，使波动说重新受到人们的重视。1849年菲索、1862年傅科相继在实验室中测定了水中的光速，证实了水（密介质）中的光速小于空气（疏介质）中的光速，由此波动说得到了判决性的实验确证。因此，在19世纪上半叶，波动说在关于光的本性的争论中上升为统治地位。

但是波动理论是把光看成连续介质中的机械性振动，这就必须假设存在一种传递振动的"以太"介质。因为光速很大，所以"以太"的弹性很大而密度却要极小。但是"以太"介质的存在始终没有得到实验的证实。

1845年，法拉第发现了偏振光的振动面在磁场中会发生旋转现象，揭示了光和电磁之间的内在联系。1865年，麦克斯韦创立了电磁场理论，推算了电磁波在真空中是以光速传播的。于是他大胆断言，光是一种波长极短的电磁波。到了1888年，赫兹用实验证实了电磁波的存在，建立了光的电磁理论，从而使光的波动说摆脱了机械波观点的束缚，从菲涅尔等人的弹性"以太"的波动说中解放出来，走上了一个新的台阶，这是人类对光的本性的认识的又一次深化。

19世纪，风行于物理学界的光的波动说在光电效应中遇到了无法逾越的障碍。1905年，爱因斯坦提出了光量子假说，圆满地解释了光电效应，因此光的微粒说又以新的形式复活了。但是爱因斯坦的光量子假说不是简单地回到牛顿的微粒说，而是认为微粒说和波动说各自反映了光本性的一个侧面。对于统计的平均现象，光表现为波动；对于瞬时涨落现象，光表现为粒子——这是人类第一次揭示了微观客体的波动性和粒子性的对立统一，即波粒二象性。从微粒说和波动说的争论，到波粒二象性理论的建立，这是人类认识的伟大飞跃，这个过程中的一系列重大的研究和发现，很多都直接或间接地来源于微粒说和波动说的争论。

纵观在光的本性问题探讨中争论的史实，我们看到，不同学派的争论使物理学理论的发展呈现生机勃勃的景象。争论是物理学发展的内部动因，在争论中，各派都有自己的杰出代表，他们都有独到的见解、风格和思想。通过争论，各种思想得以广泛的传播，而相互诘难又促进了各种学术思想的交流。正是这些争论才构成了一部波澜壮阔的物理学发展史。

二、行星运动规律的发现

开普勒平生爱好数学，他也和古希腊学者们一样，十分重视数的作用，总想在自然界寻找数量的规律性（早期希腊学者称之为"和谐"）。规律越简单，从数学上看就越好，在他看来就越接近自然。他之所以信奉哥白尼体系，正是因为日心说在数学上显得更简单、更和谐。他说："我从灵魂深处证明它是真实的，我以难以相信的欢乐心情去欣赏它的美。"他在接受哥白尼体系后就专心探求隐藏在行星中的数量关系，深信上帝是依照完美的数学原则创造世界的。

1598年，奥地利暴发宗教冲突。天主教徒用凶残的惩罚来恫吓开普勒，他被迫离开奥地利，逃到匈牙利隐蔽起来。不久，他接到在布拉格路德福国王宫廷内任职的第谷的邀请，去协助整理观测资料和编制新星表。1600年，开普勒携眷来到布拉格，任第谷的助手。具有讽刺意味的是，这两位学者，一个始终是哥白尼体系的反对者，另一个则是该体系的衷心拥护者。这是开普勒最快乐的时光，他不再为生活而发愁，专心从事天文学研究。然而很不幸，他们相处没有多久，第谷便于第二年（1601年）去世，这位被称为"星学之王"的天文观测家把他毕生积累的大量精确的观测资料全部留给了开普勒。他生前曾多次告诫开普勒：一定要尊重观测事实。开普勒继任第谷的工作，任务是编制一张同第谷记录中的成千个数据相协调的行星运行表。虽然他得到"皇家数理家"的头衔，但宫廷不发给他应得的俸禄，开普勒不得不再从事星相术来糊口。第谷的观测记录到了开普勒手中，发挥了意想不到的惊人作用，使开普勒的工作变得严肃起来。他发现自己的得意杰作——开普勒宇宙模型，在分析第谷的观测数据、制定行星运行表时毫无用处，不得不把它摒弃。无论是哥白尼体系、托勒密体系，还是第谷体系，没有一个能与第谷的精确观测相符合。这就使他决心查明理论与观测不一致的原因，全力揭开行星运动之谜。为此，开普勒决定把天体空间当作实际空间来研究，用观测手段探求行星的"真实"轨道。

开普勒的目光首先盯住火星，这是因为第谷的数据中对火星的观测占有最大篇幅。恰好，就是这个行星的运行与哥白尼体系出入最大。开普勒按照传统的偏心圆来探究火星的轨道，做了大量尝试，在大约进行了70次的试探之后，才算找到一个与事实相当符合的方案。令开普勒感到惊愕的是，当超出所用数据的范围继续试探时,他又发现与第谷的其他数据不符……

开普勒诙谐地写道:"我预备征服战神马尔斯,把它俘虏到我的星表中来,我已为它准备了枷锁,但是我忽然感到对胜利毫无把握……这个星空中狡黠的家伙,出乎意料地扯断我给它戴上的用方程连成的枷锁,从星表的囚笼中冲出来,逃往自由的宇宙空间去了。"开普勒计算出来的火星位置和第谷数据之间相差8分,即1.133度(这个角度相当于表上的秒针在0.02秒瞬间转过的角度)。会不会是第谷弄错了呢?或是寒冷的冬夜把第谷的手指冻僵了,以致观测失误了呢?不会!开普勒完全信赖第谷观测的辛勤与精密,即使是这样微小的数值,第谷也是不会弄错的。他说:"上天给我们一位像第谷这样的观测者,应该感谢神灵的这个恩赐。一经认识这是我们使用的假说上的错误,便应竭尽全力去发现天体运动的真正规律……这8分是不允许忽略的,它使我走上改革整个天文学的道路。"可见,这两位天文学大师的工作在当时已达到何等惊人的精确性。

当开普勒意识到始终无法找出一个符合第谷观测数据的圆形轨道后,他就大胆摒弃这种古老的、曾寄希望的匀速圆周运动的偏见,尝试用别的几何曲线来表示所观测到的火星的运动。开普勒认为行星运动的焦点应在施加引力的中心天体——太阳的中心。从这点出发,他断定火星运动的线速度是变化的,而这种变化应当与和太阳的距离有关：当火星在轨道上接近太阳时，速度最快；远离太阳时，速度最慢。他还认为火星在轨道上速度最快与最慢的两点，其向径围绕太阳在一天内所扫过的面积是相等的。然后，他又将这两点外面积的相等性推广到轨道上所有的点上。这样便得出面积与时间成正比的定律。

随后，开普勒看出火星的轨道有点像卵形（幸运的是，他首先选中火星，而火星轨道的偏心率在行星中是相对较大的），连接极大与极小速度两点方向的直径似乎伸得长些。最终，他终于认识到火星是在椭圆的轨道上运动的。椭圆是人们比较熟悉的几何图形：我们可以从木工师傅那里学到它的机械画法——在木板上先定出两个点，钉上钉子，取一段定长而无伸缩性的线，把它的两端固定在钉子上，用铅笔套在里面，然后把线拉紧，慢慢移动铅笔，这样画出来的曲线便是一个椭圆。

太阳系各个行星轨道的具体形状稍有不同。一般而言，它们的偏心率都很小，同圆形只有微小的差异，所以行星轨道可以近似地看作圆形，太阳的位置也可以近似地看作位于轨道的中心。这便是当年使开普勒绞尽脑汁的原因。这一回又是几何学帮了天文学的大忙。假如没有古希腊人对圆锥曲线（平面截割圆锥所形成的曲线）的研究，这些美妙的定律也许不可能被发现。由于椭圆是圆锥曲线的一种，它那种圆而带扁的形状使开普勒想到火星可能在这样一种曲线的轨道上运动。接着，利用古代几何学家寻找出来的圆锥曲线的许多性质，他肯定自己的假设是正确的，并将这两项发现推广到所有行星。

1609年，开普勒出版了《新天文学》一书并发表《论火星运动》一文，公布了两个定律：（1）所有行星分别在大小不同的椭圆轨道上运动。太阳的位置不在轨道中心，而在轨道的两个焦点之一。这是行星运动第一定律（也叫轨道定律）。（2）在同样的时间里，行星矢径在其轨道平面上所扫过的面积相等。这是行星运动的第二定律（也叫面积定律）。开普勒虽然摒弃了行星等速度运动的偏见，但仍维护这一原则，只是把线速度相等换成了"面速度"相等。这使开普勒感到分外高兴，因为有了这个定律，就可以计算任何时刻行星在轨道上的位置。这两个重要的定律相继被发现后，编制星表一事便轻而易举了。不仅"行踪诡秘"的火星永远逃不出星表的"囚笼"，沿开普勒给定的椭圆轨道运行，其余各个行星也都相继"被俘"。

开普勒并不满足于已取得的成就，他感到自己远远没有揭开行星运动的全部奥秘。他相信还存在着一个把全部行星系统连成一个整体的完整定律。古人给了他启示，行星运行的快慢同它们的轨道位置有关，较远的行星有较长的运行周期。第二定律也表明，即使在同一轨道上，行星速度也因距太阳远近而变化。沿着这条思路，开普勒确信行星运动的周期与它们的轨道大小之间应该是"和谐"的，他要找出其间的数量关系来。开普勒是怎样寻找这个关系的呢？他面对的只是一些观测数据，现在要在它们背后找出隐藏着的自然规律，就要求这位天文学家具有高度惊人的毅力和耐心。开普勒和哥白尼一样，并不知道行星与太阳之间的实际距离，只知道它们距太阳的相对远近。他把地球作为比较标准：以日地平均距离（天文单位）为距离单位，以地球绕太阳运动周期（一年）为时间单位，把各个行星的公转周期（T）及它们与太阳的平均距离（R）排列成一个表，以探讨它们之间存在什么数量关系。苦战9年之久，经过无数次的失败，开普勒终于找到了一个奇妙的规律，即开普勒第三定律——行星公转周期的平方与它同太阳距离的立方成正比。

三、中微子发现之旅

中微子的研究在粒子物理学中占有重要地位。中微子一开始就是一个假设存在的粒子，1931年，天才物理学家泡利从研究β衰变的能谱出发，提出了中微子的假设。

当时几乎没有人能够想象，怎么去"捕捉"这一神秘莫测的"粒子"。因为中微子是中性的，所以用于测量带电粒子的所有办法对之无效。它与物质的相互作用极弱，甚至可以穿过整个地球而不被任何物质吸收，所以长时期以来，中微子只是在理论计算中出现，而实际上根本无法证实它的存在。1934年，费米根据泡利的假设，提出了原子核中的中子衰变成质子，同时放出一个电子和中微子的β衰变理论。费米的理论指出，原子核β衰变的相互作用不同于电磁相互作用，是一种"弱相互作用"。费米的理论计算与实验结果符合得很好，间接地证明了中微子的存在。但即使如此，人们仍然不知道，如何真正地去测量它。

值得一提的是，1941年，我国科学家王淦昌提出，可以用K俘获法证明中微子的存在。于是在1952年，戴维斯按照此方案进行实验，观测到了中微子。1953年，科学家在反应堆旁观测到了反中微子。1956年，科万、莱因斯等人在实验中直接观测到了中微子。1958年，哥德哈勃等人还精确地测出了中微子的螺旋性，他们用的也是K俘获法，即用^{152}Eu俘获一个K壳层的电子，变成^{152}Sm的激发态，再放出一个中微子，成为^{152}Sm。经过仔细分析，他们第一次确定，中微子的螺旋性是-1，反中微子的螺旋性是$+1$。在这之前，还有两种常用的方法：一种是所谓的β能谱法，让量能器测量β衰变时的能量谱，由于电子只带走了衰变前后原子核能量差的一部分，其余部分的能量则由中微子带走。这是最早的中微子实验,可以定性地、间接地证实中微子的存在。另一种是原子核反冲法。由于原子核在 β 衰变发射电子的同时,原子核本身还要受到一个反作用力,使原子核本身获得一个反冲速度。因此,只要测出了发射电子与反冲核的动量,根据动量守恒,就可以确认中微子的存在。

到了 1962 年,对中微子的研究进入了一个革命性的崭新阶段。哥伦比亚大学的莱德曼、施瓦茨、斯坦博格等人想到可以用加速器来产生中微子。他们在纽约长岛的布鲁克海文国家实验室里,用 15GeV 的质子束打击铍靶,从而产生 π 介子束流。π 介子在飞行中衰变,产生 μ 子,同时放出一个中微子。他们让束流通过很大质量的铁,以致大部分的 μ 子都被吸收了,而中微子却可以畅通无阻地穿过,从而获取了相当纯的中微子束流。然后,他们将中微子束流注入火花室,观察到所产生的新 μ 子。

实验结果令人非常振奋。科学家通过实验观察后发现,中微子至少有两种:一种是电子型,另一种是 μ 子型。这样一来,神秘的中微子不仅被探测到了,科学家还发现了具有分别与电子与 μ 子相关的两种属性。这一杰出的发现,为不久以后中性流的发现与弱电统一理论的建立奠定了基础。在这以后的 1963 年,欧洲核子研究中心(CERN)用充满液态氟利昂的泡室证实了这一发现。

时至今日，人们已经确信，轻子至少有六种，即电子与电子型中微子，μ子与μ子型中微子，τ子与τ子型中微子，以及它们的反粒子，总共十二个，并可分为三代，而且这六种轻子和六种夸克之间，也有一一对应的关系，它们的内部结构也存在一定的联系。1995年，第六种夸克——t夸克（或称顶夸克）也被实验发现。"中微子之谜"的假设与实验捕获，是一代代物理学家孜孜不倦研究的结果，也是科学天才的想象力与创造性的结晶。

值得一提的另一位诺贝尔物理学奖得主斯坦博格，他一直在欧洲核子研究中心（CERN）工作，由他领导的CDHS实验组，拥有世界上最大的中微子探测器，总长达20米，直径达3.75米，总重量达1 400吨，由21个模块组成，每个模块包括复杂的量能器、磁场、漂移室等设施。这个实验组第一个著名的成果，就是否定了鲁比亚的"高Y反常"现象。

"高Y反常"现象就是在20世纪70年代中期，鲁比亚领导的一个实验组在费米实验室宣布的一个现象，即反中微子与核子相撞时所产生的低能μ子具有反常的Y值，大大偏离了标准模型的理论预计。要解释这个现象，需要有全新类型的夸克，且不像已经设想存在的第四、第五种的夸克。如果鲁比亚的"高Y反常"是对的，就说明了标准模型有可能不对。斯坦博格的 CDHS 组对"高 Y 反常"问题进行了仔细的验证，否定了鲁比亚的实验结果，证明了标准模型还是对的。他这种一丝不苟的工作作风，在高能物理学界获得了一致好评，也成就了"猜想与假设"思维与实验论证相融合的一段佳话。

第三节 猜想与假设在中学物理学习中的作用

猜想与假设是一种重要的思维方法。从前人的科学研究过程中我们可以体会到，它不仅是一种科学研究的重要方法，而且为科学研究工作注入了新的活力，提供了新的灵感。正当"山重水复疑无路"之际，一个新的猜想或假设，往往使得研究工作"柳暗花明又一村"。普朗克敢于突破传统，摒弃能量连续化的思想，大胆提出能量量子化假设，终于敲开了量子世界的大门。假如我们总是拘泥于旧的研究方法和模式，便会陷入更大的困难。了解和领会猜想与假设的思维方法，对中学生学习和运用物理知识、提升学习兴趣、感悟科学魅力具有重要意义。具体来讲，其作用主要分为以下几个方面：

一、激发学生想象力的有效途径

自然科学离不开想象。科学上的所有理论、学说，技术上的一切发明，无不有想象力参与其中。科学家在面对实际生活中遇到的问题时，为了寻求答案和解决问题，必须展开丰富的想象。爱因斯坦曾说："想象力比知识更加重要，因为科学知识是有限的，但是想象力是无限的，它包含了一切，推动着科学技术的进步，是人类智慧进化的源泉。"想象力是科学研究中必不可少的重要因素，对于今天的中学生而言，培养想象力尤为重要。猜想与假设正是培养和丰富学生想象力的有效途径。例如，在学习过程中，我们常常让学生设想"假如时光倒流"，把自己置身于历史的舞台，对于当时科学界遇到的各个难题，也展示一下自己的猜想：看到自由落体运动，猜想它的运动快慢与什么因素相关，具有什么样的运动规律；看到苹果落地，月球绕地球运转，猜想它们之间具有什么样的本质联系；看到电磁感应现象，猜想产生电磁感应现象的条件……尽管前辈们已经对各个问题做出了正确的定论，但是我们仍要对这些问题做出自己的种种"历史性猜想"，从而培养自己独立思考、敢于猜想的品质。2013年6月20日，在"天宫一号"实验室中，我国首位进入太空的女宇航员王亚平在两位同伴的帮助下，对全国几千万中小学生进行了精彩的太空授课。王亚平演示了在太空中测量物体的质量、水膜实验、水球实验、神奇的单摆等。此次太空授课，不仅给同学们传授了知识，更可贵的是极大地激发了同学们的想象力,他们向宇航员提出了很多问题,如:"在太空中有上和下的方位感吗?""窗外的景色与地面有什么不同吗?""能看到 UFO 吗?"虽然这些问题并不是很深奥,也没有蕴含多么高深的理论,但是从这些问题中,我们看到了他们迸发出来的宝贵的想象的火花,这是十分令人欣慰的。

二、体验科学探究过程

当前,中学物理教学一项极其重要的任务就是教会学生科学探究。猜想与假设就是科学探究中的一个要素。理解和领会这种思维方法也就是在体验科学探究的过程。在科学探究过程中,提出一个有价值的问题往往比解决问题更重要,但是如果仅仅是提出问题,而对问题中事物的规律性、因果性不去做进一步的猜测,很可能就会错过发现真理的机会。爱因斯坦在 16 岁时提出"追光"问题当然可贵,但是更可贵的是他能够坚持不懈地探索,并以非凡的勇气和巧妙的思维,大胆地提出新的猜想,这才使他能在 26 岁时创立相对论,震动了整个科学界。中学生学习物理知识的过程,与科学家探索未知世界的过程有很大的相似性,既要大胆地提出新问题,也要养成对新问题做出猜想、大胆假设的习惯。其实这种发现问题并展示猜想与假设勇气的机会，在中学生学习的过程中随处可见。例如：在研究物体的加速度与力和质量的关系的过程中，我们根据生活经验可以知道，同一个物体，受力越大，速度改变越快，加速度越大；同一个力，作用在质量大的物体上时，速度不容易改变，加速度小。我们通过经验，只能得到一个定性的判断，如果要定量研究，加速度与力和质量到底有怎样的关系呢？

当我们用实验证实了某个猜想后，那种成就感和喜悦感可能终生难忘。在研究电磁感应现象时，我们常常会做课本上的这个实验：用条形磁铁的 N 极或者 S 极分别插入线圈或者从线圈中抽出时，感应电流的方向是不一样的。那么对于其中的规律，我们是跟随老师的授课进程或者先看书上的结论，还是自己先做一番猜想呢？如果做过猜想，就说明我们已经在进行科学探究了，如果能够进一步根据自己的猜想，主动地进行实验探究，记录结果，尝试着做出更准确的猜想，哪怕是一个毫无意义的错误的猜想，都说明我们"好伟大"，已经和科学家一样，在进行着探究未知世界发现物理规律的科学研究了。

三、深化对物理原理的认识

在研究物理问题时，我们对未知的结果事先做出猜想和假设，并非只局限于实验研究中。在学习和生活中，我们也经常会遇到各种新鲜的、活跃的问题，同样可以根据其可能的演化方向，先做出试探性的猜想和假设，这有利于我们深化对物理知识的认识。例如，下雨天会有大小不同的雨滴落到地面，有人好奇地提出这样的问题：是大雨滴落地快还是小雨滴落地快？如果我们凭借直觉，很容易做出这样的猜想——大雨滴落地快。为了验证这个猜想，我们就要进行假设。

可以先假设一些条件，如将雨滴看作质量不变的球体进行研究，不考虑雨滴质量增加对其速度影响，则雨滴下落将达到一个恒定不变的最大速度，称为收尾速度。然而，雨滴在下落过程中会不断吸收水汽、尘埃等物质，质量将会不断增加，但由于下落过程中还存在摩擦升温等因素，造成蒸发现象，其质量也会减小，因此，为了不使问题过于复杂，可以着重讨论质量不变的不同雨滴的下落速度。对于质量变化的雨滴，只做浅易讨论，即质量增加的情况。

问题假设的复杂性不仅如此，由于这个问题肯定要涉及阻力的问题，通过查阅资料，由流体力学可知，雨滴在空气中下落，所受阻力有两种：第一种是黏性阻力，因为雨滴在空气中相对于空气运动，雨滴表面附着一层空气，即附面层，附面层靠近雨滴的空气微团相对于雨滴静止，附面层外侧的空气微团相对于雨滴有一定流速，造成雨滴表面附近的空气存在速度梯度，因而空气层之间有阻碍雨滴下落的摩擦力。第二种是压差阻力，雨滴表面处有附面层，远离附面层的气流受附面层影响小，流速快；靠近附面层的气流受附面层影响大，流速慢，因而在雨滴的上方便因靠附面层的空气未能及时赶到而留下空间，于是外层空气便回旋过来补充，从而形成涡旋，雨滴上方涡旋产生，所以上方气压小于下方气压，压强差就构成雨滴下落的阻力。

因此，即使是一个简单的雨滴形成的物理现象观察，也需要探究雨滴下落过程的受力情况，深入分析黏性阻力和压差阻力的使用条件，最后还要运用运动学相关知识对雨滴下落进行问题讨论，这样深入地理解和研究物理问题，必然有助于强化对科学思维的深刻性的认识。

第四节　中学物理中"猜想与假设"的教学案例

中学物理中，在探究物理规律或揭示物理现象时往往也要用到猜想与假设。这种假设与科学研究中的假设不同，后者往往是针对某些未知事件或规律而言的，是一种更深层次的理论先导，是对未知世界的一种粗略的描述；而中学物理中的假设，只是利用一些已知的规律解决问题的一种具体方法，所涉及的都是一些具体的物理情景，它的目的是对学生的思维进行训练，是一种较低层次上的猜想和假设，涉及的知识面比较狭窄。但是掌握这种较低层次的假设，可以为学生以后进行更高层次的假设打下坚实的基础。

一、物理条件的假设

对研究对象假设一些外部的或内部的条件、设想某些状态，这是常用的一种假设方法，如假设是均质物、不计摩擦、物体受恒力作用、悬线不可伸长等。可以说，物理学的所有规律实际上都是通过对有关条件做了某些假设后取得的。在分析研究具体物理问题时，也可以对研究对象先假设某些条件，然后对这个假设条件下的结果进行分析，或与假设原来的条件对照比较，这样就可以较方便地做出正确的判断。

例1：图4-1为主动轮A通过皮带带动从动轮B的示意图，主动轮的转动方向如图所示，试分析A轮上的M点和B轮上的N点受到的摩擦力的方向。

解析：该题的静摩擦力方向的判断是高中物理学受力分析中难度较大的情景，由于缺少直观的现象和相关的生活经验，因此学生很难形成清晰的思路。对于这一类型问题的分析，高

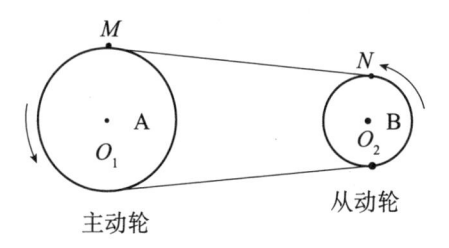

图 4-1 主动轮 A 通过皮带带动从动轮 B

中物理基本都用假设法。

假设两个轮子和皮带的接触面是光滑的,则皮带不受摩擦力的作用,因而静止。根据主动轮和从动轮的概念,主动轮由于外力带动,逆时针转动,轮上 M 点的速度方向为沿切线向左。因此,可以得出此方向为轮上 M 点相对于皮带的相对运动趋势方向,即得出 f_M 为沿切线向右。从动轮没有皮带摩擦力带动,处于静止。当皮带逆时针转动时,从动轮上的 N 点相对于皮带沿切线向右运动,此方向为轮上 N 点相对于皮带的相对运动趋势方向,即得出 f_N 为沿切线向左。

二、物理过程的假设

物理过程是指研究对象(一个或几个物体,某部分液体或气体等)从一个状态到另一个状态所经历的变化。研究对象始末两种状态所经历的中间过程有时不是唯一的。例如:在研究一定质量理想气体从初始状态变化到终了状态的变化规律时，可以假设它经历了不同的中间过程。因此，为了研究问题的需要，我们也可以对物体所经历的过程做不同的假设。

例 2：一个氧气瓶的容积 $V=23L$，贮有压强为 130×10^5Pa 的氧气。某厂为吹玻璃需要，每天耗去 1×10^5Pa 的氧气 400L。当氧气瓶内氧气的压强降到 10×10^5Pa 时，需要重新充气。试问：一瓶氧气可供该厂使用几天？（假设温度不变）

解析：氧气瓶内前、后的压强和吹玻璃耗氧的压强不相同，为了便于比较，可假设它们发生一个等温变化的过程，全部变成压强为 1×10^5Pa 的氧气。

压强为 $P_1=130\times10^5Pa$、体积 $V=32L$ 的氧气经等温变化后，由波义耳定律，得出压强为 $P_0=1\times10^5Pa$ 时的体积：$V_1=\dfrac{P_1V}{P_0}=130\times23=2\,990L$。

剩余压强 $P_2=10\times10^5Pa$，也使它经等温变化后变成压强为 $P_0=1\times10^5Pa$ 时的体积：$V_2=\dfrac{P_2V}{P_0}=10\times23=230L$。

所以，可使用的天数为：$n=(V_1-V_2)/V'=(2\,990-230)/400=6.9$（天）。

三、矢量方向的假设

物理问题中关于矢量方向的假设，主要有这样几种情况：

(1) 将物体的运动方向（速度方向）或某阶段的运动方向假设为矢量的正方向。这种情况多数用于直线运动中，如物体沿水平路面运动或做竖直上抛、下抛，两物体沿平直轨道运动发生正碰撞或直线往返运动等。

(2) 将物体的加速度方向或受力方向假设为矢量的正方向。对于能直观判断出加速度方向的问题，常取加速度方向为正方向，这样可以避免牛顿第二定律公式 $F=ma$ 的右方出现负号，有利于减少解题时的某些失误；对于加速度方向不明显的情况，常取某个力的方向作正方向。

(3) 当几个矢量的方向互相牵制时（如洛伦兹力中的 v、B、F 等），可先任意假设某一个矢量的方向为正方向。

例 3：一物体做匀变速直线运动，其运动速度如图 4-2 所示，则在前 4s 内（假设向右为正方向）（　　）。

A. 物体始终向右运动

B. 物体先向左运动，2s 后开始向右运动

C. 前 2s 物体位于出发点的左方，后 2s 位于出发点的右方

D. 在 $t=2s$ 时，物体的加速度为零

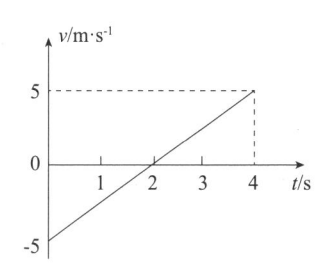

图4-2 某物体做匀变速直线的运动速度

解析：由于在图4-2中，某一点即代表物体此时刻的瞬时速度，时间轴上方速度是正数，时间轴下方速度是负数，因此物体前2s向左运动，后2s向右运动，故A错误。

由A分析得，B正确。

前2s物体向左运动，位于出发点的左方，后2s向右运动，4s末回到出发点，故C错误。

在$t=2s$时，物体的速度为零，但加速度不为零，故D错误。

四、临界状态的假设

临界状态是指事物发展变化过程中的某一节点，当达到这个节点时会引起物质的物理状态或某些物理性质发生质的变化。例如：在一定气压下，每种气体都有一个临界温度，要使气体液化，必须设法使气体的温度低于临界温度。又如：光从光密介质射向光疏介质时存在一个临界角。再如：某些金属、合金和化合物，当温度低于某个值时，它们的电阻率会突然减小为零，这个温度也称为临界温度。

有些物理概念前面虽然未冠"临界"两字，但它们都有临界的含义，如热学中熔点、沸点，电学中电容器的耐压等。它们都是使物体的状态或某些物理性质发生突变的节点。

临界状态的含义还可以延伸到各种临界问题——凡是在物体的运动变化过程中存在着能使它们发生突变，或使某些物理量取特殊值的节点，我们都可以称为临界问题，如使两物体保持相对静止的最大加速度、火车沿弯道安全行驶的最大车速、物体发生状态变化时的最低温度、能使电子穿过平行板的最大电压等。在物理中广泛存在着各种临界问题。

由于临界状态是物体运动变化过程中的一个节点，在这个点前后往往会形成两个明显的阶段，物体的运动状态、受力特征、某些物理性质或某个物理量都会发生突变，因此，在处理可能存在临界状态的问题时，关键是分析清楚物理过程，注意临界前后，捕捉不同特征。

例 4：在倾角为 α 的斜面上叠放着 A、B（如图 4-3 所示）两木块，A、B一起沿斜面加速下滑。已知木块 A 与斜面间的动摩擦系数为 μ，则木块 B 在下滑时，下列说法正确的是（　　）。

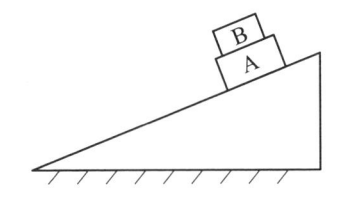

图 4-3　A、B 两木块沿斜面下滑

A. 木块 B 不受木块 A 的摩擦力

B. 木块 B 受到木块 A 沿斜面向下的摩擦力

C. 木块 B 受到木块 A 沿斜面向上的摩擦力

解析：当木块 A 对木块 B 没有摩擦力时，B 沿 A 下滑的加速度 $a_0 = g\sin\alpha$。如果 A 对 B 施以沿斜面向下的摩擦力，则 B 下滑的加速度 $a > a_0$；如果 A 对 B 施以沿斜面向上的摩擦力，则 B 下滑的加速度 $a < a_0$。因此，$a_0 = g\sin\alpha$ 就是 B 是否会受到 A 的摩擦力以及它的方向的临界加速度。

根据题意，A、B 两木块沿斜面一起加速下滑，相当于一个整体。由于 A 与斜面间有摩擦，因此对 A、B 这一整体，由牛顿第二定律可得 $(M_A + M_B)g\sin\alpha - \mu(M_A + M_B)g\cos\alpha = (M_A + M_B)a$，即 $a = g\sin\alpha - \mu g\cos\alpha < a_0$。

也就是说，B 沿 A 下滑的加速度小于 $g\sin\alpha$。可见，A、B 一起下滑过程中，B 受到 A 沿斜面向上的摩擦力，所以正确答案为 C。

五、极端情况的假设

当研究物理问题时，将其中的某些物理量取它们的极端值或对这个问题做一些极端情况（包括物理条件、状态或过程等）的设想，这样的思维方法称为极端假设法。

（1）极端假设法的主要作用。可以概括为以下两个方面：第一，利用极端假设法可以化难为易，便于判断变化趋势或找出有关结果。第二，利用极端假设法可以得到某些条件较难实现或根本无法实现时的客观结果。例如：伽利略通过斜面实验得到小球沿光滑斜面滚下做匀加速运动的结论后，他外推到斜面倾角 $\alpha=90°$ 的极端情况，从而断言当时难以直接通过实验验证的自由落体运动规律。

例 5：一个质量为 M 的物体由静止开始从斜面顶端下滑，物体与斜面间的动摩擦系数为 μ，如图 4-4 所示。保持斜面高 h 一定，改变倾角 α。在下列三种情况下，滑到底端时间最短的是（　　）。

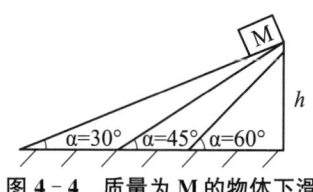

图 4-4　质量为 M 的物体下滑

A. $\alpha=30°$

B. $\alpha=45°$

C. $\alpha=60°$

解析：题中 α 角的取值范围是 $0°\sim 90°$。假设 α 角取极端值 $90°$，物体变成自由下落，时间 $t=\sqrt{2h/g}$。再假设 $\alpha\to 0°$，斜面将无限延伸，下滑时间 $t\to\infty$。可见，物体的下滑时间随 α 角的增大而减少，题中情况是 $\alpha=60°$时滑行时间最短，所以正确答案为 C。

（2）极端假设法的取值原则。在许多情况下，利用极端假设法是为了较快地做出判断，因此极端值取值法的基本原则是能使问题的处理简化。代入极端值后的结果应该是熟知的，以便一目了然地做出判断。一般情况下，对于数值中的 0、∞，角度中的 $0°$、$90°$、$180°$，加速运动时的 $a=0$ 或 g，电路中的断路、短路，研究光的传播时入射角 $I=0°$或 $90°$，凸透镜成像中 $u=f$、$u\to\infty$ 等，都是较常选取的极端值或极端情况。

结语

猜想与假设是一种重要的批判性思维能力，也是科学问题探究中的关键环节和重要因素。猜想与假设在物理学发展中也起到了非常重要的作用，恩格斯说："只要自然科学在思维着，它的发展形式就是假说。"在科学技术飞速发展的今天，各门学科的知识日新月异，想尽快掌握某一方面的知识并进行科学研究工作，最重要的是掌握科学研究的正确方法，猜想与假设是科学研究中的一种重要的方法，但学生的猜想与假设能力并不会自动增强，它需要在教育教学中结合学生的已有知识和经验不断进行引导和训练。因此，我们要重视这种方法，并学会运用这种方法。

第五章　形象与直觉

> 直觉就是科学知识的创始性根源。——亚里士多德
>
> 所谓发明，实际上就是鉴别，简单说来，也就是抉择，怎样从多种可能中做出优化的抉择呢？经验表明，单单运用逻辑思维就是按逻辑规则进行推理是没法完成的，而必须依靠直觉。——庞加莱

形象思维主要是指人们在认识世界的过程中，以直观形象对事物表象进行取舍时形成的一种问题解决的思维方法。而直觉思维是一种直接的、领悟性的思维，它是指没有完整的分析过程与逻辑程序，依靠灵感或顿悟迅速理解并做出判断和结论的思维，具有直接性、敏捷性、跳跃性等特点。形象思维与直觉思维是非逻辑思维，可以看作逻辑思维的凝聚或简缩，

也是一种心理现象，对学生批判性思维和创造性思维的培养起着极为重要的作用。

从批判性思维技能方面来看，形象思维与直觉思维归属于评价能力，依托于个人的感知和经验，与批判性思维情感倾向的系统性、开放性和自信心联系密切，依赖于个人认知的成熟度。当然，通过形象思维与直觉思维做出审慎判断后，还应该在表征形式和意欲的推论之间寻求逻辑关系和实验验证，才能使论证更具有科学性和说服力。

第一节　什么是形象思维与直觉思维

一、形象思维的概念与特点

形象思维是以物理表象为思维材料进行的思维活动。物理表象是物理形象在人脑中间接和概括的反映，它所反映的对象是事物的形象，以生动、直观为特征，以意象、联想、想象、整合为基本思维方法，通过感官所感知的图形、图像、图式和形象性的符号来创造和理解新事物、新形象的信息加工方式。作为一种科学而又系统的思维活动，形象思维是在对形象信息传递的客观形象体系进行感受、储存的基础上，结合主观的认识和情感进行识别，并用一定的形式、手段以及工具创造和描述事物的宏观形象、微观形象、整体形象、局部形象、静态形象和动态形象等。

形象思维具有以下几个基本特点：

（1）共通性。形象思维的共通性表现在人人都具有形象思维，且易于交流、沟通和理解。儿童在牙牙学语前，就会利用形象思维。例如：宝宝看到妈妈张开双臂，表示要"抱抱"的意思；宝宝咬着手指，可能说明他饿了，想要吃东西。我国古代运用"六书"造汉字时，其中象形、指事、会意、形声等造字法也是充分利用了形象思维。例如：象形字中的"月"字像一弯明月的形状，"鱼"是一尾有鱼头、鱼身、鱼尾的游鱼；指事字中的"刃"字是在"刀"的锋利处加上一点，以作标示；会意字中的"鸣"意思是鸟的叫声，于是用"口"和"鸟"组合而成……这些无不说明人类利用形象思维进行思考的重要性和广泛性。

（2）具象性。形象思维的形式有意象、直感、想象等，其表达的工具和手段是能为感官所感知的图形、图像、图式和具象性的符号。进行形象思维，始终不能脱离可感知的事物的具体形象，形象思维的过程就是对具象的取舍、改造、关联和建构的过程。离开了具象，形象思维就成了"无米之炊"，就无法顺利进行下去。具象不仅是形象思维的起点，还贯穿于形象思维的全过程，尤其体现在形象思维的结果上，任何体现形象思维成果的形态，总是具体、生动的东西。艺术家或用语言，或用声音，或用形体来表现其艺术形象构思；工程师、技术员或用图样，或用实物来表现其技术形象构思……这些都是具象在发挥着重要作用。

（3）创造性。想象是思维主体运用已有的形象形成新形象的过程，形象思维并不满足于对已有形象的再现，它更致力于追求对已有形象的加工，从而获得新形象产品的输出，因此，想象性使形象思维具有创造性的优点。在抽象思维中，人们动用概念把握客体本质、反映事物本质特征的概念内涵具有较大的稳定性，因而对于同一种客体的同一个侧面，人们所形成的概念应该是相同的。而形象思维不像抽象思维那样，对信息的加工一步一步线性地进行，它可以调用许多形象性材料，可以由一个形象跳跃到另一个形象或者整合在一起形成新的形象，没有清晰的逻辑性，不是系列加工。由于客观的复杂性和形象间联系的多样性，对于同样的客体及其属性，人们完全可以用不同的形象加以描述。因而，形象思维可以在一定程度上超脱时空限制，创造独特形象，自由地构思，自主地表达思维者的意图和形象。

二、直觉思维的概念与特点

直觉思维是指对一个问题没有成熟的思考，条件反射式地对问题做出判断，对问题有"灵感"和"顿悟"，或者对未知事物有"预感"和"预言"等。物理教育中的直觉思维是以物理概念和物理表象结合而成的、具有整体功能的、以知识组块为材料而进行的思维，是指人脑不借助于逻辑推理而综合运用已有知识、表象和经验知觉，而是以高度省略、简化、浓缩的方式洞察事物的物理实质。直觉思维是一种心理现象，它不仅在创造性思维活动的关键阶段起着极为重要的作用，还是人生命活动、延缓衰老的重要保证。直觉思维是完全可以有意识加以训练和培养的。

直觉思维具有以下几个特点：

（1）突发性。直觉和灵感的产生往往是突发的，灵感既可以发生在为解决物理问题进行苦思冥想时受主体指挥和控制的"现实思维"中，也可以发生在主体当时并不在思考所要想解决的问题，甚至在某种漫无目的、不受主体控制的"潜意识"中。

（2）整体性。直觉思维是综合运用已有知识、表象、经验、感觉，从整体上研究物理问题，把注意力和着力点放在物理问题的整体对外效应上。在对物理问题做整体分析的基础上，进行一种简约、紧缩、有选择和急速的推理思维，然后以一种敏锐的观察力、有根据的想象力和判断力，以单刀直入的方式，一次性从整体上揭示物理事物的本质。

（3）随机性。直觉思维的随机性具有两方面的含义：一方面，灵感的出现常常是人们预料不到的；另一方面，直觉思维的结果可能是正确的，也可能是错误的，它是对物理问题的直觉的猜测，其结论的正确性要靠实验来检验。

第二节 形象思维、直觉思维与物理学的发展

一、形象思维与物理学的发展

在物理学的发展史上，形象思维起到了重要的作用。物理学上许多新概念的提出，往往离不开形象思维，很多物理新概念的诞生与已有的科学知识找不到现成的逻辑途径，对新概念的诞生真正有效的，是基于观察和实（试）验的形象类比、联想与想象。

（一）形象思维可以为新概念的提出提供形象基础

关于物质的组成，我国古代学者提出过五行说，西方学者

提出过元素论。古希腊哲学家德谟克利特曾提出原子论，认为宇宙间的一切物质都是由极小的、坚硬不能穿透的、不可再分割的终极粒子——原子组成，原子是永恒的，不可创造、不可毁灭。在现在看来，这样的观点是缺乏实验基础的，但它作为哲学家思辨的产物，却有着广泛的形象基础。德谟克利特通过日常观察发现，手上的戒指戴久了就会变薄；铁犁耕地多了就会磨损；博物馆中铜像的手被参观者握手次数多了就会变小；物体蒸发时发出的气味会传很远，这些过程虽然看不见、摸不着，但可以想象，它们一定是一点一点、极小、极少地耗掉或者挥发出去的。因此可以想象，戒指、铁犁、铜像等物体都是由许多极小的粒子组成的，由此可以推知自然界的一切物质都是由极小的粒子组成的，这种粒子，德谟克利特称之为原子。

磁感线的提出也与形象思维分不开。法拉第通过观察放置在磁铁附近的铁屑所形成的图案，并与磁铁周围小磁针的指向相比较后认为，即使没有铁屑，磁场中也应该存在这种可以表示磁针指向的线，由此提出了磁感线的概念；与此相类似，法拉第还通过类比电与磁，提出了电场线的概念，并设想电力和磁力一样也是通过力线传播的。逐步地，法拉第确立了他的物理场思想，他把热力线、光线、重力线、电场线和磁场线都列入空间力场的范围，并指出力线或场是独立于物体的另一种物质形态，物体的运动都是场作用的结果。法拉第所提出的力线和场的思想，正是在实验的基础上，通过形象类比、想象提出来的，这与形象思维密切相关。

（二）形象思维可以为抽象问题提供形象的诠释

1897年汤姆逊发现电子后，便否定了道尔顿提出的"实心球模型"，在1904年提出了"枣糕模型"。而无论是"实心球模型"还是"枣糕模型"，均源于生活模型。因为"枣糕模型"缺少实验的基础，卢瑟福便想通过实验来验证，但实验现象与"枣糕模型"大相径庭。卢瑟福在实验中发现α射线通过铝箔或云母时会发生小角度散射，他认识到该散射现象有可能有助于探索原子内部结构，便让他的助手开展大角度的散射实验。他的助手把镭放射的α粒子经金箔反射到硫化锌荧光屏上，通过显微镜数出被反射的α粒子数，最终发现当采用$1cm^2$的金箔作为反射物时，约有1/8 000的入射α粒子被反射，平均散射角为90°，卢瑟福对此感到很惊讶。后来，卢瑟福通过对α粒子被散射的轨迹计算，发现了它们沿双曲线轨道运动，就像太阳系中的行星或彗星一样，他高兴得称之为"我发现了一个小太阳"。显然，卢瑟福提出的原子核式模型，不仅有α粒子大角度散射的坚实实验基础，太阳系模型也为他心中的原子模型提供了形象化的铺垫。

太阳系如何演变而来？对于这一问题，德国科学家康德提出了星云说。康德认为早期的太阳是一个巨大的星云，它绕自己的轴心缓慢转动，星云中比较大的微粒逐渐把小的微粒吸引过来变成更大的团块，团块在各自的运动中不断碰撞，最终像滚雪球一样逐渐形成越来越大的团块，在星云中心部分聚集成原始的太阳。原始太阳形成后，一些微粒或小的团块在向太阳中心下落的过程中，由于碰撞会改变运动方向，相对太阳斜向下降，然后绕太阳做圆周运动，并且逐渐在太阳周围形成一个转动的星云盘，从而慢慢地形成原始行星。各个行星也以同样的方式形成它们的卫星。后来，法国科学家拉普拉斯也独立地提出了类似的星云理论。到了20世纪，各国的科学家在星云说的基础上提出了许多独特的见解，发展并建立了现代星云说。我们可以发现，太阳系演变形成学说的共同点都是通过生动直观的形象来诠释的。

（三）形象思维可触发科学发现的灵感

自从放射性现象被发现以后，人们开始研究如何能看到并拍摄单个粒子的"径迹"。英国物理学家威尔逊通过对山中云雾的观察，再通过形象的推理发明了云室。有一次，威尔逊在苏格兰群山的最高峰观察到太阳在直射山顶上的云雾时呈现奇妙的光学现象，于是打算在实验室中模拟这些现象。他做了一个仪器，里面有一些清洁的潮湿空气，然后让这些空气在仪器中反复地突然膨胀。威尔逊发现，原来存在于空气中的看不见的水蒸气，在一定的温度下达到饱和状态，如果突然增大储存这些饱和水蒸气的容积，使之温度骤降，已经饱和的水蒸气就会处于过饱和状态，这时如果空气中有尘埃或者离子作为凝结核，水蒸气就能够以它们为中心迅速凝结起来，形成微小的液滴。根据这样的原理，威尔逊用 X 射线、铀射线、紫外线、α射线、β射线对准云室，观察到了不同射线使云室中的水蒸气电离凝聚产生各种不同的轨迹，并拍摄了不同射线产生不同轨迹的对照图，后来人们将这个装置称为威尔逊云室。威尔逊云室的发明，给观察和探索微观粒子的运动提供了有力的手段。这也正是形象思维触发了科学发现的灵感。

二、直觉思维与物理学的发展

直觉是人类科学认知活动中不可缺少的一个重要组成部分。我国著名科学家钱学森这样说过："科学技术工作绝不能只限于抽象思维的归纳推理法，而必须兼用形象或直觉思维，甚至要得助于灵感或顿悟思维。"

（一）直觉思维可催生新的思想

杨振宁说："解决问题时的创造性灵感并不是凭空产生的，

通常都是经过绞尽脑汁的冥思苦想才会发生顿悟。"直觉可以异于常规思维，反过来思考问题，是用绝大多数人没有想到的思维方式去思考问题。

"苹果落地"的故事还有待科学史进一步考证，但牛顿单凭直觉认为地球与太阳之间的引力与地球对周围物体的引力可能是同一种力，遵循相同的规律。他猜想的依据是：（1）行星与太阳之间的引力使行星不能飞离太阳，物体与地球之间的引力使物体不能离开地球；（2）在离地面很高的距离里，都不会发现重力有明显的减弱，那么这个力必然延伸到很远的地方。然后，牛顿对此思想进行检验，如果猜想正确，月球在轨道上运动的向心加速度与地面重力加速度的比值，应该等于地球半径平方与月球轨道半径平方之比，即 $\frac{1}{3\,600}$。经过检验，地面物体所受地球的引力，与月球所受地球的引力确实是同一种力，这一发现对人类科学思想的启蒙意义重大。其实，牛顿具有惊人的直觉思维，他从物体的惯性对外加力所显示的抵抗特性，一下子认识到这是物体内部的本质属性决定的，从而提出惯性质量的概念。他还从各个纬度上重力的差异，一下子意识到物体内存在同一本质属性，实质上提出了引力质量的概念。后来，他通过水平面上磁力吸引铁块的匀加速运动和重力迫使物体以匀加速运动下降两个同类实验的对比，意识到惯性质量和引力质量相当，从而建立了牛顿第二运动定律。

爱因斯坦在提出狭义相对论以后，意识到狭义相对论仅是惯性系之间的一种时空变换，并没有涉及加速系统，而且狭义相对论也没有能够解决引力问题。为此，爱因斯坦苦苦思索，不得要领。有一天，当爱因斯坦坐在办公室的椅子上时，他突然想到：如果一个人自由下落，他会感觉不到自身的体重。他继续设想一个下落的人感觉不到自身的体重，是因为在他自身的参考系里有一个新的引力场抵消了地球的引力场，因而在这个加速运动的参考系里，需要一个新的引力场。于是在这样一个直觉的启发下，他就把做加速运动的参考系自然地与引力问题联系了起来，进而建立了等效原理，并最终成就了具有划时代意义的广义相对论。这就是直觉思维的价值所在。

爱因斯坦之所以能够超越同时代的科学家，是因为超强的直觉思维给了他太多的灵感。在量子力学方面，他大胆地将解释热辐射的量子说移植到光电效应。爱因斯坦认为，光的传播过程也是量子化的，可以说，在当时的时代背景下，并且在没有通过实验验证的情况下，就能直觉地洞察到光的量子性是非常不容易的，这是对量子理论的一个重大推进。德国物理学家赫兹在发现光电现象以后近20年的时间里，对量子的研究并未取得多大的进展，甚至连普朗克也还在量子大门前徘徊，然而爱因斯坦根据自己的直觉，领悟到量子观念的美好前景，察觉到无论是热辐射、电磁辐射，还是光辐射等的一切辐射，都应该是量子化的，因此他非常果断地把量子观念迁移到对光电效应的研究上。1905年，爱因斯坦创造性地提出了"光量子"的新概念，建立了关于光电效应的方程，从而驱散了笼罩在光电效应现象上的层层迷雾，建立了关于光电效应的正确理论。爱因斯坦不仅认为光在吸收和辐射时是量子化的，还进一步揭示了光的双重性、物质的波粒二象性，这一发现和其相应的物质的二重性，成了20世纪最伟大的成就。

（二）直觉思维可启迪新的发现

直觉，或者称为灵感，就是偶尔在头脑中闪过的对问题的某种特别具有独创性的设想。它往往是人们对某个问题研究已久，绞尽脑汁，百思不得其解，正当处于"山重水复疑无路"的困境中时，突然因某种刺激而引起联想得到启发，茅塞顿开，从而找到了解决问题的新的策略方法。1971年诺贝尔物理学奖授予了英国伦敦帝国科技学院的匈牙利裔物理学家丹尼斯·伽博（Dennis Gabor），以表彰他发明和发展了全息术。伽博是在激光器还未出现前的20世纪40年代发明全息术的，当时他正在一家公司的研究室里工作,该公司旨在提高电子显微镜的分辨率。当时电子显微镜的分辨能力已比最好的光学显微镜提高了一百倍,但仍不足以分辨晶格,其中球差和衍射差是限制分辨率的主要因素,要减少衍射差就要加大孔径角,若把孔径角增加一倍,衍射差就会减少一半,但这时球差则增加了8倍。为了兼顾两者,不得不把电子透镜的孔径角限制为0.005弧度,从而算得分辨率的理论极限约为0.4nm。而分辨晶格起码要0.2nm。面对这样的难题,伽博苦苦思索。

1947年的一天,天空晴朗,伽博在网球场等待一场球赛时脑子里突然出现一道闪念,想到:"为什么不拍摄一张不清楚的电子照片,使它包含全部信息,再用光学方法去校正呢?"他考虑到电子显微镜永远不会完善,若把它省去,利用相干电子波记录相位和强度信息,再利用相干光再现无像差的像,这样一来,电子显微镜的分辨率就可以提高到0.1nm,达到观察晶格的要求了。伽博就是从这一思想出发,发明了全息术。

应该说,全息术的基本概念是波动光学的产物。17世纪末,惠更斯建立了光的波动说,即惠更斯原理,指球形波面上的每一点(面源)都是一个次级球面波的子波源,子波的波速与频率等于初级波的波速和频率,此后每一时刻的子波波面的包络就是该时刻总的波动的波面，这是理解波前和衍射的有力武器。19世纪初，托马斯·杨用惠更斯原理解释他的双缝干涉实验，菲涅耳用光的干涉思想补充了惠更斯原理，完善了光的衍射理论。应该说，在这样的基础上，早就该有人发明全息术了。可是，为什么要等到20世纪中叶，才由一位研究电子显微镜的专家无意中发明全息术呢？关键在于，伽博抓住了全息术的核心思想：波前重建。为什么伽博会把握住这一关键呢？他解释说："在进行这项研究时，我站在两个伟大的物理学家的肩膀上，他们是劳伦斯·布拉格和泽尔尼克。"也就是说，促使伽博的直觉思维发现的全息术的思想也是建立在他平时深厚的知识积累上的。

在发明全息术的前几年，伽博看过劳伦斯·布拉格的《X射线显微镜》一书，布拉格采用两次衍射使晶格的像重现。尽管X射线无法利用透镜成像，但原子的间距与X射线的波长同数量级，周期性排列的原子对入射X射线散射的相互干涉，会产生衍射点阵，用相干光对这种衍射图样作第二次衍射，便可恢复晶格的像，这就是伽博两步成像法的由来。然而他注意到，布拉格的方法还不足以记录傅里叶变换的全部信息。为了解决相位的记录问题，伽博想到了泽尔尼克在研究透镜像差时使用过的"相干背景"。他认为：如果没有什么东西作为比较，丢失相位是不可避免的，但加上一个标准，即用"相干背景"作为参考波，那么参考波与衍射波相互干涉，用照相底片记录干涉图样，便可得到包含相位信息在内的干涉图像。衍射波应该是包含相位信息在内的干涉图，伽博称之为"全息图"。在全息图上，两个波相位相同处产生极大，相反处产生极小。若制作的是正片，则仅在极大处透光。因透光的狭缝处参考光与物波的相位相同，故用参考光照明全息图可重建衍射波的波前。由于过去没有人掌握波前重建的概念，因此直到1947年，伽博的脑子里萌生"波前重建"时，全息术才有了被人们发明的可能。

伽博以重建波前的方法考虑他的电子显微镜方案，提出了两步过程的建议。第一步为电子分析，即用电子束来照明物，被物衍射的电子束与相干背景（即入射电子束的未衍射部分）之间产生干涉，再记录在底片上；第二步为光学综合，即用光学系统来再现并校正电子光学的像差，然后在照相底片上拍摄再现的像。伽博和他的助手威廉斯首先在光学的范围里进行全息实验。他们用汞灯作为光源，经滤光片使入射光单色化，借助一个针孔滤光器使这束光达到所要求的空间相干性。他们的实验是很不容易做的，因为高压水银灯提供的单色光仅有0.1mm的相干长度，也就是只有200个条纹。但是，为了得到空间相干性，他们必须用一根水银谱线照明直径为 $3\mu m$ 的针孔，这光足以制作直径为 1cm 的物体的全息图。他们用直径为 1mm 的显微照片作实验物体，由于光源很弱，用当时最灵敏的照相乳胶也要几分钟曝光时间。相干长度小，迫使他们把每件东西都布置在同一轴线上，根据这个特征，这种实验被称为同轴全息实验，但在当时，这是唯一可行的方案。他们在相干长度和强度这两个互相矛盾的因素中力图找到最佳的折中方案。然而，再现的图像不大理想，照片中尚有系统性缺陷。另外，同轴全息术还会受到不可避免的孪生像的干扰。伽博力图用聚焦来分离同轴的孪生像，但是不可能完全消除。尽管如此，伽博的这次实验首次实现了全息记录和重建波前，得到了第一张全息照片。

由此开始，物理学界出现了研究全息术的第一次热潮。罗杰斯制作了第一张相位全息图，对全息理论做了全面论述，他还提出全息术也适用于无线电波，可用于检测电离层。巴兹进行了 X 光全息术实验。然而在全息术早期的工作中，人们最关注的还是其在电子显微镜中的应用。从 1950 年开始，海恩、戴森和马尔维等从事这方面的研究，伽博当顾问，可是由于当时还没有理想的相干光源，因而受到伽博同轴全息孪生像的干扰，有成效的工作很少。因此，20 世纪 50 年代中期，全息术的研究工作处于停顿状态，几乎没有新的进展。当时，只有美国密歇根大学的利思还在把波前重建的理论用于雷达工作。苏联也有一些科学家继续进行着新的探索。

1960年，激光器的出现给全息术带来了新的生命。1963年，利思和乌帕特尼克斯发表了第一张激光全息图，立刻引起了轰动，全息术突然"复苏"了。由于激光的相干长度比水银灯大几千倍，实验中不受同轴全息术的限制而采用"斜参考波"法，从而创造了离轴全息术，实验者很容易就消除了孪生像的干扰。另外，由于激光的强度超过水银灯几百万倍，在适当的曝光时间内便可用很细颗粒的和低速的照相乳胶制作大的全息图，并取得非常好的再现效果。利思等第一次发表的黑暗背景上透明字的全息照片、景物照片和肖像照片等，图像都很清晰。1964年，他们又用漫射照明制作全息图，成功地得到三维物体的立体再现像。利思的成功不仅是由于有了激光，也要归功于他从1955年就开始的理论准备。他把通信理论和全息概念结合起来，用于侧视雷达的研究，实际上就是电磁波的两维全息术。在激光出现以后，利思便把他所提出的斜参考波法应用于激光全息，至此，全息术取得了重大突破，在社会生产和生活实践中有了广泛的应用。然而，这一切开始的渊源则要归功于科学家的直觉思维。

第三节 形象思维、直觉思维与中学物理教学

形象思维与直觉思维水平的形成固然有先天因素的影响，但教育过程中的培养也有其特殊的意义，对全面提高学生思维能力，特别是创新思维能力必不可少，它也是物理学习中分析问题与解决问题的一部分。

一、培养学生形象思维的方法

在物理课堂教学中，需要注重学生应用物理形象思维分析问题的能力，要激发学生对物理形象的利用与思考，加深印象，培养习惯，同时学会利用多媒体展示、实验、物理模型等引发学生的形象思维。在物理教学中培养形象思维可以有实验与观察、图形与图像、类比与想象等方法。

（1）实验与观察。实验可以是研究问题的真实情景的再现，也可以是建模后的仿真，还可以是等效后的模拟。观察的对象既包括对实验的观察，也包括对真实现象的观察或回忆。科学观察是有目的、有意识地去认识现象中的规律，形象思维的培养不同于科学观察中的感受与体验，它体现于表面与直接。

机械波的传播规律的理解对学生来说是个难点，如图 5-1 所示，利用横波演示实验，让学生体会传播过程，在分析波动与振动关系的过程中去感受规律特征——波动的过程就是"波形"的"平移"，让波动规律的理解更为形象，在此基础上，使学生能够逐步认识波动的本质。

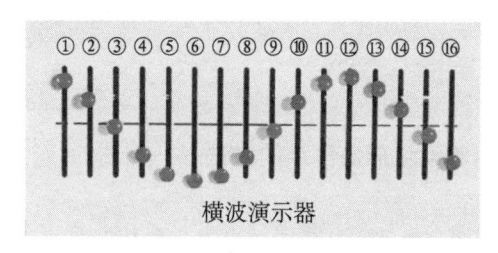

图 5-1 横波演示实验

（2）图形与图像。图形与图像是分析问题、解决问题的方法，相对于抽象思维与逻辑思维，图形与图像可以使问题直观化，将模型重新构建，既可以突出物理本质，也能显示动态特性，简化过程与逻辑，也体现"化繁为简"的思想。

在很多情况下，物理过程中所遵循规律的数学模型比较复杂，超出我们的直接反应，利用图形或图像，将物理过程或物理模型直观化，可使问题的分析简洁化、直观化。在运动学中，我们经常会利用 $v\text{-}t$ 或 $x\text{-}t$ 图像来辅助分析问题，运用相关数学概念（斜率、面积等）更容易理解。有时将复杂数学模型转换成简单数学模拟方便我们直接判断。例如：在牛顿第二定律的探究或验证中，为了解加速度与质量的定量关系，如果利用 $a-m$ 关系，无论从数据还是图像找到规律都相对较困难。在实际操作中，我们可以从 $a-\frac{1}{m}$ 的角度，还是从图像的角度研究，线性就更为直观。特别是在多过程的问题分析中，利用图形与图像分析更有利于培养学生的形象思维能力。

（3）类比与想象。类比就是由两个对象的某些相同或相似的性质，推断它们在其他性质上也有可能相同或相似的一种推理形式。类比也可以是形象化的比喻，它可以让我们对事物的理解更为形象直接。想象是一种特殊的思维形式，是在头脑中沟通新旧知识联系，将已储存的表象和科学概念进行加工和重新组合，并建立新形象的过程，包括等效、模拟、仿真等思维方式，能突破时间和空间的束缚。

在电路问题中，一般的思路是利用欧姆定律进行电路分析，但遇到具体问题时，可能事倍功半。有4只任意阻值的定值电阻，阻值分别为 A、B、C、D（为方便表示），可连接成如图5-2所示的两种电路，即两两串联再并联（甲）与两两并联再串联（乙）。两个电路的总电阻分别为 $R_甲$、$R_乙$，试比较 $R_甲$、$R_乙$ 的大小关系。

方法1——形象等效。借助"电桥"模型,但两条"路"电阻不变,而"桥"是一个可变电阻,则甲到乙的状态变化可看成"桥"电阻由大变小的过程,分析该动态电路电流的变化从而判断电阻变化。由于"路"电阻 A、B、C、D 都没有变化,因此,可利用戴维南定理,即含独立电源的线性电阻两端网络 M、N,就端口特性而言,可以等效为一个电压源给 M、N 间可变电阻 R 供电,如图5-2(丙)所示。设电路左右两端接入上电动势 E 的电源(不计内阻)。根据戴维南定理可将 M、N 两点之外(R 属于内)的含源电路等效为电压源。无论 R 如何变化,等效电源的等效电动势 E' 与等效内阻 r' 不会变化。由等效电路丁图可知,在 $R\to\infty$ 调节为 $R=0$ 过程中,因为 R 减小,流过 R 的电流增加,则等效电源电流增加,所以丁图中每次支路电流均增加,原电路网络左右两端间电阻减小,当 $R=0$(即乙图)时,两端间电阻最小。即:$R_甲 \geqslant R_乙$。

方法2——形象类比。我们知道,水在河道(水渠)网络流动时会受到阻力作用,但最终水流分部会沿着总阻力最小的方向。而电阻(即电荷)在导体中定向移动时受到"阻力"作用,利用水流类比的方法去理解电流模型。

如图戊所示,是倒"日"字形的水渠,中间 K 处支流有一水闸,现打开水闸,如中间支流中没有定向水流,则说明这条支路的开关对这个水路的总"阻力"没有影响（类似于"平衡电桥"）；若开闸后中间支路有定向水流，则说明整个水路网络的总"阻力"减小。从能量的角度看，水在流动过程中克服阻力做功要消耗能量，因此水流一定会沿着"总阻力"最小的方向流动，这样消耗能量最小。同样，在电路中，若中间支路开关闭合时有电流（无论电流什么方向），整个电路的总电阻减小；没有电流说明两种情况电阻相等。即：$R_甲 \geqslant R_乙$。

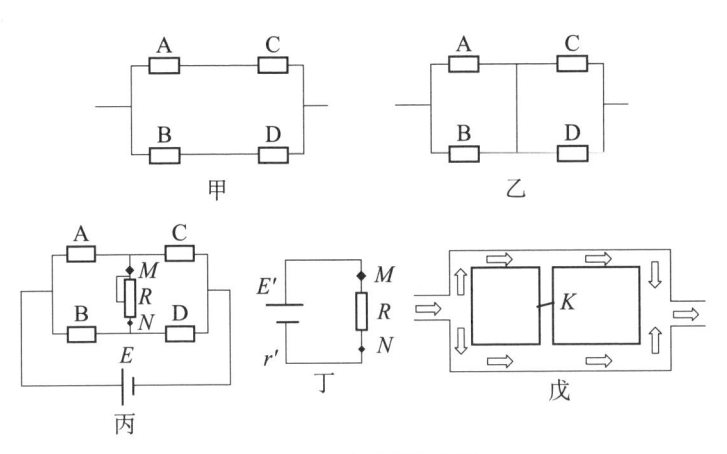

图 5-2 电路分析案例

二、形象思维在中学物理教学中的作用

人类思维的发展是从具体到抽象逐步上升的，人们认识客观世界首先使用的就是形象思维，在中学物理教学中，形象思

维可以作为引导学生进入物理学殿堂的入口。

兴趣是最好的老师，经验表明，生动直观的事物总是最容易引起人们的注意并激发出求知的兴趣，而一旦引起兴趣，往往就可以转化为自觉学习、克服困难的动力。在物理教学中的展示环节，除了语言和图形外，最重要的就是物理实验，实验能把物理现象的本质特征鲜明地展现出来，激发学生的兴趣，使学生渴望去探求其中的奥秘。

对于抽象的思维活动，形象思维也是必不可少的，通过借助直观的形象，可以使思维活动更加明晰，富有成效。此外，形象思维还起着解题助手的作用，在我们解题时，一般都需要先画个示意图，在分析时可以有所依托，避免摸不着头绪，这不仅便于找到解题的线索，有时还可以直接加以利用来求解。

（一）伽利略的"自由落体定律"

形象思维就是用形象作为思维的元素和手段来分析、思考问题的一种创造性思维方法。形象思维和抽象思维都以感性认识作为基础，形象思维虽然具有形象性，具有感性直观的外壳，实质上却是为反映事物本身的属性而进行的认识阶段的思维活动。结合科学探究的具体内容，引导学生用形象思维方法进行猜想与假设，培养学生形象思维能力，对学生的成才具有十分重要的意义和作用。伽利略运用直觉顿悟的创新思维方法猜想到自由落体规律,提出假设,又用形象思维方法设计理想斜面实验进行检验,多次实验的结果表明:小球在斜面上的运动是匀加速运动(即$v \propto t$),然后合理外推,当斜面的倾角从0°到90°时,小球仍然做匀加速运动,从而证明了自由落体运动是初速度为0的匀加速直线运动这一结论是正确的,至此,自由落体运动规律才可以表述为$h = \frac{1}{2}gt^2$。伽利略把斜面实验的结果推广到竖直的情况,是他思维方法的升华。不难看出,这里的理想斜面实验与合理外推,就是形象思维与逻辑思维相结合的结果。伽利略又用同样的思维方法提出了"动者恒动、静者恒静"的物理规律,为牛顿第一定律的建立提供了可靠的依据。

(二)法拉第形象解释"磁生电"

形象思维能解决抽象思维难以解决的问题。法拉第用归纳与演绎的方法找到磁生电的条件后,很多人对磁生电的过程和原理难以理解,于是法拉第借助形象思维,提出了场和磁力线的概念,从能量守恒的角度成功地解释了磁生电的原理:在蹄形磁铁两极间存在着磁力线,每一条磁力线就好像是一根橡皮筋,只有切割磁力线做功,才能实现能量的转换,磁通量发生变化的过程实质就是克服阻力做功的过程。可见,形象思维在科学研究中是非常重要的。在科学探究教学中，要借助思维科学研究的成果，注重学生的思维的全面发展。钱学森主张："一是改变只注重知识传授和知识积累的传统教育方式，尽早引入抽象思维的教育。二是学会运用形象思维去解决抽象思维所不能解决的实际问题。不同的思维方式对人们的认知发展有不同的价值和作用，形象思维常常能弥补抽象思维的不足和局限，二者的结合与互补，才是创新之道。"

（三）安培的"分子电流假说"

在电磁理论建立的过程中，安培做出了杰出的贡献，"分子电流假说"的提出就是其中之一。和其他科学家相比，安培具有一个显著特点，那就是在科学上极其敏感，最能接受他人的成果。这一可贵的素质决定了是安培而不是别人提出了"分子电流假说"。1820年9月初，法国物理学家阿拉果从瑞士带回了丹麦物理学家奥斯特发现电流磁效应的消息，立即在法国科学界引起了巨大的反响。安培第二天就重复了奥斯特电流对磁针作用的实验。在实验过程中，安培逐步认识到，磁并不是与电分开的孤立现象，而是电的许多特性的一个方面，他试图从电的角度为已发现的电磁现象做出解释。1820年9月18日，他向法国科学院提交了第一篇论文，报告了自己重复奥斯特实验的结果，迈出了其分子电流思想形成的第一步，论文提出：

圆形电流有起到磁铁作用的可能性。安培创造性地发展了实验的内容，研究了电流与电流之间的相互作用，这比奥斯特的实验又大大前进了一步。同年9月25日，他向法国科学院提交了第二篇论文，阐述了自己用实验证明了两个平行直导线，当电流方向相同时相互吸引，当电流方向相反时相互排斥的发现。之后他又用各种曲线形状的载流导线，研究它们之间的相互作用，并于同年10月9日提交了第三篇论文，迈出了分子电流思想形成的第二步，提出：磁体中存在一种绕磁轴旋转的宏观电流。安培在论文中说："现在来考虑一个电流和一个磁体的相互作用，以及两个磁体的相互作用，我们将会发现，这两种情况将受同样的定律支配，只要设在磁体表面上从一极到另一极画出的直线上的点都建立了一种在垂直于磁轴的平面内（旋转）的电流。经过对所有事实的思考，我们简直不能再怀疑这种围绕磁轴的电流的存在……这样，不期而遇的结果产生了，即磁现象唯一地由电来决定，而且一个磁体的两个极除了它们相对于构成这个磁体的电流外，没有任何差别，磁南极在这些电流的右边，而磁北极在它们的左边。"安培是个分子论者，他对磁体中存在宏观电流的假设是根据伏打电堆的原理简单地解释的。他认为伏打电池之所以能产生电流，是不同金属接触的结果。类似地，磁体中的铁分子的接触也会产生电流，即把磁体看作一连串的伏打电堆,它们的电流都环绕磁体的轴做同心圆运动。菲涅耳是安培的好朋友,他了解了安培的论文以后,指出安培的这个假设不能成立,即磁体不可能存在安培所设想的宏观电流,否则,宏观电流的存在将使磁体生热,但实际上磁体不可能自行地比周围的环境更热一些。菲涅耳在给安培的一封信中建议,为什么不把假定的宏观电流改为环绕着每一个分子的呢?这样,如果这些分子可以排成行,这些微观的电流将会合成所需要的同心电流。收到菲涅耳的信后,安培立即放弃了原来的假定而采取了菲涅耳的建议,于1821年1月前后,迈出了分子电流思想形成的第三步,提出了著名的"分了电流假说",从而在经典物理的范畴内深刻地反映了物体磁性的本质。安培对他的"分子电流假说"的解释是,物体内部每个分子中的以太和两种电流质的分解,会产生环绕分子的圆电流,形成一个个小磁体;当它们在外磁场的作用下呈规则排列时,就使物体呈现宏观磁性。由此可见,分子电流思想的形成经历了"可能性""宏观电流"和"分子电流"三个阶段,这符合人们由浅入深、由表及里、由现象到本质的认知过程。"分子电流假说"由安培提出,也和他所特有的科学素质分不开。回顾安培所生活的年代,特别是在奥斯特发现电流的磁效应以后,许多科学家都在从事电与磁的联系方面的研究,如:

英国的法拉第、法国的毕奥和德国的塞贝克等。他们都绝非等闲之辈，倘若安培不是及时地重复和发展奥斯特的实验，倘若安培不是立即接受菲涅耳的建议，即倘若安培不具备在科学上极其敏感、最能接受他人成果的独特素质，也许"分子电流假说"的提出者就要易人了。从电流磁效应到安培的"分子电流假说"就是形象思维的重要体现。

三、培养学生直觉思维的策略

（一）重视结构教学，形成合理的认知结构

需要心理学中的格式塔学派认为：知识的整体由部分构成，但整体比部分之和的意义更大。布鲁纳指出："结构的理解，能使学生从中提高他直觉处理问题的效果。"无结构零乱的信息难以形成直觉思维，而当有秩序、有结构的信息从提供的信息中忽隐忽现时，就会活跃直觉思维，因此培养直觉思维需要掌握物理学科的基本结构。

直觉思维是一种瞬间思维，它是形象思维与抽象思维的凝结、简缩或跃进。因此，整个高中物理教学要有计划地全面介绍、系统训练学生的形象思维、抽象思维和直觉思维；要全面训练物理思维方法和物理学研究方法，形成方法场。

模块思维是直觉思维的主要表现，而大单元教学设计也是模块思维的重要方式。在学生形成知识组块的基础上，注意新旧问题的比较和联想，将新问题转化为旧问题，将旧问题的结论和方法迁移应用于新问题。解决问题时通过理想模型的构建，提供直觉思维突变的模块，培养学生运用组块思维的习惯。

（二）重视整体分析，增强直觉调控能力

要增加对物理知识理解的深度和广度。要重视物理概念、规律和物理问题的提出、形成或发现的过程教学，注意运用理想模型、理想条件、理想实验来启发学生的想象力。解决问题时，要建立物理过程示意图，帮助学生发挥直观想象力。利用图形和图像，逐步积累学生直觉思维的经验。

要增强宏观直觉调控力。在解决物理问题时，从宏观上对问题做整体分析，抓住物理问题的框架结构和本质关系，确定解决问题的总体思路和途径，并在此基础上进行大跨度、大步骤的整体思维，培养跳跃式思维能力。如研究对象整体化、物理过程全程化解题方法的应用，有利于增强宏观直觉调控力。

要增强思维发散力。在物理概念、物理规律教学中，引导学生多方位理解概念、规律的内涵，多角度体验研究方法。在习题教学中，经常选择富有启发性的问题，或者对某一问题采用多种知识途径和方法求解，或者改变提问的角度、改变问题的条件、改变习题的类型等方式，把一个问题变化成多个问题，让学生思考、分析，有利于培养思维的发散力。

（三）培养问题意识与质疑精神

要鼓励学生打破思维定式，大胆质疑猜测。牛顿说过，没有大胆的猜测就不可能有伟大的发现。当人们普遍接受牛顿关于光的微粒说时，惠更斯提出了光的波动说，被很多人认为是"胡说八道"。当后来所有的实验都证明了光是波动时，爱因斯坦又提出一种新的微粒说——光量子说，当时也引起许多人的质疑。在爱因斯坦证明了波动的光具有粒子性以后，法国年轻物理学家德布罗意进一步提出一个大胆的学说：一切实物粒子都具有波动性。当时世人为之哗然，但后来的电子衍射实验证明了其学说的合理性。

要采用多种教学方法，参与多种课外创新活动。在课堂教学中，针对学生的实际情况和具体教学内容，选择便于学生探索问题和发表见解的教学方法，如探索发现法、讨论法等。探索发现法是通过学生探究，以再发现的方式培养学生的观察能力、实验能力、思维能力、问题解决能力和探究能力等，它的运用有利于学生在教师的指导下，大胆猜测、提出问题、探索解决问题的途径和方法，提高探究发现能力。

（四）拓宽视野，突破壁垒，触发灵感

有些问题不仅要和本专业的内行进行磋商交流，还要有意识与其他专业的内行讨论。所谓"不识庐山真面目，只缘身在此山中"，解决问题可能有多种方法，对于同样的事实，完全有可能建立起不同的理论来解释。教师要有大视野，勇于参与时空范围更广的学术交流。必须明白，至今我们的一切知识和经验，不仅是相对的，而且是非常不全面的。世界之大，无奇不有，完全有可能出现新情况，我们要随时准备面对新问题，我们每一个人都有可能为人类做出新发现。

实践表明，注重直觉思维、创造性思维能力的培养和物理学科学研究方法、思维方法的训练，不仅能有效地提高学生的创新意识和创新能力，而且能有力地促进学生科学学习观的形成，从根本上掌握体现物理学科特点和遵循认知、思维规律的科学学习方法，优化物理认知结构、思维品质，提高学科核心素养。

四、直觉思维在中学物理教学中的作用

直觉非常可贵，但是直觉并不神秘，也可以在后天培养下逐步发展起来。无论是在科学研究中，还是在物理学习中，我们都应该勇敢地伸出自己的直觉的触角，并不断地培养和发展自己的直觉。

（一）阿基米德与浮力定律

被人津津乐道的阿基米德"称金王冠"的故事就是直觉思

维应用的生动案例。相传叙拉古赫农王让工匠为他做了一顶纯金的王冠。但之后，国王怀疑工匠偷了自己的金子，在王冠中掺入了更廉价的白银。国王想知道工匠有没有偷金，但是又不想破坏王冠的结构，这可难倒了众大臣。有人提议把这个难题交给阿基米德处理，因为他是当时最有名的学者。阿基米德接到这个任务后冥思苦想，却也无计可施。有一天，他在家洗澡，当他坐进浴缸里时，看到水溢出，同时感觉身体轻轻抬起。他突然意识到，可以用固体在水中排出的水的体积来确定王冠的比例。他兴奋地跳出浴缸，连衣服都没有穿就跑了出去，大喊："尤里卡！尤里卡！"（在希腊语中"尤里卡"的意思是"我找到了"）。进一步实验后，他来到了宫殿，把王冠和同样重量的黄金放在两个装满水的碗里，然后比较两个碗中溢出的水的量，发现放王冠的盆中溢出的水量大于另一个盆中溢出的水量。这意味着王冠的体积大于相同重量的纯金的体积，二者密度不一样，证明工匠确实把白银混入到王冠中了。这个实验的重要性远远大于证明工匠欺骗了国王，阿基米德还由此发现了浮力定律：物体受到的浮力等于其排出液体的重量。直到现在，人们还在利用这一原理测定比重、船舶的载重量等。

（二）玻尔与氢原子光谱模型

19世纪末，瑞士数学教师巴耳末将氢原子的谱线表示成巴耳末公式，瑞典物理学家里德伯总结出更为普遍的光谱线公式——里德伯公式，然而巴耳末公式和里德伯公式都是经验公式，人们并不了解它们的物理含义。20世纪初期，德国物理学家普朗克为解释黑体辐射现象，提出了量子论，揭开了量子物理学的序幕。

1911年，英国物理学家卢瑟福根据1910年进行的α粒子散射实验，提出了原子结构的行星模型。在这个模型里，电子像太阳系的行星围绕太阳转一样围绕着原子核旋转。但是根据经典电磁理论，这样的电子会发射出电磁辐射，损失能量，以至瞬间坍缩到原子核里。这与实际情况不符，卢瑟福无法解释这个矛盾。

1912年，正在英国曼彻斯特大学工作的玻尔将一份被后人称作《卢瑟福备忘录》的论文提纲提交给他的导师卢瑟福。在这份提纲中，玻尔在行星模型的基础上引入了普朗克的量子概念，认为原子中的电子处在一系列分立的稳态上。回到丹麦后，玻尔急于将这些思想整理成论文，可是进展不大。

1913年2月，玻尔的同事汉森拜访他，提到了1885年瑞士数学教师巴耳末的工作以及巴耳末公式，玻尔顿时受到启发。后来他回忆道，"就在我看到巴耳末公式的那一瞬间，突然一切都清楚了……就像是七巧板游戏中的最后一块。"这件事被称为玻尔的"二月转变"。

玻尔的原子理论给出这样的原子图像：

(1) 电子在一些特定的可能轨道上绕核做圆周运动，离核越远，能量越高。

(2) 可能的轨道由电子的角动量必须是 $h/2\pi$ 的整数倍决定。

(3) 当电子在这些可能的轨道上运动时，原子不发射也不吸收能量；只有当电子从一个轨道跃迁到另一个轨道时，原子才发射或吸收能量，而且发射或吸收的辐射是单频的，辐射的频率和能量之间关系由 $E=h\nu$ 给出，其中，h 为普朗克常数，$h=6.626\times10^{-34} J\cdot s$。

玻尔的理论成功地说明了原子的稳定性和氢原子光谱线规律。玻尔的理论大大扩展了量子论的影响，加速了量子论的发展。1915年，德国物理学家索末菲把玻尔的原子理论推广到包括椭圆轨道，并考虑了电子的质量随其速度而变化的狭义相对论效应，导出光谱的精细结构同实验相符。

(三) 电磁波的发现

1831年，英国科学家法拉第开始一系列重大的实验，并发现了电磁感应。这个研究成果向世人建立起"磁场的改变产生电场"的观念。在晚年，法拉第提出了电磁力不仅存在于导体中，更延伸入导体附近的空间里。这个想法被他的同僚排斥，法拉第也终究没有活着看到这个想法被世人所接受。法拉第还提出了电磁线的概念：这些流线由带电体或者是磁铁的其中一极中放射出，射向另一电性的带电体或是磁性异极的物体。这个概念帮助世人将抽象的电磁场具象化，对于电力机械装置在19世纪的发展有重大的影响。也正因如此，法拉第如浩瀚宇宙般深邃的物理思想，强烈地吸引了同在英国的一位年轻人——詹姆斯·麦克斯韦（James Clerk Maxwell）。麦克斯韦认为，法拉第的电磁场理论比当时流行的超距作用电动力学更为合理，他抱着用严格的数学语言来描述法拉第理论的决心闯入了电磁学领域，并成为继法拉第之后集电磁学大成的伟大科学家。

麦克斯韦于1855年左右开始研究电磁学。在潜心研究了法拉第关于电磁学方面的理论和思想之后，他坚信法拉第的理论包含着真理。他在前人成就的基础上，对整个电磁现象做了系统、全面的研究，凭借高深的数学造诣和丰富的想象力接连发表了电磁场理论的三篇论文：《论法拉第的力线》（*On Faraday's Lines of Force*，1855年）；《论物理的力线》（*On Physical Lines of Force*，1862年）；《电磁场的动力学理论》（*A Dynamical Theory of the Electromagnetic Field*，1864年）。这三篇重要的论文对前人和他自己的工作进行了综合概括，将电磁场理论用简洁、对称、完美的数学形式表示出来，经后人整理和改写，成为经典电动力学主要基础——麦克斯韦方程组。

据此，1865年，他预言（也就是运用直觉思维）了电磁波的存在。麦克斯韦经过理论推演，认为电磁波只可能是横向传导波，并计算了电磁波的传播速度等于光速。同时，他的灵感促使自己得出一个重要结论：光是电磁波的一种形式。这揭示了光现象和电磁现象之间的联系。麦克斯韦将这些理论的论证和推导结论整理成册，于1873年出版了科学名著《电磁学通论》（*Treatise on Electricity and Magnetism*），系统、全面、完美地阐述了电磁场理论。这一理论成为经典物理学的重要支柱之一。

这一名著后来被传到了德国，深深打动了一位德国物理学家的心，他就是海因里希·赫兹（Heinrich Rudolf Hertz）。赫兹在柏林大学学习物理时，受赫尔姆霍兹的鼓励研究麦克斯韦电磁理论。当时德国物理界深信韦伯的电力与磁力可瞬时传送的理论，因此赫兹就决定以实验来证实韦伯与麦克斯韦的理论孰是孰非。1888年，赫兹的实验成功了，验证了电磁波的存在，而麦克斯韦理论也因此获得了无上的光彩。赫兹在实验时曾指出，电磁波可以被反射、折射和如同可见光、热波一样的被偏振。通过实验计算，他发现电磁波的传播速度与光速相同，从而全面验证了麦克斯韦的电磁理论的正确性，如图 5-3 所示。

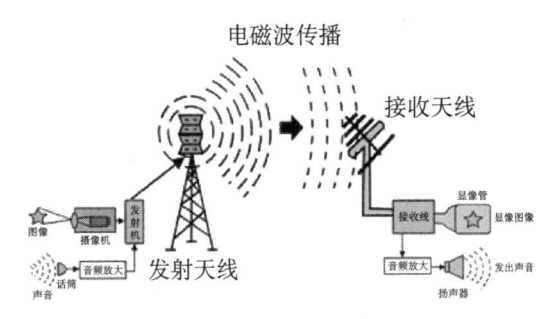

图 5-3　电磁波的传播

赫兹实验公布后，轰动了科学界。由法拉第开创、麦克斯韦总结的电磁理论，至此才取得决定性的胜利，因此无线电波也被命名为"赫兹波"，频率的单位也以"赫兹"来命名。

勇于做出直觉的判断，并不是盲目地"瞎猜"，没有一定的知识结构、实践背景和创造性思维的发挥，是无法闪现直觉思维的。在中学物理学习中，不可能要求每位同学都有惊人的直觉，但也并不妨碍每位同学直觉思维的发挥，我们更提倡的是勇于尝试。如果面对未知的自然现象或者物理问题，我们能够逐渐形成某种感觉，就可以在不知不觉中上升到科学的思维高度。

第四节　中学物理中"形象与直觉"的教学案例

一、体验摩擦力

（一）杯子和大米的实验

教师先在杯子里注满大米，然后插上竹筷。笑问学生能否将杯子和大米提起来。

学生：不可能。

教师不慌不忙，在杯子里注入水，然后轻轻一提（如图5-4所示），学生目瞪口呆。

学生：老师作弊，放水增加了摩擦力。

教师：（微笑）并没有事先说好不能加水呀。对，这节课我们就要研究"摩擦力"。

（二）摩擦力游戏

教师：下面我们一起来做一个游戏。请大家伸出自己的右手，掌心向下，用力按在桌面上（如图5-5所示）。你感觉到了什么？

图 5-4 杯子和大米的实验　　图 5-5 摩擦力游戏

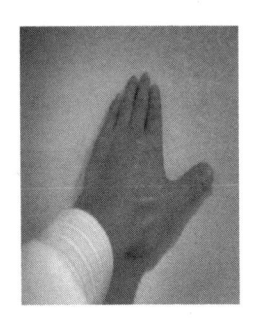

学生：有挤压。

教师：右手与桌面之间相互挤压，有压力的作用。

教师：按住桌面的同时，用力向前搓右手，但保持右手不动。你又感觉到了什么？

学生：受到桌面向后的阻碍作用。

教师：在物理中，我们将这样的阻碍作用称为摩擦力。在初中阶段，我们就学习过摩擦力的有关概念。两个相互接触的物体，发生相对运动或具有相对运动的趋势时，在接触面上产生的阻碍相对运动或相对运动趋势的力，就叫作摩擦力。

二、探究静摩擦力

（一）静摩擦力产生的条件

（1）有一个大箱子静止在地面上，一个小孩用力去推它，却没有推动，如图5-6所示。

图5-6　感受静摩擦力

教师：请问为什么没有推动？

学生：因为箱子受到了摩擦力的作用。

教师：小孩用力推箱子，箱子受到水平向右的推力F的作用，具有相对地面向右运动的趋势。但他没有推动，箱子与地面保持相对静止。此时箱子处于什么状态？

学生：在水平方向处于二力平衡状态。

教师：对，处于二力平衡静止状态的箱子一定会受到一个力与向右的推力相平衡，这说明了静摩擦力的存在，且它与推力大小相等、方向相反，这是转换思维方法。当然我们也可以运用假设法来分析，假设水平面光滑不受力，那么箱子应该运动起来了，但箱子确实没动，说明受到的静摩擦力作用与推力平衡了。

（2）教师再以手将板擦按在墙上。

教师：我用手将板擦按在墙上，使板擦处于静止状态。板擦受不受到摩擦力的作用？如何判断？

学生：板擦受到四个力的作用。水平方向受到手的压力和墙面的支持力，二力处于平衡；垂直方向受到向下的重力作用，因而要受到墙面的给它的向上的静摩擦力的作用（转换法）。或者假设墙面光滑，则板擦与墙面之间没有摩擦，板擦便会在重力作用下下落，而实际上板擦并没有下落，说明它受到了墙面的摩擦力的作用（假设法）。

教师：由小孩推箱子和手按板擦，你能总结出静摩擦力的产生条件吗？

学生：静摩擦力产生条件包括——1）相互接触并发生挤压（有压力）；2）接触面粗糙；3）两物体间有相对运动趋势。

（3）静摩擦力的定义。

教师：静摩擦力是指当两个相互接触的物体具有相对运动的趋势时，在接触面产生的阻碍相对运动趋势的力。在小孩推箱子的案例中，由于箱子与地面之间只有相对运动的趋势，而没有相对运动，因此我们将此时的摩擦力称为静摩擦力。如何理解相对运动趋势？相对运动趋势与相对运动一样吗？相对即物体以接触面为参考系，运动趋势即如果接触面光滑，物体会相对接触面发生运动，这就是有运动趋势，可以理解为要运动而没有运动。

学生：进行生活举例。如人随无台阶自动扶梯运行，其是否受到静摩擦力。

教师：我们刚刚是从受力平衡的角度对摩擦力是否存在进行了判断，这种方法为"转换法"，那么我们是否可以换个角度直接进行判断呢？如图5-7所示，我们不妨假设地面光滑，地面便没有摩擦，此时只要稍微轻推一下箱子，箱子便会运动下去，而实际上箱子并没有发生运动，说明它受到了摩擦力的作用，这种判断方法称为"假设法"。

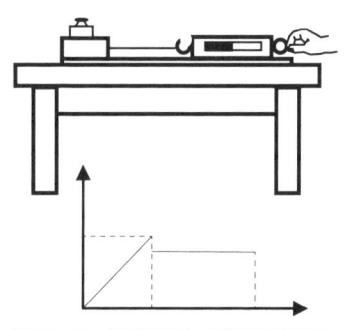

图 5-7 静摩擦力与滑动摩擦力

（二）（定量探究）静摩擦力的方向与大小

（1）静摩擦力的方向。

教师：下面我们一起来研究静摩擦力的方向。在小孩推箱子的案例中，箱子相对于地面有向右的运动趋势，而静摩擦力的方向沿着地面向左。在手按板擦的案例中，板擦相对于墙面有向下的运动趋势，而静摩擦力的方向沿着墙面向上。静摩擦力的方向总是沿着接触面，并且跟物体相对运动趋势的方向相反。

（2）静摩擦力的大小。

教师：在小孩推箱子的案例中，如果推力大小为5N，箱子不动，箱子受到静摩擦力大小为多少？推力大小增大为10N，箱子还是不动，静摩擦力大小为多少？

学生：由于受力平衡，始终与推力大小保持相等。只要箱子与地面间没有产生相对运动，静摩擦力的大小就随推力的增大而增大。

教师：下面我们通过实验来研究摩擦力的大小。初中时我们学习过力的测量工具有什么？

学生：弹簧测力计（如图5-8所示）。

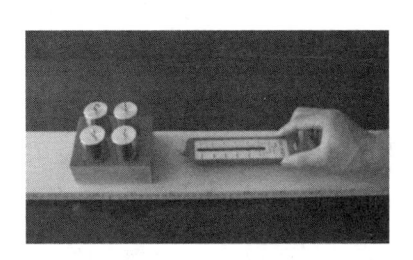

图5-8 弹簧测力计

教师：如果我用弹簧测力计拉木块。木块未滑动前，静摩擦力的大小与弹簧测力计的示数有什么关系（如图5-9所示）？

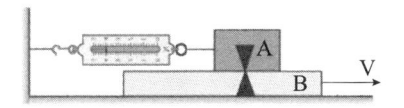

图 5-9　静摩擦力的大小与弹簧测力计的示数

学生：相等。

教师：现在，我们对弹簧测力计进行一下小小的改装（如图 5-10 所示），在弹簧测力计的指针后面放一块小泡沫，它可以随着指针移动，小泡沫能起到什么作用？

图 5-10　改装后的弹簧测力计

学生：能够作为指针到达最大位置的标记。

教师开始演示用弹簧测力计拉木块的演示实验，提醒学生观察木块滑动前、恰好要滑动时和匀速滑动时的示数情况。请一位学生重点观察示数情况。

教师：我们发现木块滑动前，静摩擦力随着拉力的增大而增大。当静摩擦力达到最大值时，木块恰好开始滑动。滑动后，摩擦力减小并保持稳定。为了使实验更加精确，我们用力传感器代替弹簧测力计做这个实验,能够在计算机上直接得到拉力变化的图线。由演示实验可知,静摩擦力的增大是有限度的。物体刚好滑动时的静摩擦力叫作最大静摩擦力,用符号 F_{max} 表示,它在数值上等于物体刚刚运动时的拉力。因此,两物体间实际发生的静摩擦力 F 是有范围的,即 $0<F\leqslant F_{max}$。

(三)探究滑动摩擦力的方向和大小

滑动摩擦力是指一个物体在另一个物体表面开始滑动时,受到的另一个物体阻碍它滑动的力。

(1)探究影响滑动摩擦力的方向。

教师:在刚才拉木块实验中,木块在木板上开始滑动后,它所受到的摩擦力称为滑动摩擦力。由刚刚的实验可知,滑动摩擦力的值小于最大静摩擦力的值。它的方向沿着接触面,并且与物体的相对运动方向相反。

(2)探究影响滑动摩擦力大小因素。

教师:那么,请合理猜测,滑动摩擦力的大小可能与哪些因素有关呢?

学生:接触面粗糙程度、接触面积、正压力大小、相对速度等。

教师引导学生应用控制变量法研究滑动摩擦力与粗糙程度、接触面积、压力大小之间的关系。

教师：比较表5-1和表5-2实验设计的优劣，想一想，哪种方案更好？

表5-1　F与粗糙程度关系

实验次数	接触面材料	滑动摩擦力 F/N
1	木板	
2	棉布	
3	毛巾	

表5-2　F与压力大小关系

实验次数	压力	滑动摩擦力 F/N
1		
2		
3		

学生：实验表明，滑动摩擦力的大小跟压力（两个物体表面间的垂直作用力）成正比。

教师：如果用 F 表示滑动摩擦力，F_N 表示压力大小，则有 $F=\mu F_N$。其中，μ 是比例常数，叫作动摩擦因数，它的数值跟相互接触的两个物体的材料、粗糙程度有关。

三、探究滚动摩擦力

滚动摩擦力是指一个物体在另一个物体表面上滚动，物体间存在的阻碍滚动的摩擦力。

教师：物体间除了静摩擦、滑动摩擦外，还有滚动摩擦。请同学举例说明在压力相同时，滚动摩擦力要比滑动摩擦力小得多。

学生：……

教师：摩擦无处不见。我们知道踢出去的足球会慢慢停下来，是由于受到摩擦力的作用；用力推一辆汽车，没有推动，也是由于摩擦力的作用；切砖表演，也是凭借摩擦力的作用事先把砖一块块地粘在一起，直到粘一大叠而不掉下来；火车头对车厢的拉力也来源于火车车轮和铁轨之间的摩擦力；当风吹过海面时，风对海面的摩擦力以及风对海浪迎风面施加的压力，迫使海水向前移动，便形成了风海流；在摩擦层里，风在粗糙不平的地表面受到摩擦力的作用，风速不得不降下来，由于地表粗糙程度不一，摩擦力的大小不同，风速减小的程度也就不同，一般而言，陆面摩擦力比海面大，而在陆面上的摩擦力，山地又比平原大，森林又比草原大，摩擦力不仅会削弱风速，也会干扰风向；木匠在把木板磨光滑的工作中，是用砂纸在木板上靠砂纸和木板产生的摩擦力将木板打磨平滑的；汽车发动机靠与皮带的摩擦力将动能传给发电机发电；人们洗手时双手摩擦，可以把手上的灰尘洗掉；洗衣机洗衣时转动使衣服和水产生摩擦；吃东西时牙齿和食物发生摩擦；用拖把擦地、用布擦桌子、用板擦擦黑板都会产生摩擦力。在我们的生活中，只要物体相互接触，就会产生摩擦力。

摩擦力非常普遍，那么车轮的滚动又是依靠什么呢？把普通汽车支起，启动发动机、踩油门，如果后车轮向前转动而前车轮不转，则转动的后车轮为驱动轮，它驱动车子前进；不转动的前车轮为非驱动轮。若汽车（后轮驱动）在平直公路上向前行驶，我们来分析前轮和后轮所受的摩擦。

如图 5-11 所示，若后车轮是驱动轮，它受到发动机传递过来的转矩而向前转动，给地面以向后的推力，根据作用力与反作用力公理，地面给后轮以向前的推力，推动汽车向前运动，此推力是静摩擦力，所以我们说摩擦力 F_{f_1} 是驱动力。前车轮是从动轮，在驱动力的作用下随车体一起向前运动，受到地面给它的静摩擦力 F_{f_2} 的作用而向前转动。在行驶过程中，前后车轮都处于滚动状态，故都存在滚动摩擦。由此可见，没有摩擦力，车轮就无法滚动。

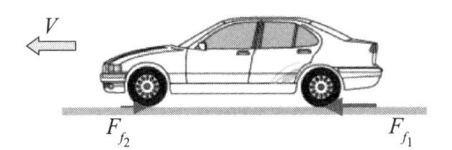

图 5-11 汽车行驶过程中的摩擦力

在本节的"体验摩擦力"中，实验1主要是唤醒学生的直觉思维，当直觉思维与实验结果发生矛盾时，可以引起学生的注意。实验2主要是通过具象来激发学生的形象思维，感受摩擦力与正压力相关，明确了研究主题。形象思维和直觉思维为学生进一步探究奠定了思维基础。需要指出的是，形象思维与直觉思维虽属于批判性思维技能的范畴，但并不是走向科学论证的充分条件，还需要科学探究与理性思维来完善，正如本节内容的案例设计中，科学探究与直觉思维、形象思维相互融合，相互支撑。科学探究的基本特征是以问题为载体，整个探究过程就是教师引导学生发现、提出问题，分析、解决问题的过程。在这里，逻辑思维显然是重要的思考方式，当然，也绝不可忽视直觉思维在提出问题猜想的重要作用。因此，课题中的教学思维程序依次为：提出问题、直觉思维→形象思考、猜想假设→设计实验、实验探究→分析数据、合作交流→总结反思、评价应用，其中涉及多种思维方法的应用，教师在引导学生进行科学探究的同时，要注意引导学生运用自身科学知识与经验，激活学生直觉思维，加强猜想与假设的能力，不断提出问题、分析问题和解决问题，让学生体验探究乐趣，领悟、理解和掌握多种思维方法。这对于培养学生批判性思维和创新能力、提高科学探究的质量都具有十分重要的意义和作用。

结语

形象与直觉在创造活动中有着非常积极的作用,其功能体现在两个方面:一是帮助人们迅速做出优化选择,二是帮助人们做出创造性的预见。形象与直觉是批判性思维非常活跃的要素,我们思维的目的是揭示真理,指导行动来认识和改造客观世界。我们重视逻辑思维,抽象概括出客观世界规律,但我们的大脑在进行思维时,并不像客观规律那样具有逻辑性;相反,它通过更多无限联系的可能,尽可能地远离客观的联系,来不断逼近客观真理与规律。因此,直觉思维、形象思维与抽象思维相结合,对促进学生批判性思维的形成和培养学生的创造力有着不可估量的价值。

第六章　求同与求异

提出一种问题和坚持一种答案有着不同的态度和不同的生活方式的表现。——维特根斯坦

知识是一种快乐，而好奇则是知识的萌芽。——培根

中学物理教学发展学生物理核心素养任务之一就是培养学生的科学精神，而质疑和批判是科学精神中最活跃的要素。一般而言，在中学物理学习中，运用已知的概念或物理原理来进行判断、推理时，其思维过程可以依循的方式有求同思维和求异思维。求同思维又称契合思维，是判明现象间因果联系的一种逻辑方法，即如果在研究现象出现的两个或两个以上的场合中，唯有一个情况是共同的，那么这个共同的情况就可能是研究现象的原因（或结果）。求异思维又称发散思维，是思考者

根据已有信息，从不同角度、不同方向思考，从多方面寻求多样性答案的一种展开性思维方式。与求同思维相比较，求异思维具有灵活性、新颖性、多元性等特点，是一种高阶思维，更富有批判性和创造性。

第一节　求同思维与求异思维的相关概念

一、求同思维的概念

求同思维是指从已知的一个概念或是从已经熟悉的物理事实出发，以物理效果相同为前提和原则，用另外一个概念或者另外一个物理事实来进行替代或转化，并应用一定的物理原理使问题获得最终解决的思维方法。求同思维是从事物的不同表象中寻求共同的本质属性及规律的思维方式，有着去粗求精、去伪存真的作用，是认识发展和提高的必由之路。

在教学过程中，求同思维表现为学生用已有的知识、方法、经验与当前问题的情境联系起来，识别、理解那些意义不明、特征不清、条件隐蔽的对象，从而为问题的解决做好准备。虽然求同思维对同类问题的解决可起到积极作用，但求同思维具有两面性，如果条件发生变化，它可能产生一种惰性和呆板性，使人们囿于习惯性思维而陷入困境或出现错误。因此，求同思维有时又被称为定式思维。在开展求同思维教学时，要紧紧围绕新旧概念或事实的物理效果相同这一核心思想。

鉴于此，在教学的过程中，必须重视求同思维的两面性，采用适当的对策，使学生形成并发挥求同思维的积极作用，同时要注意求异思维的培养，实现从求同思维到求异思维的飞跃，即"异中求同"。具体说来，如果在研究现象出现的若干场合中，只有一种情况是共同的，那么，可断定这种共同的情况与研究现象有因果联系。例如：俗语说，说话听声，锣鼓听音，这是基于对自然现象的观察发现的。再进一步观察，各种物体的发声现象都伴有物体上空气的振动，因此判断，物体上空气的振动是形成声音的原因。

求同思维的逻辑结构如表 6-1 所示：

表 6-1 求同思维的逻辑结构

不同场合	现象观察	研究对象具有
(1)	A、B、C	a
(2)	A、D、E	a
(3)	A、F、G	a
......		

所以，A与a有因果联系。

以上例说明：A是物体上的空气振动；a是物体的发声现象。

显然，对事物的比较场合越多，其结论的可靠性越大。求同思维也有其有局限性。例如：在古人思考体系中，日食、月食、彗星是引起人间动乱和灾害的原因，这其实就是少数场合事变的巧合，把不相干现象与研究对象联系起来了，形成了错误的判断和结论。

二、求异思维的概念

求异思维，又称发散思维，即在分析物理问题时，思维活动的起点不是建立在原来的物理情景之中，不是根据问题中原来的命题和概念来展开思维，而是从多个角度出发，甚至选择问题的相反情况，以及问题中的临界（极限）条件等，引入一些似乎与问题并无直接联系的假设或条件，再应用基本物理原理进行分析、判断，最后将所得结果再与原问题进行比较，而得到原来问题的求解。

求异思维的逻辑结构如表6-2所示：

表 6-2 求异思维的逻辑结构

不同场合	现象观察	研究对象具有
(1)	A、B、C	a
(2)	—、B、C	—
……		

所以，A 与 a 有因果联系。

从思维品质上看，求异思维源于求同思维，比求同思维更高一个层次。具体说来，求异思维是比较研究对象出现的场合和不出现的场合，如果其他情况相同，只有一种情况不同，也就是说，它在研究对象出现的场合存在，在研究对象不出现的场合不存在，那么，这种情况就与研究对象之间有因果联系。求异思维的特点是"同中求异"，由于通过这种方法所得到的结论比较可靠，因此它被广泛地运用于科学实验与科学验证。

求异思维是依据研究对象所提供的各种信息，使思维打破常规，寻求变异，广开思路，充分想象，探索多种解决方案或新途径的思维方式。可是求异思维并不是与生俱来的，它是在充分理解前人所留传的知识和思维智慧的基础之上，掌握了前人所创造出的思维方式及方法却不依赖于前人思维方式的前提之下，通过发散思维，创造出新颖的思维方式，发现新的科学现象。求异思维不落俗套，善于标新立异，是创造发明中的一个宝贵的要素。

三、求同思维和求异思维的具体表现

求同思维的特征是具有确定的思维活动的方向性和目的性。应用求同思维，可以使问题中的共同的物理内涵得到更充分的显露，使问题中的物理过程、物理条件得到简化与明朗。

中学物理教学中应用求同思维来分析物理问题时可进行不同的分类：从内容上可分为物理规律求同、物理模型求同、物理方法求同、效果等效求同等；从思维方式上可分为等效和转换、叠加和分解、平均和综合等。

求异思维也具有一定的思维活动的方向性。不过这种方向性表现得比求同思维更为广阔，具有创造性的特点。在分析物理问题时，常用到的求异思维主要形式有：逆序和反演、转换和发散、反证和归谬、对称和对应等。

求同思维与求异思维是思维过程中相辅相成的两个方面。在思维过程中，求同思维是求异思维的基础，是人类认识发展的必由之路；求异思维是思维品质的更高层次，是发明创造活动中的一个宝贵的要素。二者相互联系、相互渗透、相互转化，从而产生新的认识、创新认识思路。

第二节　求同思维、求异思维与物理学的发展

物理学史证明，物理学的建立、发展，无一不是创造性思维的结晶。创造性思维不仅需要求异思维，也需要求同思维。物理学的发展过程即是这两种思维相互作用、相互补充、相辅相成的结果。

一、求同思维与物理学的发展

人的知识接受过程就是求同思维的形成过程。以物理概念和物理规律为核心的基础知识，实际上就是一整套帮助学生形成求同思维的知识体系。从人的角度而言，理解概念、掌握规律就是形成求同思维。物理学作为一门基础自然科学，由生动的物理现象到抽象的物理模型，由观察实验到基础理论，都有着完整的学科体系和独特的物理方法，不断了解、积累这一切，也就形成了求同思维。可以毫不夸张地说，没有求同思维，就没有物理学的发展。无论是经典物理学、近代物理学，还是现代物理学，在其发展史上，应用求同思维的例子比比皆是，如对自由落体运动的研究、各种物理模型的建立、原子结构的建立以及相对论的建立等。限于篇幅，现以广义相对论的

建立为例进行说明。

据说，有一次爱因斯坦遇到了著名喜剧大师卓别林。爱因斯坦说："卓别林先生，您真伟大，您演的电影全世界人人都能看懂！"卓别林幽默地回答说："爱因斯坦先生，您也很伟大，您的相对论世界上几乎没有几个人能够弄懂！"

可见，相对论一直被误以为是建立在极其深奥、复杂的理论基础上的。其实，相对论的基本前提十分浅显——一个大家都熟知的等效原理。

我们先从惯性质量与引力质量说起。

惯性是有大小的，惯性的大小就用它保持原来运动状态的"能力"的大小来反映。这种"能力"只与物体的质量相关。质量大的物体，不容易改变原来的运动状态，在同一个力作用下产生的加速度小，表示它的惯性大。因此，我们可以用物体的质量来量度物体惯性的大小，这样定义的质量称为惯性质量，这也就是牛顿第二定律公式中的质量。所以，物体惯性质量的大小可表示为：$m_{惯} = \dfrac{F}{a}$，它与物质组成成分无关。

航天领域曾用这个方法测定一艘沿轨道运行的飞船的质量：发射一艘已知质量 m_0 的飞船 A，并测出它在一定推力下的加速度 a_0，然后让这艘飞船保持原来的推力去推动未知质量

m_x 的飞船 B 一起加速运动，再测出两者共同的加速度 a，利用牛顿第二定律，便可以测出飞船 B 的惯性质量 m_x。即：$m_0 a_0 = (m_0 + m_x)a$，得出：$m_x = \dfrac{a_0 - a}{a} m_0$。

大家知道，称量质量一般是使用天平：在一架天平的左右托盘上分别放上被称物体和砝码，当天平平衡时，砝码和物体受到重力相等。因为建立在一个"在同一地方，任何物体自由落体的加速度相同"这样的一个事实上，所以砝码的质量就等于被称物体的质量。

这种测定质量的方法，实际上根据的是引力大小的关系，因此这样用天平称出的质量称为引力质量，用 $m_{引}$ 表示，也就是牛顿万有引力定律公式中的质量。因此，引力质量可表示为 $m_{引} = \dfrac{F_{引}}{G\dfrac{M}{R^2}}$。

从上面的讨论可知，惯性质量和引力质量是在不同的实验事实基础上，根据两条完全独立的物理定律得出来的。它们反映着同一物体的两种不同的属性：惯性质量可以量度物体惯性的大小，引力质量可以量度物体与地球相互作用的大小。那么，对同一物体，用牛顿第二定律计算的质量 $m_{惯}$ 和用天平测出的质量 $m_{引}$（或用万有引力定律算出的质量）之间有何关系呢？

历史上，许多物理学家做过很多实验，证明二者是相等的，牛顿的单摆实验就是其中一例——用不同材料做成单摆的摆锤，比较它们的振动周期，从而确定这两种质量的关系。

从振动理论得知，单摆做小振幅振动时，振动周期为：
$T=2\pi\sqrt{\dfrac{l}{g}}\sqrt{\dfrac{m_{惯}}{m_{引}}}$。

实验的结论是二者相等。因此，在经典物理学里，不再区分惯性质量和引力质量。

惯性质量与引力质量相等，这是自伽利略和牛顿以来，经典物理学家普遍承认的实验事实，从来没有人做进一步的理论解释。爱因斯坦却不以为然，他认为两者的物理本质完全不同。爱因斯坦曾生动地用地球与石头间的引力为例说明这一点，他说："地球以重力吸引石块而对其惯性质量毫无所知，地球的'召唤力'与引力质量有关，而石块所'回答'的运动则与惯性质量有关。"

爱因斯坦从两者相等的事实出发，产生了深刻的联想。下面我们就简要介绍一下爱因斯坦的理想实验以及他深邃的思想。

首先是一个关于"电梯内外的争论"的理想实验：假设在

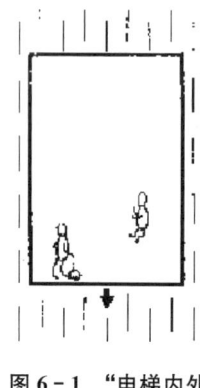

图6-1 "电梯内外的争论"理想实验

一座极高的建筑物内，有一部松脱了缆绳的电梯毫无阻碍地下坠，电梯里有一群物理学家，他们正在专心致志地做着实验。一位物理学家从口袋里拿出一块手帕和一块表，让它们从手中释放（如图6-1所示）。在电梯内的物理学家和电梯外站在地面透过窗子观察电梯内实验的物理学家对所发生的现象看法不同。

电梯内的物理学家：手帕和表都停留在放手的地方，这都表明在这个系统内没有任何力作用在这两个物体上。若用手把这两个物体朝任何方向轻推一下，它们在碰壁之前会一直做着匀速直线运动，好像一切物体都在一个惯性坐标系内一样，经典力学的定律完全有效。

电梯外的物理学家：手帕、表、电梯内的人连同整个电梯，以同样的加速度下落，完全符合伽利略所论证的"一切落体的加速度与它们的质量无关"的结论。

这里，双方分歧的焦点是：电梯外的物理学家认为存在一个引力场，各种不同质量的物体以同样的加速度下落，是引力场作用的结果；电梯内的物理学家认为不存在这个引力场，或者说，引力场在他们的坐标系外，完全可以不管引力场的影响。

爱因斯坦又换了一下想象的情景：把这部物理学家乘坐的电梯放到毫无其他物体存在的空间，远在任何天体之外。假设有一种超自然的力拉紧缆绳上拽，使电梯以匀加速越来越快地"向上"升去。此时电梯内的物理学家会觉得自己的脚像突然被某种强大的力吸引着一样紧紧地贴着地面。如果再把手中的手帕和表放掉，它们也不再停留在原处，而是向下落；但是若把它们水平抛出的话，这些东西不再做匀速直线运动，而是沿着一条弧线下落。于是，电梯内的物理学家认为，这一切都是由于他们处于一个强大的引力场中，就像他们附着在地球上时受到重力一样。显然，连这些绝顶聪明的物理学家也无法知道，他们到底是停在重力场中，还是在毫无重力的虚无缥缈的太空做匀加速上升运动。

从爱因斯坦所设计的理想实验中，可以建立这样的关系，如图 6-2 所示：

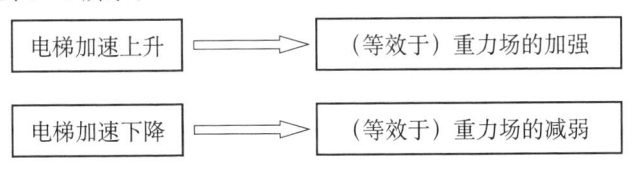

| 电梯加速上升 | ⟹ | （等效于）重力场的加强 |
| 电梯加速下降 | ⟹ | （等效于）重力场的减弱 |

图 6-2　"电梯内外的争论"理想实验总结

如果把电梯换成一个巨大的旋转着的圆桶，同样可以推导出这样的结果，如图6-3所示：

圆桶急速旋转 ⟹ （等效于）重力场倾斜

图6-3 "电梯内外的争论"理想实验的推演

这就是说，一个加速系统可以与一定的重力场（引力场）等价，或者说，物体的惯性与一定的重力场（引力场）等价。任何因速度大小变化或方向变化而发生的其他惯性作用，都可以看作重力场（引力场）变化的结果。这样就能找到引力质量与惯性质量之间联系的线索。仿照一定电量的电荷q在电场强度为E的场中受到电场力$F=qE$的公式，可以写出如下的等式：

惯性质量×加速度＝引力质量×引力场强度

如电梯自由下落时，有$m_{惯}a=m_{引}g$。又因为$m_{惯}=m_{引}$，所以有$a=g$。即：一个加速系统可以与一个重力场（引力场）完全等价（其强度与加速度系统的加速度相当），或者简单地说成：引力与惯性等价。这就是"等效原理"——广义相对论的基本前提。

于是，我们在局部范围内（如前面所说的电梯内）由于惯性（无论是平动还是转动）所产生的运动和重力（引力）所产生的运动将无法区分。或者说，我们在局部范围内所做的实验，将无法区分自己所在的参考系 K_1 究竟相对于另一个参考系 K_2 是在加速运动，还是受到一个引力场的作用。因此，我们用一个相对惯性系作为加速运动的参考系 K_1 或者用一个内部有引力场的参考系 K_2 来描述物理过程的规律，应该是完全等效的。

这样，爱因斯坦就把他在狭义相对论中所指出的"各惯性系在描述自然定律上是等效的"这一结论做了推广，他进一步地指出："自然定律对一切任意运动着的非惯性系（加速运动的系统）也有效。"这便是"广义相对论"。

广义相对论实质上是一种关于引力的理论，它把牛顿建立在超距作用的引力理论改造为建立在场的观念上的引力理论。爱因斯坦在广义相对论中做出了三个惊心动魄的预言，"光线经过太阳附近会发生弯曲"便是其中之一。这一预言在1919年5月29日被由英国科学家爱丁顿所带领的团队进行的日食观测所证实。后来人们采用无线电望远镜做了进一步精确的验证。

一个在物理学史上自牛顿以来最伟大的理论，却植根于人所熟知的质量等价的事实，由一个普通的等效思维方法发扬光大而诞生出来，仅此一点，就足以说明求同思维在物理学发展中的重大作用。

任何一项科学发现、一种科学理论，绝不会仅是某种单一思维活动的结果。在物理学的发展中，求同思维起着重要的作用，但更离不开求异思维。

二、求异思维与物理学的发展

科学的发展本身就是一种创新，不仅要求科学家、发明家有非常丰富的实践基础和高度抽象的逻辑思维能力，善于运用求同思维，还要求科学家、发明家敢于闯入前人没有走过的地方披荆斩棘，或者在前人已走过的地方探索新路，或者在前人已十分熟悉的地方改造修缮。换句话说，就是不断地求异。

在物理学的发展历史中，应用求异思维产生的发明发现数不胜数，如大气压思想的建立及实验过程、电磁感应现象的发现、光谱分析方法的建立、质子的衰变实验证实、光速的测定方法、各种实验方法的创新等。限于篇幅，现以光谱分析方法的建立为例进行说明。

光谱分析法是德国化学家罗伯特·威廉·本生（Robert Wilhelm Bunsen）和物理学家古斯塔夫·罗伯特·基尔霍夫（Gustav Robert Kirchhoff）在 100 多年前创建的。下面我们回顾一下其创建的思维过程，以体会求异思维的光彩闪烁。

早在 18 世纪以前，人们就已经知道物质是由元素构成的，并知道了一些常见的元素，一些科学家和哲学家还从地球上的元素想到太阳的组成、宇宙中其他天体的组成。但是太阳离地球有1.5亿千米（1.5×10^8千米），表面的温度高达6 000℃，谁也无法飞到这么远的太阳上去取一些物质回来分析，更不用说其他更远的恒星了。所以，在1825年，法国哲学家孔德曾武断地说："恒星的化学组成是人类绝不能得到的知识。"

然而，就在孔德死后不到3年，他的断言就被两位德国科学家粉碎了。

1854年，德国化学家本生在研究已有的煤气灯的原理和弱点后，发明了一种能方便地调节火焰大小和温度的新式煤气灯，这就是化学实验室中常用的本生灯。

本生灯点燃得最好的时候，温度能达到2 300℃，火焰几乎没有颜色。有时候灯没有调节好，火焰会缩到灯管里去，铜制的灯管烧红后，火焰就变成了蓝绿色；在火焰上弯玻璃管时，玻璃管烧红后，火焰又变成了黄色。这些许多人司空见惯的现象，却引起了本生的注意，启发他研究物质性质与其燃烧时火焰颜色的关系。

本生用白金镊子夹了一粒普通的食盐放到火焰中烧，火焰立刻变成亮黄色，同时，呛人的因高温从食盐（$NaCl$）中分解出的氯气的气味散出。但是火焰变黄究竟是氯的作用还是钠的作用呢？于是本生又用其他含钠的化合物反复进行实验，结果都能使火焰变黄。后来，本生把金属钠放在火焰中烧，火焰也立刻变成亮黄色，这样，就确证了使火焰变黄是钠的作用。

这一结果使本生极为兴奋，他的思想也立即像明灯一样光芒四射，迅速发散联想：如果其他金属能使火焰变成不同的颜色，那么只要找出它们一一对应的关系，岂不就有了一种简单而有效的新的分析方法了吗？

本生继续实验，他发现：钾和钾的化合物使火焰变紫；钡是绿色火焰；钙是砖红色火焰；锶是亮红色火焰……看来，不同的金属火焰的颜色是不同的。然而，进一步的实验却出现了问题——钠盐溶液出现的是黄色火焰，混有钾盐的钠盐溶液和混有锂盐的钠盐溶液出现的也都是黄色火焰。他企图用各种不同颜色的玻璃片来观察区分，可是效果很不理想。本生在探索中陷入了困境。

本生有个从事物理研究的朋友，叫基尔霍夫，他们俩常在一起散步、聊天。1859年初秋的一个傍晚，本生跟基尔霍夫一起散步时详细讲述了自己的实验和遇到的困难，基尔霍夫沉思了好一会儿后，建议本生换一个方法试试，从物理学的角度来看，可以不去观察火焰的颜色，而应该去观察火焰的光谱。

基尔霍夫在本生的实验室里装配了世界上第一台"分光

镜"。基尔霍夫先让太阳光射在平行光管的细缝上，在窥管中，他看到清晰的太阳光谱，表明分光镜工作正常。然后他拉上黑窗帘，本生点着了煤气灯，基尔霍夫把平行光管对准了煤气灯的火焰，经过他们的反复实验和观察，奇迹出现了：

所有钠盐都产生了两条靠近的黄线。

所有锂盐都产生了一条明亮的红线和一条较暗的橙线。

所有锶盐都产生了一条明亮的蓝线和几条红线、橙线、黄线。

总之，每一种元素都产生了几条特有的谱线，这些谱线都有它们自己固定的位置。这样，他们终于找到了一种新的分析方法——光谱分析法。光谱分析法非常灵敏，非常准确。后来，他们在测绘已知元素的光谱实验中还发现了两种新元素：铷和铯。

在取得巨大的胜利之后，基尔霍夫又从他们观察的明线反过去想到夫琅和费线。

早在本生和基尔霍夫的实验以前，德国物理学家约瑟夫·冯·夫琅和费（Joseph von Franhofer）在测定玻璃对特殊颜色的折射率时，偶然在油灯和牛脂灯光中，发现了精细的、明亮的橙黄色双线，这就是后来的钠线。后来他换用其他含钠的物质试验，发现总会在同一位置上出现这两条明亮的双线。夫琅和费又试图在太阳光谱中找到那两条黄线，结果没有找到这两条钠双线，却发现了大量的强弱不同的黑线（后人称为夫琅和费线）。他给那些最清楚的黑线用 A、B、C、D、E 等字母编了号，但没有给出明确的解释。虽然后来经人仔细辨认，钠的亮双线和太阳光谱中的 D 黑线的位置是严格相符的，人们认为夫琅和费线的产生可能是某种光被太阳大气吸收的缘故，不过对这一解释并没有明确的结论。

基尔霍夫起初猜测可能是太阳上缺少钠。为此，他让太阳光穿过本生灯的火焰进入分光镜，并在火焰上烧起钠来，希望让钠的亮黄色正好填补太阳光谱中的 D 黑线。结果出乎意料，基尔霍夫从分光镜中看到，太阳光谱中的两条 D 黑线非但没有亮起来，反而变得更加黑了。

基尔霍夫仔细考虑后，又从原先的猜测上反了个向——莫不是太阳上含有钠，它的两条亮黄线被什么遮挡住而成 D 黑线了呢？基尔霍夫根据他以往用温度很高的氢氧焰烧石灰时，石灰会发出耀眼的白光并形成连续谱的经验，决定用石灰光代替太阳光做试验，他在石灰光和分光镜中间放上本生灯，烧起钠盐，预料中的事情发生了，在石灰光原来的连续谱中出现了两条黑线，并且正好与太阳光谱中的 D 黑线位置相同。基尔霍夫换上另一种盐尝试，结果又在连续谱的其他地方出现了新的黑线，且它们的位置总和那种盐的亮线的位置一样。

基尔霍夫恍然大悟，原来太阳上不是没有钠，而是有钠。由于太阳中心的温度极高，形成的光谱本应是连续的，但当高温的太阳光通过太阳外围温度较低的太阳大气时，在这外围大气中有一些元素会把连续谱中相应的谱线吸收掉，从而形成一系列黑线，这正像本生灯中的钠蒸气能使石灰光的连续谱中出现两条黑线一样。基尔霍夫成功地解释了夫琅和费线的成因，从而建立了物质的线状谱与它的吸收光谱之间的一一对应关系。这样，只要把太阳光谱中夫琅和费线的位置与已知元素的谱线对照一下，就能知道太阳大气的成分，用同样的方法，也可分析其他遥远的恒星的化学成分。

1859年10月20日，基尔霍夫向柏林科学院报告了他的发现，从此，完整的光谱分析法成了物理学家、化学家、天文学家进行分析研究的有力手段。

总结一下这条成功之路上几个阶段的基本思维线索，我们可以概括如图6-4所示：

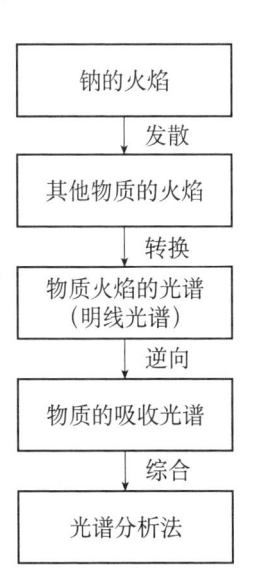

图6-4 本生和基尔霍夫的思维线索

求异思维引导着本生和基尔霍夫一步步跨上新的台阶。如今我们回顾这段历史，仿佛仍能听见求异思维留下的清晰脚步声。

第三节　求同思维、求异思维与中学物理教学

通过上面的叙述，我们不难明白求同思维和求异思维在中学物理教学中的必要性和重要性，因此有意识地培养和提高学生应用求同思维和求异思维，是中学物理教学实践中的重要任务。

一、求同思维和求异思维在建构中学物理知识中的应用

物理知识是人类认识物质运动规律和物质结构的具体成果，是物理学习的直接对象。物理知识包括物理现象、物理概念和物理规律三个要素。物理现象是指自然界中与物理有关的实际现象以及实验基础，它是通过感官观察或借助仪器观察对自然界和实验室中发生的物理事件的直接描述。一切物理理论都是为了解释已知的物理现象以及预示未知的物理现象，物理现象既是物理理论的基础，又是最后检验理论正确与否的标准。物理概念是组成物理知识的基本元素，是一类物理现象的

共同特征和本质属性在人脑中概括和抽象的反映。物理规律是物理知识的骨梁,它表现了若干个物理概念之间的内在联系,反映了物理现象和过程在一定条件下发展、变化的必然趋势。物理概念和物理规律的学习在整个物理学习中处于核心的地位。

学生在建构物理知识的过程中或建构物理知识之后,对建构过程中的思维品质进行反思和总结,既能强化对知识的理解和认识,又能使自身的学习能力和思维品质得到发展和提高。

知识的建构过程就是求同思维的形成过程。以物理概念和物理规律为核心的基础知识,实际上就是一整套帮助学生形成求同思维的知识体系。从学生的角度而言,理解概念、掌握规律就是形成求同思维。当知识的建构初步完成之后,在对其的深化学习和应用中,又会常常运用到求异思维。下面以"简谐振动"的学习为例加以说明。

高中物理"简谐振动"章节中的"弹簧振子"模型是应用非常广泛的一个物理模型,其基本模型是:在光滑水平面内,一质量不计的弹簧,连接质量为 m 的物体,使其偏离平衡位置后,物体将在平衡位置的两侧做往复运动,物体所受的回复力 $F=-kx$。在回复力的作用下,振动物体具有很鲜明的运动的对称性特征。

学生在建构这些知识时必须注意到，位移、回复力、加速度、速度、动量等物理量具有矢量性，同时简谐运动具有一定的对称性特点：做简谐运动的物体，在通过对称于平衡位置的两个位置时的一些物理量具有对称性。对称性具体表现在：

(1) 相对于平衡位置的位移大小相等，方向相反。

(2) 速度大小相等，方向可以相同，也可以不同。

(3) 加速度和回复力大小相等、方向相反。

(4) 从一个位置直接到达平衡位置的时间与从平衡位置直接到达另一位置的时间相等。

(5) 从一个位置直接到达最大位移的时间与从最大位移直接回到该位置的时间相等。

以上模型可有如下运用：

例1：弹簧振子做简谐运动，O 为平衡位置，以它从 O 点运动开始计时，经过 0.3s 第一次到达 M 点，再经过 0.2s 第二次到达 M 点，则它第三次到达 M 点还需要经过的时间为：①1.1s；②1.4s；③1.6s；④1/3s。以上四个选择中正确的是（　）。

  A. ①③ B. ②④ C. ①② D. ③④

解析：画出振动过程的示意图，若运动过程如图 6-5 所示，从 O 直接向 M 运动，利用简谐运动的对称性可求出：

$T/4=0.4\text{s}$，$T=1.6\text{s}$，第三次经过 M 的时间为 1.4s。

若运动过程如图 6-6 所示，则 $3T/4=0.4\text{s}$，$T=1.6/3\text{s}$，第三次经过 M 的时间为 $1/3\text{s}$。

图 6-5 简谐运动（1）　　图 6-6 简谐运动（2）

但在此阶段的应用中，学生尚停留在对模型基本知识的记忆、模仿阶段，对于其精神实质还很茫然，还需要不断深入思考，积极探索、发现其本质的东西，拓展其应用的范畴。以下学习就是在"异中求同"中深化的。

应该知道，弹簧振子并不是仅存在于水平面内，忽略阻力以后，垂直面内的弹簧振子的振动也是简谐运动。其运动特征与水平面内的弹簧振子相同，唯一的"差异"是其平衡位置为重力与弹力相等的位置，而不是在原长处。

例 2：一升降机在箱底装有若干个弹簧，如图 6-7 所示。假设在某次事故中，升降机吊索在空中断裂，忽略摩擦力，则升降机在从弹簧下端触地后直到最低点的一段运动过程中（　　）。

A. 升降机的速度不断减小

B. 升降机的加速度不断增大

C. 先是弹力做的负功小于重力做的正功，然后是弹力做

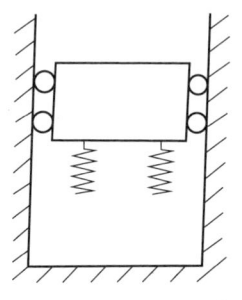

图 6-7 升降机运动

的负功大于重力做的正功

D. 到最低点时,升降机加速度的值一定大于重力加速度的值

解析:升降机下的弹簧下端触地时,物体具有一定的速度,且弹簧处于原长,即处于平衡位置的上方,到最低点处于静止时,速度为 0,加速度最大。由于中间要经过平衡位置,因此加速度先减小后增大,速度先增大后减小,先是弹力小于重力,后是弹力大于重力,从而可知先是弹力做的负功小于重力做的正功,然后是弹力做的负功大于重力做的正功。

至此,学生对弹簧振子知识建构已经有了更进一步的认识,但此时在头脑中尚受"有形"的弹簧及其振动条件的羁绊,这些客观的弹簧及其振动条件还牢固地束缚了学生的思维,要经过不断的"求同求异"思维进行探索,才能完整理解弹簧振子的精髓与神韵。

如果我们继续思考,就会发现除了有形的弹簧问题,其实,有些问题虽然没有弹簧出现,同样具有与弹簧振子类似的性质。

例 3:如图 6-8 所示,固定的光滑竖直杆上套着一个滑块，用轻绳系着滑块绕过光滑的定滑轮，以大小恒定的拉力 F 拉绳，使滑块从 A 点起由静止开始上升。若从 A 点上升至 B 点和从 B 点上升至 C 点的过程中拉力 F 做的功分别为 W_1、W_2，滑块经 B、C 两点时的动能分别为 E_{KB}、E_{KC}，图中 $AB=BC$，则一定有（　　）。

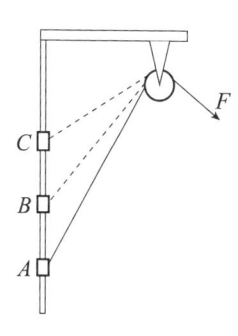

图 6-8　拉力功

A. $W_1 > W_2$　　B. $W_1 < W_2$　　C. $E_{KB} > E_{KC}$　　D. $E_{KB} < E_{KC}$

解析：拉力功是变力功，可通过"转换法"转换为绳端恒力做的功，容易选出正确答案 A。但学生往往在 C、D 选项中选择一个，他们总认为 C、D 选项中必有一个是正确的。其实，如果细心体察物体的运动过程就可以知道，虽然题目中没有出现弹簧，但其运动同样具有弹簧振子的"典型特征"：物体在运动的过程中所受到的合力先变大后变小，合力的方向先向上再向下，运动的速度先变大后变小。但是不能确切知道运动（相对平衡位置）处于怎样的阶段，所以无法知道 B、C 两点动能的大小。

总结一下上述关于"弹簧振子"的知识建构过程中基本思维线索，我们可以概括地表示如图 6-9 所示：

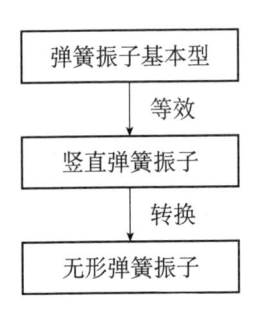

```
弹簧振子基本型
    ↓ 等效
竖直弹簧振子
    ↓ 转换
无形弹簧振子
```

图6-9 "弹簧振子"知识建构过程的基本思维线索

二、求同思维和求异思维在中学物理问题解决中的应用

这里的问题既包括我们平时说的解题练习中的各种复杂问题，也包括生活、生产中碰到的一些实际问题。

求同思维和求异思维方法在研究和解决中学物理问题中的应用非常普遍，也非常灵活和巧妙。在学习中，通过对具体问题的应用，学习者能深刻领会和驾驭这种方法。

先以下列问题的解决为例体会求同思维的应用。

例 4：在如图 6-10（a）所示的电路中，将滑动变阻器的滑动头 P 向 b 端移动时，（　　）。

A. 电压表的读数增大，电流表的读数减小

B. 电压表的读数减小，电流表的读数增大

C. 电压表和电流表的读数都增大

D. 电压表和电流表的读数都减小

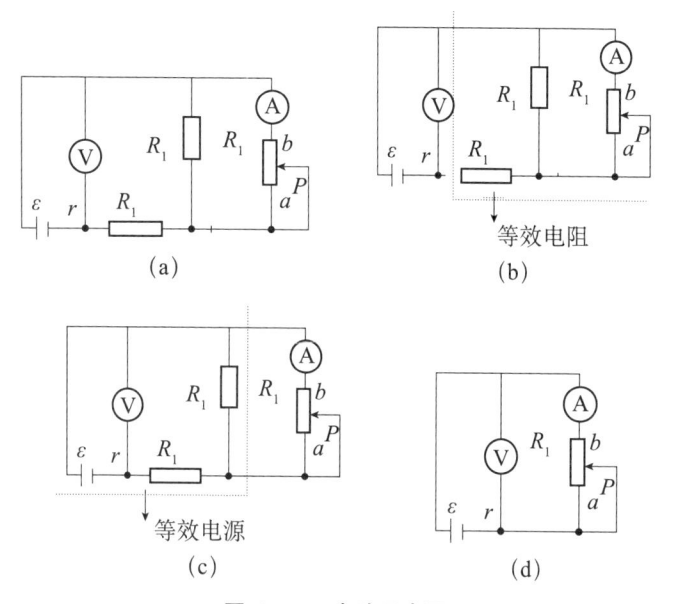

图 6-10 电路示意图

解析：该题利用"等效思维"的方法可以快速地求解，如图 6-10（b）所示，在判断电压表的读数变化时，我们将电压表右侧部分电路看成一个等效电阻；在判断电流表的读数变化时，我们将电流表左侧的部分电路看成一个等效电源，如图 6-10（c）所示。这样该电路就等效成图 6-10（d）的最简单的闭合电路，根据闭合电路的欧姆定律可知，外电阻变小时，电流就大，外电压就小，所以选 B。

例5：一金属球原来不带电，沿球的一条直径的延长线放置一根均匀带电的细杆 MN，如图 6-11 所示。金属球上的感应电荷产生的电场在球内直径上 a、b、c 三点的场强分别为 E_a、E_b、E_c，比较三者的大小为（　　）。

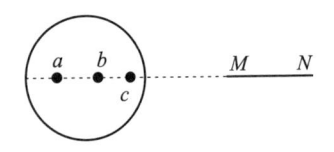

图 6-11　金属球示意图

A. E_a 最大　　B. E_b 最大　　C. E_c 最大　　D. $E_a = E_b = E_c$

解析：该题利用"转换思维"的方法求解。静电平衡后，金属球内部合电场是由均匀带电细杆上的电荷和金属球上感应电荷分别形成的电场的矢量和，其强度为 0。既然这个矢量和为 0，则说明二者的在各点形成的电场强度大小相等，方向相反。这样就可以把求"感应电荷"产生的电场强度转换成求"均匀带电细杆"产生的电场强度。因为 c 点距细杆最近，所以便可得到 C 选项正确。

例6：如图 6-12 所示，金属导线Ⅰ沿光滑导轨滑下，在导轨的水平部分有磁场 B，金属导线Ⅱ原来静止。求在Ⅰ进入磁场后在两导线的电阻上所能产生的电热 Q（导线Ⅰ原来距水

平的高度为 h，Ⅰ和Ⅱ的质量均为 m）。

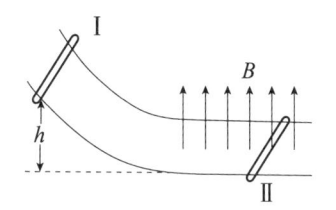

图 6-12 金属导线产生电热

解析：当我们在思索这个问题时，首先应注意到，由于电磁的作用，Ⅰ和Ⅱ应该在最后具有相同的运动速度，因此，这里的情况完全可以比拟为两个物体的完全非弹性碰撞。问题所求的也"完全等价于"在碰撞过程中所损失的机械能。所以，两物体间的"完全非弹性碰撞"就可以作为这个电磁问题的物理模型，可作"等效替代"。

我们可以再从下面几个例子中体会求异思维的应用。

例 7：一颗水平飞行的子弹，恰好能依次穿过固定竖立着的三块木板，如图 6-13 所示。假设子弹在木板中所受阻力恒定，且每块木板对子弹的阻力和子弹穿越每块木板的时间都相同，不计子弹在两板之间的飞行时间，则三块木板的厚度之比为多少？

解析：常规解法比较烦琐，这里省略。我们应用"逆向反演"法，即从第三块木板右边逆着时间流向观察时，子弹在木板中从右向左做初速为零的匀加速运动，木板的厚度之比就等于从 $t=0$ 开始子弹在连续相等时间内通过的位移之比，即 $d_3:d_2:d_1=1:3:5$。所以，子弹依次通过的木板厚度之比为 $d_1:d_2:d_3=5:3:1$。它比把子弹作为匀减速运动的常规解法要简单得多。

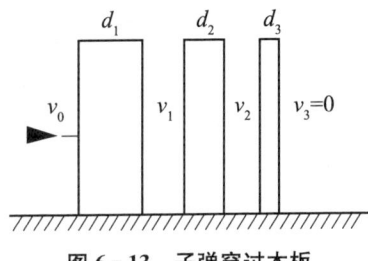

图 6-13 子弹穿过木板

例 8：一个小球做竖直上抛运动，测得它在达到最高点前的 1s 内上升的高度是它上升最大高度的 1/5，求小球上升的最大高度（取 $g=10\text{m/s}^2$）。

解析：显然，跟例 4 一样，如果采取"时间逆演"法，问题的求解就简单得多。题中描述的运动的逆演运动是自由落体，题中"在达到最高点前的 1s 内"的升高等效于自由落体运动的第 1s 内的落高。由此可知，$h=\dfrac{1}{2}gt^2=5\text{m}$，所以小球上抛时能达到的最大高度 $H=5h=25\mathrm{m}$。

原来从匀减速运动求解时,虽然列式并不困难,但实际运算较为复杂,采用逆向反演后就变得十分轻松。

应该认识到,逆向思维是相对于原先的、寻常的思维路线而言的,一旦把它作为一种重要的研究方法,也就无所谓"逆向"可言。实际上,有一些问题,采用顺向的寻常思维极难求解或无法求解,这种情况下逆向思维几乎成了唯一的研究手段,就无所谓"逆向"的意义了。不过,从相对于顺向的、寻常的思维意义上,我们仍然可以把它作为逆向思维看待。

特别值得一提的是,在逆向思维的应用中有一朵特别绚丽的"奇葩",这就是作为几何光学基本规律之一的"光路可逆原理"——当光线逆着反射光线或折射光线的方向入射时,将会逆着原来的入射光线方向反射或折射。许多光路控制和成像问题从入射方向正面求解,常会显得无从下手或者较为烦琐,采用光路可逆原理,"反面包抄"往往很容易取得成功。这方面的例子非常丰富,限于篇幅,在此不赘述。

例 9:如图 6-14 所示,当物体 m 在光滑的斜面体 M 上自由下滑时,M 仍静止在水平地面上。求此时地面对斜面体 M 的法向作用力。

解析:这里应用常规的隔离法,可以对 m 和 M 分别进行

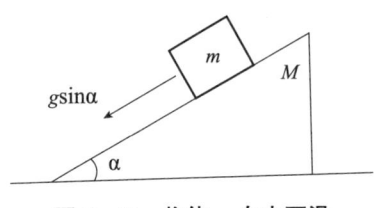

图 6-14 物体 m 自由下滑

受力分析而求出解答，但是略显烦琐，因此可以采取"对象变换"法——把对"隔离体"的研究变成对"整体"的研究。注意到以 $(M+m)$ 为整体的其中的 m 部分，因为具有沿斜面向下的加速度 $g\sin\alpha$，这个加速度的竖直向下的分量为 $g\sin\alpha \cdot \sin\alpha$，因而对支持物（地面）的作用有失重的表现。所以，这里整体对地面的法向作用力将不是 $(M+m)g$，而应该是 $(M+m)g - mg\sin\alpha \cdot \sin\alpha$，即 $Mg + mg\cos^2\alpha$。

同理，从整体角度而言，整体对地面的切向作用力就是 $mg\sin\alpha \cdot \cos\alpha$。

值得说明的是，这里所说的"整体"，同常规的整体法、隔离法略有不同，主要是指一种求异的思维方法。

除了在具体问题的求解过程应用求异思维外，在问题的设计时，也可以从发展学生求异思维的角度出发，设计具有开放性的问题，或者一题多解。这样对学生求异性思维的训练更有利，能达到更好的效果。下面略举二例。

例10：我们可以把"某个纯电阻用电元件，若将其电阻减少一半，接入原电路，它的功率如何变化？"这样的有单一答案的问题变成如下问题："某个纯电阻用电元件，要想使其电功率增大为原来的2倍，需要改变有关的哪些物理量？"

解析：这样一改，对学生的思维要求便从求同转变到求异——答案就会是多样的了。例如：(1) 电压不变时，电阻减小为原来的一半；(2) 电压不变时，并联一个相同电阻；(3) 再串联一个相同的电阻，并将电压加大一倍；等等。通过对多种答案的思考，更好地培养了学生多思、多变的求异思维能力，同时扩大了对所学知识的巩固面。

例11：现在需要测定一种未知液体的密度，器材不限，你有哪些方案？

解析：解答这样的问题，需要学生从不同的物理原理出发，设计不同的方案，使用不同的器材。例如：

(1) 从 $\rho = \dfrac{m}{V}$ 原理出发，可以使用以下器材：天平和砝码、量筒、未知液体。方法：用天平测出一定量的液体质量，用量筒测出对应的体积。

(2) 从 $F_浮 = \rho_液 g V_排$ 原理出发，可以使用以下器材：弹簧测力计、铁块、细线、量筒、未知液体。方法：用弹簧测力计分别测出铁块在空气中和液体中的重 G_1 和 G_2；用量筒测出铁块在液体中排开的体积 $V_{排}$。根据此方法，$G_1-G_2=\rho_{液}gV_{排}$，所以 $\rho_{液}=\dfrac{G_1-G_2}{gV_{排}}$。

（3）从 $F_{浮}=\rho_{液}gV_{排}$ 原理出发，并借助已知水的密度事实，可以使用以下器材：弹簧测力计、铁块、细线、烧杯、水、未知液体。方法：用弹簧测力计分别测出铁块在空气中、水中和液体中的重 G_1、G_2 和 G_3 即可。根据此方法，$G_1-G_2=\rho_{水}gV_{排}$，$G_1-G_3=\rho_{液}gV_{排}$，所以 $\rho_{液}=\dfrac{G_1-G_3}{G_1-G_2}\rho_{水}$。

由此可见，设计开放性问题，是培养的提高学生求异思维能力的较好途径。

三、求同思维和求异思维在中学物理实验中的应用

物理是一门以实验为基础的自然学科，因而实验教学对培养学生的求同思维能力和求异思维能力有着重要的作用。

例 12：图 6-15 是"测定电池的电动势和内电阻"的实验电路图，试分析该实验获得的测量值与真实值间的偏差关系。

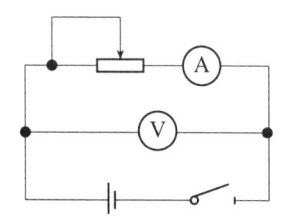

图 6-15 "测定电池的电动势和内电阻"实验电路图

解析：在教学实践中，我们感觉到，学生不能很好地掌握"电流表外接法电路测电源的电动势"的实验中的误差分析。由于电压表的分流作用，电流表的示数小于通过电池的电流，因而带来系统误差。如果采取传统的求解思维，即用闭合电路欧姆定律来计算实验误差（教学中也常常这样做），虽然可行（解答过程略），但是过程烦琐，学生不易独立演算，所以不利于学生掌握。如果用"等效转换"的思维方法，就简便易行得多。

如图 6-16 所示，把虚线框中部分等效成一个电源。电动势和内阻的测量值就是该等效电源的电动势和内阻。根据戴维南定理，这个等效电源的等效电动势（ε'）和等效内阻（r'）分别为：

$$\varepsilon' = \frac{R_V}{r_0 + R_V}\varepsilon_0$$

$$r' = \frac{r_0 R_V}{r_0 + R_V}$$

178　批判性思维与中学物理

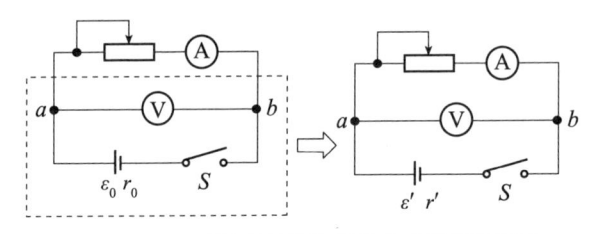

图 6-16　用"等效转换"思维方法的解题思路

可见测量值均比真实值偏小，并且很容易计算出相对误差值：

$$\eta_r = \left|\frac{r_0 - r'}{r_0}\right| = \frac{r_0}{R_V + r_0}$$

$$\eta_\epsilon = \left|\frac{\varepsilon_0 - \varepsilon'}{\varepsilon_0}\right| = \frac{r_0}{R_V + r_0}$$

由于一般情况下有：$r_0 \ll R_V$，因此只要操作得当，实验结果还是比较准确的。同样，我们也可以应用同样的方法对"电流表内接法电路测电源的电动势"的实验（如图 6-17 所示）进行分析，加以比较，我们就不难理解教材中为什么要求采取本例中的电路进行测量了。

下面，我们再以上海高考实验试题为例简单说明求同和求异思维在中学物理实验教学中的应用。

例 13：如图 6-18 所示，有两块同样的玻璃直角三棱镜 ABC，两者的 AC 面是平行放置的，在它们之间是均匀的未知透明介质。一单色细光束 O 垂直于 AB 面入射，在图示的出射

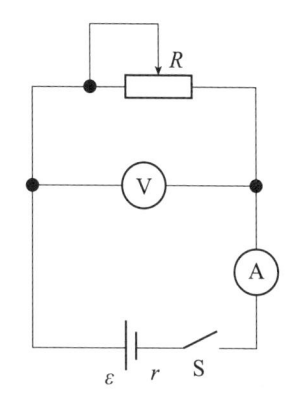

图 6-17 "电流表内接法电路测电源的电动势"实验

光线中（　　）。

A. 1、2、3（彼此平行）中的任一条都有可能

B. 4、5、6（彼此平行）中的任一条都有可能

C. 7、8、9（彼此平行）中的任一条都有可能

D. 只能是 4、6 中的某一条

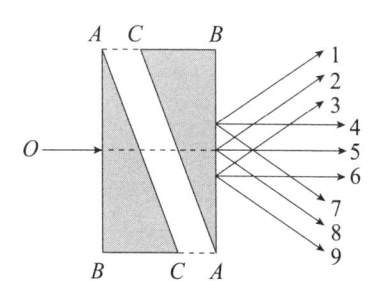

图 6-18 光线的入射与出射

解析： 该题是依据高中教材学生实验"测定玻璃的折射率"进行创新设计而成的。本题的解答对考生的求同和求异思维能力要求较高。

首先，该实验试题与教材原型实验相比较，共同之处是："核心部件"均是一个"两面平行"的光学折射"材料"。试题中这一材料是"未知介质"，教材原型实验中这一材料是"玻璃砖"。因此，"核心部件"对光线的折射遵守相同的规律——"当光线以一定的入射角穿过两面平行的玻璃砖时，传播方向不变，但是出射光线跟入射光线相比，有一定的侧移"，如图 6-19 所示。

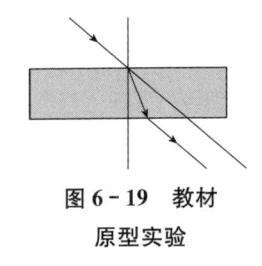

图 6-19 教材原型实验

其次，试题与原型实验相比，又至少做了两方面的创新设计：其一是"介质转换"，即将光线从空气中进入玻璃中再进入空气中，转换成光线从玻璃（左侧 ABC）中进入未知介质再进入玻璃（右侧 ABC）中；其二是折射率的变化，即未知介质（等效于图 6-19 实验中的玻璃砖）的折射率不确定，它的折射率可能大于玻璃的折射率，也可能小于或等于玻璃的折射率，也就是说，可能是光先从光疏介质中进入光密介质中，也可能是光先从光密介质中进入光疏介质中，因此它的光路就不仅仅是图 6-19 所示的一种，而是三种情况——出射光线跟入射光线相比可能向后侧移,也可能向前侧移或不发生侧移。所以,试题答案是 B。

除此之外,在教学中我们可以继续挖掘试题和本实验对学生求异思维能力培养的资源:上述实验是根据光的折射现象的实验原理设计的,能否进行原理转换?以光的反射现象原理来设计实验方案:如图 6-20 所示,面向半圆形玻璃砖,在玻璃砖逆时针转动的过程中,调整视线透过玻璃砖观察插针 P_1、P_2 的像,直到视线沿着直径恰好看不到 P_1、P_2 的像为止。量出 $\angle C$ 的度数,由 $n=1/\sin C$ 确定玻璃的折射率。我们还可以对实验器材进行求异转换——将玻璃砖换成三棱镜如何完成实验?或者将玻璃砖换成透明液体,如何测定液体的折射率?等等。

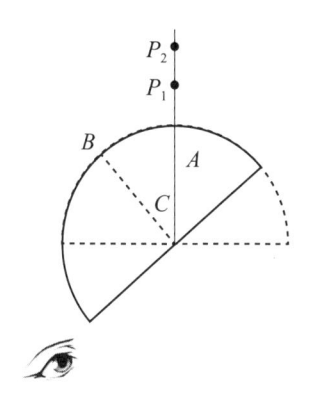

图 6-20 实验方案

结语

求同与求异是思维互补与科学论证的辩证统一。求同是收敛性思维，求异是发散性思维，它们是一枚硬币的两面，互为表里、相互补充。在问题解决过程中，求异思维有助于发现和创新，但如果没有规范，不着边际，就容易远离事物的本质与规律，所以，单纯使用求异思维是有局限性的，求异思维只有在科学精神与科学理性的指引下，才会有正确的方向和积极的成果。求同思维有助于发现事物的规律性与普遍性，与求异思维相互结合，让科学探索遵循客观规律，求真求实，坚持二者的有机结合，是批判性思维辩证的使用，会在科学发现与规律探索中发挥更加重要的作用。

第七章　比较与类比

　　比较是一切理解与思维的基础,我们正是通过比较来了解世界上一切的。——乌申斯基

　　类比是指事物关系之间的相似,而不是事物本身之间的相似。——汤川秀树

　　物质及其运动是客观事物的根本属性。根据马克思主义哲学的基本原理,世界是物质的,物质是运动的,运动的形式是矛盾的。我们周围的事物,无不处于事物运动的普遍联系之中。任何一个事物都不能离开其他事物而孤立存在,而是以其他事物存在为基本前提。一方面,每一事物以其差异性、个性、特殊性而区别于其他事物;另一方面,它又以同一性、共性、普遍性而与其他事物共存而互相依赖。事物的存在与发展

的相对性必然会反映在人们的认识及思维方式上，事物因相互比较而存在，因相互制约而发展。对事物存在与发展的相对性认识体现人们批判性思维的发展程度。可以说，比较思维与类比思维是批判性思维能力呈现的重要方式。

第一节　比较思维与类比思维

人类认识事物一般是从区分和辨别事物开始的。区分和辨别事物要依据一定的标准，把彼此有某种联系的事物加以对照，以确定它们的异同，这就需要运用比较思维。科学上的许多重大发现就是运用比较思维的成果。爱因斯坦也说过："知识不能单从经验中得出，而是从理智的发明同观察的事实二者的比较中得出。"

一、比较思维

比较，在汉语中有两层含义：一是作为动词，意指根据一定的标准，在两种或两种以上有某种联系的事物间，来辨别高下、异同，如《颜氏家训·省事》中的"不顾羞慙，比较材能，斟量功伐"；二是作为副词，表示具有一定的程度，如毛泽东《论人民民主专政》中的"错误和挫折教训了我们，使我们比较地聪明起来了"。物理学中的比较主要指科学研究中的一种思维方法,它既要研究事物之间的共同点,又要分析事物之间的差异点。在科学研究中,为确保比较思维的正确性,还经常需要根据实验的异同来寻求科学的结论。

比较思维通过将两个对象(事物、状态、性质等)相互比较,以确定他们的相同或不同,即在比较中鉴别,再经比较后确认。它是确定研究对象之间共同点和不同点的一种逻辑方法,属于批判性思维能力的范畴。它可以在异类对象之间进行,也可以在同类的对象之间进行,还可以在同一对象的不同方面、不同部分之间进行,主要有以下三种呈现方式:

(一)相同点比较法

相同点比较法是指比较两个或两个以上对象的相同点而认识这些对象的思维方法。这种比较法使我们认识到表面相异的对象之间有其共同性,即异中有同。这种比较方法可用以下模式表示,如表7-1所示:

表7-1 相同点比较法

对象	被比较的特性
A	a,b,c,…
B	a,b,c,…

所以,A与B两对象具有相同的特性a、b、c……

历史上非常有名的安培"分子电流假说"就是通过比较思维得到启示的。在奥斯特发现了电流的磁场之后，人们不由会提问：磁铁和电流都能产生磁场，磁铁的磁场和电流的磁场是否有相同的起源呢？法国著名科学家安培敏锐地观察到通电螺旋管的磁场和条形磁铁的磁场很相似，从而提出了分子电流假说。他认为，既然电流是电荷的运动产生的，那么电流的磁场应该也是由于电荷的运动产生的。因此，磁铁的磁场是否也是由电荷的运动产生的呢？回答是肯定的。他设想，在原子、分子等物质微粒内部，存在着一种环形电流——分子电流，分子电流使每个物质微粒都成为微小的磁体，它的两侧相当于两个磁极。安培分子电流假说能够解释一些磁现象：一根铁棒，在未被磁化的时候，其内部各分子电流的取向是杂乱无章的，它们的磁场互相抵消，对外界不显磁性。当铁棒受到外界磁场的作用时，各分子电流的取向变得大致相同，铁棒被磁化，两端对外界显示出较强的磁作用，形成磁极。磁体受到高温或猛烈的敲击会失去磁性，这是因为在激烈的热运动或机械振动的影响下，分子电流的取向又变得杂乱了。

当然，在安培所处的时代，人们对物质内部为什么会有分子电流还不清楚。直到 20 世纪初，人们才知道分子电流是由原子内部电子的运动形成的。安培分子电流假说揭示了磁铁磁性的起源，它使我们认识到：磁铁的磁场和电流的磁场一样，都是由电荷的运动产生的。这就是比较思维的重要作用。

（二）相异点比较法

相异点比较法是指比较两个或两个以上对象的相异点而认识这些对象的思维方法。这种比较方法使我们认识到，表面上相似的对象之间有其差异点，即同中有异。这种比较方法可用以下模式表示，如表7-2所示：

表7-2 相异点比较法

对象	被比较的特性
A	a，b，c，…
B	┐a，┐b，┐c，…

所以，A对象以特性a、b、c……与B对象相异。

历史上中子的发现就与相异比较思维有关。物理学家卢瑟福通过α粒子散射试验，提出了原子结构的核式结构模型，并于1920年在皇家学会贝克里安演讲中，预言了中子的存在。

1930年，德国物理学家博特和贝克尔用刚发明不久的盖革-缪勒计数器，发现金属铍在α粒子轰击下，会产生一种贯穿性很强的辐射。当时他们认为这是一种高能量的硬α射线。1932年，约里奥·居里夫妇（居里夫人的女儿和女婿）重复了这一实验，他们惊奇地发现，这种硬α射线的能量大大超过了天然放射性物质发射的α射线的能量。他们还发现，用这种射线去轰击石蜡，竟能从石蜡中打出质子来。约里奥·居里夫妇把这种现象解释为一种康普顿效应。

约里奥·居里夫妇的发现点醒了正在试图探索中子的查德威克。查德威克意识到这些射线可能是由中性粒子构成，而这正是验证"中子语言"的关键钥匙。查德威克立刻跟导师卢瑟福联手开展了一系列试验以研究这种中性粒子的性质。查德威克发现，该射线轰击石蜡后的产物包括质子流，而质子的动能为 5.7MeV，如果把这个粒子当成α射线，用康普顿散射来解释的话，由能量和动量守恒可知光子能量约为 55MeV；他们又用同样的射线轰击了氮核，而氮核的动能为 1.2MeV，用同样的计算方法可得光子的能量约为 90MeV。同一种光子能量怎么会差得这么大？所以很明显，这不是光子，而是一种新的中性粒子，即中子。

查德威克因此获得 1935 年的诺贝尔物理学奖，这也是比较思维应用的成功。

（三）同异综合比较法

同异综合比较法是指比较两个或两个以上的对象而认识其间的相同点与差异点的思维方法。这种比较方法可用以下模式表示，如表 7-3 所示：

表7-3 同异综合比较法

对象	被比较的特性	
A	a，b，…	p，q，…
B	a，b，…	┐p，┐q，…

所以，A 对象以特性 a、b……相似于 B 对象，又以特性 p、q……相异于 B 对象。

同异综合比较同时具有前两种比较思维的特点，能提供更为客观和全面的认识。事实上，客观世界是既对立统一又普遍联系的，大自然和社会生活中诸多相反、相对事物和现象的存在为比较思维的形成提供了前提和基础。人们在认识事物和思考问题时，如果把当前事物或现象和与之相反、相对的事物或现象相比较，就会产生更理想的效果和更科学的结论，因而它在科学发现中具有重要意义。

二、类比思维

类比思维中的"类"表示类似、相似、类推、比拟等，"比"表示通过比较来发现这些相似。类比思维亦称为类比推理或类推方法，它是根据两个（或两类）对象在某些属性上相同或相似，从而得出它们在其他属性上也相同或相似的推理。

（一）类比思维的含义

类比思维与比较思维联系密切，它是通过对两类不同的对象进行比较，找出它们的相同点和相似点，在此基础上由一类对象的已知属性推演到另一类对象中去，从而对后者得出新的认识。因此，类比思维的对象包括"本体"和"比体"两个部分。"本体"是待解决的问题或事物，它常常是人们不熟悉的，有时甚至是较深奥或较抽象的问题或事物；"比体"是被当作类比参照物的问题或事物，它可使人们从对类似、相通的事物的理解中找到待解决问题的途径。

类比思维的模式可表示为：

A 对象具有属性 a、b、c、d，

B 对象具有属性 a、b、c，

所以，B 对象也具有属性 d。

现今，大爆炸宇宙论也成为一个标准宇宙模型。而宇宙大爆炸最先只是一种推测和假设，这种推测和假设经过一个世纪的争论已经渐渐变成科学界的共识，现在成为现代宇宙学的基础理论。在这一过程中，类比思维的贡献很大。开始，人们都认为宇宙是永恒的、静态的和无限的，一直到了 20 世纪，爱因斯坦发现了从引力场方程公式可推导出宇宙是一个从未停止变化的动态宇宙。但即便是伟大和智慧的爱因斯坦，也不容易接受这样宇宙动态观。为了使自己的公式平衡,他在公式中无可奈何地加上了一个宇宙常数。事情并没有如此结束,哈勃撬动了静态宇宙观的根基,推动了大爆炸宇宙论的发展,哈勃撬动的杠杆就是宇宙膨胀,他在观测中发现了星系红移现象,而且这种现象普遍存在,所有的星系都正在远离我们而去,离开的速度越近越慢,越远越快,成正比例均匀提升,且各向同性(四面八方的观测都是一样的)。

为什么以上现象就能说明宇宙是膨胀的呢?这正是运用类比思维思考得到的。物理学中有声波的"多普勒效应",即声音在传播时,如果一个声波的波源与观察者之间发生了相对运动,那么观察者接收到的声波的频率和波源的频率是不同的。当声源向观察者靠近时,观察者接收的频率在升高;当声源离观察者远去时,观察者接收的频率在降低。后来,多普勒把光波和声波进行了类比,指出"多普勒效应"不仅适用于声波,也适用于光波。而哈勃等天文学家正是根据"多普勒效应"理解了天文学上的"红移现象",进而提出宇宙大爆炸理论。由此,哈勃建立了哈勃定律。根据哈勃定律观测计算出来的哈勃常数能够得出宇宙膨胀的速率,由此确定了宇宙正在高速不断膨胀这个事实,并经过宇宙红移速度和星系观测等综合演算和修正,得出宇宙大爆炸发生于138亿年前的推论。

类比方法及其常见的分类类比法是通过两个或两类研究对象进行比较，找出它们之间相同点或相似点，并以此为根据把其中某一个或某一类对象的有关知识和结论，推移到另一个或另一类对象上，从而推论出它们也可能有相同或相似的结论的一种逻辑推理和研究方法。因为类比法是按照两个或两类对象的比较，来推论出某一个或某一类研究对象的新结论，所以类比过程是由特殊到特殊，或由一般到一般的逻辑推理过程。物理学史上很多重大发现、发明，往往发端于类比。黑格尔曾说过："类比的方法应在经验科学中占很高的地位，而且科学家也曾按照这种推论方法获得很重要的结果。"因此，类比被誉为科学活动中的"伟大的引路人"，在很多关键时刻，科学家都巧妙地运用了类比推理，提出科学假说，从而获得巨大成功。

（二）类比思维的特征

类比思维作为一种推理方法，是通过比较不同对象或不同领域之间的某些相似属性，从而推导出其另一属性也相似。它具有以下几个显著特征：

第一，相似性。类比思维的客观基础是不同事物之间的同一性和相似性。正因为客观世界是普遍联系的，在不同事物之间存在着同一性和相似性，我们才有可能从不同的事物所具有的某些相同属性，推知它们在另一些方面也具有相同的性质。类比思维的基础是人们对思维对象相似性的认识，我们之所以能对客观事物进行类比，是因为先前我们在头脑中已经储存了关于相关事物的相似性认识。因此，相似性是类比思维的基本属性。

第二，灵活性。类比思维是一种跨对象、跨领域的思维，是一个由特殊到特殊、由此物及彼物的联想认识过程。它可以从类比物的系统与应予解释的系统在性质上的相似性出发，进行性质类比；也可以依据两类不同的事物在结构上的类似推出其功能上的类似，进行功能类比；还可以根据类比物的系统与应予解释的系统在因果关系或协变关系上的相似，进行关系类比。相对于演绎思维与归纳思维，类比思维受逻辑前提制约程度小。类比物的选择、类推属性的选择等都具有很大的灵活性，从而也具有很强的创造性。因此，类比思维在认识事物的本质时有助于由已知推出未知，能起到举一反三和触类旁通的效果。

第三，或然性。类比推理是把某个（或某类）对象所具有的属性推广到与之相似的另一个（或另一类）对象上去，从而结论的范围超出了前提的范围。因此，类比推理的前提并不蕴涵结论，从前提的真实也不能必然推导出结论的真实。类比思维的或然性，还因为客观事物之间既有相似的一面，也有差异的一面，如果我们得出来的结论正好是它们二者的差异性，则结论必然是错误的。因此，在使用类比思维方法时，一定要注意同其他方法相结合。同时，类比的结论是否正确，还要接受科学观察和实验的检验。

第二节　比较思维、类比思维与物理学的发展

一、物理现象的比较——质子的发现

卢瑟福利用α粒子轰击氮核后发现了质子，但如何确认它是一个新的粒子呢？我们来看一看卢瑟福的做法：1919年，卢瑟福做了用α粒子轰击氮核的实验，装置如图7-1所示，容器C里放有放射性物质A，从A射出的α粒子射到一片铝箔F上，选取适当的铝箔厚度，使α粒子恰好被它完全吸收而不能透过，在F的后面放一荧光屏S，用显微镜M来观察荧光屏上是否出现闪光。通过阀门T往容器C里通入氮气后，卢瑟福从荧光屏S上观察到了荧光。这个实验中的闪光一定是α粒子击中氮核后产生的新粒子透过铝箔引起的。后来，卢瑟福测出了这种粒子的质量和电量，确定它就是氢原子核，又叫质子。

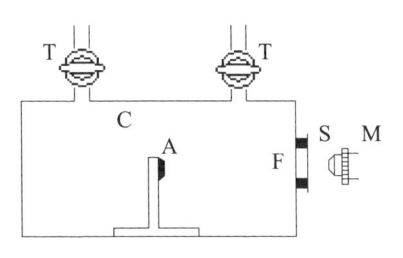

图 7-1 卢瑟福的实验装置

容器里除了有α射线，还存在着核反应后释放的质子，卢瑟福用小小的一块铝箔就排除了干扰新粒子发现的α粒子。

卢瑟福用α粒子轰击氮核后产生的新粒子是质子。那么，这个质子是α粒子直接从氮核打出来的，还是α粒子被氮核俘获后形成一个不稳定的新核，又分裂出的质子呢？

按习惯的想法：质子应当是由α粒子直接从氮核打出来的。如果是这样，在云室里就会看到四条径迹：入射α粒子的径迹、碰撞后α粒子的径迹、质子P的径迹和抛出质子后的核的反冲径迹。但事实并不如此。α粒子撞击氮核的过程在云室内只看到三条径迹，如图7-2所示。经过思考我们可以解释为：在撞击氮核以后，这个α粒子就钻入了氮核内，形成了一个较大的不稳定的新核——复合

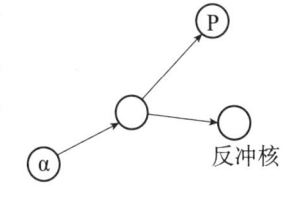

图 7-2 α粒子撞击氮核过程的三条径迹

核，复合核处于激发态，在复合核中核子的运动很激烈，从而使复合核分裂放出一个质子。云室所得到的事实是我们思维上的路标，有了路标才使我们排除了错误，走向了正确的发展方向。只要排除了干扰和假象，一个全新的发现或创造发明就会展现在我们面前。

二、物理规律的比较——电场与磁场的定义

电场是任何带电体周围产生的一种特殊物质。电场看不见、摸不着，那么应怎样去认识和研究它？我们发现，电场对处在其中的电荷有力的作用。既然有"力现象"存在，就可以从电荷受力的角度进行研究。

假设形成电场的场源电荷为 Q，同时引入试探电荷 q，q 必须很小且电量少，不至于影响源电荷 Q 的电场。试探电荷 q 在不同位置受力不同，是否电场力就可用来表示电场的强弱呢？由于同一位置不同电荷受力不等，因此显然不能用试探电荷受的力的大小表示电场。虽然不同电荷受力不同，但试探电荷所受的电场力与其电量的比保持不变，即 F/q 在电场中同一点是不变的。比值反映了电场的强弱，我们用其作为描述电场强弱的物理量，即电场强度。

同样，我们遇见的"磁现象"通常都是"力现象"，至少

是与"力"相关的现象。而作为"力现象"的这些"磁现象",一定是"磁场"这种特殊的物质其"力特性"的外在表现。我们就应该引入某个物理量来描述"磁场"的"力特性"。

那么,问题来了:我们是不是该在磁场中引入"磁荷"?在磁场中放置"试探磁荷"?由于始终没有"磁单极子"存在,因此只能在磁场中放置"小磁针"。我们知道"欲想量化双方的作用,须先量化作用的双方"。那么,应如何量化"小磁针"呢?这使我们遇到了挑战,不得不放弃以小磁针作为研究对象来描述磁场的方法。

虽然磁单极子不存在,但孤立的一小段通电导线可以单独存在。由于小磁针不能被量化,而一小段通电导线可以量化,因此"试探电流元"成为最终的选择。在定义磁感应强度 B 的大小时,我们舍弃"试探磁极"而选取"试探电流元",并不是因为磁极 N 不能单独存在而无法测其受力,而是因为"小磁针"不能被量化。这就好像两个运动员分别举起两块未被量化的大石头,我们将无法确定谁是冠军;但如果他们分别举起的是已经被量化的两副杠铃,我们就能够判断冠军应该是谁了。

选择"试探电流元"作为研究磁场性质的载体,又引来了新的问题,如何放置导线呢?导线放置的方式不同,受力的大小不一样。设定"导线与磁场垂直"仅仅是因为"最简单"

吗？既然要借助于"试探电流元"来试探磁场的力特性，那当然就应该让磁场施最大的力，而"垂直"时磁场力最大，从而可以保证我们的"试探"最为充分，能够"试探"到磁场力特性的底线。

比较后我们知道，同样是运用比值法定义物理量，由于试探因子的变化，导致需要处理的因素发生了变化，其场的性质也存在差异。其实我们还可以看到，由于磁场是运动电荷产生的，场对电流的作用相对复杂得多，当导线与磁场平行时，对导线无作用力；当导线与磁场垂直时，作用力最大。从这个意义上来说，磁场是一个更"聪明"的场，给"对手"的作用是具有选择性的。

三、物理过程的比较

（一）引力理论的飞跃：月地检验——牛顿的卓越贡献

教科书在描述万有引力定律的发现过程时，介绍了牛顿为验证地面上的重力与地球吸引月球、太阳吸引行星的力是同一性质的力，遵守同样的规律，做了著名的"月地检验"。那么，牛顿为什么会想到做"月地检验"？其科学探究的心路历程又是怎样的呢？

与万有引力定律紧密相连的应该是牛顿关于苹果的故事。

夜幕初降，晚餐过后，牛顿在自己的房间里刚捧起伽利略的《两种科学的对话》，忽听窗外有风由远及近，簌簌飒飒，摇着那些树叶，像奏起一阵秋乐。不一会儿"扑通"一下，轻轻的，像有什么东西落在院里，接着又是一下。牛顿合上书，披衣出门。院内月光如水，落叶满地，他在树下踱着步子，想着刚才那声音。忽然又是"扑通"一声，一个东西擦着他的肩膀，跌落在自己的脚边。他吃了一惊，忙蹲下一看，是一个熟透的苹果。他再向地上摸了摸，早落下有五六个了。牛顿蹲下拾苹果，抬头看见了那轮明月，不觉寻思起来：

第一，苹果熟了就会落到地上，那月亮为什么不会落下来呢？

可以猜想的是，牛顿经过思考，认为与苹果一样，月亮也是在落向地球：如图 7-3 所示，如果没有引力的作用，月球将沿着切线方向飞出；正是由于受地球的引力，月球绕地球做圆周运动，与沿切线方向运动

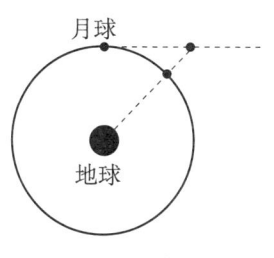

图 7-3 月球与地球

相比，月球也在落向地球。据此可以知道，月球与苹果一样都受到地球引力的作用。一位哲学家说过，只有牛顿看到月亮在落向地球。

第二，既然如此，苹果为什么不会与月亮一样飘上天，非要往地上落不可呢？苹果也可以飞上天吗？

带着对这个问题的思考，牛顿进行了艰苦卓绝的探索：他想去大厅吃饭，却转错了弯；走到大街上，却忘了为什么要出来，于是又返回居室；在大厅里蓬头散发，衣着不整，坐在那里走神，饭菜放在桌前，也不知道吃；学院同事往往在校园散步时看到沙砾地面上有奇怪图形，谁也不懂，绕道而行……这些都说明牛顿正在全身心地思考天体问题。经过研究发现，苹果其实也是可以飞到天上去的，只要苹果有足够大的速度，也可以让苹果成为地球的卫星。他关于人造地球卫星的设想（如图7-4所示）回答了上述问题。

图7-4 牛顿关于人造地球卫星的设想

正是通过这样的思考，牛顿得出了地上的物体与天上的物体有着相似规律的结论。这才有了牛顿为证明万有引力定律而进行的"月地检验"。确认了万有引力定律的正确性后，引力定律成为认识世界的有力武器。天王星、海王星的发现，以及潮汐现象的解释都是牛顿万有引力定律成功的应用。

（二）多普勒效应、宇宙膨胀与光的红移

虽然不像苹果砸到牛顿头上激发"万有引力"的灵感那么神奇，但多普勒效应也是一个偶然的发现。1842年，多普勒正路过铁路交叉处，恰逢一列火车从他身旁驰过，他发现火车从远而近时，汽笛声变响，音调升高；而火车从近而远时，汽笛声变弱，音调变低。

他对这个物理现象感到了极大兴趣，并进行了研究。发现这是由于振源与观察者之间存在着相对运动，因此观察者听到的声音频率不同于振源频率，这就是频移现象。当声源相对于观察者在运动时，观察者所听到的声音会发生变化：当声源离观察者而去时，声波的波长增加，音调就变低；当声源接近观察者时，声波的波长减小，音调就变高。音调的变化同声源与观察者间的相对速度和声速的比值有关。这一比值越大，改变就越显著，这就是"多普勒效应"。

哈勃发现远离银河系的天体发射的光线频率变低，即移向光谱的红端，称之为红移。通过比较可以发现，在光的传播过程中，也存在多普勒效应。利用多普勒效应的结论，天体离开银河系的速度越快，红移越大，这说明天体在远离银河系，进而可得出宇宙正在膨胀的结论；反之，如果天体正移向银河系，光线会发生蓝移。

哈勃通过声和光的比较，发现了相同的规律，推出了宇宙膨胀的结论，提升了人类对宇宙的认识水平。

在现代的移动通信中，当移动台移向基站时，频率变高，远离基站时，频率变低，所以我们在移动通信中要充分考虑多普勒效应。当然，由于在日常生活中，人们的移动速度有限，不可能带来十分大的频率偏移，但是这不可否认地会给移动通信带来影响，为了避免这种影响造成通信中的问题，人们不得不在技术上加以各种考虑，从而加大了移动通信的复杂性。

四、类比思维中的形似与神似

（一）乐谱、光谱和质谱

音乐，飘荡在世间的每一个角落，我们虽然看不到它，但是能够体会它带给我们的感受，能够深入人心，起着美化心灵的作用。如何传承和记录音乐？于是我们有了五线谱，如图7-5所示。从此，那些跳动的精灵走遍了世界的角落，带给人类无尽的欢愉。

图7-5　五线谱

牛顿观察到一束阳光以一个角度射入玻璃棱镜，部分会被反射，部分则穿透玻璃，并呈现不同的色带。牛顿将其分成7种颜色：红、橙、黄、绿、蓝、靛、紫。我猜想这时那些跳动的精灵走进了他的内心，导致他依古希腊哲学家的想法，选这7种颜色，并和音符、太阳系的行星，以及一周的天数联系起来，创立了光谱这个词，并首先在1671年在他的光学试验的说明中使用。

牛顿创立了几何光学，定义了光在真空中与其他物质中传播速度的比值就是该物质的折射率。由于光在真空中的传播速度是一定的，而光在其他物质中的速度都较光在真空中的速度小，介质对不同色光的折射率不同，导致玻璃棱镜能把白光进行分光，形成光谱。自然界的彩虹现象就是借折射看到光谱的理想示例。

而近代光学证明光是一种电磁波。光谱是复色光经过色散系统（如棱镜、光栅）分光后，被色散开的单色光按波长（或频率）大小而依次排列的图案。光波是由原子内部运动的电子产生的。因为各种物质的原子内部电子的运动情况不同，所以它们发射的光波也不同。

20世纪初，科学家发现，将物质气化、电离成离子束，经电压加速和聚焦，然后通过磁场电场区，不同质量的离子受到磁场电场的偏转不同，聚焦在不同的位置，这就是原子的特征谱线。类比于光谱分析，科学家发明了质谱分析法。质谱分析法是通过对被测样品离子的质荷比的测定来进行分析的一种方法。被分析的样品首先要离子化，然后利用不同离子在电场或磁场的运动行为的不同，把离子按质荷比（m/q）分开而得到质谱，通过样品的质谱和相关信息，可以得到样品的定性、定量结果。从乐谱到光谱，从光谱分析到质谱分析，我们见证了类比思维的强大的创造力。

（二）匀变速直线运动的规律

伽利略认为，自由落体是一种最简单的变速运动，他设想，最简单的变速运动的速度应该是均匀变化的。但是，速度的变化怎样才算均匀呢？他考虑了两种可能：一种是速度的变化对时间来说是均匀的，即经过相等的时间，速度的变化相等；另一种是速度的变化对位移来说是均匀的，即经过相等的位移，速度的变化相等。伽利略判断第一种可能较为简单，并把这种运动叫作匀变速运动。

匀变速运动具有怎样的规律？在伽利略的时代，技术不够发达，通过直接测定瞬时速度来验证一个物体是否做匀变速运动是不可能的。但是，伽利略应用数学推理得出结论：做初速度为零的匀变速运动的物体通过的位移与所用时间的平方成正比。这样，只要测出做变速运动的物体通过不同位移所用的时间，就可以验证这个物体是否做匀变速运动。伽利略是怎样推出做初速度为零的匀变速运动的物体通过的位移与所用时间的平方成正比的呢？

自由落体下落的时间太短，当时用实验直接验证自由落体是匀变速运动仍有困难，于是伽利略采用了间接验证的方法。他让一个铜球从阻力很小的斜面上滚下，做了上百次的实验。因为小球在斜面上运动的加速度要比它竖直下落时的加速度小得多，所以时间容易测量些。实验结果表明，光滑斜面的倾角保持不变，从不同位置让小球滚下，小球通过的位移与所用的时间的平方之比是不变的。由此证明了小球沿光滑斜面向下的运动是匀变速直线运动。换用不同质量的小球重复上述实验，位移与所用时间平方的比值仍不变，这说明不同质量的小球沿同一倾角所做的匀变速直线运动的情况是相同的。不断增大斜面的倾角，重复上述实验，得出位移与所用的时间的平方之比随斜面倾角的增大而增大。这说明小球做匀变速运动的加速度随斜面倾角的增大而增大。

伽利略将上述结果做了合理的外推，把结论外推到斜面倾角增大到90°的情况，这时小球将自由下落，成为自由落体。伽利略认为，这时小球仍然会保持匀变速运动的性质。这种从斜面运动到落体运动的外推是很巧妙的。不过，用外推法得出的结论，并不一定都是正确的。

现代物理研究中也常用外推法，但用这种方法得出的结论都要经过实验的验证才能得到承认。伽利略对自由落体的研究，开创了研究自然规律的科学方法，这就是抽象思维、数学推导和科学实验相结合的方法。

（三）库仑定律之"平方反比"证明

牛顿曾证明：一个质量为 M 的均匀球壳对球壳内物质的万有引力为零。如图 7-6 所示，球壳半径为 R，壳内任一位置放质量为 m 的质点，通过质点 m 作两条夹角极小的弦，作为两个顶点相同的圆锥面的母线，两个圆锥面对质点 m 张开的立体角 $\Delta\Omega$（在 $\Delta\Omega \to 0$ 时）相同，两个圆锥面与半径为 R 的球面相截所得球壳面积分别是 ΔS_1 和 ΔS_2，两面元法线各沿 OA、OB 方向，两面元的质量各为 $\sigma \cdot \Delta S_1$ 和 $\sigma \cdot \Delta S_2$，其中 σ 为球壳质量面密度，$\sigma = \dfrac{M}{4\pi R^2}$，两面元极小而可看作质点，设两面元到 m 的距离分别为 r_1 和 r_2，那么有：

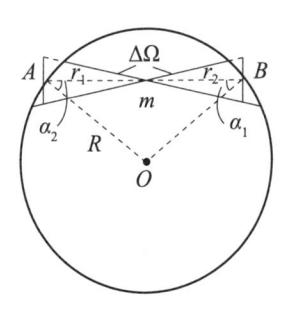

图 7-6　均匀球壳对球壳内物质的万有引力

$$F_1 = G\frac{\sigma \cdot \Delta S_1 \cdot m}{r_1^2}, \quad F_2 = G\frac{\sigma \cdot \Delta S_2 \cdot m}{r_2^2}$$

由几何关系知，两个面元 ΔS_1、ΔS_2 在垂直 r_1、r_2 方向的投影面积相等，即：

$$\Delta S_1 \cdot \cos\alpha_1 = r_1^2 \cdot \Delta\Omega, \quad \Delta S_2 \cdot \cos\alpha_2 = r_2^2 \cdot \Delta\Omega$$

而 $\alpha_1 = \alpha_2$，故有 $F_1 = F_2$。

此二力方向相反，合力为零，对球面上其他质量对 m 的力均如此，故整个球壳对球壳内物质的万有引力为零。

电荷间有相互作用力的现象，首先是由富兰克林发现的。1775年，他在实验室中用丝线悬挂一个小软木球，放在带电的小金属桶附近时，小软木球受到了强烈的吸引，而放在桶内时，却没有受到电力的作用。他的朋友普里斯特利根据这个实验结果，做了一个富有想象力的类比。他记得牛顿在力学原理中证明过，在一个厚薄均匀的球体内，作用于一个物体的净万有引力正好等于0，于是普利斯特利提出，既然小木球在桶内不受力，那么静电力的大小也很可能与距离的平方成反比。尽管在今天看来这个类比不完全妥当，但这个推论给了其他科学家不小的启示。

1773—1777年，库仑发明可精确测定微小力的扭秤。扭秤的基本原理是这样的：力使悬丝扭转，转动悬丝上端的悬钮，使小球回到原来位置,这时悬丝的扭力矩等于施于小球 A 上静电力的力矩。如果悬丝的扭力矩与扭转角度之间的关系已事先校准、标定,则由旋钮上指针转过的角度读数和已知的秤杆长度,可以得知在此距离下 A、B 之间的作用力。

电扭秤的结构如图 7-7 所示。在细银丝下悬挂一根绝缘棒,棒的一端是一个带电的小球 A,另一端是一个不带电的球 B,B 与 A 所受的重力平衡。为了研究带电体之间的作用力,把另一个带电的金属球 C 插入容器并使它靠近球 A 时,A 和 C 之间的作用力使轻杆转动,通过旋转金属丝使其回到原来的位置,作用力可通过旋转的角度获得。1785 年,库仑用改进后的电扭秤发现,两同种电荷间的电力与它们各自电量的乘积成正比,与它们之间距离的平方成反比,从而发现了同种电荷间静电力遵循的规律。

图 7-7 电扭秤的结构

当库仑试图用同样的方法来研究异种电荷间的吸引力时,却碰到了困难。因为引力和距离成反比,而扭力仅与扭转的角度的一次方成正比,所以当两个带异种电荷的小球靠近时,引力的增加可能比扭力快,两个小球有时会碰到一块儿去(当静电力和扭力平衡时可能是一种不稳定平衡)。

经过不断的探索,库仑还是从万有引力的一些实验中得到了启发。地球上的物体都受到地球的引力作用,引力的大小与物体到地球中心的距离的平方成反比。用一根轻绳将一个小球悬挂起来,若摆长为 l,其振动周期 $T=2\pi\sqrt{\dfrac{l}{g}}$,同时有 $mg=G\dfrac{Mm}{r^2}$,代入后有:$T=2\pi r\sqrt{\dfrac{l}{GM}}$,摆动周期 T 与 r 成正比。

库仑设想,如果异种电荷之间的引力也服从距离平方反比关系,那么电摆的周期也应该与距离成正比。他设计了一个电摆,如图 7-8 所示,用直径为一英尺的铜球模拟地球,固定在一个绝缘支架上。用一根 7~8 英寸的单根蚕丝线悬挂一根细杆,在其一端贴上一张极轻的圆形金箔纸。大球带电后,可以用静电感应的方法使金箔纸带上异种电荷。使轻杆摆动,因蚕丝极细、扭力极小,横杆的摆动可认为完全是铜球对金箔纸的引力所引起的。改变金箔纸与铜球的距离,结果发现周期与距离很接近正比关系。

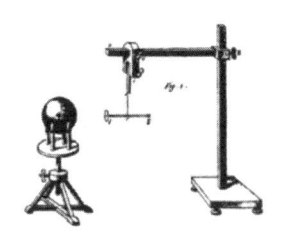

图 7-8 库仑设计的电摆

通过上述实验,库仑确定,不论是同种电荷还是异种电荷，均符合与距离的平方反比关系，从而得到了库仑定律。

(四) 光的电磁说的发现

19世纪中叶，光的干涉和衍射现象的发现无疑证明了光是一种波，光的波动说已经得到公认。但是，光是什么性质的波？难道是像水波一样？或者是像声波一样？关于"光波的本质是什么"这个问题一直没有解决。到了19世纪60年代，麦克斯韦预言了电磁波的存在，并且从理论上得出，电磁波在真空中的传播速度应为 $3.11\times10^8 m/s$，而当时实验测得的光速为 $3.15\times10^8 m/s$，两个数值非常接近。通过比较其大小，麦克斯韦认为这不是一种巧合，它表明光与电磁现象之间有本质的联系。由此他提出光在本质上是一种电磁波，这就是光的电磁说。

依照麦克斯韦的理论，电扰动能辐射电磁波。赫兹根据电容器经由电火花隙会产生振荡的原理，设计了一套电磁波发生器，并将一感应线圈的两端接于产生器二铜棒上。当感应线圈的电流突然中断时，其感应高电压使电火花隙之间产生火花。瞬间，电荷便经由电火花隙在锌板间振荡，频率高达数百万赫兹（Hz）。由麦克斯韦的理论，此火花应产生电磁波，于是赫兹设计了一个简单的检波器来探测此电磁波。他将一小段导线弯成圆形，线的两端点间留有小电火花隙。因电磁波应在此小线圈上产生感应电压而使电火花隙产生火花,所以他坐在一暗室内,将检波器放置距振荡器 10 米远,结果发现检波器的电火花隙间确有小火花产生。赫兹在暗室远端的墙壁上覆上可反射电波的锌板,入射波与反射波重叠应产生驻波,同时,他还用检波器在距离振荡器的不同位置处检测加以验证。赫兹先求出振荡器的频率,又以检波器量得驻波的波长,二者乘积即电磁波的传播速度。

1888 年,赫兹的实验成功了。赫兹通过实验证实了电磁波的存在,并且测出了实验中的电磁波的频率和波长,从而计算出了电磁波的传播速度。正如麦克斯韦预测的一样,电磁波传播的速度等同于光速。赫兹在实验时曾指出,电磁波可以被反射、折射,也可以如同可见光、热波一样被偏振。虽然不可能证明它们所有的性质都相同,但光波和电磁波的相似性足以证明光的电磁说的正确性,从而使麦克斯韦理论获得了无上的光彩。

(五)德布罗意与物质波

在光具有波粒二象性的启发下,法国物理学家德布罗意在 1924 年提出一个假说,指出波粒二象性不只是光子才有,一切微观粒子,包括电子和质子、中子,都具有。他把光子的动量与波长的关系式 $p=h/\lambda$ 推广到一切微观粒子上,指出:具有

质量 m 和速度 v 的运动粒子也具有波动性,这种波的波长等于普朗克恒量 h 跟粒子动量 mv 的比,即 $\lambda = h/mv$。这个关系式后来就叫作德布罗意公式。

三年后,通过两个独立的电子衍射实验,德布罗意的方程被证实可以用来描述电子的量子行为。在阿伯丁大学,汤姆逊将电子束照射穿过薄箔,并且观察到预测的干涉样式。

汤姆逊的电子衍射实验原理如图 7-9 所示。它的特点是电子束经高达上万伏的电压加速,能量相当于 10~40KeV,电子有可能穿透固体薄箔,直接产生衍射花纹,不必像戴维森的低能电子衍射实验那样,要靠反射的方法逐点进行观测,而且衍射物质也不必用单晶材料,可以用多晶体代替。因为多晶体是由大量随机取向的微小晶体组成,沿各种方向的平面都有可能满足布拉格条件,所以可以从各个方向同时观察到衍射,衍射花纹必将组成一个个同心圆环,和 X 射线德拜粉末法所得衍射图形类似。

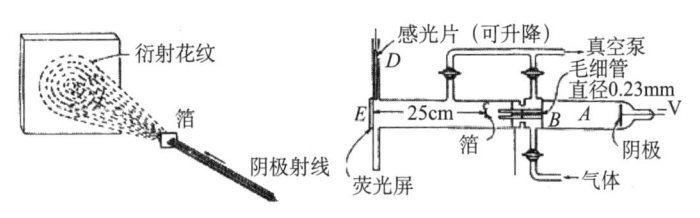

图 7-9 汤姆逊的电子衍射实验原理

在贝尔实验室，克林顿·戴维森（Clinton Davisson）和雷斯特·革末（Lester Germer）将低速电子入射于镍晶体，取得电子的衍射图样，结果符合理论预测。

将晶体安装在沿入射束方向的轴上，可以随意改变方位，如图 7-10 所示。散射电流取决于四个因素：轰击电流、方位、散射角和轰击电压。已知散射电流与轰击电流之间有简单的正比关系，实验主要考察散射电流跟后面三项的关系。戴维森和革末做了大量的测试工作，最后综合了几十组曲线，肯定这是电子束打到镍晶体发生的衍射现象。于是，他们进一步做了定量比较。然而，在不同的加速电压下，电子束的最大值所在的散射角总与德布罗意公式计算的结果相差一些。他们发现，如果理论值乘以 0.7，则与电子衍射角基本相符。文章发

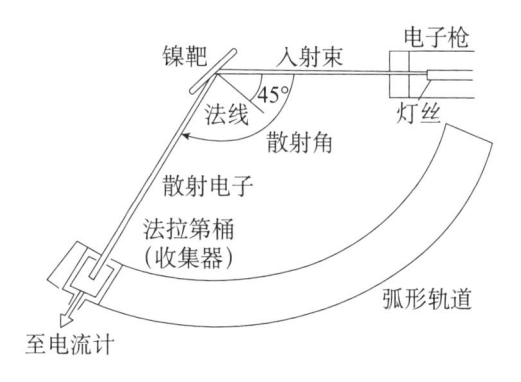

图 7-10 戴维森-革末的电子衍射实验装置原理图之一

表不久，依卡特指出，这是电子在晶体中的折射率不同所致。至此，电子衍射的现象终于被人们确认。

无论是德布罗意从光子的波粒二象性的类比，还是后来实验的验证，都能看到类比思维在其中的应用，类比思维确实是发现与发明的有力武器。

第三节 类比思维会出现"科学失误"

为了获得不依赖固有理论的物理学新概念，我们必须善用"物理类比"。"物理类比"是指利用科学规律之间的局部相似性，用它们中的一个去说明另一个。因此，所有的数理科学都要建立在物理学规律与数学规律之间关系的基础之上，精密科学的目的在于将自然界的难题以数的手段还原为量的判断。通过最普遍的类比到极小的局部，我们发现，正是两种不同现象相同的数学表达形式催生了光的物理学理论。这个"物理类比"多少有点不完全归纳的影子，它的结果肯定是或然性的，好在或然性正是我们这个宇宙或科学的常态。

一、机械波与光波

机械振动产生机械波，机械波的传递一定要有介质，即机械波的产生需要波源与介质。

波源也称振源，指能够维持振动的传播，不间断输入能量，并能发出波的物体或物体所在的初始位置，是机械波形成的必要条件。

可以认为，波源是第一个开始振动的质点，波源开始振动后，介质中的其他质点就以波源的频率做受迫振动，波源的频率等于波的频率。

在机械波中，介质特指机械波借以传播的物质。仅有波源而没有介质，机械波不会产生，如真空中的闹钟无法发出声音。机械波在介质中的传播速率是由介质本身的固有性质决定的。在机械波传播的过程中，介质里本来相对静止的质点，随着机械波的传播而发生振动，这表明这些质点获得了能量，这个能量是从波源通过前面的质点依次传来的。因此，机械波传播的实质是能量的传播。

柔软绳索和弦线中的波速为 $u=\sqrt{\dfrac{F}{\rho_1}}$，其中 F 为弦内张力，ρ_1 为弦的线密度。固体内纵波的波速 $u=\sqrt{\dfrac{E}{\rho}}$，由此可见，在不同介质中，波速是不同的，其大小由介质本身的因素决定。

（一）光的波动性与粒子性

17世纪60年代，罗伯特·胡克（Robert Hooke）发表了他的光波动理论。他认为光线在一个名为发光以太（luminiferous ether）的介质中以波的形式四射，并且由于波并不受重力影响，他假设光会在进入高密度介质时减速。

较为完全的光理论最早是由惠更斯于1690年左右发展成型的，他提出了一种光的波动说，并用后来被称为惠更斯原理的方法，解释了球面波和平面波的传播，波的反射和衍射等现象。

惠更斯提出，介质中波阵面上每一个点（有无数个）都可以看成一个新的波源，这些新的波源发出的子波。经过一定时间后，这些子波的包络面就构成下一时刻的波面。

根据惠更斯原理，我们可以解释球面波的波面是怎样形成的，在图7-11中，点波源O发出的波在t时刻的波面是一个球面γ，该球面上每一个点都可以看成一个新的点波源，它们各自向前发出球面子波，下一时刻（$t+\Delta t$）新的波面γ'，就是这些子波波面相切的包络面，传播方向与包络线垂直。

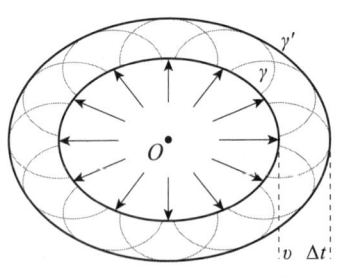

图7-11 惠更斯原理示意图

平面波同理。

使用这个理论，惠更斯能够解释光波如何因相互干涉而形成波前，在波前的每一点可以认为是产生球面次波的点波源，而以后任何时刻的波前则可看作这些次波的包络。惠更斯原理可以给出波的直线传播与球面传播的定性解释，并且推导出反射定律与折射定律，但并不能解释，为什么当光波遇到边缘、孔径或狭缝时，会偏离直线传播，即产生衍射效应。惠更斯假定次波只会朝前方传播，而不会朝后方传播，他也没有解释为什么会发生这种物理行为。

之后，牛顿提出了光的微粒说。他认为光是由非常奥妙的微粒组成，遵守运动定律。这可以合理解释光的直线传播和反射性质。但是，对于光的折射与衍射性质，牛顿的解释并不令人满意，他遭遇到了较大的困难。由于牛顿无与伦比的学术地位，在一个多世纪内，无人敢于挑战光的微粒说，而惠更斯的理论则渐渐为人淡忘。

直到19世纪初衍射现象被发现，光的波动说才重新得到承认。1807年，托马斯·杨总结出版了他的《自然哲学讲义》，里面综合整理了他在光学方面的工作，并第一次描述了双缝干涉实验（如图7-12所示）：把一支蜡烛放在一张开了一个小孔的纸前面，这样就形成了一个点光源（从一个点发出的光源）。在纸后面再放一张纸，不同的是第二张纸上开了两道平行的狭缝。从小孔中射出的光穿过两道狭缝投到屏幕上，就会形成一系列明、暗交替的条纹，这就是现在众人皆知的双缝干涉条纹。

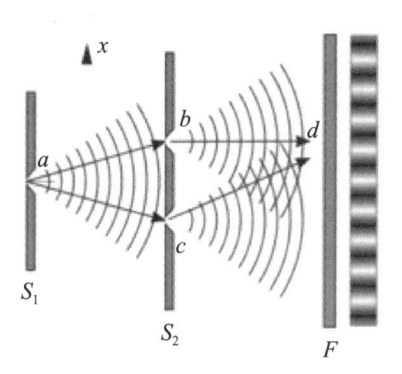

图 7-12　双缝干涉实验

在双缝干涉实验里，从光源传播出来的相干光束照射在一块刻有两条狭缝的不透明挡板上。在挡板的后面，摆设了摄影胶卷或某种侦测屏，用来记录到达的任何位置的光束。最右边黑白相间的条纹，显示出光束在侦测屏的干涉图样。

之后，菲涅耳也独立完成了他的波动理论的建立，并于1817年上递给法国科学院。泊松完善了菲涅尔的数学证明，给了牛顿粒子学说致命一击。1821年，菲涅尔使用数学方法使光的偏振在波动理论上得到了唯一解释。菲涅耳提出的惠更斯-菲涅耳原理，在惠更斯原理的基础上假定次波与次波之间会彼此发生干涉，又假定次波的波幅与方向有关。这一原理能够解释光波的朝前方传播与衍射现象。

光的波动性与粒子性的争论从未平息。光的波动说并没有立刻取代光的微粒说，光波动说开始主导科学思潮，因为它能够说明偏振现象的机制，这是光的微粒说所不能说明的。

19世纪后期，麦克斯韦将电磁学的理论加以整合，提出麦克斯韦方程组，这个方程组能够分析电磁学的种种现象。从这个方程组，他推导出了电磁波方程。由于应用电磁波方程计算获得的电磁波波速等于做实验测量到的光波速度，麦克斯韦于是猜测光波就是电磁波，电磁学和光学因此联结成统一理论。1888年，赫兹做实验发射并接收到麦克斯韦预言的电磁波，证实麦克斯韦的猜测正确无误。从这时起，光的波动说开始被广泛认可。

1901年，普朗克发表了一份研究报告，他对于黑体在平衡状况的发射光波频谱的预测完全符合实验数据。在这份报告里，他做出特别的数学假说，将谐振子（组成黑体墙壁表面的原子）所发射或吸收的电磁辐射能量加以量子化，并称这种离散能量为量子。普朗克得出了结论：$E=h\upsilon$，其中，h是普朗克常数，这就是著名的普朗克关系式。

从能量子假说，普朗克推导出一条黑体能量分布定律，即 $u(v,T)=\frac{4\pi}{c}I(v,T)=\frac{9\pi hv^3}{c^3}\frac{1}{e^{\frac{hv}{kT}}-1}$，这就是普朗克黑体辐射定律，很好地解释了黑体辐射现象。

(二) 爱因斯坦与光子

图7-13为光电效应示意图，来自左上方的光子冲撞到金属表面，将电子逐出金属表面，并且向右上方移去。

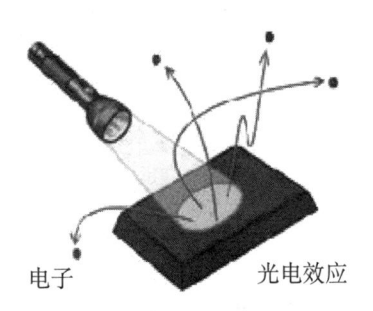

图7-13 光电效应示意图

光电效应指的是，照射光束于金属表面会使其发射出电子的效应，发射出的电子称为光电子。为了产生光电效应，光频率必须超过金属物质的特征频率，称为"极限频率"。举例来说：照射辐照度很微弱的蓝光束于钾金属表面，只要频率大于其极限频率，就能使其发射出光电子。但无论是辐照度多么强烈的红光束，一旦频率小于钾金属的极限频率，就无法促使发射出光电子。根据光的波动说，光波的辐照度或波幅对应于所携带的能量，因而辐照度很强烈的光束一定能提供更多能量将电子逐出。然而，事实与经典理论预期恰巧相反。

1905年，爱因斯坦对于光电效应给出解释。他将光束描述为一群离散的量子，现称为光子，而不是连续性波动。从普朗克黑体辐射定律，爱因斯坦推论，组成光束的每一个光子所拥有的能量 E 等于频率 υ 乘以一个常数，即普朗克常数。他提出了"爱因斯坦光电效应方程"：$E_k = h\upsilon - W_0$。其中，E_k 是逃逸电子的最大动能，W 是逸出功。

假若光子的频率大于物质的极限频率，则光子拥有足够能量来克服逸出功，使得一个电子逃逸，造成光电效应。爱因斯坦的论述解释了为什么光电子的能量只与频率有关，而与辐照度无关。虽然蓝光的辐照度很微弱，但只要频率足够高，就会产生一些高能量光子来促使束缚电子逃逸；尽管红光的辐照度很强烈，但由于频率太低，因此无法给出任何高能量光子来促使束缚电子逃逸。

1916年，美国物理学者罗伯特·密立根（Robert A. Millikan）做实验证实了爱因斯坦关于光电效应的理论。从麦克斯韦方程组，无法推导出普朗克与爱因斯坦分别提出的这两个非经典论述。物理学者被迫承认，除了波动性质以外，光也具有粒子性质，也就是光具有波粒二象性。

机械波与光波的类比一度将人类对光的本性的认识带入误区，使得科学呈现螺旋状上升的道路。

二、行星系统与原子模型

开普勒在第谷大量观测数据的基础上，总结得到了行星运动的三定律：

（1）轨道定律。所有行星绕太阳的轨道都是椭圆，太阳在椭圆的一个焦点上。

（2）面积定律。连接行星和太阳的连线，在相同的时间内扫过相同的面积。公式可表示为 $\frac{1}{2}rv\sin\theta = c$，其中 r 为行星与太阳的距离，v 是行星运动的速度，θ 是连线与速度方向间的夹角。

（3）和谐定律。对太阳系的所有行星来说，半长轴的三次方与其周期平方的比保持不变，即 $\frac{a^3}{T^2} = k$，这个比值是一个与行星无关的常量，只与中心天体的质量有关。这个比值体现了太阳系内部的和谐性。

开普勒定律适用于宇宙中一切绕心的天体运动，也就是说，不仅适用于绕太阳运转的所有行星，也适用于以行星为中心的卫星，还适用于单颗行星或卫星沿椭圆轨道运行的情况。开普勒三定律在宏观低速天体运动领域具有普遍意义，对于高速的天体运动，开普勒定律提供了其回归低速状态的方程。

随着经验知识的积累以及人们对客观世界认识的不断深入，人类研究的领域不断向微观推进。道尔顿于1803年提出的原子学说要点如下：

（1）原子是最小的、不能再分割的实心球体。同种元素的原子是相同的，如体积、质量以及化学性质等，但不同元素的原子是不同的。

（2）化合物是由两种成两种以上元素的原子组成的。在化合物中，任意两种元素的原子数之比不是一个整数就是一个简单的分数。

（3）化学反应就是不同原子分离、重新组合，而没有原子的创生或消失。

道尔顿原子学说不仅能够充分解释已有的化学基本定律（如质量守恒定律、当量定律等），而且能与实验事实相互印证，从而使该学说去掉了哲学面纱，真正成为一种科学理念。道尔顿原子学说的建立，一方面，标志着人类对物质结构的认识前进了一大步，为物理学、化学和生物学的发展奠定了重要的理论基础，特别是打开了化学学科汹涌澎湃、迅速发展的闸门；

但另一方面，由于当时科学水平和实验条件的限制，原子不可分割的思想在较长一段时间阻碍了物质结构理论的进一步发展。

1890年，人们发现在高电压的作用下，阴极射线管的阴极会发出一种看不见的射线。这种射线向阳极移动，如果在玻璃质的射线管表面涂一层硫化锌，则阴极射线会以绿色荧光的形式展现在人们面前。进一步通过该射线与磁场相互作用的实验发现，这种射线是由带负电荷的粒子流组成的，人们把这种带负电荷的粒子叫作电子。

20世纪初，已积累的大量实验结果表明：所有原子中都包含电子。紧接着，X射线和放射性衰变相继被发现。种种迹象表明，原子并非不可分割，原子中既包含带负电荷的电子，也包含带正电荷的原子核，而且原子也可以发生变化。从电子的荷质比（即所带的电量与其质量之比）测定结果发现，电子的质量远小于整个原子的质量，

在此基础上，汤姆逊于1904年提出了新的原子模型，即原子是球形胶冻状的颗粒，其中均匀分布着一定数量的正电荷，并且在这个球形胶冻状的颗粒上镶嵌着一定数量的电子。原子作为一个整体是电中性的，其中包含的正电荷数目和负电荷数目相等。值得注意的是，此处运用了物理现象与其他事物的类比。

果真如此吗？20 世纪初，物理学家卢瑟福等人做了多次 α 粒子（即氦原子核 He）散射实验，如图 7-14 所示。实验结果是，当 α 粒子受到金铂薄膜散射时，绝大多数的散射角为 $2°\sim3°$，但是约有 1/8 000 的 α 粒子的散射角大于 $90°$，其中还有接近 $180°$ 的，该实验结果用汤姆逊原子模型是无法解释的。

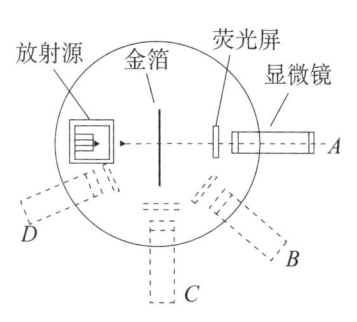

图 7-14 α 粒子散射实验

因此，卢瑟福于 1911 年提出了含核原子模型，他认为在原子中心，有一个带正电的、体积很小的、几乎集中了全部原子质量的原子核；在原子核外，有与原子核所带正电荷数目相同的电子，这些电子在原子核外绕核高速旋转。原子核的直径约为 $10^{-15}\sim10^{-14}$ m，而原子直径通常约为 10^{-10} m。可以看到，卢瑟福的模型受天体运动模型的影响很大，其关于电子运动的模式，也与行星运动模式相似，带有典型的行星色彩。

卢瑟福的含核原子模型虽然简单易懂，但是用该模型无法解释随后不久发现的线状氢光谱，我们知道，当日光通过一个棱镜时，会得到如同彩虹一样的色带。随着透射光的颜色依红、橙、黄、绿、青、蓝、紫的次序变化，其波长是连续变化的，即得到的是连续光谱。我们把这种连续光谱称为带状光谱。与此形成鲜明对照的是：如果在一个密封的玻璃管中装有稀薄的氢气并使其灼热发光，此光被校镜分解后得到的是一组具有不同波长的线状光。这组线状光谱由一条条波长确定的光线组成，而不是波长连续变化的带状光谱。

根据经典的电磁理论，电子绕原子核高度旋转时必然会发射电磁波，与此同时，电子的能量会逐渐减小，最终电子会落到原子核上，这时原子就毁灭了。用经典电磁理论分析得到的这种结论显然与事实不符，其根本原因在于卢瑟福的含核原子模型仍有不足之处。

为了说明氢原子光谱的实验结果，玻尔于1913年结合已有的实验结果，并引用普朗克的量子理论，即微观粒子不能以连续的电磁波形式吸收或发射能量，而只能不连续地、一份一份地吸收或发射能量，提出了玻尔原子模型，玻尔原子模型要点如下：

(1) 核外电子只能在一些特定的、具有一定能量的圆形轨道上运动，这种运动既不吸收也不放出能量，即在电子运动过程中，原子的能量不变。这种运动状态叫作定态（stationary state），在不同轨道上运动的电子就处于不同的定态。

(2) 当电子在离核最近的轨道上运动时，电子的能量最低，这种定态称为基态（ground state）。通常，各原子都处于基态，当外界供给能量时，处于基态的电子就有可能吸收能量而被激发跳跃到离核较远的、能量较高的轨道上运动，这种能量较高的定态叫作激发态（excited state）。

（3）电子在不同定态之间跃迁时，会随能量的吸收或放出。如果是以电磁波的形式吸收或放出能量，则电磁波的频率 υ 与两个定态间的能量差 ΔE 的关系如下：$\Delta E=|E_m-E_n|=h\upsilon$，其中，$h=6.626\times10^{-34}$ J·s，h 为普朗克常数。

由于不同定态（即不同能级）的能量 E_1、E_2，……是分立的、不连续的，因此吸收或发射光谱的频率（或者波长）也是分立的、不连续的，其光谱是线状光谱。

虽然用玻尔原子模型可以说明简单的氢原子光谱，但实际上，用分辨率很高的仪器时，每一条氢原子谱线都是由波长很接近的几条谱线组成的，用玻尔原子模型无法说明这种氢原子光谱的精细结构，也不能说明多电子原子光谱，这说明玻尔原子模型也有它的不足之处。尽管如此，玻尔理论第一次把光谱实验事实纳入了一个理论体系中，在含核原子模型的基础上提出了一种动态的原子结构模型。该理论指出了经典物理学不能完全适用于微观粒子，提出了微观粒子运动特有的量子规律，开辟了当时原子物理学向前发展的新途径。

从上述过程的描述中，我们知道，类比的方法使我们逐渐接近了原子构成的本质，但其中的失误也非常明显。

三、无踪影的"火神星"

据说，曾有人为了找到天王星，花了 19 年时间，其间进行了大量的观测，看到天王星 12 次，但都把它误当恒星，总是让它"逃之夭夭"。直到 1781 年，英国人弗里德里希·威廉·赫歇尔（Friedrich Wilhelm Herschel）用反射望远镜观察天空时，才发现了天王星，这是太阳系的第七颗大行星。

但天王星的运动非常"古怪"。根据牛顿万有引力定律计算出来的理论轨道总是同它的实际轨道不相吻合，它总是"出轨"。是不是万有引力定律不正确呢？可人们并没有充足的理由去怀疑这个定律。

1842 年，英国剑桥大学数学专业的学生亚当斯对这个问题进行了研究。他坚信：天王星"越轨"，完全是由于受到了另外一个未知大行星的影响。亚当斯运用数学、力学知识，计算了这个未知大行星的轨道，并把计算结果寄给了英国格林尼治天文台台长艾利，但艾利认为这是瞎胡闹。

此时，法国的勒维耶也在探讨这个问题，他把自己的计算结果寄给柏林天文台，这颗大行星果然被柏林天文台在勒维耶推算的位置附近"抓到"了。这一消息传出后,人们发现亚当斯的推算结果跟勒维耶完全一样。

天文学家推算未知行星的位置,是一个相当困难和复杂的问题,至少要解几十个方程所组成的方程组。正因如此,人们把发现海王星称为"数学笔尖"的惊人发现,并认为这是对哥白尼日心说和牛顿万有引力理论的最佳证明,是天文学的重大成就。

勒维耶是如何发现"火神星"的呢?当时,勒维耶想编制一个星表,把行星间的引力作用都计算进去。这需要对200多年的观测记录进行整理。遗憾的是,到1877年去世为止,他仍未能完成这项工作,部分原因是他发现了一个奇怪的现象:根据牛顿的理论,水星运动轨道有了异常(水星近日点反常进动),并且这是牛顿的理论所无法解释的。人们还发现,离太阳最近的水星,其运动也有些"古怪",同样用万有引力定律无法解释。因此,有人认为,水星的这种"古怪"也是由一颗未知大行星对它产生异常影响造成的。

勒维耶给这颗未知大行星起了一个好听的名字——火神星(也有译作"祝融星",祝融是神话中的火神的名字)。他关于"火神星"的论断建立在与发现海王星相同的方法上。根据他的计算,这颗行星位于水星的轨道以内,距离太阳非常近。不过,观测它并不容易,它离太阳太近了,总是淹没在太阳的光芒之中。

再后来，为了验证勒维耶的计算，科学家仍对"火神星"进行了多次"观测"，结果都无功而返。20世纪初，水星运动的"古怪"现象终于被爱因斯坦创立的广义相对论成功地解释，人们观测到的所谓"火神星"在太阳圆面上的投影黑点，只不过是太阳黑子而已。爱因斯坦的广义相对论已较好地解释了水星的反常情况，因此水内行星的假设就已多余了。多次长时间的观测，都未能发现水内行星，说明了类比的方法在这里发生了错误，类比思维不是万能的。

第四节 中学物理中"比较与类比"的教学案例

本节内容为高中物理人教版选修3-1第一章静电场中第四节的教学内容，它处在电场强度之后，位于电势差之前，起到承上启下的作用。它是课程教学中利用物理思维方法较多的一堂课，尤其是用类比的方法达到对新知识的探究，同时让学生就具体的物理知识迁移做好思维铺垫。教材从电场对电荷做功的角度出发，推知在匀强电场中电场力做功与移动电荷的路径无关，进而指出这个结论对非匀强电场也是适用的，并与重力势能类比，说明电荷在电场中也具有电势能。电场力做功的过程就是电势能的变化量，而不能决定电荷在电场中某点的电势能的数值，因此有必要规定电势能零点。对学生能力的提高和对知识的迁移、灵活运用给予了思维上的指导作用。

通过对必修内容的学习，学生对功的计算、重力做功的特点、重力做功与重力势能变化的关系、能量守恒定律等内容已相当熟悉，具备了学习本节内容的知识前提。但是由于电场的概念特别抽象，学生建立电势能的概念相对比较困难，特别是从力与能量两条线上同时研究电场，让学生感到有点力不从心。知识的比较迁移及灵活运用类比思维是学生学习过程中要跨越的一个台阶。

一、静电力做功的特点

让试探电荷 q 在电场强度为 E 的匀强电场中沿几条不同路径从 A 点运动到 B 点，我们来计算以下三种情况下静电力对电荷所做的功（如图 7-15 所示）。

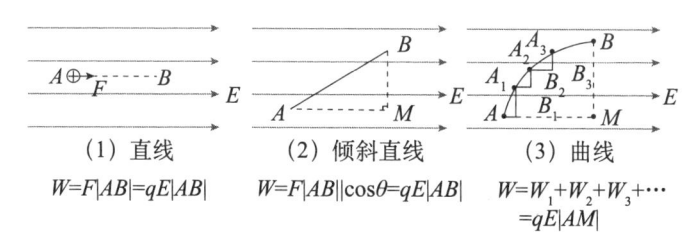

(1) 直线
$W=F|AB|=qE|AB|$

(2) 倾斜直线
$W=F|AB|\cos\theta=qE|AB|$

(3) 曲线
$W=W_1+W_2+W_3+\cdots$
$=qE|AM|$

图 7-15　静电力对电荷所做的功

对比三种情况下的做功的数据结果，结合具体的问题情景，从中找到共同点和不同点，联系以往所学的知识，归纳得出相关的结论，并从中发现问题。

结论：静电力做的功只与电荷的起始位置和终点位置有关，与电荷经过的路径无关。由于静电力做功的特点与重力做功类似，因此功与能的转化关系也类似。

拓展：该特点对于非匀强电场中也是成立的。

二、静电力做功与电势能

（一）静电力做功与电势能变化的关系

寻找类比点：力做功只与物体位置有关，而与运动路径无关的事例在物理中有哪些呢？属于什么能？

移动物体时重力做的功与路径无关。同一物体在地面附近的同一位置才具有确定的重力势能。静电力做功也与路径无关，是否隶属势能？我们可以给它一个物理名称吗？

由于移动电荷时静电力做功与移动的路径无关，电荷在电场中也具有势能，我们称这种势能为电势能，用 E_P 表示。如果做功与路径有关，那能否建立电势能的概念呢？静电力做功与电势能变化的关系如图 7-16 所示。

通过知识的类比，让学生能从中感受到，新知识的得出也

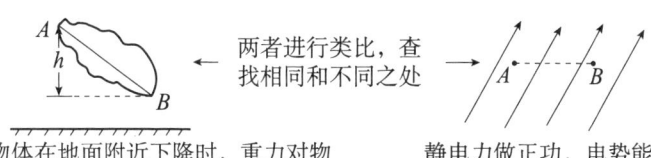

物体在地面附近下降时，重力对物体做正功，重力势能减少；重力做负功，重力势能增加。

静电力做正功，电势能减少；静电力做负功，电势能增加。

图 7-16　静电力做功与电势能变化的关系

可以通过已有知识来获取。静电力做的功等于电势能的变化。功是能量变化的量度。电场力做多少功，电势能就变化多少，在只受电场力作用下，电势能与动能相互转化，而它们的总量保持不变。即：

$$W_{AB} = -(E_{PB} - E_{PA}) = E_{PA} - E_{PB}$$

对不同的电荷从 A 运动到 B 的过程中，电势能的变化情况如下：

正电荷从 A 运动到 B 做正功，即有 $W_{AB} > 0$，则 $E_{PA} > E_{PB}$，电势能减少。即正电荷顺着电场线的方向其电势能逐渐减少。

负电荷从 A 运动到 B 做正功，即有 $W_{AB} < 0$，则 $E_{PA} > E_{PB}$，电势能增加。即负电荷顺着电场线的方向其电势能逐渐降低。

对此分析得出：电势能为系统所有，与重力势能相类似。

（二）电荷在某点处具有的电势能

在上面讨论的问题中，请分析求出 A 点的电势能为多少。若学生思考后无法直接求出，不妨就此激励学生，并提出类比方法。如何通过类比分析求出 A 点的重力势能呢？这里可以联系电势能的求法，如图 7-17 所示。

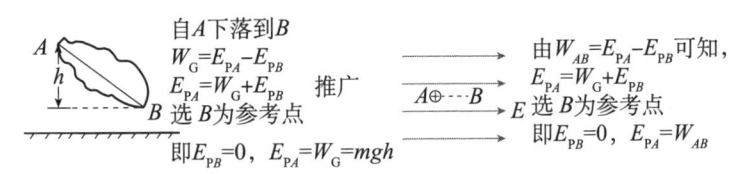

自 A 下落到 B
$W_G = E_{PA} - E_{PB}$
$E_{PA} = W_G + E_{PB}$ 推广 $\longrightarrow$ 由 $W_{AB} = E_{PA} - E_{PB}$ 可知，
$E_{PA} = W_G + E_{PB}$
选 B 为参考点
即 $E_{PB} = 0$，$E_{PA} = W_G = mgh$

选 B 为参考点
即 $E_{PB} = 0$，$E_{PA} = W_{AB}$

图 7-17　A 点电势能求法

由图 7-17 可得，$E_{PA} = W_{AB}$（以 B 为电势能零点）。即电荷在某点的电势能，等于静电力把它从该点移动到零势能位置所做的功。

（三）零势能面的选择

通常把电荷离场源电荷无限远处的电势能规定为零，或把电荷在大地表面上的电势能规定为零，如图 7-18 所示。

正点电荷的电场中　　　　　　负点电荷的电场中

$\oplus \xrightarrow{\quad E \quad}$ 0 无限远　　　$\ominus \xleftarrow{\quad E \quad}$ 0 无限远

正电荷在电场中，其 E_P 始终为正　　正电荷在电场中，其 E_P 始终为负
负电荷在电场中，其 E_P 始终为负　　负电荷在电场中，其 E_P 始终为正

图 7-18　零势能面

拓展：求电荷在电场中 A、B 两点具有的电势能高低。

（1）将电荷由 A 点移动到 B 点，根据静电力做功情况判断。若静电力做功为正功，电势能减少，电荷在 A 点的电势能大于在 B 点的电势能。反之，静电力做负功，电势能增加，电荷在 A 点的电势能小于在 B 点的电势能。

（2）弄清正、负电荷在电场中电势能的不同特点，判断其做功特点。

（3）通过对不同内容的拓展，引导学生能通过自己对不同事例的分析，对问题考虑的全面性有所了解，同时能正确认识到在分析问题时还应该思考问题的不同侧面，达到对问题的全面解决，从而提高思维的深度和发散能力，达到对物理学习全面化的探究要求。

三、电势

（一）电势的定义、特点、单位和物理意义

我们通过静电力的研究认识了电场强度，现在要通过电势能的研究来认识另一个物理量——电势。它同样是表征电场性质的重要物理量度，如图 7-19 所示。

通过类比可见，若用图 7-19（1）中的 E_P/m，或图 7-19（2）中的 E_P/q，它们的值是相同的。如何来表征这个相同的量

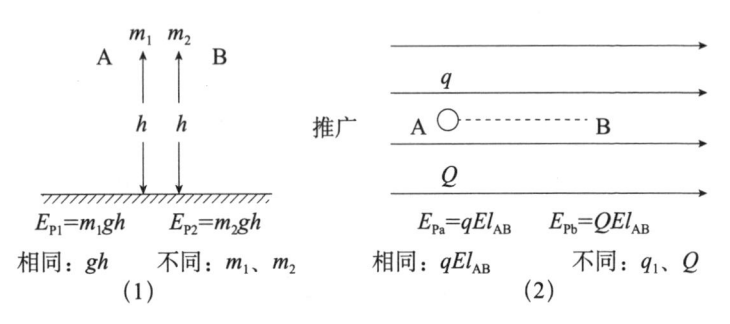

$E_{P1}=m_1gh$ 　$E_{P2}=m_2gh$ 　　　　$E_{Pa}=qEl_{AB}$ 　$E_{Pb}=Ql_{AB}$
相同：gh　不同：m_1、m_2　　　相同：ql_{AB}　不同：q_1、Q
　　　　(1)　　　　　　　　　　　　　　　(2)

图 7-19 通过电势能认识电势

呢？让学生很快能想到用比值定义法来定义物理量，对知识活学活用。

上面讨论的是特殊情况，下面我们来讨论一般情况（如图 7-20 所示）：

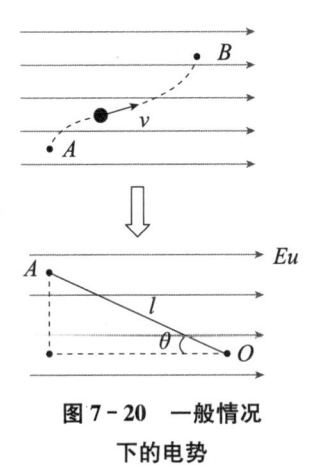

$$E_{PA}=qE_{场}L\cos\theta$$

可见，E_{PA} 与 q 成正比，即电势能跟电荷量的比值 E_{PA}/q 都是相同的。对电场中不同位置，由于 L 与 $E_{场}$ 可以不同，因此这个比值一般是不同的。电荷在电场中某一点的电势能与它的电荷量的比值，是由电场中这点的位置决定的，跟试探电荷本身无关。得出结论后，引导学

图 7-20 一般情况下的电势

生类比电场的得来过程，提出新的物理量——电势。

（1）定义：电荷在电场中某一点的电势能与他的电荷量的比值，叫作这一点的电势，用 φ 表示。表达式为：$\varphi=E_P/q$（与试探电荷无关）。

（2）特点：电势是标量，它只有大小没有方向，但有正负。

（3）单位：伏特（V），1V＝1J/C。

（4）物理意义：电荷量为 1C 的电荷在该点的电势能是 1J，则该点的电势就是 1V。

以上结论可由学生得出，并用所学知识进行简单的描述，培养归纳知识的能力。

（二）判断电势的高低

如何来判断电势的高低呢？要让学生明白：根据静电力做功的正负，判断电势能的变化，进而判定电势的高低。现通过具体情景来进行分析。

（1）电场线指向电势降低的方向。如图 7-21 所示，电势顺线降低，即顺着电场线方向，电势越来越低。与电势能相似，我们知道 E_P 有零势能面，因此电势也具有相对性。引导学生得出：应该先规定电场中某处的电势为零，然后才能确定电场中其他各点的电势。

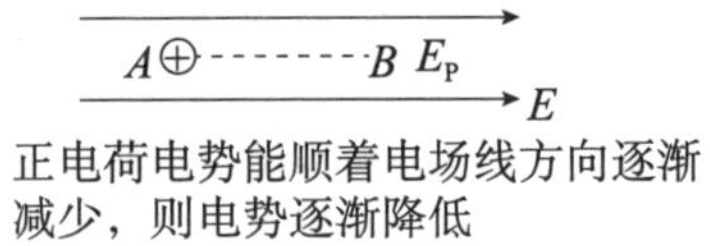

$A \oplus \text{------} B\ E_P$ →E

正电荷电势能顺着电场线方向逐渐减少，则电势逐渐降低

图 7-21　电场线指向电势降低的方向

（2）零电势位置的规定。电场中某一点的电势的数值与零电势的选择有关，即电势的数值决定于零电势的选择。因此，电势有正负之分，是由其零电势的选择决定的，通常以大地或无穷远默认为零。这与零电势能的位置规定是否有相似之处呢？与知识进行类比，从前面的结论中领会到知识的相通性，能对知识进行类比应用。

思考与讨论：参看教材上的问题进行思考与讨论，然后思考若是将 q 当作负电荷来进行研究（如图 7-22 所示），其结果是否一样。

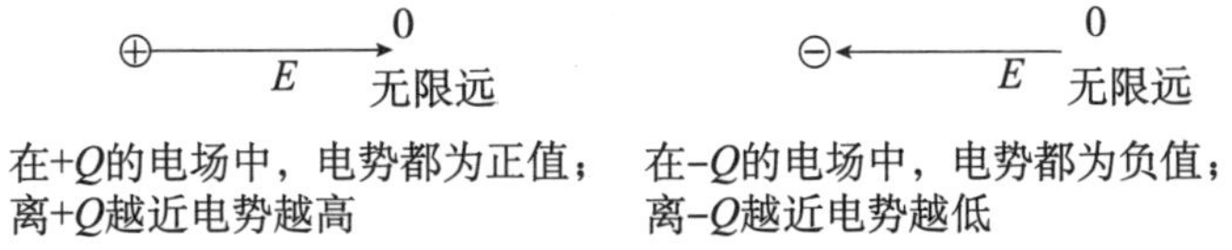

$\oplus \xrightarrow{\ \ \ \ \ }\ 0$　　　　　　　$\ominus \xleftarrow{\ \ \ \ \ }\ 0$
　　E　无限远　　　　　　　　　E　无限远

在+Q的电场中，电势都为正值；　在-Q的电场中，电势都为负值；
离+Q越近电势越高　　　　　　　离-Q越近电势越低

图 7-22　将 q 当作负电荷研究

四、等势面

在地理课上常用等高线来表示地势的高低。学习了电势的知识后，我们可以用什么来表示电势的高低呢？

学生：在电场中常用等势面来表示电势的高低。

（一）寻找等势面

寻找正点电荷和带电平行金属板中的等势面，即电场中电势相同的各点构成的面。通过体验性实践活动，让学生明白如何去寻找等势面，并对后续结论探究创设前置氛围。

观看图7-23，从中寻找不同电场中等势面的不同和相同点，进行合理猜想。

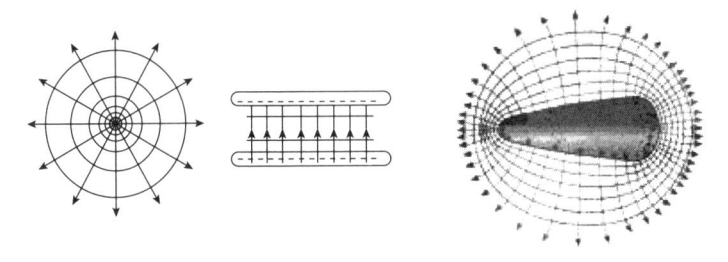

点电荷　　带等量导号电荷的平行板　　一头大一头小的导体

图7-23　寻找等势面

（二）等势面与电场线的关系

（1）在同一等势面上各点电势相等，所以在同一等势面上移动电荷，静电力不做功。即：

$$W_{AB} = E_{PA} - E_{PB} = q\varphi_A - q\varphi_B = 0$$

讨论：在什么情况下会出现力做功为零的情况？

引导分析得出：当 $F \perp v$ 时，力做功为零。

（2）电场线跟等势面一定垂直，即跟电场强度的方向垂直。引导学生用反证法进行证明，加深对知识点的应用。

沿着电场线的方向，电势越来越低。归纳总结可得出：电场线跟等势面垂直，并且由电势高的等势面指向电势低的等势面。

（3）等势面越密，电场强度越大。

（4）等势面不相交、不相切。

（三）应用等势面：由等势面描绘电场线

方法：先测绘出等势面的形状和分布，再根据电场线与等势面的关系，绘出电场线的分布，我们就可由此知道电场的情况了。

可通过测绘两个异种点电荷的静电场分布，加强体验性实验的教学，让学生形成深刻印象，达到对知识的应用能力的提高。

通过电势能的教学，使学生用类比和比较的观点去学习物理知识。教学案例中多次用到类比和比较的物理思想，让学生对知识有更多的了解，能对已学的知识进行灵活的应用，综合多种方法学习物理。

比较与类比一：利用静电场与重力场的相似性，结合保守力的特点，建立电势能的概念。

重力做的正功等于减少的重力势能，克服重力做的功等于增加的重力势能，用公式表示为 $W_{AB}=E_{PA}-E_{PB}=-\Delta E_P$。那么，静电力做的正功也等于减少的电势能，克服静电力做的功也等于增加的电势能，用公式表示也是 $W_{AB}=E_{PA}-E_{PB}=-\Delta E_P$。

根据动能定理，$W_{AB}=E_{KB}-E_{KA}=\Delta E_K$。因为根据能量守恒，增加的动能等于减少的电势能，$E_{KB}-E_{KA}=E_{PA}-E_{PB}$，所以 $W_{AB}=E_{PA}-E_{PB}=-\Delta E_P$。静电力做的功等于电势能的变化。电场力做多少功，电势能就变化多少，在只受电场力作用下，电势能与动能相互转化，而它们总量保持不变。正电荷从 A 运动到 B 做正功，即有 $W_{AB}>0$，则 $E_{PA}>E_{PB}$，电势能减少。

比较与类比二：用形象概念重力势能的特点，推知抽象概念电势能的特点。

由于重力做的正功等于减少的重力势能。由公式 $W_{AB}=E_{PA}-E_{PB}$ 可知，求 A 点的重力势能时，若选 B 点为零势能参考点，则 A 点的重力势能为把物体从 A 点移到 B 点重力所做的功。推广得到电荷在电场中某点的电势能定义，即电荷在某点的电势能，等于静电力把它从该点移动到零势能位置所做的功。

注意：通常把电荷离场源电荷无限远处的电势能规定为零，或把电荷在大地表面上的电势能规定为零，就像通常认为地面为零重力势能面。

比较与类比三：重力场和静电场的特征或性质。

重力场和静电场的比较如表 7-4 所示。

表 7-4 重力场和静电场的比较

特征或性质	重力场	静电场
力的特点	对场中的物体有引力的作用	对场中的电荷有电场力的作用
场的性质	用比值"F/m"表示场的强弱	用比值"F/q"表示场的强弱
力做功的特点	重力做功与路径无关	静电力做功与路径无关
势能特征	重物在重力场中有重力势能	电荷在电场中有电势能
功能关系	重力做的正功等于减少的重力势能，克服重力做的功等于增加的重力势能，用公式表示为 $W_{AB}=E_{PA}-E_{PB}=-\Delta E_P$	静电力做的正功等于减少的电势能，克服静电力做的功等于增加的电势能，用公式表示是 $W_{AB}=E_{PA}-E_{PB}=-\Delta E_P$
势能相对性	重力势能具有相对性	电势能具有相对性
势能定义	质点在某点的重力势能等于把它从该点移动到零势能处的过程中重力做的功	电荷在某点的电势能等于把它从该点移动到零势能处的过程中静电力做的功
势能属性	重力势能属于物体与重力场组成的系统	电势能属于电荷与静电场组成的系统

结语

作为培养批判性思维的推理方法，比较与类比是通过比较不同对象或不同领域之间的某些属性相似，从而推导出另一属性也相似。比较与类比既不同于演绎推理的从一般推导到个别，也不同于归纳推理的从个别推导到一般，而是从特定的对象或领域推导到另一特定对象或领域的推理方法。在物理学中，类比思维是批判性思维的一种重要形式。开普勒说："我重视类比胜于任何别的东西，它是我最可信赖的老师，它能揭示自然界的秘密。"运用物理类比思维可以把陌生的对象和熟悉的对象进行对比，把未知的东西和已知的东西进行对比。特别是在还不足以进行归纳推理和演绎思维的情况下，比较与类比更是得天独厚，它可以启发思路、提供线索，使学生进一步认识物理世界。运用比较与类比方法教学，能够给抽象的事物赋予间接的直观形象，把研究对象具体化，帮助学生有效地把握物理知识、发展智力、培养能力。在物理学习中，比较与类比有利于给将要学习的知识提供一个相近的表象，实现知识或经验的迁移。我们正是想利用类比方法的解释功能，来突破教学难点，解决物理难学、物理难教的问题。

第八章 归纳与演绎

在实验物理学上，一切定理均由现象推得，用归纳法推广。——牛顿

运用于科学幼年时代的以归纳法为主的方法，正让位于探索性的演绎法。——爱因斯坦

本章将从归纳与演绎的定义与结构的角度来说明这两种论证方式的区别，从归纳与演绎发展史的角度来追溯批判性思维的来源，从归纳与演绎的表达方式来说明批判性思维的建构方式，从物理学发展的角度来谈归纳与演绎对物理学的推动作用。另外，本章将综述我国中学物理教育领域对归纳与演绎的认识，说明归纳与演绎在中学物理教学中的应用，并给出具体的教学案例。

第一节　归纳法与演绎法的概述

在逻辑学的概念中，广义来说，归纳和演绎同属形式逻辑；狭义来说，只有演绎逻辑才属于形式逻辑。批判性思维被认为是一种非形式逻辑，并非指批判性思维不需要形式逻辑。恰恰相反，这里的非形式逻辑指的是在纯粹的形式逻辑外，有大量的实际场景无法直接用形式逻辑去应对，但可以通过批判性思维来识别、评估和重构论证，从而实现形式逻辑在实践中的应用。作为形式逻辑的核心部分，归纳与演绎是批判性思维的基石。批判性思维中的论证，都是建立在归纳与演绎的基础上的。

一、归纳法与演绎法的定义

归纳法，即归纳论证，英文为 induction。归纳的目的是从前提推断出结论。归纳论证的前提并不是在证明结论，而是在支持结论。在归纳论证中，即使前提为真，由此得出的结论也有可能为假。不同的前提对结论的支持程度有很大的区别。

下面介绍归纳法常见的形式：

（1）一般化（从特殊到一般的论证）。以部分样本的结论作为前提，得到关于整体的结论，即：如果样本中有比例为 Q 的个体具有性质 A，那么整体中的某个个体具有性质 A 的概率为 Q。

例如：实验发现弹簧秤之间、磁铁之间的相互作用力大小相等，方向相反（如图 8-1 所示）。

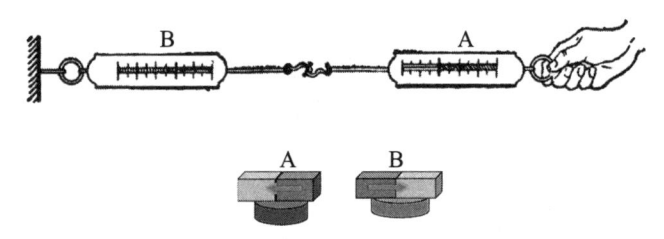

图 8-1 弹簧秤之间、磁铁之间的相互作用力

那么，可以得出结论：物体之间所有的相互作用力都大小相等，方向相反。

（2）概率三段论（从一般到特殊的论证）。即：已知整体 P 中有比例为 Q 的个体具有性质 A，而 X 是整体 P 中的某个个体，那么 X 具有性质 A 的概率为 Q。

例如：在大部分情况下，绳自身的重力相对于其两端的拉力大小可以忽略不计，所以默认轻绳两端的拉力是相等的，某学生在《5 年高考 3 年模拟》中找到一道与滑轮相关的题目，如图 8-2 所示。

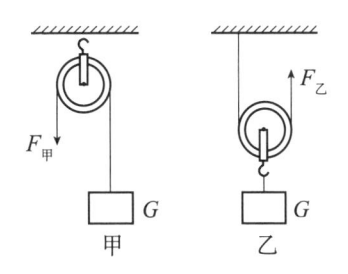

图 8-2　绳自身的重力与其两端的拉力

该学生得出结论：题目中绳两端的拉力的大小大概率是相等的。

(3) 简单归纳。即：在整体 P 的已知个体中，有比例 Q 的个体具有性质 A，X 是整体 P 中的另一个个体，那么 X 具有性质 A 的概率为 Q。

例如：匀速圆周运动是一种曲线运动，其加速度方向不断变化。平抛运动也是一种曲线运动。

那么，可以得出结论：平抛运动的加速度方向有一定的可能是不断变化的。

(4) 预测。是从过去的样本推测未来的个体，即：历史上，群体中被观察的成员中有比例为 Q 的个体具有性质 A，那么下次观察时，群体中的其他个体具有性质 A 的概率为 Q。

例如：某物理模型在去年高考中出现了。

那么，可以得出结论：该模型在今年高考中还会出现。

很明显，我们发现，用归纳法的思维举出的例子，有些是正确的，有些是不正确的，因此归纳论证并不能确保正确性。下面我们将介绍演绎法，演绎论证可以确保结论的正确性。

演绎法，即演绎论证，英文为 deduction。演绎论证的目的是通过认可的逻辑规则用前提去证明结论。演绎法包含了两个层次，分别为有效性（valid）与正确性（sound）。演绎论证的有效性指的是论证的逻辑结构满足"前提为真时，其结论就为真"。演绎论证的正确性指的是论证的逻辑结构是有效的，而且前提是真的。显然，当演绎论证同时满足有效性与正确性时，其结论就是正确的。演绎论证常见的形式包括分离论证和三段论。

（1）分离论证的形式为：如果 p，那么 q；因为 p，所以 q。

（2）三段论的形式为：A=B，B=C，那么 A=C。

首先我们用分离论证的形式举例说明有效论证与无效论证的概念。

有效论证：

所有的 P 都是 Q，

S 是 P，

因此，S 是 Q。

例如：所有的匀速圆周运动都是变加速运动，地球绕太阳运动近似为匀速圆周运动，所以地球绕太阳的运动是变加速运动。

无效论证：

$$\text{所有的 P 都是 Q,}$$
$$\text{S 是 Q,}$$
$$\text{因此，S 是 P。}$$

例如：所有的匀速圆周运动都是变加速运动，哈雷彗星绕地球为变加速运动，所以哈雷彗星绕太阳的运动是匀速圆周运动。

可以看到，论证的有效性与论证的结构有关。当论证结构有效时，前提为真就能保证结论为真；而当论证结构无效时，前提为真并不能保证结论为真。我们在关注论证时，首先要确保其论证结构是有效的。同时，当一个命题的前提和结论都错误时，它依然有可以是有效论证。例如：下面的两个命题，它们的论证都是有效的，第一个命题的前提正确，因此结论正确；而第二个命题的前提错误，因此结论错误。

（1）正确的有效论证。

前提：如果系统没有合外力，系统的动量是守恒。如图8-3所示，将光滑水平面上的滑块 A 与 B 整体作为研究对象，则系统不受合外力。

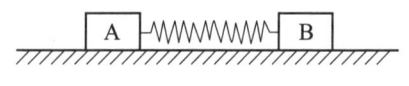

图 8-3 系统动量守恒（1）

结论：两个滑块整体满足系统动量守恒。

（2）错误的有效论证。

前提：如果系统没有合外力，系统的动量是守恒。如图 8-4 所示，将光滑水平面上的滑块 A 与 B 整体作为研究对象，则系统不受合外力。

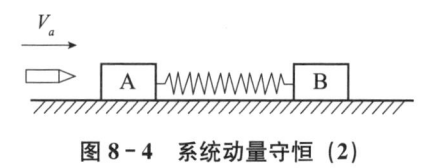

图 8-4 系统动量守恒（2）

结论：两个滑块整体的动量不变。

显然，当子弹打击滑块 A 时，滑块 A 与 B 构成的整体受到合外力，在有效的论证结构中，命题的前提发生了错误，结论也就错了。

接下来，我们来说明三段论形式的演绎论证。

前提：如果一个带电粒子在匀强磁场中运动，那么它受到磁场的洛伦兹力与物体的运动方向垂直（如图 8-5 所示）。如果一个力与物体的运动方向垂直，那么这个力不做功。

结论：带电粒子在匀强磁场中运动时，所受的洛伦兹力不做功。

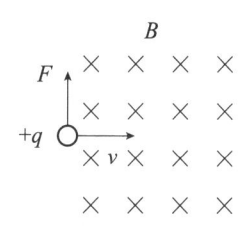

图 8-5　洛伦兹力与物体运动方向

我们不难发现，归纳法虽然可以得出比前提内涵更多的结论，但它的有效性不能得到保障；演绎法虽然可靠性高，但并不能得出比前提内涵更多的结论。事实上，人们的批判性思维，正是在这两种思想的指导下逐步深入的。当前中学物理教学涉及大量归纳与演绎的方法，但尚未对批判性思维引起足够的重视。下面，我们简要地回顾从归纳与演绎到科学方法论的发展史，追溯批判性思维的来源。

二、归纳法与演绎法的发展历程

归纳法与演绎法在科学方法论中占有很重要的地位，在18和19世纪前期，科学家与哲学家之间并没有很清晰的界限。科学家给了哲学一种用经验去测试理论和概念的途径，而哲学家发展了现在使用的科学方法论。

演绎法最早由柏拉图提出，他提出纯粹的知识可以单独通过演绎获得。他认为所有的事物都存在完美的内在抽象形式，人在出生时就拥有了内在知识，学习的过程是一个解锁记忆的过程。因此，经验性的知识是观察者自身的看法，任何通过观察与实验获得的知识都已经被理智过滤过。根据这种观点，柏拉图提出了"理想国"的概念："理想国"必须由一位哲学家作为"国王"来统治，并且因为这样一种理想的情况是有可能实现的，所以一定可以找到一位这样的"国王"。

归纳法最早由亚里士多德提出，他认为归纳是获得普遍前提知识的唯一途径，是获取知识的逻辑起点。他对柏拉图展开了批判：新知识只能通过与旧知识的对比才能获得，"理想国"的概念并不存在，因为有史以来从未有过这样的"国王"。亚里士多德用"第一性原理"来阐释学习过程是在正确知识的基础上获得经验的过程。

欧洲的中世纪是文明与科学的黑暗时期，宗教学说控制了意识领域，教会将亚里士多德的逻辑学变成了僵死的经院哲学和论证宗教、神学的工具，严重禁锢了人民的思想和科学的进步。文艺复兴开始后，培根对亚里士多德的观点进行了批判，他认为在事实上从"第一性原理"开始演绎是不可能的，他从实际实验的角度出发，指出了演绎三段论的重大缺陷：

（1）自然的事物是微妙的，人们无法凭借演绎三段论去挖掘事物的秘密。

（2）三段论的前提与结论是由词语组成的，而词语是概念的符号。如果概念不清楚或者不确切，并且是很草率地从事实中抽出来的，那么作为"上层建筑"的三段论就一定不稳固。

（3）三段论不能建立第一原理或最一般的原理。

（4）三段论无法发现真理，它强求人们同意它的结论。

作为更好的认识事物的工具，培根提出了他的归纳法的三个基本原则：

（1）创造健康的概念原则。这要求在考察事物时，放弃先入为主的概念，放弃一切用来解释自然而属纯思辨性质的概念与拟人观的概念。

（2）概括逐步深入原则。这要求在归纳的时候，通过一种正当的上升阶梯和连续不断的步骤，先从特殊的事例上升到较低的公理，再上升到一个比一个高的中间公理，最后上升到最普遍的公理。

（3）运用排除法原则。在归纳的过程中，需要排除否定的事例，选取肯定的事例，以便确定自然事物的正当原因。

然而，培根的归纳法依然无法解决归纳法导致假结论的可能。

到了18世纪，休谟对已知推至未知的根据产生了怀疑，他认为由个别推出一般或由过去推出将来的思维过程并不具有合理性，因为这只不过是动物或人类的心理本能，只是一种条件反射。休谟的疑问可以这样来表述："在归纳推理中，存在着两个逻辑跳跃——一是从实际观察到的有限事例跳到了涉及潜在无穷对象的全称结论；二是从过去、现在的经验跳到了对未来的预测。"这两者都没有演绎逻辑的保证，因为适用于有限的不一定适用于无限，并且将来可能与过去和现在不同。这就是著名的"休谟问题"。此后，康德、马赫、庞加莱等人对归纳法进行了大量讨论，形成了不同的学派。学术界逐渐放弃了归纳推理的结论的必然性的追求，转而研究结论的概然性关系，并将数学中概率论的研究成果与归纳逻辑结合，使归纳逻辑从古典阶段发展到现代阶段——归纳概率逻辑。

20世纪时，波普尔将"休谟问题"分解为归纳的逻辑问题与心理学问题，其中归纳的逻辑问题为："从我们经历过的（重复）事例推出我们没有经历过的其他事例（结论），这种推理我们证明过吗？"心理学问题为："如果我们从有充分证据的观点批判地去看理论，而不是从实用的观点去看的话，我们对理论甚至受过最好检验的理论的真理性总是完全有保证或有确定性吗？"

关于第一个问题，波普尔认为，经验不能证明理论，但经验可以对理论是真是假做出判定。由此，他采用"假说—演绎"的方法（如图8-6所示）。首先在观察和分析基础上提出问题，然后通过推理和想象提出解释问题的假说，并根据假说进行演绎推理，再通过实验检验演绎推理的结论。如果实验结果与预期结论相符，就证明假说是正确的；反之，则说明假说是错误的。波普尔提出了"可证伪"的概念，定义了科学与非科学的边界。

图8-6 "假说—演绎"法

值得注意的是，虽然早在17世纪笛卡尔就讲明了归纳演绎的实质，他在《哲学原理》的第二章中写道："鉴于这里所研究的事物具有相当重大的意义，而如果我断言我发现了别人所未发现的真理，那么我就可能被别人看成是鲁莽的——所以我宁可在这个问题上不做任何解决，而只是作为假说提出来，这假说也可能是离真理极远的，但只要今后从这假说推出的一切东西与经验相一致，我就毕竟算是做出了一个巨大的贡献，因为那时候这假说对生活来说会和它是真理一样具有同等的价值。"但是，直到19世纪，随着科学的进步，"假说—演绎"法才引起足够重视。

关于第二个问题，波普尔认为，普遍性的信念并不是像休谟所声称的那样依靠重复形成，而是"部分是天生，部分是由尝试和消除错误的方法引起的天生信念的变种"。

波普尔的"假说—演绎"模型成为现代科学方法论的雏形，得到科技工作者的广泛认同。科学家们正是在这样的批判理性精神的指导下，推动着学科的进步与发展。下面，我们将简要介绍批判性思维中归纳与演绎的建构方式。

三、归纳与演绎论证的建构方式

批判性思维是一种非形式逻辑，我们只有了解形式逻辑的建构方式，才能正确使用批判性思维。归纳与演绎的建构方式在形式上分为两种：基于文字的建构与基于文氏图的建构。在本节的开篇，我们介绍了归纳与演绎的定义与结构，就是用文字来建构的演绎逻辑。下面我们将深入介绍归纳与演绎逻辑的建构方式，即如何准确表达归纳与演绎思维。

首先介绍直言判断和范畴逻辑。

直言判断也称性质判断，它是断定事物对象是否具有某种性质的判断。例如：

(1) 所有电场力都是保守的。

(2) 所有滑动摩擦力都不是保守的。

(3) 有些电场线是无限延伸的。

(4) 有些机械能是不守恒的。

(5) 平抛运动是曲线运动。

(6) 行星的轨道不是圆。

直言判断在结构上由主项（Subject term）、谓项（Predicate term）、联项（Quality）和量项（Quantity）组成。

主项是表示直言判断中事物对象的概念，如上例（1）中的"电场力"、上例（2）中的"滑动摩擦力"等，通常用大写字母 S 表示。

谓项是表示直言判断中事物性质的概念，如上例（1）、（2）中的"保守的"，上例（3）中的"无限延伸的"等，通常用大写的字母 P 表示。

联项是表示直言判断中连接主项和谓项的概念，包括肯定联项和否定联项。肯定联项为是，否定联项为不是。

量项是表示直言判断中主项数量范围的概念，包括全称量项、特称量项和单称量项。全称量项通常用"所有""一切""凡"等来表示。特称量项通常用"有些""某些""有的"等来表示。单称量项通常用"某个""这个""那个"等来表示。全称量项对主项所表示的某一个别事物做了断定。根据实际情况,全称量项和单称量项有时可以省略。

值得注意的是,特称量项"有些"与日常语言中的"有些"在内涵上是不同的。日常语言中的"有些",大多指"仅仅有些",因此日常使用"有些是什么"的时候,往往暗示着"有些不是什么"。而特称量项的"有些"是指至少有一个,表示一类事物中有对象被断定具有或不具有某种性质的事实,并不具有暗示的功能。而日常语言中所说的"大多数""绝大多数""少数"等都属于逻辑中的"有些"。可以说,人们在日常语言中对"有些"的使用通常并不符合逻辑。

主项和谓项分别用 S 和 P 表示以后,S 和 P 成为变项,可以用不同的具体概念代入,从而得到不同的具体直言判断,在直言判断中作为主项和谓项的具体概念又称为词项。联项和量项都是常项。直言判断的特征和种类主要是由常项决定的。

范畴逻辑是用来研究直言判断所述的类(或范畴)之间的包含或排除关系的。标准的直言判断可以分为 A、E、I、O 四种。

A:所有 S 都是 P。

例如:所有的曲线运动都是变加速运动。

E:所有 S 都不是 P。

例如：所有的洛伦兹力都不做功。

I：有的S是P。

例如：有的直线运动是匀加速直线运动。

O：有的S不是P。

例如：有的直线运动不是匀加速直线运动。

四种直言判断可以用文氏图很直观地表示出来。在图8-7中，圆圈代表直言判断中词项所属的类别，阴影部分代表空集，X所在的区域代表集合非空，而空白部分则可能是空的，也有可能非空。大部分的判断，都能转化为直言判断的四种标准形式之一。

(a) A判断：所有的S都是P

(b) E判断：所有的S都不是P

(c) I判断：有的S是P

(d) O判断：有的S不是P

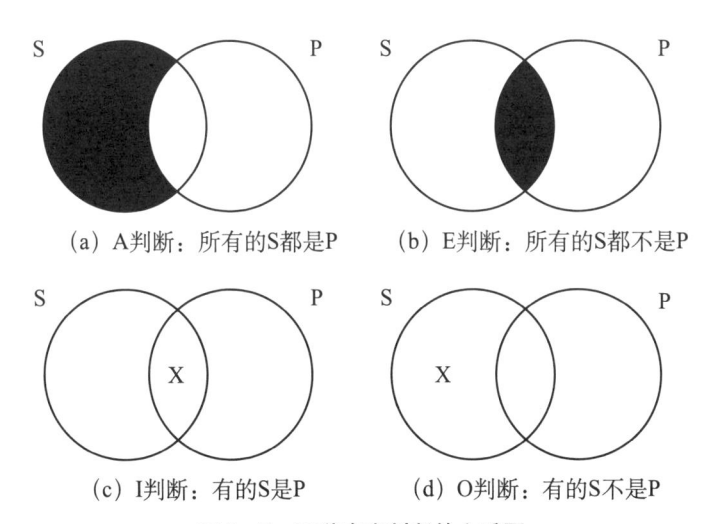

图8-7 四种直言判断的文氏图

主项与谓项相同的直言判断之间存在一定的对应关系，即它们之间有一定的逻辑关系。这种逻辑关系被称为对当关系，可以用对当方阵来表示（如图 8-8 所示）。可以看到，处于正方形上方相对的 A 判断与 E 判断可以同时为假，但不可能同时为真，这叫作反对关系。处于正方形下方相对的 I 判断和 O 判断可以同时为真，但不可能同时为假，这叫作下反对关系。处于正方形对角位置的 A 判断与 O 判断、E 判断与 I 判断的真

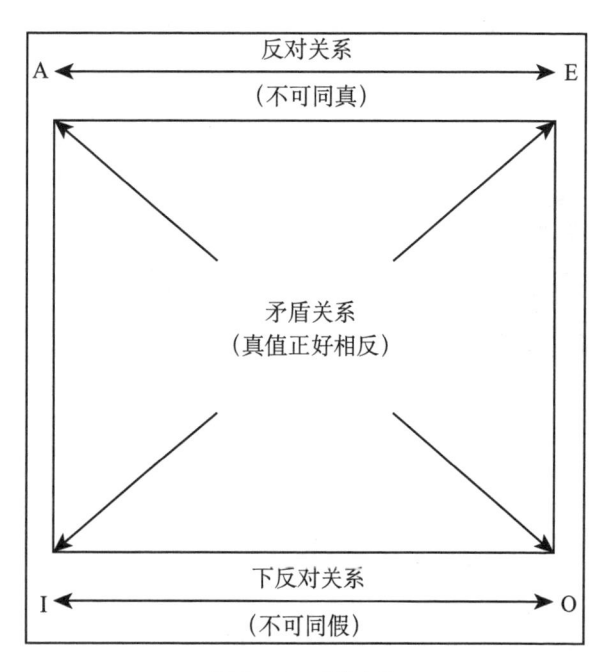

图 8-8 对当方阵

值正好相反,这叫作矛盾关系。因此利用对当关系,我们能够很容易地判断具有相同主项和相同谓项的两个直言命题之间的可能的逻辑关系。

四、归纳与演绎论证的传统局限性

上面我们介绍了,归纳与演绎的建构方式属于传统逻辑的表达方式。在传统逻辑的表达中,量项是与句子中的主语密切相关的,量项被用在主语的前面,用来表达主项所断定的对象的范围和数量。传统逻辑中量项的这个特点是与日常语言表达方式密切相关的。从古希腊逻辑发轫之初,人们主要关注的是形如"所有人都是会死的",即"S是P"这样的主谓式句子的推理,在这样的推理中,推理形式和日常语言的形式是紧密相关的,甚至是一致的。"所有人都是会死的"在传统逻辑看来就是这样一个主谓式句子:"人"是这个句子的主语,"会死的"是这个句子的谓语,"所有人"这样的量项加在句子的主语前面,表达了主项的数量。亚里士多德的三段论理论也建立在对这样的主谓式的性质命题的关注之上。

虽然三段论推理代表了传统逻辑的最高成就,但是推理形式过分依赖于日常语言形式,这使得传统逻辑的处理句子和推理的能力受到很大的局限。

首先，三段论不能处理包含单称词的语句的推理问题，虽然亚里士多德在划分命题类型的时候提及了单称命题，然而其在三段论推理中却排除了单称命题。

其次，三段论只能处理主谓式的表达性质的句子的推理，而不能处理表达关系的主谓宾结构的句子，即关系命题。而实际上，关系命题和性质命题一样是我们日常语言的重要组成部分，不能处理关系命题使得传统逻辑的表达能力受到很大的局限。

最后，传统逻辑也处理不了包含多个量项的句子的推理。

传统逻辑的基本句式是"S 是 P"，A、E、I、O 四类命题都建立在这个基本句式之上，其建立的方式就是加入否定词和两个量项。这样一来，命题就有四种组合方式：全称肯定命题、全称否定命题、特称肯定命题和特称否定命题。在命题的构成过程中，量项只可以加在主项的前面，因此如果句子中出现两个量项，传统逻辑是无法表达的。

现代逻辑建立了基于数学的逻辑表达方式，克服了传统逻辑在表达能力上的不足。批判性思维正是超越了传统逻辑，建立在现代逻辑的基础之上的思维方式。在处理日常情境时，传统逻辑存在的缺陷往往令使用者力不从心。同样的，物理学的发展也受制于逻辑学水平的发展，逻辑学的进步与物理学的进步呈现相互制约、相互促进的关系。下面，我们将从物理学发展的角度谈谈归纳与演绎对物理学的推动作用。

第二节 归纳、演绎与物理学的发展

一、古典物理学

在归纳与演绎发展史中，我们看到，虽然柏拉图的演绎法是先于亚里士多德的归纳法的，但是亚里士多德是公认的第一个完整地描述自然界的人。柏拉图的演绎成了哲学，没有变成物理，其原因在于脱离现实与实践的单纯思辨而缺乏物理学科的关键要素，那就是经验。物理首先必须来源于经验，承认经验，就像亚里士多德的归纳法认为的那样：首先要有经验 A，然后将经验 B 与经验 A 相比较，才能得出结论。

亚里士多德利用范畴逻辑，把自然界中的运动进行了归纳和划分，例如：他将物体的变化归纳为四种变化，分别为位置的变化、实体的变化、性质的变化和数量的变化。这种分类方式比较符合个人经验，也很容易为人们所理解。但这种分类方式相当于把一切含糊不清的东西都装进了不同的"盒子"，并没有深入去考察不同物质变化的区别。尽管如此，其中的两个"盒子"——位置的变化与数量的变化，依然被现代物理学所沿用。

同时，亚里士多德对物体运动的原因也进行了归纳。他将物体的运动归纳为自然运动与受迫运动两种。自然运动与物质构成有关。古希腊关于世界的物质组成的学说是四元素说，这四种元素分别为土、气、水、火。亚里士多德通过对自然的观察归纳出：土最重，组成了地球的核心；水较轻，覆盖在地球的表面；气、火更轻，笼罩着地球或向上飘扬。因此他认为，直线上升与直线下降的运动都是自然运动，如土最重，总是直线下降到自然位置——地球中心。由此他还通过演绎得出了地心说。

亚里士多德利用基于性质与范畴的归纳与演绎第一次完整地对客观世界进行了主观的描述。虽然有很多现象是这种物理学无法解释的，但是由于亚里士多德的权威性以及这种物理学解释在性质上的模棱两可性，亚里士多德的物理学观念主导了当时乃至此后两千多年的主流物理学。

二、经典物理学

而到了文艺复兴时期，人性的解放与技术的进步使得人们可以用数学的形式对大自然进行观察和记录。第谷对星空进行了长达20年的观察，但并没有找出其中的规律来证明他相信的"日心-地不动"的宇宙模型。于是，他找来当时对几何有研究的开普勒，希望借助其数学才能分析数据。开普勒通过归纳分析这些实验数据，并没有证明得出"日心-地不动"的宇宙模型，相反，他利用这些数据证实了哥白尼的"日心说"模型。开普勒建立他的第一定律和第二定律，几乎只靠了一颗行星，即火星。金星的轨道太接近一个圆，即便第谷的数据也不够分辨其为椭圆；而木星和土星的轨道周期太长，即便第谷也没有足够的数据。若干年后（1617年），开普勒又发现了他的第三定律，即行星轨道周期的平方与其轨道长半轴的三次方成正比。开普勒在其行星运动三大规律的发现中，采用了数学对自然进行归纳，大量应用了从特殊到一般的归纳方式。可见，归纳对力学中的运动学起到了推动作用。

伽利略则利用数学对亚里士多德的错误观点进行了演绎，重新解释了自由落体运动。伽利略在1636年的《关于两门新科学的对话》中写道：如果依照亚里士多德的理论（物体下落的快慢是由物体本身的重量决定的），物体越重，下落得越快，假设有两块石头，大的重量为8，小的为4，则大的下落速度为8，小的下落速度为4，当两块石头被绳子拴在一起的时候，下落快的会因为慢的而被拖慢，所以整个体系的下落速度在4和8之间。但是，两块绑在一起的石头的整体重量为12，下落速度也就应该大于8，这就陷入了自相矛盾。伽利略由此推断物体下落的速度应该不是由其重量决定的。他在书中设想，自由落体运动的速度是匀速变化的。伽利略采用数学对自由落体规律进行了三段论演绎，揭示了旧理论的不合理之处。可见，演绎对力学中动力学部分的发展起到了推动作用。

牛顿不仅利用几何学的演绎发明了微积分，同时有效地利用了归纳法，将天体的运动与地面上物体的运动规律进行了统一。在牛顿之前，亚里士多德曾经归纳并区分了地面上物体运行的规律与天体运行的规律。这是符合人的直观感受的，人受到自然条件的约束（有摩擦力），没有办法到太空中感受无摩擦的运动。牛顿利用微积分中无穷小的概念，演绎出物体在做匀速圆周运动时，其加速度是指向圆心的，并且大小正比于$\frac{v^2}{r}$。根据归纳法的从一般到特殊原理，月球绕地球近似做匀速圆周运动，因此地月之间的力就只能是它们之间的吸引力。根据开普勒第三定律，$\frac{T^2}{r^3}$为常数，可以算出地月之间吸引力的大小正比于$\frac{1}{r^2}$。再根据牛顿第二定律与第三定律，地球对月球的吸引力与月球对地球的吸引力应该是相等的，因此物体之间的吸引力应该既与地球的质量成正比，又与月球的质量成正比，由此得到著名的万有引力定律：

$$F = G\frac{mM}{r^2}$$

物体在椭圆轨道上运行的规律则由牛顿用微积分进行了演绎证明。后来，万有引力定律被哈雷彗星的回归和海王星的发现等众多实验事实证实，历经 20 多年，万有引力定律得以最终确定。

牛顿对自己的研究方法曾经有过评价，"尽管从实验和观察出发的归纳论证并不能证明一般性结论，但它依然是事物的本性所容许的论证方法"。他把这种归纳演绎方法称为"分析和综合方法"。牛顿还提出了归纳演绎方法的两个原则：一是演绎出的推断需要实验验证，二是演绎出的推断要超出原来归纳论证的价值。可见，牛顿在清楚认识到归纳法缺陷的前提下并没有排斥归纳法，而是用实验和演绎去严谨地论证归纳法得出的结论。归纳演绎这种思维方法的应用，极大地推动了经典物理学的发展。

三、近代物理学

从前面我们看到，开普勒、伽利略、牛顿等人在思维所能达到的地方对自然界中的事物进行了深入的探讨。他们往往是从一些基本的实验事实出发，对自然界进行了大量的推理，最终得到的物理学公式简洁优美。然而，人们对于他们为何能这样想的基本前提，却没有进行更多的反思。到了19世纪，经典物理学的大厦已经建成，凡是自然界中的运动，似乎都得到了合理的解释。但正如开尔文所说，"美丽而晴朗的天空却被两朵乌云笼罩了"。第一朵乌云，主要是指迈克尔逊-莫雷实验结果和以太漂移说相矛盾；第二朵乌云，主要是指热学中的能量均分定则在气体比热以及热辐射能谱的理论解释中得出与实验不等的结果，其中尤以黑体辐射理论出现的"紫外灾难"最为突出。如果说前面关于运动和力学相关的物理学知识直接与生活经验相关，那么接下来等待探索的物理学则几乎脱离了日常生活的范围。在这种情况下，想首先采用归纳去寻找演绎的方向变得越来越困难，演绎成为通向物理学巅峰的陡峭山路。

第一朵乌云是爱因斯坦解决的。在爱因斯坦之前，人们试图在经典物理学的基础上对迈克尔逊-莫雷实验的"零结果"做出解释，以保证经典物理学中的绝对时空观不需要修正。为此，费兹杰惹和洛伦兹在经典物理学的基础上提出了"收缩"假说，认为一般物质都是由带电粒子构成的，而带电粒子在运动过程中会影响物质之间的相互作用力，从而导致物质的长度在运动方向上缩短，但该假说最终无法从经典力学的基本原理演绎得出，无法被证实。因此，有人认为这些假说只是数学演绎的技巧而已，并无实际的物理意义。然而，爱因斯坦认为，这种收缩并非玩弄数学技巧，而是代表了一种新的思维方式。这种思维方式既要符合实验事实，又要能够不与现有的经典物理学知识冲突。那么就要回顾现有的经典物理学理论，但还有什么地方是值得反思的呢？经典物理学从感性的事实出发，逐渐上升到理性的规律，走过了漫长的道路，取得了巨大的成就，还有哪里是不合理的呢？

在经典物理学中，物理学已经构筑成了坚固的知识体系，但当时马赫依然对经典物理学提出了批判，这就是作为人类理性的先验性问题。实际上，在哲学领域，17世纪的哲学家休谟就已经对人类理智的先验性进行了描述，"一个具有很强判断力和学识的人很容易看到一个事实，即最为世人所称道，而且自命为达到精确和深刻推理的各家体系，它们的基础同样是非常脆弱的"。马赫认为，物理学中的许多概念是通过人们对经验与实验的归纳而来，具有先验性，体现在：（1）引力质量与惯性质量并不是天然的一致的。（2）将力学作为物理学和物理学的其他分支的基础，以及所有现象都要有力学解释是一种偏见。爱因斯坦受到休谟和马赫的启发，对经典物理学中的绝对时空观提出了怀疑。爱因斯坦认为，既然迈克尔逊-莫雷实验的结果证明了绝对时空观对应的以太是不存在的，那么绝对的时空观就一定是一个近似的结论。通常人们在进行归纳的时候，采用的是从特殊到一般、从一般到特殊、从过去到将来的方式，在这些方式中，无论结论的可信度如何，结论与经验在语义上都是一致的，而爱因斯坦则从实验结果的未证实反推出理论框架有问题，这不得不说是一个大胆的想法。不仅如此，爱因斯坦还从纯理性的角度出发，提出了相对性公设与光速不变公设，对物理的时空观进行了演绎，发现在两个不同的参考系中，时间的流逝是不同的，经典的绝对时间观念不符合客观实际。由此，爱因斯坦提出了狭义相对论，形成了相对论理论体系，相关的效应不断被实验所证实。可以看到，相对论的诞生是建立在对经典物理学时空观进行批判的基础上的。在物理学的这个阶段，人的理性已经开始对物理学理论中的基本假设进行质疑，而这些基本假设，在这之前却被人们当作自明的公理，事实上成为隐含的假设。这就需要能够通过演绎的方式从物理的角度去理解数学，最终回归到对物理学多个分支的归纳的方式，构成了物理学发展螺旋式上升的节奏。

第二朵乌云是普朗克解决的。在普朗克之前，科学家发现黑体辐射的实验曲线的两个部分可以分别用两种函数关系式去拟合，其中建立在经典理论之上的瑞利-金斯公式与只能与黑体辐射实验曲线的低频端相符，而维恩-帕邢公式只能与曲线的高频端相符。普朗克认为，这两个公式能与实验曲线符合，说明它们都有可取之处，只要想办法将它们中正确的部分结合到一起，就能得到一个完整而全面的辐射公式。为此，普朗克通过适当的数学变换，将两个公式结合到了一起，结果这个公式能够完美地拟合实验曲线。这种操作看上去很简单，而且初看上去并没有任何的物理意义，但简单归纳告诉我们，可以从整体中部分样本的特性去猜测其他个体的特性，因此普朗克认为实验数据的背后代表着两种不同特征的黑体辐射，是不无道理的。在此基础上，普朗克进一步挖掘这个公式背后的物理含义，最终通过对物理模型的数学演绎，得出了能量量子化的概念，解释了黑体辐射公式中相关系数的物理意义，并解释了黑体辐射在高频和低频两种极限情况下公式不一致的物理意义，叩开了量子物理学的大门。

瑞利-金斯公式、维恩-帕邢公式都是基于实验事实的归纳，从而得到了经验公式。然而，普朗克进行能量量子化假设的时候，却是从纯粹的数学排列组合和熵的角度对弹簧振子模型进行演绎，发现如果要得到黑体辐射公式，就必须认为能量是量子化的，也就是说，量子化从一开始就是建立在纯粹理性的基础上的。普朗克本人对此的态度是将信将疑的，以至于在发明量子化概念后，他用十多年的时间尝试用经典理论去对量子化进行解释,最终都失败了。可见,通过理性批判而得到的结论并不总是很快能被人接受。物理学起源于归纳,但归纳演绎这种经典的方式并不是通往物理学的唯一道路。

第三节 中学物理中"归纳与演绎"的教学案例

一、归纳思维的应用:探究电磁感应现象

(一)引入新课

"科学技术是第一生产力。"在漫漫的人类历史长河中,随着科学技术的进步,一些重大发现和发明问世,极大地解放了生产力,推动了人类社会的发展,特别是我们刚刚跨过的20世纪,更是科学技术飞速发展的时期。经济建设离不开能源,人类发明也离不开能源,而最好的能源是电能,可以说人类离不开电。饮水思源,我们忘不了为发现和使用电能做出卓越贡献的科学家——法拉第。

1820年,奥斯特发现了电流的磁效应。既然磁现象可以与电流联系在一起,那么电流也一定可以由一定的磁现象引起。法拉第由此受到启发,开始了"由磁生电"的探索。经过十年坚持不懈的努力,法拉第于1831年8月29日发现了电磁感应

现象，开辟了人类的电气化时代。

（二）新课教学

1. 实验观察

（1）闭合电路的部分导体切割磁感线。

在初中时我们学过，当闭合电路的一部分导体做切割磁感线运动时，电路中会产生感应电流，如图8-9所示。

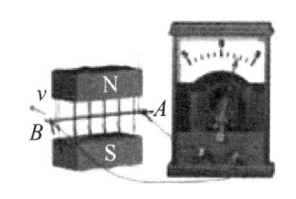

图8-9　导体切割磁感线产生感应电流

演示实验一：按照空间方向分类，将导体的运动归纳为导体左右平动、前后运动、上下运动。观察电流表的指针，实验是否具有可重复性，并把观察到的可靠的现象记录在表8-1中。

表8-1　实验现象记录

导体棒的运动	表针的摆动方向	导体棒的运动	表针的摆动方向
向右平动	向左	向后平动	不摆动
向左平动	向右	向上平动	不摆动
向前平动	不摆动	向下平动	不摆动
归纳结论：只有左右平动时，导体棒切割磁感线，有电流产生；前后平动、上下平动，导体棒都不切割磁感线，没有电流产生。			

运动是相对的，导线相对磁场的运动与磁场相对导线的运动应该有类似的效果，那么，还能通过哪种方式产生感应电流呢？

(2) 向线圈中插入磁铁，把磁铁从线圈中拔出。

演示实验二：如图8-10所示。把磁铁的某一个磁极向线圈中插入，从线圈中拔出，或静止地放在线圈中。观察电流表的指针，把观察到的现象记录在表8-2中。

图8-10 磁铁插入、抽出和停在线圈中时，电流表指针如何动作？

表8-2 实验现象记录

磁铁的运动	表针的摆动方向	磁铁的运动	表针的摆动方向
N极插入线圈	向右	S极插入线圈	向左
N极停在线圈中	不摆动	S极停在线圈中	不摆动
N极从线圈中抽出	向左	S极从线圈中抽出	向右
归纳结论：磁铁相对线圈运动时，有电流产生；磁铁相对线圈静止时，没有电流产生。			

从前面两个例子我们不难归纳出，通过磁场产生电流，与导线和磁场的相对运动有关。但倘若导线在没有磁场的空间运动，就好像导线单独在运动一样。因此相对运动本身应该并不

是磁产生电的最本质的原因。那么导线在磁场中运动的过程中，还会蕴含着哪些我们尚未发现的原理呢？我们来重温法拉第当年做过的实验。

（3）模拟法拉第的实验。

演示实验三：如图8-11所示。线圈A通过变阻器和开关连接到电源上，线圈B的两端与电流表连接，把线圈A装在线圈B的里面。观察以下几种操作中线圈B中是否有电流产生。把观察到的现象记录在表8-3中。

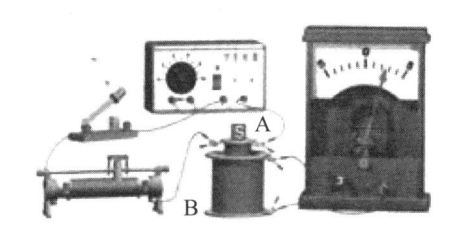

图8-11　由开关或变阻器控制一个线圈中的电流，能够在另一个线圈中产生感应电流吗？

表8-3　实验现象记录

操作	现象
开关闭合瞬间	有电流产生
开关断开瞬间	有电流产生
开关闭合时，滑动变阻器不动	无电流产生
开关闭合时，迅速移动变阻器的滑片	有电流产生
归纳结论：只有当线圈A中电流发生变化时，线圈B中才有电流产生。	

2. 归纳分析论证

分组讨论，学生代表发言。

在演示实验一中，部分导体切割磁感线，闭合电路所围面积发生变化（磁场不变化），有电流产生；当导体棒前后、上下平动时，闭合电路所围面积没有发生变化，无电流产生。

在演示实验二中，磁体相对线圈运动，线圈内磁场发生变化，变强或者变弱（线圈面积不变），有电流产生；当磁体在线圈中静止时，线圈内磁场没有发生变化，无电流产生。如图 8-12 所示。

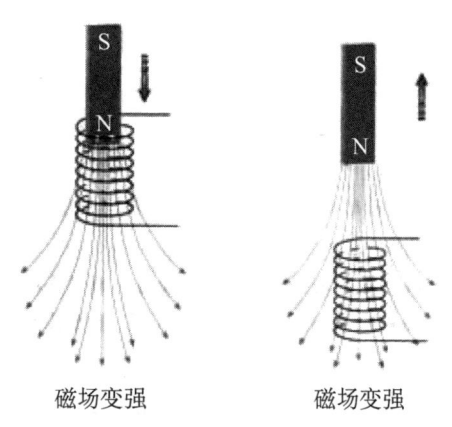

磁场变强　　　　　　磁场变强

图 8-12 由于磁铁的插入与抽出，线圈中磁场的强弱顺变化

在演示实验三中，在通、断电的瞬间和变阻器滑动片快速移动的过程中，线圈 A 中电流均发生变化，导致线圈 B 内磁场发生变化，变强或者变弱（线圈面积不变），有电流产生；当

线圈 A 中电流恒定时,线圈内磁场没有发生变化,无电流产生。如图 8-13 所示。

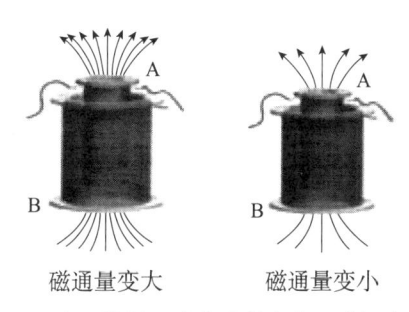

磁通量变大　　　　磁通量变小

图 8-13　由于线圈 A 中电流的变化,磁场也在变化

3. 归纳总结

请大家思考以上几个产生感应电流的实例,能否从本质上概括出产生感应电流的条件?

在演示实验一中,部分导体切割磁感线,磁场不变,但电路面积变化,导致穿过电路的磁通量变化,从而产生感应电流;在演示实验二中,导体插入、拔出线圈,线圈面积不变,但磁场变化,同样导致磁通量变化,从而产生感应电流;在演示实验三中,通断电的瞬间、滑动变阻器的滑动片迅速滑动的瞬间,都引起线圈 A 中电流的变化,最终导致线圈 B 中磁通量变化,从而产生感应电流。从这三个实例可以看出,感应电流产生的条件,应是穿过闭合电路的磁通量变化。

引起感应电流的表面因素很多，但本质的原因是磁通量的变化。因此，电磁感应现象产生的条件可以归纳概括为：

只要穿过闭合电路的磁通量发生变化，闭合电路中就有感应电流产生。

二、演绎思维的应用：导线切割磁感线时的感应电动势

（一）演绎探究：感应电动势

（1）内容：感应电动势的大小跟穿过这一电路的磁通量的变化率成正比。

（2）公式：$E=n\dfrac{\Delta\Phi}{\Delta t}$，其中 n 为线圈匝数。

那么，导体切割磁感线时，感应电动势如何计算呢？我们知道物理量之间是通过公式相互联系、相互转化的。因此，当条件足够时，我们通过公式的推导，可以从已知信息出发，演绎推导得到未知信息。

图 8-14 闭合电路的感应电动势（1）

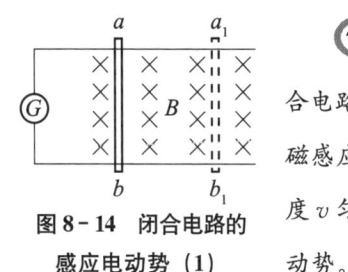

例 1：如图 8-14 所示电路，闭合电路一部分导体 ab 处于匀强磁场中，磁感应强度为 B，ab 的长度为 L，以速度 v 匀速切割磁感线，求产生的感应电动势。

解析：设在 Δt 时间内导体棒由原来的位置运动到 a_1b_1，这时线框面积的变化量为：

$$\Delta S = Lv\Delta t$$

穿过闭合电路磁通量的变化量为：

$$\Delta \Phi = B\Delta S = BLv\Delta t$$

据法拉第电磁感应定律，得：

$$E = \frac{\Delta \Phi}{\Delta t} = BLv$$

问题：若导体的运动方向跟磁感线方向有一个夹角 θ，感应电动势可用上面的公式计算吗？

例 2：如图 8-15 所示电路，闭合电路的一部分导体处于匀强磁场中，导体棒以速度 v 斜向切割磁感线，求产生的感应电动势。

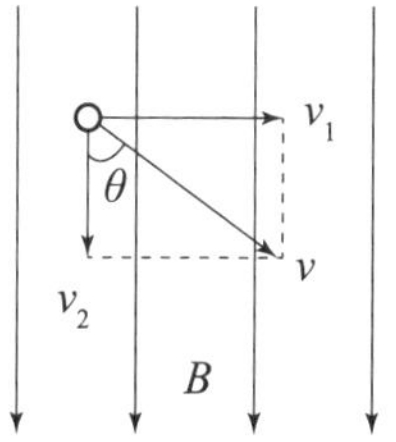

解析：可以把速度 v 分解为两个分量，即垂直于磁感线的分量 $v_1 = v\sin\theta$ 和平行于磁感线的分量 $v_2 = v\cos\theta$。后者不切割磁感线，不产生感应电动势；前者切割磁感线，产生的感应电动势为：

$$E = BLv_1 = BLv\sin\theta$$

图 8-15 闭合电路的感应电动势（2）

在国际单位制中，上式中 B、L、v 的单位分别是特斯拉

(T)、米（m）、米每秒（m/s），θ指v与B的夹角。

(二) 实例探究：电磁感应定律的综合应用

例 3：如图 8-16 所示，有一弯成 θ 角的光滑金属导轨 POQ，水平放置在磁感应强度为 B 的匀强磁场中，磁场方向与导轨平面垂直，有一金属棒 MN 与导轨的 OQ 边垂直放置，当金属棒从 O 点开始以加速度 a 向右匀加速运动 t 秒时，棒与导轨所构成的回路中的感应电动势是多少？

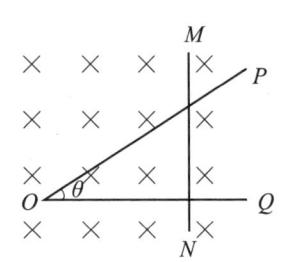

图 8-16 电磁感应定律综合应用

解析：由于导轨的夹角为 θ，开始运动 t 秒时，金属棒切割磁感线的有效长度为：

$$L = s\tan\theta = \frac{1}{2}at^2\tan\theta$$

据运动学公式，这时金属棒切割磁感线的速度为 $v=at$。
由题意知 B、L、v 三者互相垂直，则有：

$$E = BLv = B\frac{1}{2}at^2\tan\theta \cdot at = \frac{1}{2}Ba^2t^3\tan\theta$$

即金属棒运动 t 秒时，棒与导轨所构成的回路中的感应电动势是 $E=\frac{1}{2}Ba^2t^3\tan\theta$。

（三）延伸拓展

电动机线圈的转动会产生感应电动势，称为反电动势。请问，电动势是加强了电源的电流，还是削弱了电源的电流？是有利于线圈的转动，还是阻碍了线圈的转动？

在图 8-17 中，电源在电动机线圈中产生的电流的方向以及 AB、CD 两个边受力的方向都已经标出。

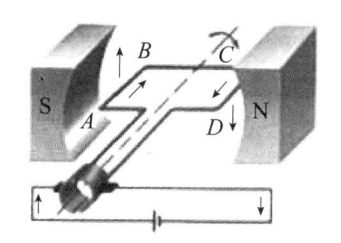

图 8-17 电动机转动时，线圈内是否也会产生感应电动势？

现在的问题是，既然线圈在磁场中转动，线圈中就会产生感应电动势。感应电动势加强了电源产生的电流，还是削弱了它？是有利于线圈的转动，还是阻碍了线圈的转动？

学生讨论后发表见解。

教师总结点评：电动机转动时产生的感应电动势削弱了电源的电流，这个电动势称为反电动势。反电动势的作用是阻碍线圈的转动。这样，线圈要维持原来的转动就必须向电动机提供电能，电能转化为其他形式的能。

讨论：如果电动机因机械阻力过大而停止转动，会发生什么情况？这时应采取什么措施？

学生讨论，发表见解：电动机停止转动，这时就没有了反电动势，线圈电阻一般都很小，线圈中电流会很大，电动机可能烧毁。这时，应立即切断电源，进行检查。

三、归纳思维与演绎思维的综合：楞次定律

（一）新课引入

演示实验一：让磁铁接近或远离连接着灵敏电流计的闭合线圈。

提问1：要产生感应电流必须具备什么样的条件？

回答：穿过闭合回路的磁通量发生变化，就会在回路中产生感应电流。

演示实验二：让磁铁靠近或远离轻质铝环。

提问2：通电螺线管磁场方向怎么判断？

回答：右手螺旋定则（在图8-18中标出）。

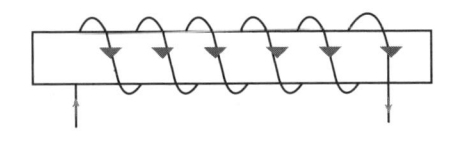

图8-18 通电螺线管磁场方向的判断

我们已经知道了感应电流的大小和磁通量的变化率有关。那么感应电流的方向会是固定的吗？我们可以先通过实验来进行探究。

(二) 新课教学

1. 提出猜想

引导学生利用提供的器材，从实验现象中猜想感应电流的方向可能与哪些因素有关。

学生讨论分析：(1) 磁通量的变化。(2) 原磁场方向。

2. 实验方案

引导学生依据猜想设计探究实验，如图 8-19 所示。

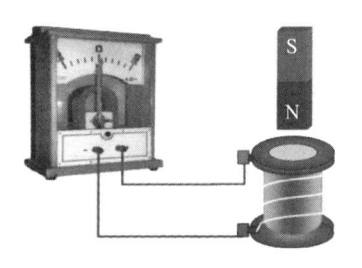

图 8-19 探究实验设计

3. 实验准备

引导学生思考实验中可能遇到的问题有哪些，应如何解决。

学生讨论分析：(1) 确定线圈的绕向。(2) 灵敏电流计指针偏转和电流方向的关系。

284 批判性思维与中学物理

4. 实验过程，记录数据

按以下过程进行实验（如图8-20所示），并将实验数据记录在表8-4中。

（1）当把条形磁铁N极插入线圈。（2）当把条形磁铁N极拔出线圈。（3）当把条形磁铁S极插入线圈。（4）当把条形磁铁S极拔出线圈。

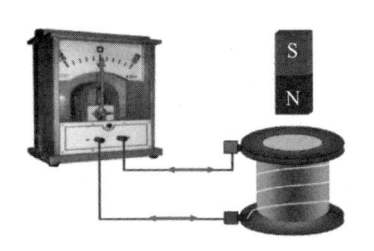

图8-20 实验过程

表8-4 实验数据记录

实验过程	N极插入	S极插入	N极拔出	S极拔出
原线圈中磁场的方向				
原线圈中磁通量的变化				
感应电流方向（俯视）				
感应电流产生的磁场方向				

5. 归纳现象，得出结论

学生归纳：感应电流的磁场总是阻碍原磁通量的变化（增反减同）。

6. 楞次定律的理解

（1）楞次定律的内容：感应电流的磁场总是要阻碍引起感应电流的磁通量的变化。

（2）适用范围：各种电磁感应现象。

提问3：楞次定律中的"阻碍"能否从运动的角度进行理解？

回答：感应电流总是阻碍导体和感应电流产生的磁场的相对运动（来拒去留）。

7. 教师总结：判定感应电流的方向

（1）从磁通量变化的角度来看，感应电流的磁场总是阻碍引起感应电流的磁通量的变化（增反减同）。

（2）从导体和磁体间的相对运动的角度来看，感应电流产生的磁场总是阻碍导体和磁体间的相对运动（来拒去留）。

8. 演绎推理

楞次定律中"阻碍"的含义可以从因果的角度抽象理解为：感应电流的效果总是阻碍引起感应电流的原因。通过演绎推理，举例说明如表8-5所示：

表 8-5　楞次定律中"阻碍"含义的演绎推理

内容	例证
阻碍原磁通量变化 ——"增反减同"	磁铁靠近线圈，$B_感$ 与 $B_原$ 反向
阻碍相对运动 ——"来拒去留"	磁铁靠近，是斥力 磁铁远离，是引力
使回路面积有扩大或缩小的趋势 ——"增缩减扩"	P、Q 是光滑固定导轨，a、b 是可动金属棒，磁铁下移，面积应减小，a、b 靠近 B 减小，线圈扩张
阻碍原电流的变化 ——"增反减同"	合上 S，B 先亮

(三) 实际应用

例 4：[增反减同] 如图 8-21 所示，ab 是一个可以绕垂直于纸面的轴 O 转动的闭合矩形导体线圈，在滑动变阻器 R 的滑片 P 自左向右滑动的过程中，线圈 ab 将（ ）。

A. 静止不动

B. 顺时针转动

C. 逆时针转动

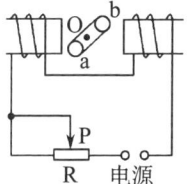

图 8-21 "增反减同"的应用

D. 发生转动，但电源的极性不明，无法确定转动方向

解析：答案为 B。题图中的两个通电的电磁铁之间的磁场方向总是水平的，在滑动变阻器 R 的滑片 P 自左向右滑动的过程中，电路的电流是增大的，两个电磁铁之间的磁场的磁感应强度也是增大的，闭合导体线圈中的磁通量是增大的，线圈在原磁场中所受的磁场力肯定使线圈向磁通量减小的方向运动，显然只有顺时针方向的运动才能使线圈中的磁通量减小。

例 5：[来拒去留]（多选）如图 8-22 所示，闭合导体环水平固定。条形磁铁 S 极向下以初速度 v_0 沿过导体环圆心的竖直轴线下落，在穿过导体环的过程中，关于导体环中的感应电流及条形磁铁的加速度，下列说法正确的是（ ）。

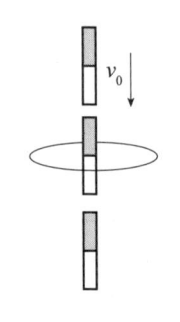

A. 从上向下看，导体环中的感应电流的方向先顺时针后逆时针

B. 从上向下看，导体环中的感应电流的方向先逆时针后顺时针

C. 条形磁铁的加速度一直小于重力加速度

D. 条形磁铁的加速度先小于重力加速度，后大于重力加速度

图 8 - 22 "来拒去留"的应用

解析：答案为 AC。当条形磁铁的中心恰好位于导体环所在的水平面时，条形磁铁内部向上的磁感线都穿过了导体环，而条形磁铁外部向下穿过导体环的磁通量最少，此时穿过导体环的磁通量最大，因此全过程导体环中磁通量方向向上，先增大后减小，从上向下看，感应电流方向先顺时针后逆时针，A 正确，B 错误；导体环中的感应电流产生的磁场始终阻碍条形磁铁运动，所以条形磁铁的加速度一直小于重力加速度，C 正确，D 错误。

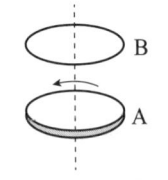

图 8 - 23 "增缩减扩"的应用

例 6：[增缩减扩] 如图 8 - 23 所示，A 为水平放置的橡胶圆盘，在其侧面均匀带有负电荷，在 A 正上方用绝缘丝线悬挂一个金属圆环 B（丝线未画出），使 B 的环面与圆盘

A 平行，其轴线与圆盘 A 的轴线重合。现使圆盘 A 由静止开始绕其轴线按图中箭头方向加速转动，则（　　）。

A. 金属圆环 B 有扩张的趋势，丝线受到的拉力增大

B. 金属圆环 B 有收缩的趋势，丝线受到的拉力减小

C. 金属圆环 B 有扩张的趋势，丝线受到的拉力减小

D. 金属圆环 B 有收缩的趋势，丝线受到的拉力增大

解析：答案为 B。带电圆盘加速转动时，形成顺时针方向（从上向下看）的电流，根据右手螺旋定则可知，在圆盘上方形成的磁场方向向下，由于加速转动，因此电流增大，磁场增强，穿过金属圆环 B 的磁通量增大，根据楞次定律可知，金属圆环 B 有缩小的趋势，且金属圆环 B 有向上的运动趋势，所以丝线受到的拉力减小，故选 B。

结语

归纳与演绎，既是科学思维方法，也是培养批判性思维不可或缺的方式。归纳和演绎既互相区别、互相对立，又互相联系、互相补充，它们相互之间的辩证关系表现为：一方面，归纳是演绎的基础，没有归纳就没有演绎；另一方面，演绎是归纳的前导，没有演绎也就没有归纳。一切科学的真理都是归纳和演绎辩证统一的产物，离开演绎的归纳和离开归纳的演绎，都不能达到科学的真理，批判性思维与创新能力也就无从谈起了。

第九章　分析与综合

思维既然把相互联系的要素联合为一个统一体,同样也把意识的对象分解为它们的要素。没有分析,就没有综合。——恩格斯

从那些看来同直接可见的真理十分不同的各种复杂的现象中认识到它们的统一性,那是一种壮丽的感觉。——爱因斯坦

分析是思维把事物分解为各个部分加以考察的方法;综合是思维把事物的各个部分联结成一个整体加以考察的方法。辩证逻辑把分析与综合看作认识过程中相互联系的两个方面,并把它们作为一种统一的思维方法。分析与综合的思维方式有助于揭示事物的本质和内在联系,获得关于事物多样性统一的具

体知识。

第一节 什么是分析与综合

分析与综合的辩证统一是人类思维长期发展的结果。古代西方学者一般都把分析与综合当作两个并列的思维方法。到了近代，这两种方法被形而上学地对立起来。以培根、洛克为代表的一些经验论者片面地强调分析，把它看作获取真理的唯一方法。以笛卡尔、斯宾诺莎为代表的一些唯理论者却片面地强调综合，把它看作获得真理的最完善的方法。康德虽然既承认分析，又承认综合，但在他的先验逻辑中，分析与综合仍然是对立的。黑格尔第一次对分析与综合做了辩证的解释，他不仅批判了经验论者和唯理论者使分析与综合对立的做法，而且是以扬弃的形式包含上述两个方面，认为哲学的方法应该"既是分析的，又是综合的"。马克思批判地汲取了黑格尔关于分析与综合相统一的合理思想，科学地阐明了分析与综合的辩证关系，使之成为辩证逻辑的科学方法。它有两个基本的要求：（1）分析与综合必须有其客观基础。分析与综合的过程不是任意的，而要以客观对象本身的性质、关系及其运动、变化为依据。（2）对事物进行分析与综合时，必须首先分析其内在矛盾，从中揭示和阐明事物的内在联系和本质。这种对矛盾的分析过程本身就包含着分析与综合这两个方面的内容。分析与综合相统一的方法，也就是矛盾分析的方法。

一、分析与综合是不可分割的整体

分析与综合是抽象思维的基本方法。分析就是把研究对象分解成它的组成部分，然后分别加以研究的一种方法；综合就是把研究对象的各部分联系起来，从而在整体上把握事物的本质和规律的一种思维方法。简单地说，分析就是从整体到部分的思维方法，综合则是从部分到整体的思维方法。

"分析"的希腊文词义是"拆成部分"和"松开、展开、解开"。恩格斯说："一个果核的剖开已经是分析的开端。"例如：我们研究某种植物，往往会把它分解为根、干、花等部分，分别加以研究；科学家们对细胞的研究中，考察了细胞中的单个化学反应环节后，就从细胞的能量转换、物质转换和信息转换三方面去分析这些环节。在物理学中也是如此，当我们研究连接体的运动时，常需要采用"隔离法"，把连接体中某一物体和其他物体"隔离"开来，单独进行受力分析，列出运动方程；对于许多综合性问题中所呈现的复杂的物理过程，常需要把它们分解成几个阶段，分别加以研究……

像上述这些研究方法，就是从整体到局部的方法，称为分析法。在分析的时候，我们把事物整体中本来是相互联系的各部分暂时割裂开来，把被考察的因素从整体中暂时抽出来，让其单独起作用。正如列宁所说："如果不把不间断的东西割断，不使活生生的东西简单化、粗糙化，不加以割碎，不使之僵化，那么，我们就不能想象、表达、测量、描述运动。"

但是，暂时把事物的各部分割裂开来进行分析，并不是我们的目的，而只是种手段，切开、分解的目的是探明各个部分、各种要素的内在联系。因此，在对事物进行分析的基础上，我们还要把事物的各部分联结为一个整体加以研究，把对事物的各部分的认识复原为对整体的认识，力求把握事物各部分的内在联系，从整体上把握事物的本质。例如：在把某种植物的根、干、花、叶等部分分别加以研究以后，我们还要把这些部分再联系起来，研究植物的整体的生理过程；通过对细胞各个化学反应环节的分析，才能全面认识细胞的功能；在物理学中，把连接体中各物体分别"隔离"，列出运动方程以后，还要把这些方程联立，得出连接体运动的总的规律……这些都是从部分到整体的思维方法，称为综合。

科学的综合，不是简单的捏合，不是把研究对象的各个组成部分机械地相加或装配起来，更不是各种因素的堆砌。科学的综合,应该是根据研究对象的各个组成部分之间所固有的内在联系,通过整体的考察和概括,达到从整体上全面、深刻地认识对象的性质及其运动规律的目的。可以说,分析就是为了综合。当然,没有分析也就无法综合。因此,分析是综合的基础,综合是分析的归宿。

二、分析与综合的特征

前面谈过,分析是从整体到部分的思维方法,在运用分析方法时,要涉及事物整体和部分关系的各个方面,事物的整体和部分的关系主要表现在如下三个方面:

(一)在空间分布上可以把整体分解为各个部分

例如:在研究某动物时,可把它分解为各个器官、组织甚至细胞,分别研究它们的结构和机能。这就是一种按空间分布进行的分析。这种分析可为研究动物的活动、习性、行为提供依据。

在物理学中,我们研究连接体问题时采用"隔离法";在研究刚体时,把它分解为许多微小的部分;在研究电路时,把它分解为电源、输电线、用电器等;在研究光学问题时,把发光体分解为许多点光源,把光束分解为许多光线……都是对事物在空间分布上整体与部分关系的分析。

（二）在时间上把事物发展的全过程分解为各个阶段

我们研究汽油机和柴油机的工作过程时，把它分为吸气、压缩、做功、排气四个阶段，称为四个冲程；研究两球弹性碰撞过程，可分为压缩阶段、恢复阶段；研究恒星演化的全过程，可分为引力收缩阶段、主序星阶段、红巨星阶段和高密恒星阶段……这些都是分析事物在时间发展阶段上整体与部分的关系。

（三）分析复杂的统一体的各种因素、方面和属性

1969年7月21日，"阿波罗11号"载人宇宙飞船的登月舱按预定时间在月球表面着陆。这艘飞船于7月16日20时32分（北京时间，下同）在肯尼迪宇航中心准时发射，历时八天，行程百万千米，到7月24日23时50分返回地球，并在太平洋中部安全降落。这项极其庞大的工程以如此高的精确性顺利完成，实在令人惊叹不已。

"阿波罗11号"载人宇宙飞船登月舱本身包括火箭推进系统、飞船运载系统、制导控制系统、通信遥测系统、生命维持系统等。这样一个庞大的工程涉及120所大学、科研机构和两万多家工厂、企业，动员了42万人，研制了700多万个零部件。

在制订这项庞大的飞行计划时，必须对它的各个组成部分进行分析，对影响这个计划的各个因素的相互联系、相互作用进行研究，才能为制订计划提供可靠的依据。这种分析就是对复杂统一体的各种因素、方面和属性的分析。

从整体到部分的分析方法大致可分为三个环节：

(1) 把整体加以"解剖"，把部分从整体中"分割"出来。

(2) 深入分析各部分的特殊本质（这是分析中最重要的一环）。

(3) 进一步分析各部分的相互联系和相互作用。

例如：我们在研究连接体问题时，选择某物体为对象，把它"隔离"出来，就属于上述过程的第（1）个环节；对"隔离"出来的物体进行受力分析，列出运动方程，就属于上述过程的第（2）个环节；根据牛顿第三定律，对各个"隔离体"之间的联系进行讨论，就属于上述过程的第（3）个环节。

对事物进行分析，可以借助于实验的方法，也可以借助于抽象思维。

例如：当人们发现了天然放射现象以后，为了深入研究天然放射线的性质，就让放射线通过电场（或磁场），让放射线的各种成分在电场力（或洛伦兹力）的作用下分开，结果发现了放射线由三种成分组成：β射线（高速电子流）、α射线（氦原子核）和中性的γ射线（类似于X射线，但波长更短），这就是借助于实验手段对事物进行分析。

又如：18世纪末，人们研究出每一种化合物都有自己确定的组成，形成化合物的各种元素都有确定的重量比，这就是定比定律。19世纪初，道尔顿通过对大量实验材料的分析，列出了各种元素的相对原子量，推导出了倍比定律。阿伏伽德罗根据各种气体相互结合时体积成整数比的定律引入了分子的概念。道尔顿和阿伏伽德罗并没有看到过分子或原子，也没有在实验中分离出单个的分子或原子，他们是通过大量分子、原子所表现出来的宏观现象，抽象出分子或原子的概念。可以说，他们是借助于思维的力量把物体"分割"成分子，把分子"分割"成原子的。这就是人们借助于抽象思维进行分析的范例。

但是，抽象思维的能力也不是无限的，它也必须依靠感性材料。在道尔顿和阿伏伽德罗时代，由于实验水平有限，因此，他们对物质结构的认识只能深入到分子、原子这个层次。

19世纪下半叶，随着实验水平的提高，汤姆逊借助于实验，证明了阴极射线是由带负电的、质量约是氢原子质量1/2 000的粒子（电子）组成的，这就在原子的精细的"躯体"上切开了"第一刀"，使人们认识到原子不是不可再分的，而是有复杂的结构。差不多同时，贝克勒尔发现了天然放射现象，人们通过

实验认识到 α、β、γ 三种粒子。此后，人们又陆续发现了质子、中子……这样通过实验，人们对物质结构的认识又深入原子内部更深的层次。

因此，可以说，人们对物质结构的分析，是通过实验手段和抽象思维手段交替进行的。

第二节　分析思维、综合思维与物理学的发展

从发展的历史看，科学上的许多重大发现，都是运用综合分析的方法取得的。分析与综合是辩证的统一，辩证关系主要表现在：（1）它们相互依存、互为前提，没有分析就没有综合，反之亦然。任何综合，都必须以分析为基础，任何分析又必须以综合为指导。（2）它们相互渗透、相互包含和交叉，即在分析中有综合，在综合中有分析，尤其在对复杂事物的认识过程中更是如此。（3）它们相互转化。人们认识事物从现象到本质、从不太深刻的本质到更为深刻的本质的过程就表现为"分析→综合→再分析→再综合"这样相互转化的前进运动。就认识的程度来说，分析与综合在后一层次上的重复总比前一层次要深刻得多。科学家正是交替使用分析与综合思维，才引领科学不断向前发展。

一、分析思维与综合思维

在物理学史上,有一段父子同时获得诺贝尔奖的佳话。1915年,诺贝尔物理学奖授予英国伦敦大学的威廉·亨利·布拉格(William Henry Bragg)和他的儿子——英国曼彻斯特维克托利亚大学的威廉·劳伦斯·布拉格(William Lawrence Bragg),以表彰他们用X射线对晶体结构的分析所做的贡献。而这正是两位科学家运用综合分析思维,不断进行实验求证而获得的成功。

1912年,科学家劳厄关于X射线的论文发表之后不久,就引起了布拉格父子的关注。对于X射线的本性,当时在利兹大学当物理学教授亨利·布拉格早已着手研究,他从1907年起就一直和科学家巴克拉公开争论X射线的本性是粒子性还是波动性。亨利·布拉格主张粒子性,并坚持这一观点。可是劳厄所发现的X射线衍射现象却不可避免地会加重波动性的分量。对此,他感到疑惑。当时,劳伦斯·布拉格刚刚从剑桥大学卡文迪什实验室毕业,留在实验室工作,开始从事科学研究。受父亲的影响,劳伦斯·布拉格对X射线衍射产生了兴趣。

1912年暑期,父子俩在约克郡的海滨度假时,便围绕着劳厄的论文讨论起来。由于亨利·布拉格是X射线的微粒论者，他试图用X射线的微粒理论来解释劳厄的照片，然而他的尝试未能取得成功。劳伦斯·布拉格对此并无成见，他返回剑桥后反复研究，对每一个实验现象都进行认真分析、深入比较之后，终于领悟到这是一种波的衍射效应。不仅如此，他注意到了劳厄对闪锌矿晶体衍射照片所做的定量分析中存在的问题，即按照劳厄确定的五种波长本来应该形成的某些衍射斑实际上并未在照片上出现。经过反复思考，他摆脱了劳厄的特定波长的假设，利用原子面反射的概念，立刻成功地解释了劳厄的实验事实。他以更为简洁的方式清楚地解释了X射线晶体衍射的形成，并且提出了著名的布拉格方程：$n\lambda=2d\sin\theta$，其中，n是一整数，λ是X射线的波长，d是原子面的间距，θ是射线的掠射角。

当时，实验现象的解释分析遇到的困难是如何说明某些斑点的消失。劳伦斯·布拉格提出，衍射斑的强度同时与反射X射线的能量和反射面的有效原子密度这两个因素有关。因此，照片上衍射斑的强度就应该按照对应的反射X射线能量和反射面的有效原子密度的变化形成规则的变化序列。换句话说，衍射斑强度的变化标志着对应的反射线能量和反射面原子密度的变化。对于闪锌矿衍射的情况，他先假设是简单的立方晶体，计算下来发现结果不对，后改为面心立方晶体进行计算，所得结果正好说明了为什么劳厄照片中有些斑点消失了，这样一来，不仅证明了反射面的假设是正确的，而且由此证明了能够用 X 射线来获得晶体结构特性的信息。

劳伦斯·布拉格在首次见到劳厄的论文之后不到四个月，就在 1912 年 11 月 11 日以《晶体对短波长电磁波的衍射》为题向剑桥哲学学会报告了这一研究成果。在剑桥大学化学系威廉·杰克逊·珀普（William Jackson Pope）教授的指点下，劳伦斯·布拉格用结构较为简单的碱金属卤化物做进一步的研究。他拍摄到了这些碱金属卤化物的 X 射线衍射照片，结果表明其衍射图确实比闪锌矿简单。劳伦斯·布拉格就在这一基础上成功地对碱金属卤化物进行了完整的晶体结构分析，这也是分析思维与物理实验相结合的成功。

巧合的是，亨利·布拉格也开始把注意力从研究 X 射线本性转移到研究 X 射线衍射对晶体结构分析的应用。他很奇怪劳伦斯·布拉格在论文中为什么使用的是"短波长电磁波"一词，这其实是因为劳伦斯·布拉格还很难肯定衍射效应究竟是 X 射线造成的还是伴随 X 射线的某种波动造成的，所以有意避免使用"X 射线"一词。亨利·布拉格运用综合思维，一下子就抓住问题的关键，仔细思考之后得出，只要从实验中检查反射线是否还是X射线就可解决，于是他立即在自己的实验台上安置了电离室，看反射线是否和X射线一样具有电离作用。这一简单的检查方法，正是亨利·布拉格长期工作的积累的优势方法。1913年1月，亨利·布拉格用他的电离室得出了肯定的结果，并在这一实验的基础上，该年3月又进一步设计制成一台X射线分光计。他开始利用这台仪器，研究X射线的光谱分布，波长与普朗克常数、辐射体（A为X射线管，B为狭缝系统，C为晶体，D为电离室）及吸收体原子量之间的关系，随即又对X射线衍射做了进一步研究，他用一波长已知的X射线求原子面的间距d，从而确定了晶体的结构。1913年底，布拉格父子两人把晶体结构分析问题总结成了标准的步骤。X射线晶体结构分析形成了一门崭新的分析技术。这时距离X射线衍射的发现还不到两年。

至此，亨利·布拉格和劳伦斯·布拉格在工作中创立了一个极重要和极有意义的科学分支——X射线晶体结构分析。如果说劳厄和他的同事们发现了X射线在晶体中的衍射，从而证明了X射线的波动特性，那么，利用X射线系统探测晶体结构，则应归功于布拉格父子。这项成果受到了科技界极大的关注，他们在成果发表之后的第三年即被授予诺贝尔物理学奖就证明了这一点。劳伦斯·布拉格荣获诺贝尔奖时年仅25岁，他也是历史上最年轻的诺贝尔物理学奖获奖者,真是"自古英雄出少年"。

二、定性分析与定量分析

定性分析,就是判断性的分析,如判断某种因素是否存在、判断某种事物的性质等。例如:我们在上一节中谈到的汤姆逊在发现电子过程中借助于实验确定电子是带负电的微粒,就是一种定性分析。定量分析,就是对事物做数量上的分析。一切事物都是质和量的统一体,事物的质变和量变是紧密联系和相互制约的。因此,对任何事物进行研究,都必须进行定量分析。借助于定量分析,有时能产生新发现。

从物理学发展的历史看,人们对物理学从定性研究转入定量研究是必然的。例如:哥白尼提出"日心说",是人类对宇宙认识的翻天覆地的伟大变革,但是,这个学说仅仅从总体上、从定性的角度看是正确的;从细节上、从定量的角度看,就不能这样说了,因为它还很粗糙,甚至还包含一些错误,如哥白尼认为天体只能以均匀的速度绕太阳做圆周运动,而实际天体的运动并非如此。第谷经过长期的天文观察,积累了丰富的数据,直至开普勒对天体的运动做了定量分析,以精确的数学形式确定了行星运动三定律,才使天文学真正成为一个科学的理论体系。

又如：伽利略是近代物理学的奠基人，他首先接触到了"惯性"这个概念，证明了力是物体运动状态改变的原因而不是物体运动的原因。但是，限于当时的数学发展水平，他还不能像以后的牛顿那样以严格的数学形式把运动定律定量地表达出来。直到后来牛顿发明了微积分这样的数学工具，定量地表述了运动定律，经典力学才得以建立。

再如：法拉第首先以其丰富的想象力提出了"场"的概念，为电磁学奠定了基础。但他对电磁现象的研究基本上是定性的，直到麦克斯韦建立了著名的麦克斯韦方程组以后，才真正建立了精确的、定量的电磁理论，最终建立起宏伟的经典物理大厦。

从哥白尼到开普勒，从伽利略到牛顿，从法拉第到麦克斯韦，都是物理学发展史的里程碑式的人物，说明了从定性分析发展到定量分析对于科学发展的重要性。

三、因果分析与比较分析

我们认识物理现象时，必然会遇到现象之间的错综复杂的关系，即现象之间的相互制约和普遍联系。因果关系就是物理现象之间产生制约和普遍联系的主要表现形式之一。甲现象是乙现象产生的原因，乙现象是甲现象的必然结果，这种情况是普遍存在的。因此，对物理现象进行因果分析是一种重要的分析形式。

通俗一点讲，定性分析解决"是什么"的问题，定量分析解决"有多少"的问题，而因果分析则解决"为什么"的问题。

在物理学发展史中，关于因果关系的分析常常是物理学重大发现的前奏。其中，历史最久、最具有根本意义的因果关系的讨论，要算"力"和"运动"之间的因果关系讨论了。

自古以来，人们根据直觉经验，认为"力是物体产生运动的原因"——物体受力作用就运动，不受力就静止。直到17世纪，伽利略设计了一个理想实验，正确地讨论了"力"和"运动"之间的因果关系。伽利略的因果分析为牛顿的动力学奠定了基础。正如爱因斯坦所说的那样："伽利略的发现以及他所应用的科学推理方法是人类历史上最伟大的成就之一。"

比较分析就是确定研究对象之间的差异性和同一性的思维方法，这里所说的"差异性"和"同一性"不是指表面现象，而是指本质上的"差异性"和"同一性"。黑格尔说过："假如一个人能看出当下显而易见之异，譬如说，能区别一支铅笔和一只骆驼，则我们不会说这个人有什么了不起的聪明；一个人能比较两个近似的东西，如橡树与槐树，或寺院与教堂，而知其相似，我们也不能说他有很强的比较能力。我们所要求的是要能看出异中之同，或同中之异。"物理学研究中的比较分析，就是要在表面差异极大的物理现象间看出它们本质上的共同点；在表面极为相似的物理现象间看出它们本质上的差异点。

运用比较分析，可以对事物进行定性鉴别和定量分析。例如：通过光谱的比较分析，可以测定物质的化学成分和含量。1859年，基尔霍夫首先用这个方法，确认出太阳上含有地球上常见的化学元素。

运用比较分析，还可以揭示出不易直接观察到的运动和变化。例如：恒星在短时间内的运动是不易直接观察到的，因此其长期以来被人们误认为是永恒不动的星体。但是，1718年，哈雷将他在圣赫勒纳岛所做的观测，同一千多年前古希腊天文学家喜帕恰斯与托勒密所做的观测相比较，看到了四个恒星（毕宿五、天狼、大角、参宿四）的位置有明显差异，因而发现了恒星的自行。又如：人们根据海王星轨道的摄动现象，由万有引力推出海王星以外可能还存在一颗行星。但经过几十年的观察，这颗行星一直没有被找到。直到1930年3月13日，才由美国天文学家汤波运用比较分析法发现。汤波首先对天空中可能发现行星的区域进行了缜密的搜索，拍下照片，然后将相隔几天所拍的两张星空照片进行详细比较，结果发现照片上某一个光点的位置有了明显的改变，因而确定了这个光点就是所要找的那颗行星——冥王星。

第三节 分析与综合对学习和运用物理知识的作用

物理学是研究自然界物质运动的基本规律、物质基本结构及物质间相互作用的一门学科，具有严密的理论体系。中学物理课是难学的学科之一。要学好中学物理，必须具有良好的分析与综合思维能力，分析与综合在中学物理教学中也有极为重要的作用。

一、用分析法建立和辨析物理概念

（一）瞬时速度概念的建立

人们为了描述物体运动的快慢，引入了速度的概念。起初，这个概念是比较粗略的——把物体通过的位移与时间的比值称为速度（平均速度）。后来，人们为了精确地描述变速运动物体的运动快慢，需要计算物体在某一时刻或某一位置时的瞬时速度，这时，可以用分析法，把整个运动过程分解为无限多个无限小的时间元，抽取其中一个时间元进行研究，如

图 9-1 所示，$\frac{\Delta s_1}{\Delta t_1}$，$\frac{\Delta s_2}{\Delta t_2}$，$\frac{\Delta s_3}{\Delta t_3}$，……哪个更接近物体经过 A 点时的真实的运动速度？当我们选取的时间元足够小时，就把这段无限小时间内的位移与时间元的比值定义为该时刻的瞬时速度，即 $v = \lim\limits_{\Delta t \to 0} \frac{\Delta s}{\Delta t}$。

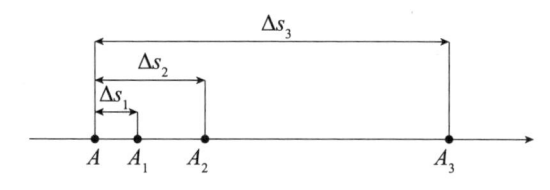

图 9-1　把运动过程分解为时间元

（二）静摩擦力方向的辨析

在一个水平转台上放置一个小物块，当转台水平匀速转动时，物体也随之做匀速圆周运动。试分析物体做匀速圆周运动的向心力。

通过受力分析，学生都知道物体所受重力和支持力在竖直方向上平衡，不可能提供向心力，那么只有静摩擦力提供向心力了，向心力是指向圆心的，所以静摩擦力也必然指向圆心，如图 9-2（1）所示。但是学生心中难免有疑惑，静摩擦力的方向与相对运动趋势的方向相反，物体的速度方向沿切线，摩擦力应该沿该切线的反方向才对啊？我们可以用分析法来研究此疑惑。

设想从位置 A 起,静摩擦力突然消失,则在一个极短时间内,物体会沿切线方向运动到 A',而在同一时间内,物体原来在盘上的位置 A 将沿圆弧运动到 A'',如图 9-2(2)所示。设原来物体的线速度为 v,则 $\overline{AA'}=v\cdot\Delta t$,弧长 $\overset{\frown}{AA''}=v\cdot\Delta t$,当 $\Delta t \to 0$ 时,弦长与弧长相等,所以 $\overline{AA'}=\overset{\frown}{AA''}$,即 $\triangle A'AA''$ 为等腰三角形。当 $\Delta t \to 0$ 时,$\angle A'AA''\approx 0$,$\overline{A'A''}\perp\overline{AA'}$,$\overline{AA'}$ 是切线方向,故 $\overline{A'A''}$ 的方向便是垂直于切线指向圆心的。A' 相对于 A'' 而言是离心的,即物体与圆盘的相对运动趋势方向是离心的,因此,物体受到的静摩擦力方向应与这个相对运动趋势方向相反——是向心的。

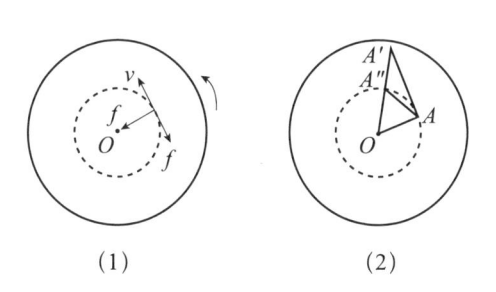

(1)　　　　　　(2)

图 9-2　静摩擦力的方向

(三) 气体压强概念的微观本质

人们认识物理现象,往往先观察到宏观现象,再探索其微观机理。从思想方法的角度看,在探索宏观现象的微观本质时，要用到分析的方法；在研究微观机理的宏观表现时，要用到综合的方法。对气体压强的认识，就是经历了这样的过程。

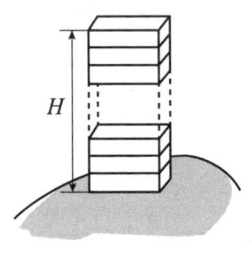

我们生活在地球上，就像生活在包围地球的大气"海洋"深处，大气压可以看成是由大气重量产生的。假设从地面开始作一个高耸入云的空气柱，如图9-3所示，仿佛叠着无数个空气箱子，由这许多的空气箱子的重力产生的压强就是地面上的大气压强。那么，如果在大气中任意取一小瓶空气并把它密封起来，它对器壁的压强也等于大气压强，难道也是由这一小瓶内气体的重力产生的吗？显然这个看法是错误的，要想理解这个问题，必须从气体压强的微观机理上去找原因。

图9-3 空气柱

气体压强产生的根本原因是空气分子对器壁的碰撞。大量气体分子碰撞器壁，在单位面积上形成一个持续的作用力，就像密集的雨滴落在伞面上时手会感到沉重的压力一样，单位面积上的压力就产生了压强。取一个简化的模型，使气体分子像一群弹性小球，一个分子以速度 v 垂直器壁入射后，以同样大小的速度反弹，它受到器壁的冲量大小为 $I=2mv$，器壁也受到同样大小的冲量。单位时间单位面积上器壁所受的总冲量，就是气体对器壁施加的压强，其表达式为 $p = \dfrac{\sum I_i}{\Delta t \Delta S}$。进一步研究可得，气体压强与气体分子数密度 n、气体分子平均动能 $\overline{E_\text{K}}$ 有关，可表示为 $p = \dfrac{2}{3} n \overline{E_\text{K}}$。

在地面附近取一小瓶空气时，瓶中气体与周围大气的温度相同，平均动能就相同，又因为分子数密度也相同，所以它们的压强也相同。

在离开地面不同的高度时，从宏观上讲，其上方的空气柱高度不同，由这些空气柱重力产生的压强自然也不同。从不同高度处取一小瓶空气，微观上它与该处"空气箱"的分子数密度和平均动能相同，因而瓶内气体对器壁的压强也就等于该处的大气压。

从而，大气重力产生的压强（综合效果）与弹性分子碰撞器壁的结果（微观分析），在这里就统一起来了。

二、用分析与综合思维推导物理规律

（一）匀变速直线运动位移公式的推导

在推导匀变速直线运动的位移时间关系时，可以充分利用分析与综合思维。

首先，化整为零、以恒代变。如图9-4所示，这是一个做匀变速直线运动物体的速度图线。把$0\sim t$时间间隔分成n个小段，当n足够大时，即各小段Δt足够小时，在每一小段的时间间隔Δt内，例如第i个小段Δt_i，可将速度近似看成是不变的，其大小等于v_i，于是可采用匀速直线运动的位移公式计算位移，即$\Delta s_i \approx v_i \cdot \Delta t_i$，它在数值上等于图中斜线的窄条矩形的面积。

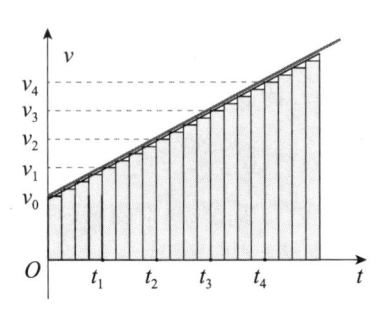

图9-4 匀变速直线运动位移公式的推导

其次，积零为整、再取极限。对每一小段都进行这样的计算后，再把它们全部加起来，就得到$0\sim t$时间内物体位移的近似值，数值上等于图9-4中锯齿形斜边和时间之间的面积。若分段数n增大，各小段时间间隔Δt将随之缩短，近似值就越接近匀变速直线运动物体的实际位移。当$n \to \infty$，即$\Delta t \to 0$时，锯齿形斜边趋近于直线，面积的极限就等于直线与时间轴之间所围的面积,它在竖直上就等于匀变速直线运动物体的位移。

由此可知,在推导过程中,"化整为零、以恒代变"的过程即为分析的过程,"积零为整、再取极限"的过程则为综合的过程,可以说位移公式的推导过程是分析与综合思维相结合的完美范例。

(二) 弹性碰撞规律的推导

如图 9-5 所示,设小球 A、B 在同一直线上做同方向的运动,球 A 的速度大于球 B 的速度,即 $v_1 > v_2$,球 A、球 B 的质量分别为 m_1、m_2。当两球发生弹性碰撞后,速度分别为 $v_1{}'$、$v_2{}'$。

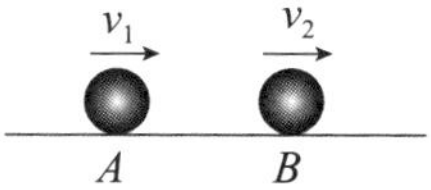

图 9-5 弹性碰撞规律的推导

首先,用综合的方法(即把 A、B 视为一个系统)来研究其规律。因为弹性碰撞前后,系统的动量守恒,动能也守恒。因此,可以列出下列方程:$m_1 v_1 + m_2 v_2 = m_1 v_1{}' + m_2 v_2{}'$ 和 $\frac{1}{2} m_1 v_1{}^2 + \frac{1}{2} m_2 v_2{}^2 = \frac{1}{2} m_1 v_1{}'^2 + \frac{1}{2} m_2 v_2{}'^2$,解得 $v_1{}' = \frac{(m_1 - m_2) v_1 + 2 m_2 v_2}{m_1 + m_2}$ 和 $v_2{}' = \frac{(m_2 - m_1) v_2 + 2 m_1 v_1}{m_1 + m_2}$。是不是到此弹性碰撞规律就清晰了呢?如果有人提出这样的问题:"A、B 两球的总动能在碰撞过程中每时每刻都守恒吗?如果不是,

那么A、B两球的总动能有无极值？是极大值还是极小值？大小是多少？"显然，从上面得到的结果中还不能予以这些问题正确的回答，也说明我们对弹性碰撞的研究还不充分。因此，我们还必须运用分析的方法，把弹性碰撞的全过程（从两球接触到两球分开）分阶段予以研究。

实际上，两球接触以后形变所产生的弹力对球B而言，与速度方向相同，则弹力使其加速，动能增大；对球A而言，弹力与速度方向相反，使其减速，动能减小；只要球A速度仍然大于球B，则两球将继续挤压，形变增加，我们称这个过程为压缩阶段；当A、B两球速度相等的瞬间，压缩阶段结束。此后，球B继续加速，球A继续减速，两球中心距离逐渐增大，形变逐渐恢复，我们称这个过程为恢复阶段，直至两球相互脱离。

值得注意的是，在压缩阶段，因为小球的弹性势能在增大，而系统总机械能守恒，故两球的总动能在减小；在恢复阶段，因为小球的弹性势能在减小，故两球的总动能在增大。所以，在两球接触过程中，总动能不守恒，只是在碰撞前后，总动能守恒，但同时要明确，在任何时刻，总动量是守恒的。

从以上的分析，我们可以知道，在形变最大的时刻，两球具有共同速度v'，因而总动能最小，最小值求解如下：由动量守恒可知，$mv_1+mv_2=(m_1+m_2)v'$，解得 $v'=\dfrac{m_1v_1+m_2v_2}{m_1+m_2}$，所以，系统总动能最小值为：$\dfrac{1}{2}(m_1+m_2)v'^2=\dfrac{(m_1v_1+m_2v_2)^2}{2(m_1+m_2)}$。

从上述讨论过程可以看出，对某些物理规律的研究，只有同时运用分析、综合的方法才能真正弄清楚。

三、应用分析与综合思维理解和指导实验

实验是研究物理的重要手段，当我们设计一个比较复杂的实验时，往往要采用分析与综合的思维方法。

研究平行板电容器的电容变化规律的实验过程如图 9-6 所示，其中甲图，保持 Q 和 d 不变，改变两板的正对面积 S，观察电势差 U 的变化，判断电容 C 的变化；乙图，保持 Q 和 S 不变，改变两板的距离 d，观察电势差 U 的变化，判断电容 C 的变化；丙图，保持 Q、S、d 不变，插入电介质，观察电势差 U 的变化，判断电容 C 的变化。

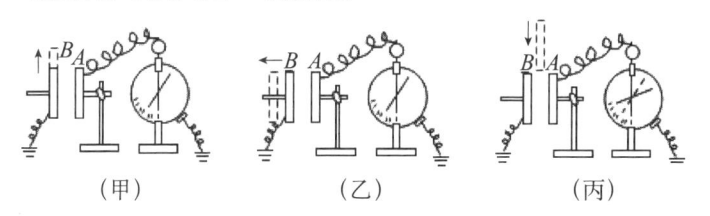

图 9-6 研究平行板电容器的电容变化规律

由于电容的影响因素（板间距 d、极板正对面积 S、极板间介质的相对介电常数 ε_r）较多，在实验中控制极板上的电量 Q 不变，分别改变 S、d、ε_r 对电容的影响，我们称这种实验方法为控制变量法，其实质就是分析法。最后用综合法得出平行板电容器 C 的计算公式为：$C=\dfrac{\varepsilon_r S}{4\pi kd}$。

此种方法在高中物理教学中多处用到，如关于加速度 a 与合外力 F、质量 m 之间的关系的研究；理想气体状态参量压强 p、体积 V、温度 T 之间关系的研究；电磁学中安培力 F 与导线电流 I、导线长度 L、磁感应强度 B 之间关系的研究等，都用到了分析与综合的思维方法。

四、在习题教学中应用分析与综合的思维方法

应用是掌握一种方法的有效途径，只有在不同问题情境中学会应用分析与综合的方法，学生才能真正懂得。习题求解能直接反映学生对概念和规律的理解程度和理能力的高下，在此基础上的分析综合能力能得到最充分的展现。那么教师在这过程中可以有何作为呢？教师在畅游题海的基础上，通过精选典型例题，以及思路清晰、富有启发式的讲解示范，关键处的画龙点睛、一语道破，启发但不灌输，示范而不包办，会对培养

第九章 分析与综合 317

学生的分析综合能力起到重要作用。

如图 9-7 所示,光滑水平轨道上放置长板 A(上表面粗糙)和滑块 C,滑块 B 置于 A 的左端,三者质量分别为 $m_A=2kg$、$m_B=1kg$、$m_C=2kg$。开始时 C 静止,A、B 一起以 $v_0=5m/s$ 的速度匀速向右运动,A 与 C 发生碰撞(时间极短)后,C 向右运动,经过一段时间,A、B 再次达到共同速度一起向右运动,且恰好不再与 C 碰撞。求 A 与 C 发生碰撞后瞬间 A 的速度大小。

图 9-7 动量与动量守恒

说明:多体、多过程动量守恒问题,虽说复杂,但实际上是物体间相互作用问题的组合,而每一个分阶段涉及的过程都是动量问题中的基本模型。因此,运用分析与综合思维,清晰研究对象和物理过程的选择,是问题解决的关键。

解法 1:分析思维,分阶段解析法。

这种方法的基本套路是按照事物发展的先后顺序,一个阶段、一个阶段地处理,在分析过程中要注意不同阶段衔接点的速度——前一阶段的末速度即为下一阶段的初速度。

A、C 碰撞是什么性质的碰撞?在 A、C 碰撞过程中,是否应该将 B 扯进来？而题目中"（A、B 共速时）且恰好不再与 C 碰撞"内涵的挖掘，更是本题答题的关键。只有突破上述问题，并将过程分析清楚，才能够顺利地完成本题。

第一个问题是，A、C 碰撞是一个什么性质的碰撞（是弹性的还是完全非弹性的），题目没做任何明示或者暗示，因此应该做最一般的假设，即两者速度不相同。

第二个问题是，在 A、C 碰撞过程中，是否应该将 B 扯进来？一方面，A、C 碰撞过程时间极短，A、C 间相互作用力远大于 B 给 A 的摩擦力，因此在碰撞这一过程中，A、C 动量守恒；另一方面，由于碰撞时间极短，B 的速度也来不及发生明显改变，即 A、C 碰撞结束时，B 的速度仍为 v_0。

解析：因碰撞时间极短，A 与 C 碰撞过程动量守恒，设碰后瞬间 A 的速度为 v_A，C 的速度为 v_C，由动量守恒定律得：

$$m_A v_0 = m_A v_A + m_C v_C$$

此时 B 的速度是原来的 v_0，而 A 的速度因为与 C 碰撞必然减小了，所以接下来 B 将减速而 A 将加速，直到 A、B 共速，这个过程中 A 一直与 C 碰撞。

A 与 B 在摩擦力作用下达到共同速度，设共同速度为 v_{AB}，由动量守恒定律得：

$$m_A v_A + m_B v_0 = (m_A + m_B) v_{AB}$$

"（A、B共速时）且恰好不再与C碰撞"这句话说明了什么？如果v_{AB}大于v_C，A一定会与C发生第二次碰撞；而$v_{AB} \leqslant v_C$就能保证A不再与C碰撞，因此，"恰好"的含义应该是是指$v_{AB} = v_C$。

A与B达到共同速度后恰好不再与C碰撞，应满足：

$$v_{AB} = v_C$$

三式联立，代入数据，解得：$v_A = 2\text{m/s}$。

解法2：综合思维，全过程系统解析法。

这种方法的思路，是直接分析全过程，将全体对象作为一个整体研究其是否满足动量守恒条件，并直接从全过程的初态到全过程的末态进行分析。

解析：如前分析，"（A、B共速时）且恰好不再与C碰撞"意味着最终A、B的共同速度$v_{AB} = v_C$；而对A、B、C系统而言，水平方向一直不受力，因此系统动量守恒。

设A、B、C三者最终的共同速度为v，则有：

$$(m_A + m_B)v_0 = (m_A + m_B + m_C)v$$

同时，题目要求的是A与C发生碰撞后瞬间A的速度大小，而我们已知了碰撞后C的速度为v，则对A、C碰撞过程用动量守恒，就可以算出A与C发生碰撞后瞬间A的速度大小。

因碰撞时间极短，A与C碰撞过程动量守恒，设碰撞后瞬间A的速度为v_A，C的速度为v_C，由动量守恒定律得：

$$m_A v_0 = m_A v_A + m_C v$$

两式联立，代入数据，解得：$v_A = 2\text{m/s}$。

一般而言，物理复杂问题的求解关键在于对研究对象的确定、物理过程的分析，以及牛顿定律、能量分析和动量分析"三管齐下"。分阶段解析法是按事物发展先后顺序分析，过程清晰，强调的分析思维的应用；全过程系统解析法则不按事物发展先后顺序进行，这种方法在大多数情况下思路要简洁一些，但对综合分析思维能力提出了较高的要求，仔细体会分析与综合思维，对解决复杂物理问题能力大有裨益。

第四节 中学物理中"分析与综合"的教学案例

本节内容主要是通过了解"地心说"和"日心说"两种不同的观点和发展过程，以及开普勒对行星运动的描述，让学生理解人们对行星运动的认识过程是漫长复杂的，是分析与综合方法交替使用的结果，真理是来之不易的；培养学生善于观察、善于思考、善于动手的能力；培养学生在客观事物的基础上通过分析、推理提出科学假设，再经过实验验证正确认识事物本质的批判性思维能力。

一、"地心说"和"日心说"之争

"地心说"的代表人物是托勒密,他的观点是:地球是宇宙的中心,是静止不动的,太阳、月亮以及其他行星都绕地球运动。"地心说"符合人们的直接经验,也符合势力强大的宗教神学关于地球是宇宙中心的认识,因此一度占据了统治地位。

"日心说"的代表人物是哥白尼,他的观点是:太阳是静止不动的,地球和其他行星都绕太阳运动。

(一)"地心说"

古希腊天文学家托勒密在公元2世纪,提出了"地心说"宇宙体系。在这个体系里,地球是静止不动的,地球是宇宙的中心。托勒密按照月亮、水星、金星、太阳、火星、木星、土星、恒星天球(原动天)的顺序,安排了后来以他的名字命名的"地心说"宇宙结构。他用"偏心轮""本轮-均轮"和"等距轮"三种基本运动80多个"轮上轮"巧妙地说明天体的各种运动,与实测数据符合得较好。虽然这只是用以计算天体位置的一个数学方案,但因为同人们的直观经验一致,又迎合宗教教义,所以在之后的1400多年里一直被大家所公认。

（二）"日心说"

15世纪，以波兰天文学家哥白尼为代表的"日心说"学派则认为太阳是静止不动的，地球和其他行星都绕太阳运行。哥白尼在《天体运行论》中提出了以下基本观点：宇宙的中心是太阳，所有的行星都在绕太阳做匀速圆周运动；地球是绕太阳旋转的普通行星，月球是绕地球旋转的卫星，它绕地球做匀速圆周运动，同时跟地球一起绕太阳运动；天穹不转动，地球每天自西向东自转一周，造成天体每天东升西落的现象；与日地距离相比，恒星离地都十分遥远，比日地间的距离大得多。

（三）"科学足迹"解读

"地心说"虽然也能解释行星轨道的运行知识，但过于复杂，"日心说"则大大简化了对行星运动轨道的描述，经过与"地心说"的长期争论，"日心说"最终被人们所接受。但"日心说"存在两大缺陷：一是错误地把太阳当成了宇宙的中心，二是沿用了行星在圆形轨道上做匀速圆周运动的陈旧观念。

"日心说"也经过了进一步完善——天才观察者第谷把天体位置测量的误差由 $10'$ 减少到 $2'$。天体运动的立法者开普勒提出了行星运动椭圆模型，建立了行星运动三大定律。

人类对行星运动规律的认识内容深刻，寓意深远，蕴含大量批判性思考，富有批判性和创新性。现在对推动科技创新的三位科学家——哥白尼、第谷、开普勒的活动过程和思维方法做扼要分析说明。

哥白尼的开放观点并不是孤立的历史事件，把它放在当时社会经济、文化环境中，文艺复兴带来的思想与艺术的繁荣对哥白尼有深刻影响。一方面，艺术的繁荣使哥白尼坚信宇宙和自然是美的，而美的东西一定是简单与和谐的；另一方面，思想的繁荣解脱了束缚人们头脑的枷锁，使"哥白尼的眼光超越了地球"。

而在第谷之前，人们观测天体位置的误差大约是 $10'$，第谷把这个不确定性减小到 $2'$。他的观测结果为哥白尼的学说提供了关键性支持。第谷精于"观察自然"，这强调了实验观察手段在科学研究中的重要作用。

开普勒从相信"行星绕太阳做匀速圆周运动"开始，到对火星轨道"七十余次尝试所得的结果都与第谷的观测数据有至少 $8'$ 的角度偏差"，直至最后他"对第谷数据的精确性深信不疑……这不容忽视的 $8'$ 也许正是因为行星的运动并非匀速圆周运动"，第一次大胆地对"人们长期以来视为真理的观念——天体在做'完美的'匀速圆周运动"表示怀疑。开普勒相信真理而不迷信权威的实事求是的科学态度，是极好的教育素材。

第谷和开普勒是两个风格截然不同的科学家，一个擅长观察，另一个是数学天才，但是谁的作用也不可忽略。第谷从实验观察入手，开普勒再对实验结果进行数学归纳，"把几千个数据归纳成如此简洁的几句话"，科学探索的乐趣与科学方法的魅力可见一斑。

二、开普勒行星运动三大定律

（一）开普勒第一定律（轨道定律）

假设地球绕太阳的运动是一个椭圆运动，如图9-8所示。太阳在焦点上，根据曲线运动的特点，在秋分到冬至再到春分的时间比从春分到夏至再到秋分的时间短，所以秋冬两季比春夏两季要短。

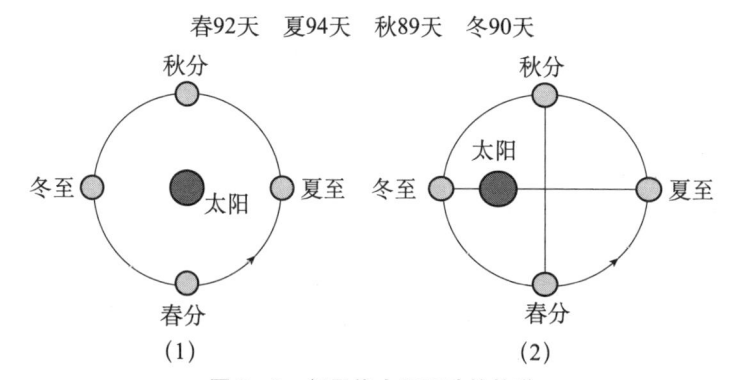

春92天　夏94天　秋89天　冬90天

图9-8　行星绕太阳运动的轨道

开普勒仔细整理了第谷留下的长期观测资料，并进行了详细的分析。为了解释计算结果与第谷的观测数据间的 $8'$ 差异，他摒弃了行星做匀速圆周运动的假设，提出了行星的运动轨道是椭圆的新观点。

由于开普勒把第谷的宏大数据表转化成简单的并可以理解的曲线和规律的体系——开普勒三定律，且与观测资料十分吻合，因此很快得到了天文学家们的公认，而开普勒也得到了"天空的立法者"的光荣称号。

结论：开普勒第一定律（轨道定律），即所有行星绕太阳运动的轨道都是椭圆，太阳处在椭圆的一个焦点上。

如果动手操作，则可用2个图钉、细绳和铅笔在纸上画出椭圆，2个图钉在纸上留下的痕迹叫作椭圆的焦点。椭圆上某点到两个焦点的距离之和与椭圆上另一点到两个焦点的距离之和有什么关系？

可以看出，椭圆上某点到两个焦点的距离之和与椭圆上另一点到两个焦点的距离之和是相等的。所以，椭圆是到两定点的距离之和等于定长的点的轨迹，该两定点就是椭圆的焦点。椭圆是轴对称图形，有两个对称轴，其中长的一条叫作长轴，短的一条叫作短轴，长轴的一半叫作半长轴。当椭圆的两个焦点重合在一起时，椭圆就成了圆。因而，圆可看作椭圆的特例，这时，椭圆的短轴与长轴相等，半长轴就等于圆的半径。

(二) 开普勒第二定律 (面积定律)

内容：对任意一个行星来说，它与太阳的连线在相等时间内扫过相等的面积。

思考：如图 9-9 所示，行星在运动过程中速度如何变化？

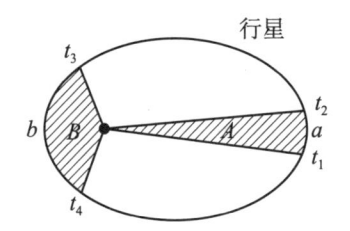

图 9-9 行星运动过程中的速度变化

(三) 开普勒第三定律 (周期定律)

内容：所有行星的椭圆轨道的半长轴的三次方跟公转周期的平方的比值都相等，即 $a^3/T^2=k$。比值 k 是一个与行星无关的常量，只与太阳有关。

推广：一个行星的不同卫星也符合这个运行规律。但不同星球的行星或卫星，k 值不一定相等。

(四) 对开普勒行星运动定律的理解

对于开普勒行星运动定律，我们可以从以下几方面来加以理解：

（1）开普勒第一定律说明了行星的运动轨迹是椭圆，太阳在此椭圆的一个焦点上，而不是位于椭圆的中心。不同的行星位于不同的椭圆轨道上，而不是位于同一椭圆轨道。不同行星的椭圆轨道一般不在同一平面内。

（2）开普勒第二定律说明了行星运动的速率是不断变化的。由于行星与太阳的连线在相等的时间内扫过相等的面积，说明行星在运转过程中离太阳越近，速率越大；离太阳越远，速率越小。也就是说，行星在近日点的速率最大，在远日点的速率最小。

（3）若用 a 代表椭圆轨道的半长轴，T 代表公转周期，开普勒第三定律告诉我们，$\dfrac{a^3}{T^2}=k$，比值 k 是一个与行星无关的常量，仅与中心天体——太阳的质量有关。

（4）开普勒三定律不仅适用于行星绕太阳的运动，也适用于卫星绕地球的运动，更一般地讲，也适用于其他天体绕某一中心天体的运动。当然，对于不同的中心天体，开普勒第三定律中的比例常数 k 是不同的。

（五）行星轨道按圆处理时的规律

由于多数大行星的轨道十分接近圆，因此在中学阶段的研究中可按圆处理。根据开普勒行星运动定律，行星轨道按圆处理时遵循如下规律：

（1）大多数行星绕太阳运动的轨道十分接近圆，太阳处在圆心。

（2）对某一行星来说，它绕太阳做圆周运动的角速度（或线速度）不变，即行星做匀速圆周运动。

（3）所有行星轨道半径的三次方跟它的公转周期的二次方的比值都相等。

例1：关于行星运动的规律，下列说法符合史实的是（　　）。

A. 开普勒在牛顿定律的基础上，导出了行星运动的规律

B. 开普勒在天文观测数据的基础上，总结出了行星运动的规律

C. 开普勒总结出了行星运动的规律，找出了行星按照这些规律运动的原因

D. 开普勒总结出了行星运动的规律，发现了万有引力定律

解析：开普勒在天文观测数据的基础上总结出了天体运动三大定律，找出了行星运动的规律，而牛顿发现了万有引力定律，所以本题选B。

例2：理论和实践证明，开普勒定律不仅适用于太阳系中的天体运动，而且对一切天体（包括卫星绕行星的运动）都适用。下面对于开普勒第三定律的公式$\dfrac{a^3}{T^2}=k$，说法正确的是（　　）。

A. 公式只适用于轨道是椭圆的运动

B. 式中的 k 值，对于所有行星（或卫星）都相等

C. 式中的 k 值，只与中心天体有关，与绕中心天体旋转的行星（或卫星）无关

D. 若已知月球与地球之间的距离，根据公式可求出地球与太阳之间的距离

解析：开普勒天体运动三定律是建立在天文观测数据的基础上的规律总结，公式中的 k 值与环绕的中心星体有关，所以本题选 C。

人类对行星运动规律的认识过程充满着曲折与艰辛，不同时期人们的宇宙观代表着与社会大背景相适应的主流观念和意识。从"地心说"的直接经验开始，到"日心说"的转变，不是简单的参考系的变化，而是人类综合思想的一次重大解放。然而，"地心说"和"日心说"都保留了人们心目中所钟爱的完美图形——圆，这在一定程度上代表了古人的审美观。开普

勒放弃了这一世世代代为人们所信仰的完美图形，继承和总结了第谷的全部观测资料及观测数据，一开始也是以行星绕太阳做匀速圆周运动的模型来思考和计算的，但结果总是与第谷的观测数据有 8′ 的角度误差。开普勒想，行星绕太阳很可能不是匀速圆周运动。在这个大胆的思路下，开普勒又经过四年多的刻苦计算，先后否定了 19 种设想，最后终于计算得出行星是绕太阳运动的，并且运动轨迹为椭圆，证明了哥白尼的"日心说"是正确的，并总结为行星运动三定律（如图 9 - 10 所示）。这是分析与综合思维方法的胜利，也是科学思想的一次超越和胜利，不仅需要严谨的科学态度与科学精神，也需要极大的勇气，激励后来的研究者们更加脚踏实地，认认真真，不放过一丝一毫的疑问，更应具备热爱科学、探索真理的热情及坚强的品质，实现自己的人生价值。

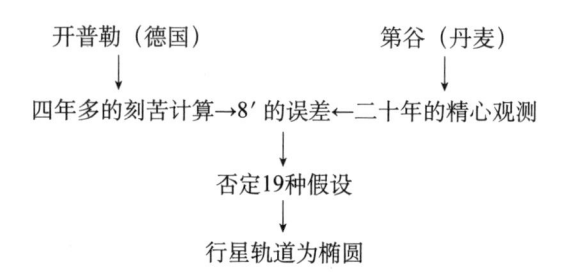

开普勒（德国）　　　　　第谷（丹麦）
　　↓　　　　　　　　　　↓
四年多的刻苦计算→8′ 的误差←二十年的精心观测
　　　　　　　　↓
　　　　　　否定19种假设
　　　　　　　　↓
　　　　　　行星轨道为椭圆

图 9 - 10　开普勒三定律发现的过程

结语

从认识事物的角度来看，分析思维与综合思维是辩证统一的。综合以分析为基础，分析则以综合为先导，而且在一定条件下，分析与综合还可以相互转化。分析思维的实质是通过调查研究，找出事物的内在矛盾，并对矛盾的各个方面进行深入研究，剔除偶然，抽象必然，以把握矛盾的各个方面的特殊性。综合思维与分析思维对立统一，它是从矛盾的特殊性出发，研究这一矛盾如何决定事物呈现的相互联结的整体特性；它能够克服分析法的局限性，揭示事物在分割状态下无法显露出来的属性。分析与综合是批判性思维技能的重要组成部分，从哲学角度来看，分析与综合是"去粗取精、去伪存真、由此及彼、由表及里"的过程，是准确揭示出事物的本质和规律的重要手段，能把粗浅的认识深刻化，把零散的信息系统化，从而有助于抓住问题关键，寻求客观规律，厘清事物本质。

第十章　模型与抽象

> 模，法也。以木曰模，以金曰镕，以土曰型，以竹曰范，皆法也。——《说文解字》
>
> 一切科学的（正确的、郑重的、不是荒唐的）抽象，都更深刻、更正确、更完全地反映着自然。——列宁

物理学研究的是自然界中物质运动最基本、最普遍的规律以及物质的结构和相互作用，而自然界的物质种类繁多，运动错综复杂，相互作用各具特色，每一个实际的问题往往都会涉及许多因素。因此，为了达到对物理事物本质和规律的认识，必须在观察实验的基础上，通过对各种事实和材料的分析、综合等思维过程，结合研究对象和问题的特点，对研究的对象和问题做出简化的描述或模拟，这就是物理模型。以物理概念为

思维材料，依据物理判断和推理来反映客观物理事物的运动规律，达到对事物的本质特征和内在联系的认识过程，这就是物理抽象。

第一节　物理模型与物理抽象解读

物理模型是物理思维的产物，建立物理模型是一种创造性的脑力劳动，是在观察、实验的基础上，在一定的背景理论指导下，充分分析研究对象和问题的特点，分析人们长期积累和在科学实验中取得的大量感性材料，经过一系列的分析、综合、比较、抽象、概括、推理等，从而对研究对象做出一种简化描述的过程。

狭义的物理模型即实物模型。它采用缩小与放大几何尺寸并简化繁杂部件的方式，突出与工作原理紧密相关的部件，制作出与原型在某一方面相似的实体模型，如飞机模型、水轮机模型、内燃机模型、发电机模型、电动机模型等。在物理教学中，可利用相关模型使学生了解其原型的工作原理及特征。广义的物理模型通常分为三类：第一类是实体模型，用来代替由具体物质组成的表征研究对象的实体系统，如质点、点电荷、点光源、单摆、弹簧振子、理想气体、电感器、电容器、理想变压器、薄透镜等；第二类是条件模型，把研究对象所处的外部条件理想化，如光滑水平面、轻杆、轻绳、均匀介质、匀强电场等；第三类是过程模型，是对具体物理过程纯粹化、理想化的抽象，如热学中的等温过程、等容过程、等压过程、绝热过程，力学中的匀速直线运动、匀变速直线运动、斜抛运动、匀速圆周运动和简谐运动等。

物理模型也可分为理想模型和理论模型。理想模型是根据研究对象和问题的特点，撇开、舍弃次要的、非本质的因素，抓住主要的、本质的因素，从而建立的一个易于研究的、能反映研究对象主要特征的新形象。理想模型是科学抽象与概括的结果。理论模型是在观察、实验的基础上，经过物理思维，对某一物理客体和研究对象的结构、相互作用、运动规律等所做的一种简化的描述，这种模型通常是以假说的形式出现的，因此，也可称为物理假说，它能解释某些物理现象和实验事实，指明进一步研究的方向，从某一方面反映研究对象的特征。当然，其正确性要由物理实验来检验，并且随着认识的深入和物理学的发展而不断修正和完善。在物理学研究过程中，有很多这样的模型，如哥白尼的太阳系模型是对天体运行的一种简化的描述；卢瑟福的原子核式结构模型是对原子结构的一种简化描述；德鲁德的自由电子气模型是对金属导电的简化描述；原子核的气体模型、液滴模型、壳层模型、集体运动模型等各从某一方面反映了原子核的特征，同样是对原子核结构的一种简化描述。

一、物理模型的作用

（一）物理模型是物理规律和理论赖以建立的基础

物理学的目的是探索自然界广泛存在的各种最基本的运动形态、物质的结构及其相互作用，为自然界物质的运动、结构及相互作用提供一幅幅绚丽多彩、结构严谨的图画，以便人们认识世界和改造世界。要达到这样的目的，必须得出反映物理现象、物理过程在一定条件下必然发生、发展和变化的规律，揭示物理事物本质属性之间的联系，此即物理规律，并要求在此基础上形成系统的、自洽的、严密的物理理论。而由于自然界物质的复杂性和多样性，如果完全按照物理客体的本来面目进行研究，问题将变得很复杂，很难得出定量的物理规律和系统的物理理论，这就要求我们对其进行抽象，得出反映物理客体本质属性的物理模型。

研究一个物体在地面附近由静止下落的运动，这是物理学中一种非常简单的运动，但就对于这样一种简单的运动，如果不建立质点模型，也会变得无从下手。因为物体下落时，影响物体运动的因素很多——首先是重力，根据万有引力定律，它将随着小球下落过程中与地面距离的改变而变化；其次是物体所受的空气阻力，它与小球的形状、大小和下落速度有关，同时与风速、风向、物体下落中的转动有关。如果要综合考虑这些因素，找出物体下落的定量规律就十分困难。其实，我们可以在分析的基础上，忽略次要因素，将物体抽象为一个理想模型。当物体在地面附近下落时，可认为重力不变；当物体下落的速度不大时，可忽略空气阻力的作用；同时，可不计地球的自转、风速以及物体的形状、大小、物体的转动等因素的影响，这样，该物体的运动就可以看作一个质点在均匀重力场中只受重力作用的一种运动，我们称之为自由落体运动。至此，就可方便地得出物体下落的规律，这一规律可近似地代表实际物体的运动规律。

物理模型是物理思维的产物，是一种理想化的形态，它最明显的特点就是摒弃了原型中影响问题的各种次要因素，抓住了原型中影响问题的主要因素，对研究对象做了极度的简化和纯化的处理，从而使得我们可以通过研究模型来认识原型的各种本质特征及其必然联系，建立物理概念，得出定量的物理规律，形成物理理论。可以说，物理模型是物理规律和物理理论赖以建立的基础。例如：质点模型是万有引力定律、牛顿运动定律等规律及力学理论赖以建立的基础；点电荷模型是库仑定律、洛伦兹力公式等规律以及电磁理论赖以建立的基础；理想气体是气体分子动理论的基础，它能够得出大量与实验事实相符的理论结果；薄透镜、点光源、面光源等是几何光学的基础。当然，一切物理模型都有一定的适用范围和限制，由此，建立的物理规律和物理理论也有其适用范围，不能过分夸大。

（二）利用物理模型可解释物理现象和实验定律

利用物理模型，可得出一些与实验事实相符的理论结果，从而解释物理现象和实验定律。

光电效应是指当光照射到金属上时，有电子从金属中逸出。这种电子称为光电子。实验证明，只有当光的频率大于一定值时，才有光电子发射出来；如果光的频率低于这个值，则不论光的强度多大，照射时间多长，都没有光电子产生。光电子能量只与光的频率有关，而与光的强度无关，光的频率越高，光电子的能量就越大，光的强度只影响光电子的数目，强度增大，光电子的数目就增多。

按照爱因斯坦光的波粒二象性模型，当光照射到金属表面时，能量为 $h\nu$ 的光子被电子吸收。电子将这个能量的一部分用来克服金属表面对它的吸引力做功（逸出功），另一部分就是电子离开金属表面后的动能。这个能量关系可写为 $\frac{1}{2}mv_m^2 = h\upsilon - W_0$，式中，$m$ 是电子的质量，v_m 是电子逸出金属表面后的速度，W_0 是电子逸出金属表面所需要做的功，称为逸出功。如果电子所吸收的光子的能量 $h\upsilon$ 小于 W_0，则电子不能逸出金属表面，因而没有光电子产生。光的频率决定光子的能量，频率越高，能量越大；光的强度只决定光子的数目，光子越多，产生的光电子也越多。

这样就利用爱因斯坦光的波粒二象性模型对光电效应的实验结果做了完美的解释。

（三）利用物理模型可做出科学的预言

对物理事物简化描述的物理模型，不仅能够解释物理现象和实验定律，而且常常能够做出科学的预言，指明进一步研究的方向。

在对热机效率的研究中，人们发现实际热机的效率总是小于可逆卡诺热机的效率，这就启发人们在设计热机时，尽量使其接近于可逆卡诺热机，以提高热机的效率。

在研究固体问题时，常常将实际晶体抽象为没有缺陷的理想晶体，应用量子力学理论对这种理想晶体的计算表明，其强度比实际的金属材料的强度约大 1 000 倍。这个结果启发人们，实际金属材料的强度之所以比理想晶体小得多，一定是因为实际材料中存在缺陷。后来，通过研究，人们发现了金属结构中确实存在缺陷。因此，人们利用晶体生长的方法，得到特别纯的或成分非常确定的、没有缺陷的各种材料的单晶，从而有效地提高了金属材料的硬度。

法国学者布瓦尔得通过不断地对天王星观测后发现，根据不同时间的资料计算出的天王星运行轨道互不相同。德国数学家贝塞尔为解释这一实验事实，利用开普勒行星轨道模型和牛顿引力理论，大胆预言存在一颗新的行星。1946年9月23日，德国天文学家伽勒观测到了这颗行星，即海王星，从而证实了贝塞尔预言的正确性。

二、抽象思维与物理建模

抽象是建立物理模型的基本思维方法，许多物理模型特别是理想模型都是抽象的产物。运用物理抽象思维，对由观察实验所获得的感性材料进行比较、分析、综合、归纳和概括，可以抽象出反映事物主要因素和本质特征的物理模型。任何一个物理客体、物理现象、物理状态或物理过程，都有非常复杂的特征和层次，其构成的因素是很多的，其中有主要特征和起主要作用的因素，也有次要特征和只起次要作用的因素，还有与所研究的问题无关的特征和不起作用的无关因素。在研究这些客体、物理现象、物理状态和物理过程时，需要摒弃无关特征和无关因素，暂时抛开次要特征和次要因素，对客观实体、物理现象、状态和过程进行简化，集中精力对主要特征和主要因素进行研究，经过抽象思维，抓住本质的东西加以概括，建立物理模型。从这里可看出，要能抽象出物理模型，就必须对实际的客体、物理现象、物理状态和物理过程加以简化和纯化，因为物理模型不可能描述客体的一切。正如美国科学家维纳所说："世界的任何实际部分都不能这样简单，以至不用抽象就不能为人们所理解和控制。所谓抽象，就在于用一种结构上相类似，但是又比较简单的模型来取代所研究的世界的那一部分。因而，模型在科学研究的程序中是最为需要的。"

杠杆是一个理想模型，它是从许多生活、生产工具中抽象出来的，利用这一模型，可以简化很多实际问题。人们在改造自然界的过程中，制造出许多实用的机械（机器），如较简单的滑轮、轮轴、抽水唧筒、杆秤、天平、起重机等。这些机械（机器）不论其结构如何，均有一个共同的、本质的特点，即能绕固定轴（或者支点，或者一根假想的轴）转动，我们忽略其他次要因素，抽出这个本质特征，建立起一个理想模型，称为杠杆。杠杆的平衡条件为：使杠杆绕顺时针方向转动的所有力矩之和等于使杠杆绕逆时针方向转动的所有力矩之和，即 $\sum M_{顺} = \sum M_{逆}$。利用这个杠杆模型，既可以研究滑轮、轮轴、杆秤等简单机械问题，也可以研究人体某部分肌肉骨骼的杠杆作用、起重机、一般物体的转动平衡问题，计算质量均匀分布的不规则形状的重心等复杂问题。

观察实验表明：两个静止的带电体之间的作用力（静电力）除与电量及相对位置有关外，还依赖于带电体的大小、形状及电荷的分布情况。要用实验直接确立所有这些因素对静电力的影响是困难的。但是，如果带电体的线度比带电体之间的距离小得多，那么，静电力就基本上只取决于它们的电量及其之间的距离，这时，我们就忽略带电体的大小、形状及电荷分布等次要因素，抽象出带电体的电量及它们之间的距离这些主要因素，将带电体视为只带有电量的一个几何点，此即点电荷。它是库仑定律赖以建立的基础，但要注意，一个带电体能否被看作点电荷，不仅取决于它本身的大小，而且取决于它与其他带电体之间的距离以及讨论问题时所要求的精确程度。

我们知道，各种物体由于有不同的结构，因此其对外来辐射的吸收，以及其本身对外的辐射都不相同。但有一类物体，表面反光很少，能够在任何温度下吸收几乎所有的电磁辐射。那么，我们忽略这一类物体反光这一次要因素，认为其能够吸收全部外来的电磁辐射，这样，就抽象出了绝对黑体这个理想模型。在实践中，一个物体如果涂上一层黑色的散射层，如炭黑或铋黑，它就近似为一个黑体。该物体中的空腔，通过一个小孔与外面相通，这个小孔对于照射到它上面的任何辐射几乎全部吸收。因此，这个带小孔的空腔就是一个比较理想的绝对黑体。

三、物理模型与抽象的显著特征

（一）抽象性和形象性的统一

一般情况下，物理模型的建立过程是一个抽象思维和形象思维相结合的过程，而建立的物理模型本身又是抽象性与形象性的统一体。以原子核液滴模型为例，魏茨泽克和玻尔等人从实验事实出发，总结概括出原子核具有密度分布均匀、不可压缩、核力是短程力的特点，并注意到液滴也正好具有这些特点，故他们把原子核与液滴相类比，提出原子核液滴模型。在这一过程中，既利用了分析、比较、抽象、概括等抽象思维的方法，也利用了类比等形象思维的方法，是抽象思维和形象思维共同作用的过程。而原子核液滴模型本身是用人们熟知的、形象直观的液滴作为模型去认识抽象的、人们肉眼无法直接感觉的原子核，从而达到原型的抽象性与模型的形象性的统一。

质点模型的建立也主要利用了抽象的方法（当然也需要形象思维的参与，需要一定的形象作为依托），而质点模型是用一个没有大小、形状，只具有质量的几何点（具有抽象性）来代替实际的物体（具有形象性），是抽象性与形象性的统一体。

（二）科学性与假定性的统一

物理模型不仅反映了原型的直观形象，反映了原型的主要特征，抓住了影响问题的主要因素，而且以科学知识和实验事实为依据，经过了分析、综合、比较、抽象、概括、推理等一系列严格的逻辑论证，具有一定的科学性。同时，物理模型来源于现实，又高于客观现实，是物理思维的结果，在形成模型的过程中，除要利用分析、综合、抽象等一系列严格的逻辑论证外，还要利用形象思维和直觉思维的方法，发挥创造性的想象力，而任何物理模型都只是对客观实际的一种近似反映，所以又具有一定的假定性，其正确性要靠实验来检验。例如：原子核液滴模型是在实验事实的基础上运用分析、比较、抽象、概括等方法提出的，它能成功地解释核结合能与核子数成正比的实验事实，由外斯塞格于1935年用以导出关于结合能的质量半经验公式，并在1936年被玻尔成功地用以核反应截面的计算，在1939年又由玻尔与惠勒出色地用以解释了核裂变现象，所以具有一定的科学性。同时，这一模型在建立的过程中利用了类比的思维方法，用液滴来比拟原子核。而液滴并非原子核，它不能完全反映原子核的特性，而且这一模型是否正确还有待进一步的实验检验，故又具有一定的假定性。

(三) 适切性与精密性的统一

建立或选择的物理模型只应当包括与研究目的有关的方面，而不是一切方面。对于同一研究客体，由于研究目的不同，物理模型也应有所不同。因此，物理模型是根据具体问题而选定的，具有较大的灵活性。正如钱学森所说："模型就是通过我们对问题现象的分解，利用我们考究得来的机理，吸收一切主要因素，略去一切次要因素所创造出来的一幅图画……是形象化了的自然现象。"因此在一个问题上，我们着重了它本质的一面，制造出一个模型，在另一个问题上，我们着重了它本质的另一面，也可制造出另一完全不同的模型，这两个模型看起来是矛盾的，但这个矛盾通过现象本身的全面性而统一起来。建立什么样的物理模型不是以外貌的相似为依据，而是以研究问题的性质为依据。同一客体，研究问题性质不同，对其建立的物理模型也不同。例如：研究小球的自由下落，小球可视为质点；研究小球的弹性形变，小球可视为弹性体；研究小球的转动，小球可视为刚体。在分析和解决物理问题时，建立和选择恰当的物理模型是十分重要的。

对于同一研究客体的物理模型，精密度可以分成许多等级；对于不同的研究课题，精密度要求不一样，因此精密度必须选择适当。从物理学的发展来看，对于物理模型的建立和选择也是从最简单的模型开始，然后不断地进行补充、修正，以至对同一原型由于精密性要求的不同而先后出现许多不同的模型去逐步逼近原型、提高精密性。在物理学史上，理想气体模型的发展就是一个例证，在19世纪以前，人们基于对气体的研究曾先后总结出了三条实验定律，即波义耳定律、盖·吕萨克定律和查理定律，但这三条定律都是在理想气体的基础上才成立。理想气体是指完全忽略组成粒子本身的体积以及它们之间相互作用的气体，它是一种理想化物理模型，是一切实际气体当压强趋于零时的极限。在实际气体的温度不太低、压强不太大的情况下，可以将其当作理想气体来处理，且偏差很小。但是，自19世纪以来，由于低温、高压技术的发展，在理想气体来处理低温和高压时的实际气体时，理论和实验产生了很大的偏离。这时理想气体所忽略不计的气体分子体积和分子之间的吸引力等次要因素在低温、高压下起了重要作用。为此，1873年，范德瓦尔斯在考虑了气体分子体积和分子之间的吸引力的情况下，对理想气体状态方程做了修正，建立了范德瓦尔斯方程，它比理想气体状态方程更接近于实际情况。1898年出现了狄特里奇方程，在理想气体的基础上引进了引力和体积等因素。1900年出现了伯特洛方程，考虑了温度升高时分子力减小这个因素。1901年，昂尼斯又提出了较完善、较复杂的气体状态方程。据统计，这种不断修正、不断提高精密性的理想气体模型不少于150个。今天我们进一步认识到，由于物质和运动的多样性，任何一种气体在温度、压强有较大变化时都不可能用一种简单模型来精确描述，因此，有必要对简单模型逐步进行修正，使之向客观原型逐渐逼近，以求更真实地认识自然。

第二节 从宏观天体到微观粒子的模型与抽象

纵观物理学史，物理模型与抽象在物理学的产生和发展过程中发挥了重大作用。物理学的发展可以说就是建立物理模型和用新的物理模型代替旧的或不完善的物理模型的过程。物理模型是物理思维的产物，是根据研究问题的需要而塑造的，但这并不表明可以随心所欲，正确的物理模型来源于对实验事实的综合分析，它的形成及适用范围的确定都应以实验事实为依据，并随着新的实验事实的出现被不断修正、完善和发展。

本节我们将依据人们从宏观天体的运动到微观粒子世界的

结构和运动的认识历史，选取几个典型的片段来窥视应用物理模型与抽象思维所取得的成就。

一、太阳系模型的建立

哥白尼之所以反对托勒密体系，提出太阳系模型，原因之一是后者显得更简洁、更完美，符合宇宙的"奇妙的对称"和"美的和谐"。在哥白尼的太阳系模型中，太阳是宇宙的中心，所有的天体（包括地球及当时已知的五颗行星）都绕太阳运转。它们在宇宙中的位置按照离太阳的距离从近到远排列依次是水星、金星、地球、火星、木星、土星，在土星外遥远的天球上是恒星。这一模型是在分析了托勒密体系缺陷的基础上，根据观测资料，受到古代的一些哲学家曾经假定"地球是动的"见解的启发而提出的。哥白尼曾这样写道："于是，从地球运动的假定出发，经过长期的、反复的观测，我终于发现，如果将其他行星的运动同地球运动联系起来考虑，并按每一行星的轨道比例来计算，那么，不仅会得出各种观测现象，而且一切星体轨道天球之大小与顺序以及天穹本身，就全部有机地联系在一起了，以至不能变动任何一部分而不在众星和宇宙中引起混乱。"对于太阳系模型本身，哥白尼这样来描述："中央就是太阳。在这华美的殿堂里，为了能同时照亮一切，我们还能把这个发光体放到更好的位置上吗？太阳堪称宇宙之灯，宇宙之头脑，宇宙之主宰……于是，太阳坐在王位上统率着围绕它旋转的行星家族，地球有一个侍从——月亮。正如亚里士多德在《博物志》中所说，当地球从太阳那里受孕和怀胎，以便每年生育一次的时候，月亮是地球最亲的亲人。"他还认为："……这样，我们就发现在这样有秩序的安排下，宇宙里有一种奇妙的对称性，轨道的大小与运动都有一定的和谐关系，这样的情况是用别的方法达不到的。"运用太阳系模型，哥白尼成功地解释了天体的运动，并编制出行星运行表，得出许多与观测事实相符的结论。

二、原子结构模型的建立

20世纪初，由于化学的发展，电子和放射现象被发现，人们对原子的认识已相当丰富，不再认为原子是一个简单的、不可分割的粒子；而知道电子是质量很小的带负电的粒子，原子呈中性，由电子和质量远大于电子的正电荷组成，处于激发态的原子当向低能态跃迁时发射有规律的线状光谱。据此，人们试图在经典理论的基础上建立原子结构模型。1903年，汤姆逊提出了著名的"葡萄干布丁"模型，即原子的正电荷像一块蛋糕，电子则像一颗颗葡萄干嵌在里面。这一模型在当时有着广泛的影响，但无法说明在纯静电力作用下正负电荷是怎样取得平衡的，正负电荷振动引起的经典电磁辐射也与实际的原子光谱明显不符，更无法解释 α 粒子散射实验中的大角度散射现象。为了解释 α 粒子散射实验中的大角度散射现象，卢瑟福于 1911 年提出了原子有核模型，认为原子里的正电荷及其大部分质量集中在大约 10^{-14} m 的核内，而电子则像众多行星绕太阳那样绕原子核运动。为了支持这一模型，卢瑟福推出了描写这种散射的数学公式，由此计算的结果和实验的数据符合得很好。但卢瑟福原子的核式模型不能解释原子的稳定性和原子的线状光谱这两个实验事实。为了解决这些困难，玻尔在卢瑟福模型的基础上提出了原子结构的玻尔模型，这一模型中有两个著名的假设，即定态假设和频率假设。这两个假设可表示为三点：

(1) 原子只能处于一系列不连续的能量状态，在这些状态中，原子是稳定的，这些状态称为定态。

(2) 原子从一个定态（设能量为 E_2）跃迁到另一个定态（设能量为 E_1）时，需要辐射（或吸收）一定频率的光子，所辐射（或吸收）光子的能量和频率由这两个定态的能量差决定，即 $h\upsilon = E_2 - E_1$。

(3) 原子的不同能量状态对应着电子的不同运动轨道。由于原子的能量状态是不连续的，因此，电子绕核运动的可能轨道也是不连续的，其半径满足条件 $mvr=\dfrac{nh}{2\pi}$，其中，$n=1,2,3,\cdots\cdots$，称为量子数，h 为普朗克常数。这个条件称为轨道量子化条件。

玻尔模型成功地解释了氢原子的线状光谱，解决了原子的稳定性问题，但由于这一模型没有完全脱离经典力学的束缚，是量子观点与经典力学的混合，因此不能很好地解释比较复杂的原子光谱，还需进一步修正和完善。

三、金属导电模型的建立

德鲁德用经典物理学的方法剖析电子的行为，提出了"自由电子气"模型。金属导电的欧姆定律应该能从金属的微观结构和导电机制中得到解释。在一段长为 l，截面积为 s 的导体两端加上电压 U 以后，在导体中建立了电场，电场强度的大小为 $E=U/l$，作用在自由电子上的电场力大小为 $F=Ee$。设电子的质量为 m，根据牛顿第二定律，可得自由电子定向移动加速度 $a=\dfrac{eU}{ml}$。

当金属内不存在电场时，每个电子都做无规则的热运动，从宏观上看，单位时间内通过金属中任一截面的电量为零，因此宏观上不产生电流。当金属内存在电场时，每个自由电子都将在原有热运动的基础上附加一个逆场强方向的定向运动，正是这个定向运动形成电流。这时，每个电子的速度可以分为两个部分——热运动速度和定向运动速度。虽然计算表明定向运动的平均速度比热运动的平均速度小得多，然而在考虑大量电子的运动的宏观效应时，所有电子热运动的平均效果为零，而所有电子的定向运动由于方向相同而造成宏观电流，基于这一结论，我们很容易得出：$I=nesv$，其中，n 为自由电子体密度，e 为电子电量，s 为金属导体横截面积，v 为电子在外电场作用下的平均速率。

当电场存在时，自由电子仍不断与金属骨架碰撞，其运动与无电场时的区别仅在于两次碰撞之间的轨迹不同；当没有电场时，电子每次碰撞后以某一热运动初速度做匀速直线运动直至下次碰撞；当电场存在时，电子在两次碰撞之间做匀加速直线运动，直至下次碰撞，碰撞时，电子受到一个瞬时的冲力，电子热运动速率远大于定向运动速率，这个冲力比作用于电子上的电场力大得多，它破坏了电子运动的有向性。也就是说，电子在碰撞后向各个方向运动的机会相同（与没有电场时一样），其定向运动速度为零。因此，电子在两次碰撞之间的定向运动部分就是一个初速度为零的匀加速直线运动。

设自由电子在两次碰撞之间的平均时间为 t，则第 2 次碰撞前的定向运动速度大小为 $v_t=at$，电子的平均定向速度大小为 $\bar{v}=\dfrac{v_t}{2}=\dfrac{1}{2}at$，把这个结果代入根据经典金属导电模型得到的电流表达式 $I=nes v$，可得：$I=\dfrac{e^2 nst}{2ml}U$。

对于确定的金属导体，在一定的温度下，t 是常数。也就是说，对一段确定的金属导体，$\dfrac{e^2 nst}{2ml}$ 是个常数。因此，我们从上式可以得出结论：导体中的电流，与加在这段导体两端的电压成正比，这正是欧姆定律。这样，我们就从德鲁德经典金属导电模型出发，从微观上对欧姆定律做了解释。

近代物理的实验和理论表明，微观粒子的行为不服从经典力学（牛顿力学）而服从量子力学，因此，正确的金属导电理论只有在量子力学基础上才能建立。

四、光的波粒二象性模型的建立

在 17 世纪后期，关于光的本质有两种对立的看法：一种是以牛顿为首的微粒说，另一种是以惠更斯为首的波动说。

牛顿认为，光是由发光体发出的一种具有弹性的、直线传播的微粒系统，不同颜色的光有不同颜色的微粒，它们在棱镜中的速度各不一样，紫色微粒的速度最小，红色微粒的速度最大。这一模型很成功地解释了光的直线传播、反射、折射等现象，但也存在很大的缺陷。胡克曾经提出这样的问题——如果你给光以微粒这样有形的性质，那么这些微粒在光束相交时为什么不发生碰撞（即光为什么不为光本身所散射），而仍像没有发生任何力学事件一样，照原样继续前进呢？牛顿对此无法解释。

惠更斯类比水波和声波，提出了光的波动模型，又根据光速的有限性，论证了光是从介质（惠更斯所指的介质不是空气，而是一种由坚硬的微粒所组成的以太）的一部分依次向其他部分传播的一种运动，它和声波一样是球面波。惠更斯说："我们对声音在空气中传播所知道的一切，可能帮助我们理解光传播的方式。"他进一步解释："我们知道，声音是借助看不见摸不着的空气向声源周围的整个空间传播的，这是一个空气粒子向下一个空气粒子逐步推进的一种运动。正因为这一运动的传播在各个方向是以相同的速度进行的，所以必定形成球面波，它们向外越传越远，最后到达我们的耳朵。现在，光无疑也是从发光体通过某种传递媒介物体的运动而到达我们的……像声音一样，它也一定是以球面波的形式来传播的；我们把它们称为波，是因为它们类似于我们把石头扔入水中时所看到的水波，我们能看到水波好像在一圈圈逐渐向外传播而去……"

惠更斯在提出光的波动模型之后，又类比水波传播过程中遇到开有小孔的障碍物时发生的现象，提出了惠更斯原理，即任何时刻波面位相相同的点的轨迹上的每一点都可作为次波的波源，各自发出球面次波；在以后的任何时刻，所有这些次波波面的包络面形成整个波在该时刻的新波面。惠更斯用波动理论及惠更斯原理，成功地解释了光的反射、折射、色散、衍射等现象。后来，托马斯·杨成功地设计了双缝干涉实验，为波动说奠定了基础。

作为一个伟大的物理学家，爱因斯坦对美的追求一直伴随着他的科学生涯，光的波粒二象性模型的提出除以物理实验为基础、利用其他物理思维方法、充分发挥想象力外，追求光的理论的统一性和普遍性也起到了重要的作用。

微粒说在解释光的直线传播、光的反射问题上比较直观、简单，而波动说在解释光的色散、衍射、折射问题上十分成功。光究竟是微粒还是波？这形成一对矛盾。另外，按照麦克斯韦电磁理论，光就是一种电磁波，对光来讲，应当把能量看作连续的空间函数，但按照原子理论，对于一个有重物质，能量的分布是点状的、不连续的。这里关于能量的连续与不连续的根本分歧又是一对矛盾。

为了解决这两对矛盾，爱因斯坦应用臻美的方法（追求光的波动性与粒子性的统一，追求光的理论的简单、和谐），大胆提出了光的波粒二象性模型，成功地解释了光电效应的实验事实。

由于类比是从特殊到特殊的思维方法，它只能给人以启示，在任何时候总是包含着某种猜测的成分，因此，由此得出的模型并非总是可靠的，其正确性需由实验检验。例如：惠更斯在提出光具有波动性后，进一步将光和声波作类比，由于没有认识到光波与声波的本质区别，错误地认为光和声波一样都是纵波。这个由类比得出的错误结论，使波动说无法解释只有横波才特有的偏振现象和双折射现象，这也是在18世纪光的波动说被放弃的原因之一。

五、概率波模型的建立

自德布罗意提出微观粒子具有波动性概念后，描述粒子行为的波函数究竟具有何种物理意义，波动性与粒子性如何统一起来等问题立即引起了物理学家的关注。薛定谔认为，电子是一种波，即它是按与波函数平方成正比的方式分布在空间某一体积内。为了解释这一观点，薛定谔提出了一个理想实验：电子被禁锢在两个绝对刚性的壁之间往返运动，电子的波函数在两壁之间形成驻波,利用波函数可说明电子质量的分布并与经典解释对应起来。但这一观点在另一理想实验中遇到了困难。设想一个电子向一负电荷层运动,按经典理论,若电子能量较小,它会因受负电荷层排斥将反射回来;只有当电子能量大到足以克服负电荷层形成的势垒时,它才能穿越并进入负电荷层背后,若电子就是波,入射电子就相当于入射波。根据薛定谔方程的解,无论入射电子能量多大,总会同时存在反射波和透射波。按薛定谔的解释,入射电子一部分被反射,另一部分则透射,但我们观察到的电子均是一个一个完整的电子。因此,后一个实验否定了薛定谔当初的观点。也有观点认为,波是由它所描述的粒子组成的,这一观点被电子衍射实验所否定。玻恩在考察了所有这些理想实验和真实实验的基础上,提出了波函数的统计解释,即波函数在空间中某一点的强度(振幅绝对值的平方)和在该点找到粒子的概率成正比。按照这种解释,描写粒子的波乃是概率波。

第三节 中学物理模型与抽象的分类和特点

前面我们将广义的物理模型分为三类:实体模型,用来代替由具体物质组成的表征研究对象的实体系;状态模型,把研究对象所处的外部状态理想化；过程模型，对具体物理过程纯粹化、理想化的抽象。从中学物理教学视角来看，在物理学研究、物理学习、分析和处理物理问题、进行物理思维时，最关键的是要明确三个方面的问题：第一，要学习和研究的对象是什么？第二，要学习和研究的对象处于什么状态？第三，要学习和研究的对象所处的状态是如何变化的，即物理过程是怎样的？因此，也可以把物理模型分为实体模型、状态模型和过程模型。

一、实体模型

实体模型主要探讨的是"研究的对象是什么"的问题。这种模型建立在客观实体的基础上，是根据所讨论的物理问题的性质和需要把客观实体理想化，其原型是实际的物体，是不依赖于人的主观意志而存在的。根据研究的问题和内容在一定条件下对研究客体进行抽象，从多维的具体图像中抓住最具有本质特征的图像，建立起一个易于研究的、能从主要方面反映研究客体的新图像。

（一）质点物理模型

"质点"模型在中学物理教材中被十分明确地提了出来，它是物理学中最简单、最重要的物理模型之一，是许多物理模型的基础，因此在教学中应给以足够的重视。在"质点"模型的教学中，要讲清引入"质点"模型的目的和必要性，可通过研究物体的运动来引入。首先，要确定物体的位置。因为实际物体都具有一定的形状、大小和内部结构，在运动过程中，物体各点的位置变化一般是各不相同的，所以要详细描述物体的位置及其变化并不是一件简单的事情。其次，通过对实例的分析使学生认识到：在某些情况下，由于物体的形状和大小在所研究的物理现象和物理过程中所起的作用很小，属于次要因素，因此可以忽略不计。这就要引入质点物理模型。再次，给质点下一个定义，并介绍这种建立模型的方法。质点的定义是：用来代替物体的有质量的点。然后，通过实例分析在什么情况下物体的大小、形状属于无关因素和次要因素。如研究地球公转时，地球可视作质点；但研究电子的自旋问题时，虽然电子很小却不可视作质点。要使学生明白，模型的建立一定是与实际具体的问题相联系的。质点概念在物理学中十分重要，这不仅仅因为许多问题中实际物体可视为质点，使问题大大简化，而且任何实际物体即使不能当作质点，也总可以看作许多质点的集合，即质点系，这在以后的物理学习中是很重要的。

（二）刚体物理模型

在一些情况下，物体的体积、形状不可忽略，但体积、形状的变化可忽略,物体就可抽象为刚体。刚体就是由相互间距离始终保持不变的许多质元组成的物体。任何坚硬的实际物体作为一个质点系,在外力作用下,各质点之间的距离都有变化,反映为物体大小、形状或内部各组元相对位置的变化。但在很多情况下,这种变化都很小,对所讨论的问题的影响可以忽略,把它当作刚体可以使问题大大简化。在实际问题中,一个物体是否能看作刚体视具体情况而定。一般而言,固体在通常的作用力下形变很小,在讨论其移动或转动时,可把它看成刚体。如课本中讨论物体的转动和平衡问题时,一般都作刚体处理。但在讨论物体的应变或内部振动时,就不能把它看成刚体。

(三) 理想流体物理模型

在流体力学中,我们研究流体的宏观运动规律。流体很复杂,空气、蒸汽、水、酒精、汽油等都是流体,它们的化学成分各不相同,但都是由做无规则运动的分子组成的,分子之间有间隙,且相互作用,具有不连续的结构等。如果我们按这样复杂的情况来研究流体的运动学和动力学问题,就无从下手,于是,我们就应舍弃一些次要因素。虽然流体实际上是由做无规则运动的分子组成的,分子间有间隙,具有不连续的结构,但是在流体力学的研究范围内,这些都是次要因素。我们可以把流体的微观结构和它们不同的化学成分都舍弃掉，仅仅宏观地把它们看作连成一片的、没有空隙的介质，这样，我们就通过抽象与概括得到了连续介质的模型。基于这样的一种模型，表征介质特性的种种运动要素就可以用空间和时间的连续可微函数来描述，我们可以使问题大大简化而仍能得到接近真实情况的结论。

（四）弹性体与范性体物理模型

物体在外力作用下发生形变，若撤去外力后，形变随即消失并能恢复其原有形状和尺寸的性质叫作弹性，这种可恢复的形变叫作弹性形变，具有这种性质的物体叫作弹性体。如课本中涉及的弹性碰撞的物体、弹簧振子的弹簧等都可视为弹性体。弹性体的弹力产生在直接接触而发生弹性形变的物体之间。弹性体在发生弹性形变时，遵循胡克定律。与弹性体对应的是范性体，它是指材料在外加力作用下超过弹性极限后能继续变形而不断裂，但这时若撤去外力，仍有一部分形变不能恢复，该物体称为范性体。

在物理学中，由于研究对象和所涉及问题的复杂性，因此，把研究对象抽象概括为理想模型的例子还有很多，并且各具特色，如轻质弹簧、弹簧振子、理想气体、绝热物质、绝对黑体、理想热机、点电荷、理想导体、纯电阻、纯电容、纯电感、无限长导线、理想变压器、无限大平行带电板、无限长螺线管、线电流、面电流、点光源、薄透镜、一维线性谐振子等。它们从不同的侧面、不同的角度描述和揭示了在不同的情况下、在不同的问题中实际物体的特征。实际上，物理学中的研究客体，许多都是利用科学抽象和概括的方法建立起来的理想化模型，从某种意义上讲，各种理想模型的出现正是物理学向深度和广度发展的重要标志之一。例如：法拉第依据大量的实验事实和丰富的想象力坚信，电和磁的作用不是没有中介地从一个物体传到另一个物体。他设想，在带电体、磁体和电流周围的空间存在着一种起着传递电力和磁力的媒介作用的"电场"或"磁场"。他进一步类比流体场，对场的物理图像做了直观的描述。法拉第提出，场是由力线组成的，许多力线组成一个力管，它们将相反的电荷和磁极联系起来。力线上任一点的切线方向就是该点场强的方向，力线的疏密程度则表示不同点场强的大小。力管有纵向收缩的趋势和横向扩张的趋势，他以这种力管的机械性质解释了异性相吸和同性相斥的现象。法拉第认为，力线具有物理实在的性质，它是场的表现。他还在一张纸上撒上铁屑，用磁棒在其下面轻轻振动，从铁屑组成的规则曲线上来证明力线和力管的实在性。法拉第关于力线和场的概念，对电磁学和整个物理学的发展产生了深远的影响，他也被劳厄誉为"正确理解电磁现象的带路人"。

二、状态模型

物理学中不但要有实体模型，还要有能在数量上表现实体模型的运动变化，即实体的状态模型。在中学物理中的状态变量有算术量（如体积 V，质量 m，动能 E_K）、代数量（如势能 E_P，温度 T）、几何量（如力 F，速度 v，加速度 a）等。一个状态往往是由几个状态变量的集合来表征的。例如：运动学中的匀速直线运动是由位移、速度、时间三个变量来描述的，这样在匀速直线运动中物体的任一状态，都可以用一组位移、速度、时间表示出来。又如：理想气体状态是用压强 p、体积 V、温度 T 三变量描写的，理想气体的任一状态都对应着确定的一组 p、V、T 的值，一个状态对应着一组状态量。一定质量的理想气体的三个状态变量 p、V、T 满足理想气体的状态方程。再如：电路状态是用电流、电压、电阻来表征的，任一时刻的同一段导体的电流 I、电压 U、电阻 R 满足欧姆定律 $I=U/R$。

状态物理模型是对实体物理模型所处状态的抽象，这使得对物理现象的定量描述有了可能。在中学物理中广泛使用的图像，就是状态模型的一种直观描述，如用状态变量作为坐标轴建立坐标系，这时坐标系内一个点代表了一个状态，一个个物理状态就可在坐标系内连成直线或曲线，这就是物体状态的变化过程。

三、过程模型

自然界是由物质组成的，物质的运动是绝对的，但运动的形式多种多样，我们为了研究物质各种复杂的运动形式，得出定量的运动规律，必须根据研究问题的内容和性质，在一定条件下对具体的运动过程及限制这些过程的条件进行抽象，形成理想化的过程。例如：热学中的等温过程、等压过程、等容过程、绝热过程等实际上并不存在的，它们都是在忽略次要因素、抓住本质因素的基础上抽象出来的理想化的物理过程模型。又如：力学中的匀速直线运动、匀变速直线运动、自由落体运动、平抛运动、斜抛运动、匀速圆周运动等也都是在忽略空气阻力和其他外界因素的影响而抽象出来的物理过程模型，而大多数的物理规律和物理公式都是在过程模型上建立起来的，用以表征物理过程的变化规律。

（一）碰撞过程模型

在物理学中，我们把运动物体相遇时由于相互作用在很短时间内运动状态发生急剧变化的过程叫作碰撞。碰撞过程可用图 10-1 表示，其中，Ⅰ—Ⅱ为碰撞前两物体相互接近阶段；

Ⅱ为碰前状态，即两物体处在要碰还没碰、没碰就要碰的状态；Ⅱ—Ⅳ为压缩阶段，自物体相互接触开始至两物体具有相同速度（即发生最大形变时）为止。这一压缩阶段结束后，由于组成物体的材料不同，有的形变不再恢复则出现相撞物体连在一起，以同一速度运动的情况，这就是完全非弹性碰撞的过程模型。如果相撞物体是弹性体，碰撞将进入下一阶段，即碰撞过程的恢复阶段，即Ⅳ—Ⅵ阶段：当两物体的形变达到最大后（Ⅳ阶段），碰撞物体在弹性力的作用下，开始恢复原来的形状，直至完全分开（Ⅵ阶段）。如果是完全弹性体，那么在压缩阶段转化为弹性势能的动能，在这一阶段（恢复阶段）中将又会全部转变为动能，这就是完全弹性碰撞的过程模型。

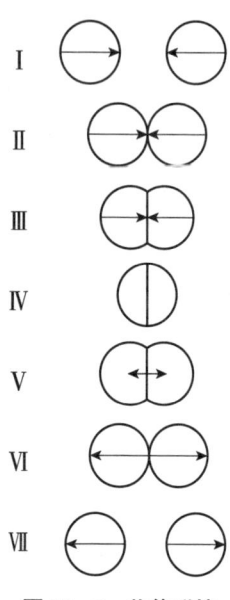

图 10-1 物体碰撞过程

实际物体间的碰撞，都是介于完全弹性碰撞和完全非弹性碰撞之间。因此，完全弹性碰撞和完全非弹性碰撞都是碰撞中的理想过程模型。玻璃、优质钢、象牙等材料制成的小球碰撞前后总动能的变化很小，可以近似看作完全弹性碰撞。一些范性体的碰撞可看作完全非弹性碰撞。

(二) 准静态过程模型

一个带活塞的密闭容器，里面贮有气体，气体与外界处于平衡态（设外界温度为 T_0，并保持不变），气体的状态用 p_0、V_0、T_0 表示。若将活塞上提，则气体体积膨胀，原来的平衡态遭到破坏，在此过程中，气体系统时刻处于非平衡态。但如果我们按这样的实际情况进行研究，就很难得出定量的结果。实际上，在一般情况下内燃机内气体进行的循环过程中，气缸内活塞运动的速度约为 10m/s，而气缸内气体压强趋于均匀的过程约为 300m/s，即一个平衡态被破坏到建立下一个平衡态所需时间远小于外界作用引起系统状态改变所需时间 Δt，故可以认为活塞的运动足够缓慢，因此可认为在过程进行的每一瞬间，气体系统都处于平衡态，我们将这个过程称为准静态过程。自然界中的许多过程，如自然干燥过程、风化过程、酿造等长期陈化过程，由于过程进行得很慢，都可近似视为准静态过程。由于在准静态过程中，系统所经历的每一个状态都是平衡态，于是，描写系统性质的状态参量都具有完全确定的值，每个这样的过程原则上都可以用 P-V 图上一条平滑的过程曲线来表征，这样就使得问题大大简化。在经典热力学中，我们所研究的过程许多都是准静态过程，它是用热力学方法解决实际问题的基础。

四、理想实验

理想实验也叫臆想实验或假想实验，是人们在真实实验的基础上，在理想或极端条件下，充分发挥想象力，利用逻辑推理且辅助以形象变换的思维过程。它是源于自身经验而又超出自身经验的一种高级思维活动，它以实践为基础，是物理学工作者在科学实践的基础上，对实际研究过程中出现的问题进行辩证的、深入的、十分抽象的思维。根据理想实验的结果，对某种看法或断言做出检验或评判，有时还能得出一些新的物理规律，而不必顾虑技术上的困难。爱因斯坦指出，理想实验是一种"思考实验"，是虚构的、不能实现的实验。理想实验的一般做法是：首先，提出需要研究或评判的课题；其次，设计出不必考虑任何技术困难，实际上往往无法实现的实验（起码当时无法实现）；最后，充分发挥想象力，并运用逻辑推理得出结论。

理想实验是物理学一种很重要的思维方法，它在发现原有理论的错误和局限以及建立新的理论等方面都起着重要的作用，也是物理学家的一种有力的辩论和反驳的方法，还可能对相关的新兴学科的创立及其发展发挥主要的作用。

（一）伽利略理想斜面实验

牛顿第一定律是理想实验的一个重要结论。如图 10-2 所示，假设 AB、CD 是光滑的、无阻力的理想斜面，当小球从高为 h 的光滑斜面 AB 上滚下，滚到对面一个光滑斜面 CD 上时，不论斜面 CD 的坡度如何，它总会滚到相同的高度 h 上。如果斜面 CD 的坡度越来越小，则小球将越滚越远。伽利略由此推出：当这一光滑斜面 CD 放至水平位置并无限远伸时，小球将永远不能达到 h 这一高度，它将以到达斜面 AB 底端的速度一直沿平面无止境地运动下去。这个实验是一个理想实验，因为无法将摩擦完全消除。但是，伽利略由此而得到的结论，却打破了自亚里士多德以来一千多年间关于受力运动的物体当外力停止作用时便归于静止的观念，为近代力学的建立奠定了基础，后来该结论被牛顿总结为第一运动定律。

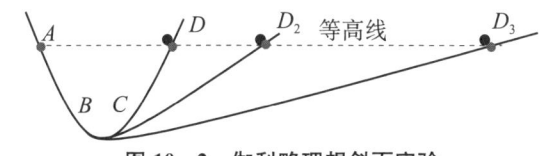

图 10-2 伽利略理想斜面实验

（二）卡诺循环

在热学研究中，按卡诺循环运行的卡诺热机的工作过程，就是一种理想实验。为了研究热机的效率，首先要研究热机中的热力学过程,但是,热机中所发生的热力学过程是十分复杂的,而且受内部和外部许多因素的影响,为了研究热机的效率,卡诺对热机中所发生的热力学过程进行抽象,设计了一台理想的热机,这台热机中所进行的热力学过程是一种理想的过程——卡诺循环。他在这个理想实验的基础上,得出了卡诺定律。

在建立理想模型和理想过程时,必须以事实为依据,考虑所研究问题的精确度,通过分析、综合、比较等思维过程,抓住影响该过程的主要因素和主要矛盾,合理舍弃次要因素和次要矛盾,正确抽取研究对象和过程的本质特征,并将一类研究对象和过程的共同本质特征概括起来。只有这样,才能得出切合实际的、有助于物理问题解决的理想模型和理想过程。另外,一切理想模型和理想过程都有一定的适用条件和限制,不能随意夸大,一个过程是否可认为是某个理想过程,要视具体情况而定。

研究理想模型和理想过程,一方面具有现实意义,因为在一定范围内,在误差要求允许的条件下,可以把许多实际物体和过程看作某个理想模型和理想过程来处理。物理学中的规律,大部分是一定的理想模型在一定的理想过程中所遵循的规律,理想模型和理想过程是物理规律和物理理论赖以建立的基础。另一方面,它是一种重要的科学研究方法。把复杂的、具体的物体或过程，用简化的模型或过程来代替，可以突出主要因素，简化问题，便于研究它的主要性质，便于找出其中的主要规律，解决了主要矛盾之后，再考虑次要矛盾，进行修改，从而逐步解决实际问题。但要注意，某一理想模型和理想过程是针对某一范围内的具体问题而言的，它们有一定的适用范围和局限性，对此，我们必须有清醒的认识。如果我们不考虑理想模型和理想过程的适用范围而随意使用，那么，就会出现错误的结果。例如：把经典振动的理想模型强加给固体时，狄拜理论与实验不符；用经典振动概念解决光的散射问题时，也只能得到局部的成功；用理想气体模型解释粘滞系数与温度的关系时，与实际产生了偏差等。

第四节　中学物理中"模型与抽象"的教学案例

无论是物理学研究还是物理的学习，物理模型都是很重要的，在《普通高中物理课程标准（2017年版）》中，"模型构建"是出现频率最高的热点词语，新课标关于学科核心素养四个维度之一的"科学思维"中有这样的表述："科学思维主要包括模型构建、科学推理、科学论证、质疑创新等要素。"新课标在课程内容、学业质量标准、实施建议等部分反复明确模型构建的要求。例如：在"机械运动与物理模型"章节中，要求通过质点模型、宇宙大爆炸理论模型和物质微观结构模型的案例体会物理模型在物理学研究中的意义。在有关核心素养的水平划分中，五个不同阶梯的水平对构建物理模型提出由低级到高级的明确标准：知道物理学的研究需要建构模型；知道常见的物理模型；能使用简单的物理模型解决问题，能判断现实物体和理想模型的异同；能根据解决问题的需要建构物理模型；能根据解决问题的需要建构恰当的物理模型。

纵观近年来高考命题，对构建物理模型的考查已体现出较高的要求，有一部分高考题的命题是将实际问题进行抽象，呈现在考生面前的是一抽象模型，而解题过程往往要将抽象模型还原（化归）为直观模型（或基本模型）；也有一部分高考题的命题呈现在考生面前的是实际问题，解题过程中又需要将实际情景抽象成理想化模型。本节将以若干高考试题为例，谈谈物理模型的抽象、还原与等效。

一、实际模型的抽象

（一）跳水——竖直上抛模型

例 1：一跳水运动员从离水面 10m 高的平台上跃起，举双臂直体离开台面。此时其重心位于手到脚全长的中点。跃起后重心升高 0.45m 达到最高点。落水时身体竖直，手先入水（此过程中运动员水平方向的运动可忽略不计）。从离开跳台到手触水面，他可用于完成空中动作的时间是 _____ s。（计算时，可以把运动员看作全部质量集中在重心的一个质点。g 取 $10m/s^2$，保留两位有效数字）。（1999 年全国高考题）

模型分析：跳水比赛是人们很熟悉的一个体育项目，如何把这一实际模型抽象为理想物理模型呢？有如下三个要点：(1) 不计人的大小（视为质点）；(2) 不计空气阻力，只受重力；(3) 忽略水平运动，人（质点）具有竖直向上的初速度。因此，这是一竖直上抛问题。抽象模型如下：在图 10-3 中，从高出地面 H 的 A 点以 v_0 竖直向上抛出一物体，上升到最高点 B 后返回，最后落到地面上的 C 点。求物体从抛出到落地的时间。

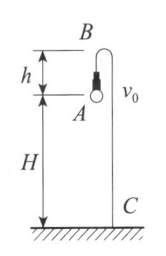

图 10-3 跳水——竖直上抛模型

求解列式的过程模型有两种：一是分阶段求解。A 至 B 为匀减速运动，解得 $t_1=\sqrt{\dfrac{2h}{g}}$，B 至 C 为自由落体运动，解得 $t_2=\sqrt{\dfrac{2(H+h)}{g}}$，$t=t_1+t_2$。（也可以分为三个阶段：$A$ 至 B

匀减速运动，B 至 A 自由落体运动，A 至 C 竖直下抛运动）。二是全过程求解。一次性应用匀变速运动公式，即 $-H=v_0t-\frac{1}{2}gt^2$，其中 $v_0=\sqrt{2gh}$。

本试题的解答关键是建立物理模型。将实际的跳水问题抽象为竖直上抛运动这一理想化模型。在建立物理方程时，过程的选择灵活性较大，给考生的思维留下活动空间。

(二) 心脏搏动——气缸模型

例 2：人的心脏每跳一次大约输送 80ml 的血液，正常人血压（可看作心脏压送血液的压强）的平均值约为 15kPa，心跳约每分钟 70 次，据此估测心脏工作的平均功率。（1998 年上海高考题）

模型分析：这道题以人的生理知识为背景，通过抽象建立物理模型，然后进行计算。心脏推动血液的物理模型如图 10-4 所示，一容积为 V_0 的密闭气缸，内有压强为 p_0 的气体，现向左匀速推动活塞，经过时间 t，气体全部被排出气缸。求推力做的功和功率。

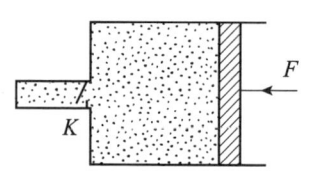

图 10-4 心脏搏动——气缸模型

设活塞横截面积为 S，气缸长度为 l_0，则 $V_0=Sl_0$，因活塞匀速运动，$F=p_0S$，推力做功为 $W=Fl_0=p_0Sl_0=p_0V_0$，推力的功率为 $P=W/t=p_0V_0/t$。

在本题中，心脏的搏动相当于上述模型中的活塞的往复运动，由于搏动，血液由心脏压入血管。由 $p_0=15\text{kPa}$，$V_0=80\text{ml}$，$t=60/70\text{s}$，代入上式得 $P=1.4\text{W}$。

(三) 抽拉桌布——重叠体模型

例 3：一小圆盘静止在桌布上，位于一方桌的水平桌面的中央。桌布的一边与桌的 AB 边重合，如图 10-5 所示。已知盘与桌布间的动摩擦因数为 μ_1，盘与桌面间的动摩擦因数为 μ_2。现突然以恒定加速度 a 将桌布抽离桌面，加速度方向是水平的且垂直于 AB 边。若圆盘最后未从桌面掉下，则加速度 a 满足的条件是什么？（以 g 表示重力加速度）。(2004 年全国高考题)

模型分析：本题中涉及两个物体的运动：一是桌布，二是小圆盘，求解的关键是要建立两个物体的运动模型，我们可以用图 10-6 所示的 v-t 图来表达。OA 代表桌布作初速度为零的匀加速直线运动，OBC 代表小圆盘先做初速度为零的匀加速运动，后做末速度为零的匀减速运动。

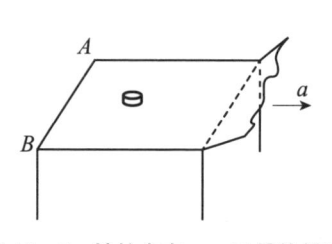

图 10-5　抽拉桌布——重叠体模型　　　　**图 10-6　v-t 图**

设圆盘的质量为 m，桌长为 l，在桌布从圆盘上抽出的过程中，盘的加速度为 a_1，有 $\mu_1 mg = ma_1$。

桌布抽出后，盘在桌面上做匀减速运动，以 a_2 表示加速度的大小，有 $\mu_2 mg = ma_2$。

设盘刚离开桌布时的速度为 v_1，移动的距离为 x_1，离开桌布后在桌面上再运动距离 x_2 后便停下，有 $v_1^2 = 2a_1 x_1$，$v_2^2 = 2a_2 x_2$。

圆盘没有从桌面上掉下的条件是 $x_2 \leqslant \dfrac{1}{2}l - x_1$。

设桌布从盘下抽出所经历时间为 t，在这段时间内桌布移动的距离为 x，有 $x = \dfrac{1}{2}at$，$x_1 = \dfrac{1}{2}a_1 t^2$，而 $x = \dfrac{1}{2}l + x_1$，由以上各式解得 $a \geqslant \dfrac{\mu_1 + 2\mu_2}{\mu_2}\mu_1 g$。

（四）实际电磁感应模型的抽象

例 4：电磁缓冲器是应用于车辆上以提高运行安全性的

辅助制动装置，其工作原理是利用电磁阻尼作用减缓车辆的速度。电磁阻尼作用可以借助如下模型讨论：如图 10-7 所示，将形状相同的两根平行且足够长的铝条固定在光滑斜面上，斜面与水平方向夹角为 θ。一质量为 m 的条形磁铁滑入两铝条间，恰好匀速穿过，穿过时磁铁两端面与两铝条的间距始终保持恒定，其引起的电磁感应的效果与磁铁不动、铝条相对磁铁运动的效果相同。磁铁端面是边长为 d 的正方形，由于磁铁距离铝条很近，磁铁端面正对两铝条区域的磁场均可视为匀强磁场，磁感应强度为 B，铝条的高度大于 d，电阻率为 ρ，为研究问题方便，铝条中只考虑与磁铁正对部分的电阻和磁场，其他部分电阻和磁场可忽略不计，假设磁铁进入铝条间以后，减少的机械能完全转化为铝条的内能，重力加速度为 g。（1）求铝

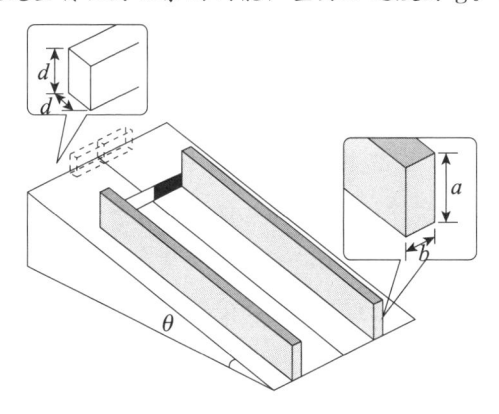

图 10-7　电磁阻尼作用模型

条中与磁铁正对部分的电流 I;(2)若两铝条的宽度均为 b,推导磁铁匀速穿过铝条间时速度 v 的表达式。(2016年天津高考题)

模型分析:本题中有两个研究对象,一是沿斜面匀速下滑的磁铁,二是固定在斜面上的两根实心的铝条。对于磁铁的匀速运动,重力沿斜面方向的分力与磁场力(安培力)平衡,很简单。而关于磁场力的产生和进一步讨论涉及的模型的构建则非常困难。

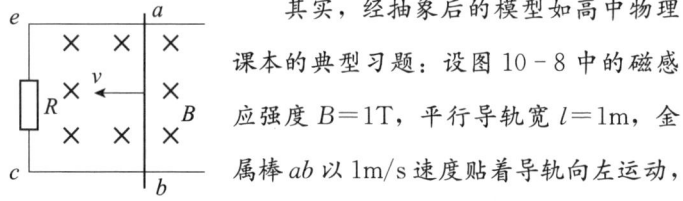

图 10-8 抽象后的电磁感应模型

其实,经抽象后的模型如高中物理课本的典型习题:设图 10-8 中的磁感应强度 $B=1$T,平行导轨宽 $l=1$m,金属棒 ab 以 1m/s 速度贴着导轨向左运动,$R=1\Omega$,其他电阻不计,求通过 R 的电流。

在本题中,与 ab 棒对应的如图 10-9 中的柱体 $a_1a_2a_3a_4$—$b_1b_2b_3b_4$(以下简称柱体),此柱体为铝条与磁铁正对的部分,由题中的信息,磁铁端面正对铝条区域的磁场视为匀强磁场,其他部分磁场及电阻均忽略,柱体与磁铁发生相对运动,切割磁感线产生感应电动势,相当于电源,$E=Bdv$,此处 v 为柱体相对于磁铁的速度,柱体的电阻(电源内阻)$r=\rho\dfrac{d}{db}$,在本题情景设置中，铝条的其他部分为外电路，充当连接的作用，且不计电阻，即 $R=0$。闭合电路中的电流为 $I=\dfrac{E}{r}$，柱体受到的安培力为 $F=BId$。

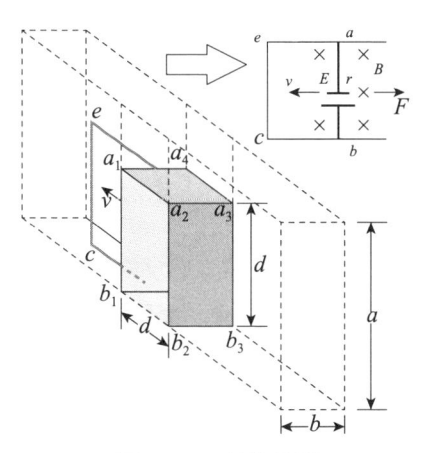

图 10-9 柱体模型

对磁铁，由平衡条件有：$mg\sin\theta-2F'=0$，式中 F' 为 F 的反作用力，由牛顿第三定律，$F'=F$，式中的 2 是考虑到磁铁有两个端面。

解以上各式可得：$I=\dfrac{mg\sin\theta}{2Bd}$，$v=\dfrac{\rho mg\sin\theta}{2B^2d^2b}$。

(五) 微观带电粒子的电磁力、动量和能量模型

例 5：(1) 动量定理可以表示为 $\Delta p=F\Delta t$，其中动量 p

和力 F 都是矢量。在运用动量定理处理二维问题时，可以在相互垂直的 x、y 两个方向上分别研究。例如：质量为 m 的小球斜射到木板上，入射的角度是 θ，碰撞后弹出的角度也是 θ，碰撞前后的速度大小都是 v，如图 10-10 所示。碰撞过程中忽略小球所受重力。

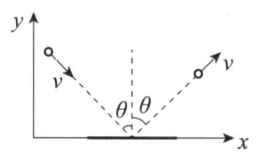

图 10-10 小球碰撞的动量变化

1) 分别求出碰撞前后 x、y 方向小球的动量变化 Δp_x、Δp_y。

2) 分析说明小球对木板的作用力的方向。

（2）激光束可以看作粒子流，其中的粒子以相同的动量沿光传播方向运动。激光照射到物体上，在发生反射、折射和吸收现象的同时，会对物体产生作用。光镊效应就是一个实例，激光束可以像镊子一样抓住细胞等微小颗粒。

一束激光经 S 点后被分成若干细光束，若不考虑光的反射和吸收，其中光束①和②穿过介质小球的光路如图 10-11 所示，图中 O 点是介质小球的球心，入射时光束①和②与 SO 的夹角均为 θ，出射时光束均与 SO 平行。请在下面两种情况下，分析说明两光束因折射对

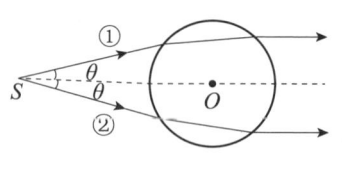

图 10-11 光束折射对小球产生的合力

小球产生的合力的方向。

1) 光束①和②强度相同。

2) 光束①比②强度大。（2016年北京高考题）

模型分析： 本题是以第一问的宏观物理模型作为进一步求解第二问微观模型的基础，要求考生现学现用，要求很高。

（1）在沿 x 轴方向上，动量变化为 $\Delta p_x = mv\sin\theta - mv\sin\theta = 0$；在沿 y 轴方向上，动量变化为 $\Delta p_y = mv\cos\theta - (-mv\cos\theta) = 2mv\cos\theta$。

根据动量定理可知，木板对小球作用力的方向为沿 y 轴正方向，根据牛顿第三定律可知，小球对木板作用力的方向为沿 y 轴负方向。

（2）仅考虑光的折射，设 Δt 时间内每束光穿过小球的粒子数为 n，每个粒子动量的大小为 p。这些粒子进入小球前的总动量为 $p_1 = 2np\cos\theta$，从小球出射时的总动量为 $p_2 = 2np$，p_1、p_2 的方向均沿 SO 向右，根据动量定理可得 $F\Delta t = p_2 - p_1 = 2np(1-\cos\theta) > 0$。

可知，小球对这些粒子的作用力 F 的方向沿 SO 向右，根据牛顿第三定律，两光束对小球的合力的方向沿 SO 向左。

建立如图 10-12 所示的 xOy 直角坐标系。

x 方向：根据上文同理可知，两光束对小球的作用力沿 x

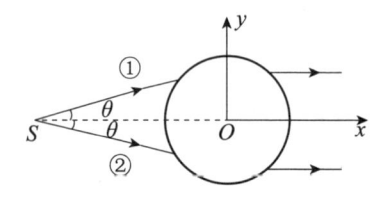

图 10 - 12 xOy 直角坐标系

轴负方向。

y 方向：设 Δt 时间内，光束①穿过小球的粒子数为 n_1，光束②穿过小球的粒子数为 n_2，$n_1 > n_2$。

这些粒子进入小球前的总动量为 $p_{1y} = (n_1 - n_2)p\sin\theta$，从小球出射时的总动量为 $p_{2y} = 0$，根据动量定理可得：$F_y \Delta t = p_{2y} - p_{1y} = -(n_1 - n_2)p\sin\theta$，可知，小球对这些粒子的作用力 F_y 的方向为沿 y 轴负方向，根据牛顿第三定律，两光束对小球的作用力的方向为沿 y 轴正方向，所以两光束对小球的合力的方向指向左上方。

二、抽象模型的还原

(一) 抽象的乒乓球弹跳模型

例 6：一个质量为 m、带有电荷 $-q$ 的小物体，可在水平轨道 Ox 上运动，O 端有一与轨道垂直的固定墙。轨道处于匀强电场中，场强大小为 E，方向沿 Ox 轴正向，如图 10-13 所示。小物体以初速 v_0 从 x_0 点沿 Ox 轨道运动，运动时受到大小不变的摩擦力 f 作用，且 $f<qE$。设小物体与墙碰撞时不损失机械能，且电量保持不变，求它在停止运动前所通过的总路程 s。（1989 年全国高考题）

模型分析：本题的原模型即为"有阻力的乒乓球弹跳"问题。如图 10-14 所示，一质量为 m 的乒乓球在距离地面高度为 H 处以初速度 v_0 竖直向上抛出，运动中空气阻力大小恒为 f，球与地面的碰撞没有机械能损失，试计算乒乓球从开始到停止运动所通过的总路程 s。这一问题的求解方法有多种，在过程的选取上可以是分段处理，也可以是整体过程处理。在物理规律的选择上可以运用牛顿定律和运动学公式，也可以运用动量定理和动能定理，还也可以运用能量守恒定律。当然，最佳的选择是整体过程运用能量守恒定律就能一步求出，即 $mgH+\dfrac{1}{2}mv_0^2=fs$。

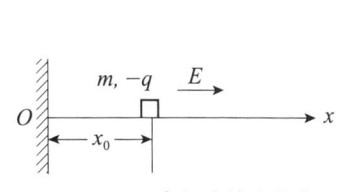

图 10-13 电场中的小物体   **图 10-14** 乒乓球弹跳模型

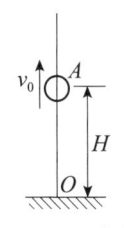

我们可将高考题与原模型"有阻力的乒乓球弹跳"做这样的对比：将图 10-13 逆时针转动 90°，这里电场力 qE 与原模型中的重力对应；带电物块和地面间的摩擦力 f 与原模型中的空气阻力 f 对应；墙壁与原模型中的地面相对应，最终物体停在墙壁处对应原模型中物体停在地面处（这是本题的一个难点）。

本道高考题的物理方程为 $qx_0E+\frac{1}{2}mv_0^2=fs$。

可以肯定地说，对以上"有阻力的乒乓球弹跳"问题，学生是能比较好地解决的，但是对变形后的这道高考题，考生的适应却很差。因此，如何将抽象模型转化为直观模型，这是模型构建教学中的一个重要课题。

（二）抽象的子弹打木块模型

例 7：在光滑的水平面上有两个半径都是 r 的小球 A 和 B，质量分别为 m 和 $2m$，当两球心间的距离大于 l（l 比 $2r$ 大得多）时，两球之间无相互作用力，当两球心间的距离等于或小于 l 时，两球间存在相互作用的恒定斥力 F，设 A 球从远离 B 球处以速度 v_0 沿两球连线向原来静止的 B 球运动，如图 10-15 所示。欲使两球不发生接触，v_0 必须满足什么条件？

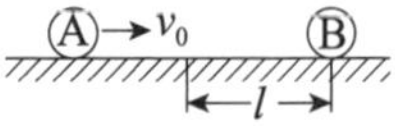

图 10-15 光滑水平面上的两个小球

(1991年全国高考题)

模型分析：此处，命题者是将考生非常熟悉的一个直观模型抽象成一个貌似全新的问题，相应地，求解本题若能将抽象模型还原成直观模型，则问题就迎刃而解。

原模型（直观模型）如下：如图 10-16 所示，长为 l_0、质量为 M 的木块静止在光滑的水平面上，一质量为 m 的子弹以某一初速度射向木块，设子弹在木块中运动时与木块间的作用力恒为 F，求子弹恰好不打穿木块的速度 v_0。由动量守恒 $mv_0=(m+M)v$，能量守恒 $Fl_0=mv_0^2/2-(m+M)v^2/2$，解得 $v_0=\sqrt{\dfrac{2Fl_0(M+m)}{Mm}}$。

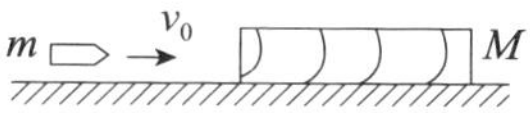

图 10-16 子弹打木块模型

在高考题中，A、B 两小球，A 相当于图中的子弹，B 相当于木块，l 相当于木块长度 l_0，当 A、B 间距离大于 l 时，相当于子弹在木块外，A、B 间无相互作用力；当 A、B 间距离小于或等于 l 时，相当于子弹进入木块内，这时有恒定的斥力（子弹受木块的阻力向后，子弹给木块的作用力向前），A、B 不接触相当于子弹恰不从木块右端穿出，考虑到球的大小有 $l_0=l-2r$，$M=2m$，因此所求的临界速度为 $v_0=\sqrt{\dfrac{3F(l-2r)}{m}}$。

（三）抽象的氢原子模型

例8：质量为 m、电量为 q 的质点，在静电力作用下以恒定速率 v 沿圆弧从 A 点运动到 B 点，其速度方向改变的角度为 θ（弧度），AB 弧长为 s，则 A、B 两点间的电势差 $U_{AB}=$ _____，AB 弧中点的场强大小 $E=$ _____。（1997年全国高考题）

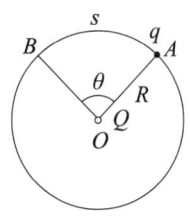

图 10-17 抽象的氢原子模型

模型分析：本题的原模型即为氢原子模型，命题者将模型进行了抽象，若考生能正确进行模型的还原，则问题就很容易得到解决。如图 10-17 所示，运动的质点为原模型中的电子，静电力来自原子核电荷 Q 的库仑力，轨迹圆弧 AB 为电场的等势线，电势差 $U_{AB}=0$。由牛顿第二定律有 $qE=m\dfrac{v^2}{R}$，由几何关系有 $s=R\theta$，解得：$E=\dfrac{m\theta\cdot v^2}{qs}$，整个轨迹圆弧上各点场强 E 的大小相同。

（四）抽象的点电荷电场模型

例9：空间中某一静电场的电势 φ 在 x 轴上分布如图 10-18 所示，x 轴上两点 B、C 点电场强度在 x 方向上的分量分别是 E_{Bx}、

E_{Cx}，下列说法中正确的有（　　）。

(2009 年江苏高考题)

A. E_{Bx} 的大小大于 E_{Cx} 的大小

B. E_{Bx} 的方向沿 x 轴正方向

C. 电荷在 O 点受到的电场力在 x 方向上的分量最大

D. 负电荷沿 x 轴从 B 移到 C 的过程中，电场力先做正功，后做负功

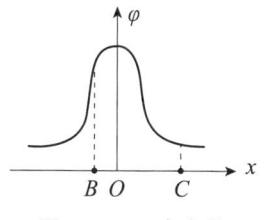

图 10-18　点电荷电场模型（1）

模型分析：本题要从电场的能的性质去研究电场力的性质，一般解法是由给定的电势 φ-x 的图像，沿正 x 轴电势逐渐降低，电场的 x 分量向 x 正方向，沿负 x 轴电势逐渐降低，电场的 x 分量向 x 负方向，选项 B 错误；沿 x 轴的场强分量大小看 φ-x 图像切线的斜率，斜率越大，E_x 则越大，选项 A 正确。而 O 点 E_x 为零，选项 C 错误；负电荷沿 x 轴从 B 移到 C 的过程中，电场力先向右，后向左，即电场力先做正功，后做负功，选项 D 正确。

从命题来说，这是一抽象的点电荷电场模型，我们将模型进行还原，如图 10-19 所示，在 xOy 直角坐标系中，负 y 轴上有一场源电荷 $+Q$，该电场在 x 轴上的电

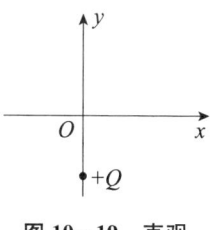

图 10-19　直观模型（1）

势分布即为图 10-18 所示，结合此直观模型，很容易确定，坐标原点 O 的场强 x 分量为零，沿正 x 轴和负 x 轴的 E 分量分别向正 x 方向和负 x 方向，负电荷沿 x 轴从 B 移到 C 的过程中，先是受吸引力后受排斥力，即电场力先做正功，后做负功。需要指出的是，比较 B、C 两点的 E_x 大小，必须以原题图为准，事实上，从 O 点无论是沿正 x 轴还是负 x 轴，场强 E_x 都经历先变大后变小的过程，在直观模型图上无法具体的表达 B、C 两点对应位置。

例 10：在 x 轴上有两个点电荷 q_1、q_2，其静电场的电势 φ 在 x 轴上分布如图 10-20 所示。下列说法正确的有（　　）。(2017 年江苏高考题)

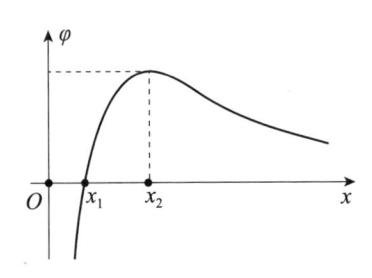

图 10-20　点电荷电场模型（2）

A. q_1 和 q_2 带有异种电荷

B. x_1 处的电场强度为零

C. 负电荷从 x_1 移到 x_2，电势能减小

D. 负电荷从 x_1 移到 x_2，受到的电场力增大

模型分析：本题与上例类似，也是给出了电场的 $\varphi\text{-}x$ 图像，但要求明显要高于上例，这里涉及点电荷电场的叠加，根据图 10-20 的信息，x 轴上电势有正也有负，因此，场源电荷必然是一正一负（理论研究时，规定无穷远处电势为零，则正电荷产生的电势为正，负电荷产生的电势为负，两个点电荷的场叠加后电势有正有负，则场源电荷必然是一正一负）。根据 $\varphi\text{-}x$ 图比较场强，看 $\varphi\text{-}x$ 图像切线的斜率，x_1 处，电势为零，但场强不为零；从 x_1 到 x_2，场强逐渐减小，电荷受到的电场力相应地减小；从 x_1 到 x_2，电势升高，因此，场强方向向左，负电荷受电场力向右，电场力做正功，电势能减小。根据以上分析，本题的正确选项为 A 和 C。

我们将题给电场的直观模型还原如图 10-21 所示，在坐标原点处放置一电荷量较小的负电荷 q，在负 x 轴上放置一个电荷量比较大的正电荷 Q，这样的电荷系在正 x 轴上的电势叠加后即为题图情形。在正 x 轴上有一个分界点 x_1，电势为零，另一个分界点 x_2，场强为零。

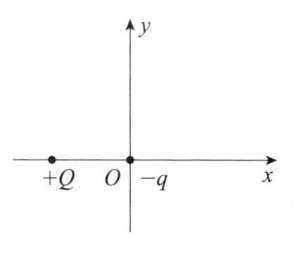

图 10-21 直观模型（2）

例 11：空间有一沿 x 轴对称分布的电场，其电场强度 E 随 x 变化的图像如图 10-22 所示。下列说法正确的是（　　）。（2010 年江苏高考题）

A. O 点的电势最低

B. x_2 点的电势最高

C. x_1 和 $-x_1$ 两点的电势相等

D. x_1 和 x_3 两点的电势相等

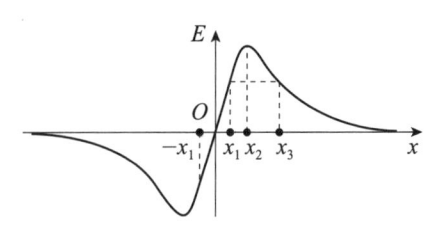

图 10-22　点电荷电场模型（3）

模型分析：本题要求从给定的 E-x 图像研究电场的能的性质，在 $x>0$ 的区域，场强沿正 x 方向，因此，沿正 x 方向电势逐渐降低，同样，在 $x<0$ 的区域，场强沿负 x 方向，因此，沿负 x 方向电势也逐渐降低，从坐标原点到 x_1 和到 x_3 电势降落相同，故 x_1 和 x_3 两点电势相等。x_2 点的场强最大，但电势不是最高，即本题的正确选项为 C。

我们可以将本题抽象的电场模型还原为如图 10-23 所示

的直观模型，在直角坐标系 xOy 的 y 轴上关于原点对称地放置两个正电荷 Q，这时 x 轴上的电场即为题图所对应的情形，O 点场强为零，电势最高，x 轴上的电场线，分别从坐标原点向右和向左，关于坐标原点对称的 x_1 和 $-x_1$ 两点电势相等，场强等大反向。

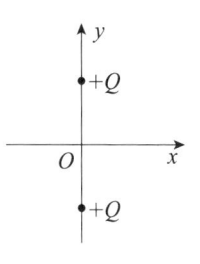

图 10 - 23　直观模型（3）

（五）抽象的分子作用力模型的还原

例 12：如图 10 - 24 所示，长度 $L=0.8\mathrm{m}$ 的光滑杆左端固定一带正电的点电荷 A，其电荷量 $Q=1.8\times 10^{-7}\mathrm{C}$；一质量 $m=0.02\mathrm{kg}$，带电量为 q 的小球 B 套在杆上。将杆沿水平方向固定于某非均匀外电场中，以杆左端为原点，沿杆向右为 x 轴正方向建立坐标系。点电荷 A 对小球 B 的作用力随 B 位置 x 的变化关系如图 10 - 25 中曲线Ⅰ所示，小球 B 所受水平方向的合力随 B 位置 x 的变化关系如图中曲线Ⅱ所示，其中曲线Ⅱ在 $0.16\leqslant x\leqslant 0.20$ 和 $x\geqslant 0.40$ 范围可近似看作直线。求：(1) 在合电场中，$x=0.4\mathrm{m}$ 与 $x=0.6\mathrm{m}$ 之间的电势差 U。(2) 已知小球在 $x=0.2\mathrm{m}$ 处获得 $v=0.4\mathrm{m/s}$ 的初速度时，最远可以运动到

图 10 - 24　分子作用力模型

$x=0.4$m。若小球在 $x=0.16$m 处受到方向向右、大小为 0.04N 的恒力作用后，由静止开始运动，为使小球能离开细杆，恒力作用的最小距离 s 是多少？（2016年上海高考题）

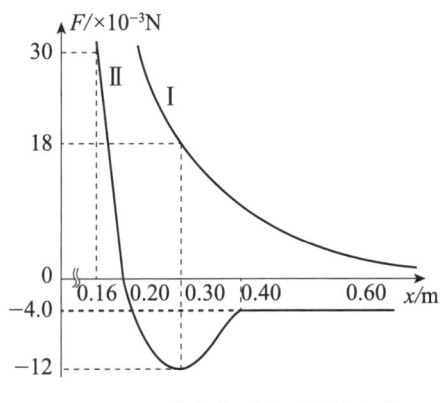

图 10-25 点电荷对小球的作用力

模型分析：本题中小球 B 的受力情形的设置比较新颖，共有两个变力作用，一是 A 球给 B 球的静电排斥力，服从库仑定律，二是规律没有直接明确的非匀强电场的水平方向的电场力，给出了两个力的合力在 x 的不同区间呈现的复杂规律。其实，这道题的作用力情景是由我们考生熟悉的分子作用力模型抽象而来。

我们将模型来还原一下。图 10-26 为中学物理教材给出的分子力与分子间距离的关系，两个分子间既存在相互排斥力

F_1，又存在相互吸引力 F_2，引力和斥力同时存在，实际对外的表现是它们的合力。两种作用力都随着距离的增大而减小，斥力的图线较陡，即斥力随着距离的变化比引力更快。当 $r<r_0$ 时，$F_1>F_2$，合力表现为斥力；当 $r=r_0$ 时，$F_1=F_2$，合力为 0；当 $r>r_0$ 时，$F_1<F_2$，合力表现为引力。

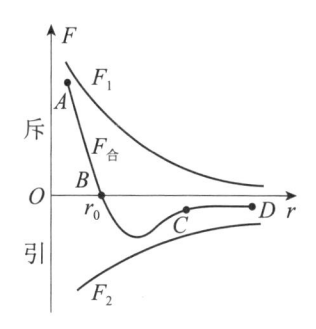

图 10-26　分子力与分子间距离的关系

我们还可以进一步研究分子力做功与分子能量变化的情况。例如：两个分子原来距离很近，在逐渐分开到很远的过程中，分子力先做正功后做负功，分子动能先增大后减小，分子势能先减小后增大。关于分子力做功，可以根据 $F-r$ 图像围成的面积进行计算。

在本道高考题中，将分子力的两个区间作了理想化：即将图 10-26 中的 AB 段视为倾斜直线，CD 段视为水平线，考查的主要角度是功能关系，具体求解过程并不困难，此处不再展开。

（六）抽象简谐运动模型的还原

例 13：地面上物体在变力 F 作用下由静止开始竖直向上运动，力 F 随高度 x 的变化关系如图 10-27 所示，物体能上升的最大高为 h，$h<H$。当物体加速度最大时其高度为_____，加速度的最大值为_____。（2016 年上海高考题）

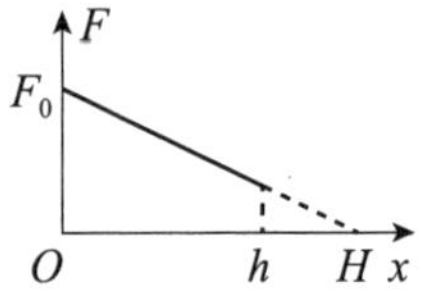

图 10-27 抽象简谐运动模型

模型分析：本题的常规解法如下，从图 10-27 可以得出力 F 随高度 x 的变化关系：$F=F_0-kx$，其中 $k=\dfrac{F_0}{H}$，物体到达高度 $x=h$ 处时，$F_h=F_0-\dfrac{F_0}{H}h$；物体从高度 $x=0$ 到 $x=h$ 处的过程中，力 F 做正功，重力 G 做负功，由动能定理可得：$\overline{F}h=mgh$，而 $\overline{F}=\dfrac{F_0+F_h}{2}=F_0-\dfrac{F_0}{2H}h$，可以计算出：$F_0=\dfrac{2mgH}{2H-h}$，考虑两个极端位置 $x=0$ 和 $x=h$ 的加速度，物体在初位置 $x=0$ 处加速度 a_1 方向向上，由 $F_0-mg=ma_1$ 计算得：$a_1=\dfrac{gh}{2H-h}$；当物体运动到末位置 $x=h$ 处时，加速度 a_2 方向向下，由 $mg-F_h=ma_2$，而 $F_h=F_0-kx=\dfrac{2mg(H-h)}{2H-h}$，计算可得：$a_2=\dfrac{gh}{2H-h}$。

因此，物块加速度最大的位置是 $x=0$ 或 $x=h$ 处。最大加

速度大小为 $a=\dfrac{gh}{2H-h}$。

本题的直观模型为一竖直方向振动的弹簧振子，如图 10-28 所示，轻弹簧一端固定在坑底的 A 点，上端栓一质量为 m 的物块，刚开始时物块被固定在与地面平齐的高度（$x=0$），弹簧压缩量为 H，即图中 D 点为弹簧原长位置，释放物块后，物块在 BO_1C 之间做简谐运动。振动过程中，物块受向下的重力 mg 和向上的弹簧力（弹簧始终处于压缩状态），弹力的大小满足 $F=F_0-kx$，由振动的对称性，物块在振动的两端点加速度最大，且大小相等。在 B 点，由牛顿第二定律，$F_0-mg=ma_1$，解得：$a_1=\dfrac{F_0}{m}-g$ ①。

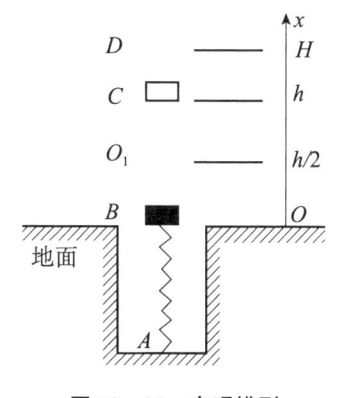

图 10-28 直观模型

本题的文字叙述和题图中所涉及的字母 F_0、H、h 可作为已知条件，质量 m 不是已知条件，因此，表达式①不能作为加速度的最终结果。应将①中的 m 设法消去，考虑振动的最高位置 C，由牛顿第二定律，$mg - F_h = ma_2$，解得：$a_2 = g - \dfrac{F_0 - \dfrac{F_0}{H}h}{m}$ ②，由①②利用 $a_1 = a_2 = a$，消去 m，解得：$a = \dfrac{gh}{2H - h}$。

以上根据振动模型求解最大加速度的过程比常规解法更加简洁、自然，振动的最高点和最低点加速度大小相等且取最大值，这是振动模型的基本结论，然后，只要考虑最高点和最低点加速度大小相等，应用牛顿第二定律即可解答，常规解法中应用动能定理求 F_0 的环节要求则很高。

三、物理模型的等效

（一）等效匀加速直线运动模型的应用

例 14：回旋加速器的工作原理如图 10-29（a）所示，置于真空中的半圆形金属盒半径为 R，两盒间狭缝的间距为 d，磁感应强度为 B 的匀强磁场与盒面垂直，被加速粒子的质量为 m，电荷量为 $+q$，加在狭缝间的交变电压如图 10-29（b）所示，电压值的大小为 U_0，周期 $T=\dfrac{2\pi m}{qB}$。一束该粒子在 $t=0\sim\dfrac{T}{2}$ 时间内从 A 处均匀地飘入狭缝，其初速度视为零。现考虑粒子在狭缝中的运动时间，假设能够出射的粒子每次经过狭缝均做加速运动，不考虑粒子间的相互作用。求：粒子从飘入狭缝至动能达到最大所需的总时间 $t_\text{总}$。（2016 年江苏高考题）

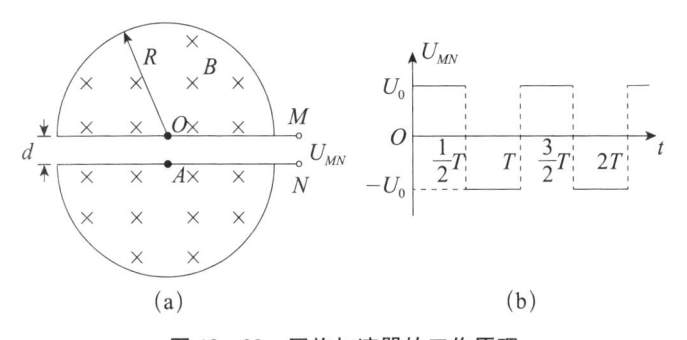

图 10-29　回旋加速器的工作原理

模型分析：回旋加速器工作时，粒子在电场中做匀加速运动，在磁场中匀速率回旋，可以作出粒子速率 v 与时间 t 的函数图像，如图 10-30 所示。图中各段倾斜直线对应着粒子在电场中的加速运动，设粒子在电场中各次运动时间依次为 t_1、t_2、t_3、……、t_n，随着一次次加速，粒子每次通狭缝的时间越来越短；图中的各段水平线对应着粒子在磁场中的回旋，由磁场中回旋的特点知道，各次在磁场中的半圆周运动时间都相等。

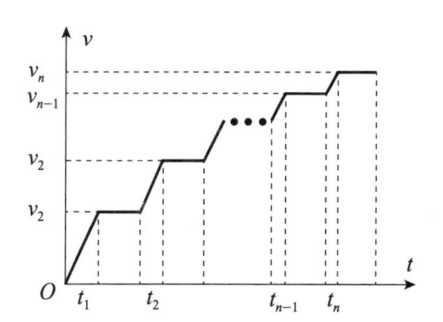

图 10-30 粒子速率 v 与时间 t 的函数关系

粒子运动的总时间为磁场中的 $(n-1)$ 个半圆周及电场中 n 段直线运动的时间之和。

磁场中每个半圆周时间为 $t_{B1}=\dfrac{T_B}{2}$，其中 $T_B=\dfrac{2\pi m}{qB}$，因此磁场中的总时间为 $t_{B总}=(n-1)\dfrac{T_B}{2}$。

粒子在电场中的各次时间并不相同，怎样求解粒子在电场中的时间是本题的难点。常规的方法是对粒子各次通过电场狭缝过程应用运动学公式求解时间，然后求和，即 $t_{E总}=t_1+t_2+\cdots+t_n$。

本题的巧妙解法是建立等效运动模型，在图 10-30 中，先将粒子各次匀速率运动的部分剔除，再将各段匀加速运动的部分合并到一起，粒子在电场中的运动等效于初速度为零的匀加速直线运动，加速度 $a=\dfrac{qU_0}{md}$，总位移为 $x=nd$，由 $x=\dfrac{1}{2}at_{E总}^2$ 解得：$t_{E总}=\dfrac{BRd}{U_0}$，粒子从飘入狭缝至动能达到最大所需的总时间 $t_总=t_{B总}+t_{E总}$，解得：$t_总=\dfrac{\pi BR^2+2BRd}{2U_0}-\dfrac{\pi m}{qB}$。

以上求解粒子在电场中运动时间技巧性很强，采取化零为整的方法，将分阶段的多次匀加速直线运动进行合并，用一次性连续的匀加速直线运动模型来替代，回避了复杂的求和运算过程，使问题顺利得到解决。

（二）等效场模型

例 15：如图 10-31 所示，一带负电荷的油滴在匀强电场中运动，其轨迹在竖直平面（纸面）内，且相对于过轨迹最低点 P 的竖直线对称。忽略空气阻力。由此可知（　　）。（2016年全国高考卷Ⅰ）

A. Q 点的电势比 P 点高

B. 油滴在 Q 点的动能比它在 P 点的大

C. 油滴在 Q 点的电势能比它在 P 点的大

D. 油滴在 Q 点的加速度大小比它在 P 点的小

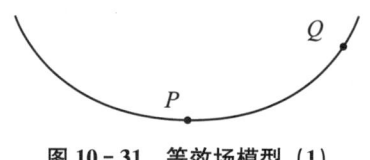

图 10-31 等效场模型（1）

模型分析：带电油滴在匀强电场中，受重力 G 和电场力 F 共同作用，可用"等效重力 G'"替代，因其轨迹在竖直平面内，且相对于 P 的竖直线对称，可以判断 G' 方向竖直向上，这是一"倒置的重力场"，油滴的运动轨迹为抛物线，即油滴作"类似斜抛运动"，P 点为等效的"最高点"。

重力方向竖直向下，电场力的方向必定竖直向上，且电场力大于重力，运动电荷带负电，所以匀强电场的方向竖直向下，易知，Q 点的电势比 P 点高。油滴从 Q 到 P 为"上升阶段"，动能减小，（电）势能增大。油滴做匀变速曲线运动，加速度恒定。本题正确选项为 A 和 B。

例 16：如图 10-32 所示，平行板电容器两极板的间距为 d，极板与水平面成 $45°$ 角，上极板带正电。一电荷量为 q（$q>0$）的粒子在电容器中靠近下极板处。以初动能 E_{K0} 竖直向上射出。不计重力，极板尺寸足够大，若粒子能打到上极板，则两极板间电场强度的最大值为（　　）。（2016年海南高考卷）

A. $\dfrac{E_{K0}}{4qd}$

B. $\dfrac{E_{K0}}{2qd}$

C. $\dfrac{\sqrt{2}E_{K0}}{2qd}$

D. $\dfrac{\sqrt{2}E_{K0}}{qd}$

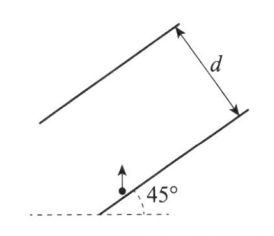

图 10-32 等效场模型（2）

模型分析：建立如图 10-33 所示的直角坐标系，带电粒子在匀强电场中仅受沿 y 负方向的电场力作用，做类似斜抛运动，电场力（或电场）越小越容易打到上极板，反之，电场力（或电场）越大越不容易打到上极板，临界情形为"斜抛轨迹的最高点"恰好在上极板处，图中设为 P 点。

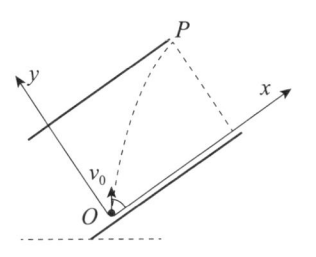

图 10-33 直角坐标系

粒子从 O 到 P 为"斜抛的上升阶段"，在 y 方向做初速度为 $v_{0y}=v_0\sin\theta$、末速度为 0 的匀减速运动，加速度大小 $a=\dfrac{qE}{m}$，方向沿负 y 方向。由运动学公式得：$d=\dfrac{v_{0y}^2}{2a}$，将 $\theta=45°$，$E_{K0}=\dfrac{1}{2}mv_0^2$ 代入，解得：$E=\dfrac{E_{K0}}{2qd}$。

（三）以直代曲等效

例 17：利用如图 10-34 所示的实验装置探究恒力做功与物体动能变化的关系。小车的质量为 $M=200.0$ g，钩码的质量为 $m=10.0$ g，打点计时器的电源为 50Hz 的交流电。用题中小车和钩码质量的数据可算出小车受到的实际拉力 $F=$ _____。（2017 年江苏高考题）

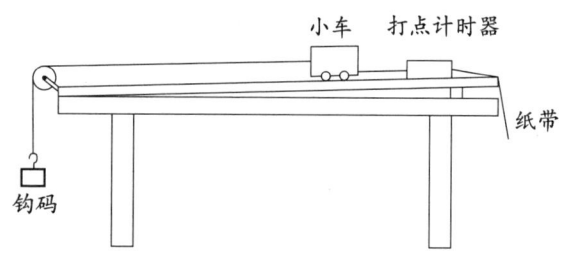

图 10-34 恒力做功与物体动能变化关系的实验

模型分析：在本实验装置中，钩码 m 向下加速，小车 M 向左加速，常规的解法是隔离法，分别写出 m、M 牛顿第二定律方程，然后求解方程组得到绳子上的拉力。

对 m，$mg-F=ma$；对 M，$F=Ma$，解得：$F=\dfrac{Mmg}{M+m}$。

我们设想，让悬线连同挂钩（重力）绕滑轮顺时针转动 90°至水平方向，这时对 m 和 M 整体，由牛顿第二定律 $mg=(m+M)a$ 可得，$a=\dfrac{mg}{m+M}$，再隔离 M，$F=Ma$，也可以解得：

$F=\dfrac{Mmg}{M+m}$。这里，我们将成90°角弯曲连接的两个物体转化为同一条直线上的连接体，使问题的研究变得更加容易。

例 18：如图10-35所示，物块A和B通过一根轻质不可伸长的细绳连接，跨放在质量不计的光滑定滑轮两侧，质量分别为$m_A=2\text{kg}$、$m_B=1\text{kg}$。初始时A静止于水平地面上，B悬于空中。先将B竖直向上再举高$h=1.8\text{m}$（未触及滑轮），然后由静止释放。一段时间后细绳绷直，A、B以大小相等的速度一起运动，之后B恰好可以和地面接触。取$g=10\text{m/s}^2$。空气阻力不计。求：A的最大速度v的大小。（2017年天津高考题）

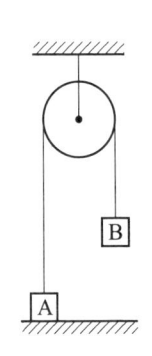

图10-35 定滑轮模型

模型分析：B从释放到细绳刚绷直前做自由落体运动，有$h=\dfrac{1}{2}gt^2$，代入数据解得$t=0.6\text{s}$。设细绳绷直前瞬间B速度大小为v_B，有$v_B=gt$，细绳绷直瞬间，对A，由动量定理，$(T-m_Ag)\cdot\Delta t=m_Av-0$①；对B，由动量定理，$(m_Bg-T)\cdot\Delta t=m_Bv-m_Bv_B$②。

上式中，v为绳子张紧后瞬间A、B的共同速度。细绳张力远大于 A、B 的重力，因此，重力可以忽略，由①②可得：$m_B v_B = (m_A + m_B) v$③。之后 A 做匀减速运动，所以细绳绷直后瞬间的速度 v 即为最大速度，代入数据解得 $v = 2\text{m/s}$。

设想，让物块 A 连同悬线绕滑轮顺时针转动 90°至水平方向，同样，让物块 B 连同悬线绕滑轮逆时针转动 90°至水平方向，A、B 通过绳子相互作用，内力（绳子上的张力）远大于外力（重力），符合动量守恒的条件，因此有 $m_B v_B = (m_A + m_B) v$，这样，将不在一条直线上的连接体，转化为同一直线上的连接体，符合动量守恒的条件，而原模型中 AB 系统并不符合动量守恒的条件。

例 19：如图 10-36 所示，在圆柱形区域内存在一方向竖直向下、磁感应强度大小为 B 的匀强磁场，在此区域内，沿水平面固定一半径为 r 的圆环形光滑细玻璃管，环心 O 在区域中心。一质量为 m、带电量为 $q(q>0)$ 的小球，在管内沿逆时针方向（从上向下看）做圆周运动。已知磁感应强度大小 B 随时间 t 的变化关系如图 10-37 所示，其中 $T_0 = \dfrac{2\pi m}{qB_0}$。设小球在运动过程中电量保持不变，对原磁场的影响可忽略。在竖直向下的磁感应强度增大过程中，将产生涡旋电场，其电场线是在水平面内一系列沿逆时针方向的同心圆，同一条电场线上各点的场强大小相等。试求 $t=T_0$ 到 $t=1.5T_0$ 这段时间内：

（1）细管内涡旋电场的场强大小 E。

（2）电场力对小球做的功 W。（2012 年福建高考题）

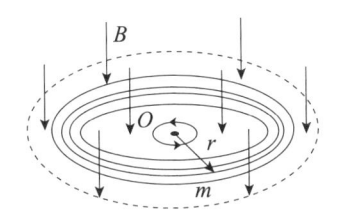

图 10-36　小球在电场力中运动的模型

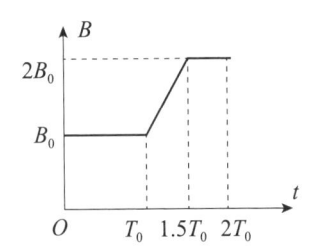

图 10-37　磁感应强度与时间的关系

模型分析：$t=T_0$ 到 $t=1.5T_0$ 这段时间内，圆环形光滑细玻璃管所在区域有涡旋电场，将此电场展开成直线，则为匀强电场，适用公式 $E=\dfrac{U}{d}$，其中，$U=\dfrac{\Delta\Phi}{\Delta t}$。小球在电场力作用下沿圆周匀加速运动，等效成沿直线的匀加速直线运动，适用匀变速运动的公式，$v=v_0+at$，$x=v_0t+\dfrac{1}{2}at^2$。

(1) 在磁场变化过程中,圆管所在的位置会产生电场,根据法拉第感应定律可知,电势差 $U = \dfrac{\Delta\Phi}{\Delta t} = \dfrac{(2B_0 - B_0) \times \pi r^2}{(1.5T_0 - T_0)} = \dfrac{2B_0\pi r^2}{T_0}$。电场处处相同,认为是匀强电场则有:$E = \dfrac{U}{d} = \dfrac{B_0 r}{T_0}$,又因为 $T_0 = \dfrac{2\pi m}{qB_0}$,得到场强 $E = \dfrac{qB_0^2 r}{2\pi m}$。

(2) 小球在电场力的作用下被加速。加速度的大小为:$a = \dfrac{F}{m}$,而电场力 $F = qE$,在 $T_0 - 1.5T_0$ 时间内,小球一直加速,最终速度为 $v = v_0 + at$。电场力做的功为:$W = \dfrac{1}{2}mv^2 - \dfrac{1}{2}mv_0^2$,得到电场力做功:$W = \dfrac{5q^2B_0^2 r^2}{8m}$。

四、构造模型解题

(一) 平抛中点射出模型

例 20:如图 10-38 所示,偏转电极 A、B 接频率为 f 的高频正弦交流电源(最大值 U_0 较大),现有初速度 v_0 的电子射线从左边两极板中点 O 处水平射入,CD 为挡板,PQ 为足够大的荧光屏。已知偏转极板长为 L_1,间距为 d,CD 板宽为 d,与偏转极板右端距离为 L_2,屏 PQ 与挡板 CD 间距离为 L_3,试确定电子束能打中荧光屏上的什么范围。

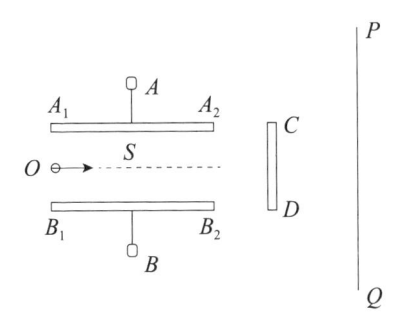

图 10 - 38　平抛中点射出模型

模型分析：本题属带电粒子在交变电场中的偏转问题，考察一个电子在偏转电场中的运动，因时间极短，可认为电场恒定不变，电子在电场中做类似平抛运动，不同时刻进入电场中的电子的偏转量和出射方向均不相同，我们可以通过构造这样的命题（物理模型）来解决。

如图 10 - 39 所示，从 O 点沿水平抛出的物体，轨迹为 OA，A 点在 x 轴上的投影为 A_1，容易证明，抛物线在 A 点的切线交 x 轴上的 S 点，则 S 一定为 OA_1 的中点。（证明从略）

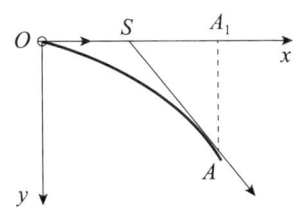

图 10 - 39　构造抽象模型

根据这一模型,所有从偏转电场射出的电子,均可视为从偏转电场的中点 S 沿直线射出的,因此可以将原题等效为一个几何光学问题。在图 10-38 中 S 处有一点光源,A_1A_2、B_1B_2、CD 为挡板,PQ 为光屏,可确定点光源 S 能照亮光屏上的范围。

(二) 等时圆模型

例 21:如图 10-40 所示为某制药厂自动生产流水线上的一部分装置示意图,已知传送带与水平面的夹角为 α,O 为漏斗,要使药片从漏斗出来经光滑槽送到传送带上,设滑槽与竖直方向的夹角为 θ,则 θ 为多大时可使药片滑到传送带上的时间为最短?

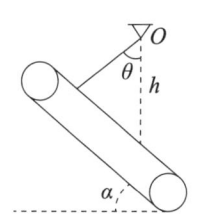

图 10-40 某制药厂自动生产流中线示意图(部分)

模型分析:本题的常规解法是根据牛顿第二定律结合运动学公式求解。物体运动的加速度为 $a = g\cos\theta$,设光滑斜面的长为 s,由正弦定理可得 $\dfrac{s}{\sin(90°-\alpha)} = \dfrac{h}{\sin[180°-\theta-(90°-\alpha)]}$,由运动学公式得 $s = \dfrac{1}{2}at^2$,由以上三式解得:$t = \sqrt{\dfrac{2h\cos\alpha}{g\cos\theta\cos(\alpha-\theta)}}$。

根据三角公式 $\cos\theta\cos(\alpha-\theta)=\dfrac{1}{2}[\cos\alpha+\cos(\alpha-2\theta)]$，当 $\theta=\dfrac{\alpha}{2}$ 时，t 取得最小值。

以上求解过程物理思路很清晰，但用到的数学知识较为复杂，常常会因数学障碍而卡壳，因此可以构建物理模型来使问题获得巧解。如图 10-41 所示，AK 是竖直面内半径为 R 的圆周的竖直直径，过 A 点向圆周铺设光滑直轨道，容易证明，小物体从 A 点由静止起沿不同轨道下滑到达圆周的 B、C、D 所用的时间相等。设任意一斜面与竖直方向的夹角为 α，小物体运动的加速度为 $a=g\cos\alpha$，位移 $s=2R\cos\alpha$，由运动学公式得 $s=\dfrac{1}{2}at^2$，解得 $t=\sqrt{\dfrac{4R}{g}}$，与斜面倾角无关，也就等于沿直径做自由落体运动的时间。我们称上述圆周为等时圆。

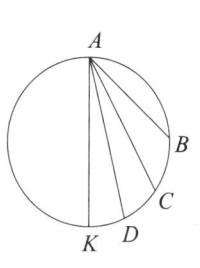

图 10-41　构建的抽象模型

在图 10-42 中，过 A 点向传送带铺设不同的斜面，跟这些斜面对应的等时圆的半径越小，运动时间则越短。临界情形为过 A 点所做的等时圆与传送带相切。OQ 即为所求的极值轨道，图中

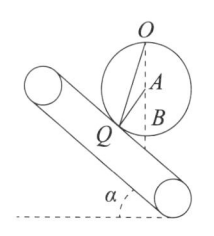

图 10-42　临界情形

A 为等时圆的圆心，AQ 与传送带垂直，AQ 与竖直线间的夹角即 α，$\angle QOA = \alpha/2$（同弧所对的圆周角等于圆心角的一半）。

(三) 含变阻器的两类动态电路模型

例 22：图 10-43 所示的两种电路中电源相同，各电阻器电阻值相等，各电流表的内阻相等且不可忽略不计。电流表 A_1、A_2、A_3 和 A_4 读出的电流值分别为 I_1、I_2、I_3 和 I_4。下列关系式中正确的是（　　）。(1998 年全国高考题)

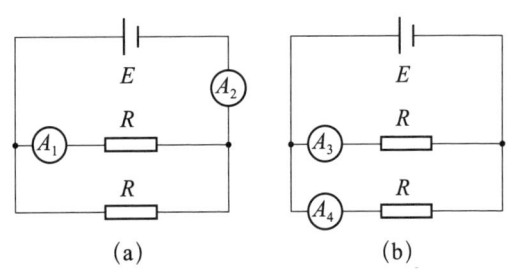

A. $I_1 = I_3$ 　　　　B. $I_1 < I_4$

C. $I_2 = 2I_1$ 　　　　D. $I_2 < I_3 + I_4$

图 10-43　含变阻器的动态电路模型 (1)

模型分析：由图 10-43 (a) 变为 (b)，这一电路的动态变化过程，我们可以用分压器模型来说明，它相当于图 10-44 分压器电路滑片从某一位置滑到最右端。图中 R_0 对应于本题中 $R + R_A$（R_A 为安培表的内阻）。设变阻器滑片之左的电阻为 x，则电路的

总电阻为 $R_总=R_0x/(R_0+x)+(R_0-x)=R_0-1/(R_0/x^2+1/x)$。

可见，R_0 一定，x 越大，$R_总$ 越小；反之，x 越小，$R_总$ 越大。也就是说，当变阻器的阻值处在干路中的部分越多，总电阻越大。本题中，因电路的总电阻变小，总电流变大，所以有 $I_3+I_4>I_2$。在图 10-43（a）中，支路电流 I_1 小于总电流 I_2 的一半（因 A_1 所在的支路电阻较大），即 $I_1<I_2/2$ ①。

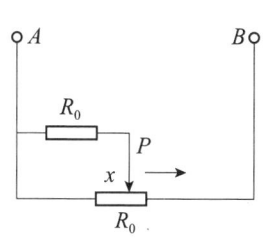

图 10-44 分压器模型

在图 10-43（b）中，二支路电流均为总电流的一半，设此时总电流为 I，则 $I>I_2$，故 $I_3=I_4=I/2>I_2/2$ ②。

比较①②得，$I_1<I_3$，$I_1<I_4$。根据以上分析，本题的正确答案为 B 和 D。

例 23：如图 10-45 所示，已知电源电动势 $\varepsilon=6.3$V，内阻 $r=0.5\Omega$，固定电阻 $R_1=2\Omega$，$R_2=3\Omega$，R 是阻值为 5Ω 的滑动变阻器，按下电键 S，调节变阻器的滑片，求通过电源的电流范围。（1988 年上海高考题）

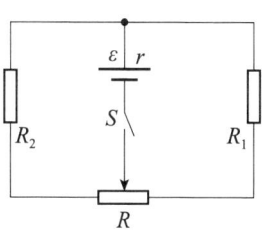

图 10-45 含变阻器的动态电路模型（2）

模型分析：本题涉及这样一个基本的电路模型，如图 10-46 所示，总阻值为 R_0 的滑动变阻器按照图示的方式连接，当滑片 c 在 a、b 间滑动时，A、B 间的总电阻如何变化？

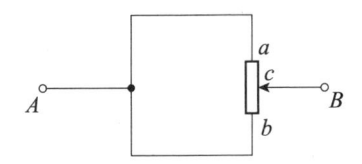

图 10-46 基本电路模型

设 ac 部分电阻为 x，则 cb 部分电阻为 $R_0 - x$，总电阻 $R_{AB} = \dfrac{x(R_0 - x)}{x + (R_0 - x)}$（*）。

由代数知识易知，当 $x = R_0 - x$ 时，$R_{AB} = R_0/2$ 取得最大值；当滑片位于 a、b 时，$R_{AB} = 0$，为最小值。

在图 10-45 中，将电阻 R_1、R_2 视为变阻器的一部分，当变阻器滑片将电路中的电阻分成左右相等时电路的总电阻最大，总电流为最小，又由基本模型图 10-46 可知，总电阻随 x 呈单调变化，因此图 10-45 的总电阻最小将出现在滑片位于两端点中之一。此处，一种方法是分别算出滑片位于左端和右端时电路的总电阻然后取较小者，进一步就可得电路总电流的最大值。另一种方法由（*）知，当 x 与 $(R_0 - x)$ 越是接近，$R_总$ 越大，当 x 与 $(R_0 - x)$ 相差越多，$R_总$ 越小。在图 10-45

电路中滑片位于最左端时 R_2 与 $(R+R_1)$ 相差 4Ω，滑片位于最右端时 (R_2+R) 与 R_1 相差 6Ω，可以判断，当滑片位于最右端时电路总电阻最小，总电流最大。

根据以上分析可得到本题的结果为：外电路总电阻 $1.6\Omega \leqslant R_总 \leqslant 2.5\Omega$，电路的总电流 $2.1A \leqslant I \leqslant 3A$。

（四）构造线框旋转模型巧解动生电动势

例 24：在图 10-47 所示的直角坐标系中，有一塑料制成的半锥角为 θ 的圆锥体 Odb，圆锥体的顶点在原点 O 处，其轴线沿 OO' 方向，有一条长为 L 的细金属丝 PO 被固定在圆锥体的侧面上，金属丝与圆锥体的一条母线重合。整个空间存在磁感应强度为 B 的匀强磁场，B 的方向沿 x 轴正向。当圆锥体绕其轴沿图示方向以角速度 ω 做匀速转动时，求 PO 两端电势差 U_{PO} 的最大值。

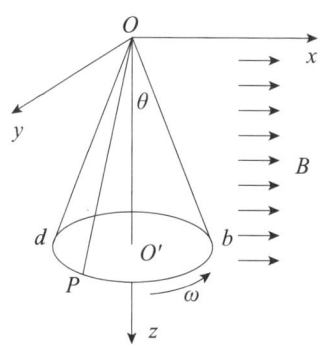

图 10-47 线框旋转模型

模型分析：本题属于导体棒切割磁感线产生电动势问题，我们可以构建不同的模型来求解。

模型一，直接根据导体棒切割磁感线产生电动势的计算公式 $\varepsilon = BLv$ 计算。

上述公式适用的条件是，B、L、v 两两垂直，B 为匀强磁场，棒上各处的速度均为 v。当 PO 棒转动过程中，棒上各点速度并不相同，而且 v 的方向与 B 的方向间的夹角一直随时间变化，因而棒上产生的电动势的大小方向均将随时间变化。

当 PO 位于 xOz 平面内时，棒上各点的速度方向都与磁场 B 垂直，电动势将最大，棒的 O 端速度为 0，P 端速度为 $v_P = \omega \cdot L\sin\theta$，由于棒上各点速度是均匀变化的，故整个棒的速度可以等效为 $\bar{v} = \dfrac{v_0 + v_P}{2}$，又将磁感强度 B 分解到与 PO 垂直和平行，则 $B_n = B\cos\theta$，因此有 $U_{PO} = B_n L \bar{v} = \dfrac{1}{2} B\omega L^2 \sin\theta\cos\theta$。

模型二，根据公式 $\varepsilon = \dfrac{\Delta \Phi}{\Delta t}$ 计算。

当 OP 运动到与 xOz 平面重合时，电动势最大，取此位置附近对称的极短时间 Δt，OP 扫过的一曲面可视为一三角形，左视图如图 10 - 48 所示。$O'P$ 转过的角度 $\Delta \alpha = \omega \Delta t$，$\overline{P_1 P_2} = l \cdot \sin\theta \cdot \Delta \alpha$，$\Delta S = \dfrac{1}{2} \cdot \overline{P_1 P_2} \cdot l$，$\Delta \Phi = B \cdot \Delta S \cdot \cos\theta$，$\varepsilon = \dfrac{\Delta \Phi}{\Delta t}$，

解得：$U_{PO}=\varepsilon=\dfrac{1}{2}B\omega L^2\sin\theta\cos\theta$。

模型三，构造线框，根据 $\varepsilon=BS\omega$ 计算。

如图 10-49 所示，作辅助导线 OO'、$O'P$，构成三角形线框 $OO'P$，当 OP 运动到与 xOz 平面重合时，闭合线框中电动势为最大。

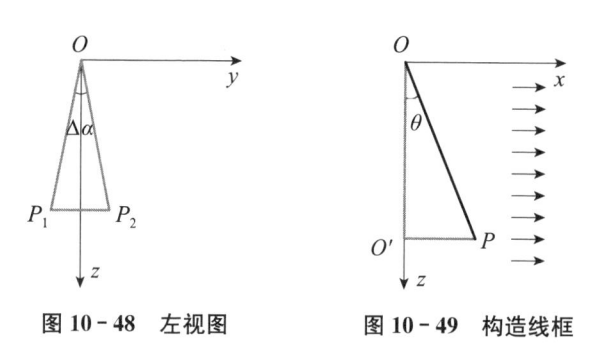

图 10-48 左视图

图 10-49 构造线框

因为 $\varepsilon=BS\omega$，$\varepsilon=\varepsilon_{OO'}+\varepsilon_{O'P}+\varepsilon_{OP}$，其中，$\varepsilon_{OO'}=0$，$\varepsilon_{O'P}=0$，$S=\dfrac{1}{2}l\cdot\sin\theta\cdot l\cos\theta$，解得，$U_{PO}=\varepsilon=\dfrac{1}{2}B\omega L^2\sin\theta\cos\theta$。

结语

物理模型构建的教学和训练，是培养学生科学思维的重要途径，因此在教学中必须高度重视。物理模型构建是贯穿整个物理课程始终的，在教学中要注意充分发挥物理模型构建对批判性思维与创新能力培养的功能。概念、规律建立的过程是：提出问题→建立模型→构建新理论→解决问题。传统的教学因受应试教育的影响，重点往往放在物理概念、规律基本条文的记忆和简单应用（解题）上，而对概念、规律的建立不够重视。因此，我们应强化"提出问题"和"建立模型"这两个环节的教学。物理学内容像一座座大厦，而物理教材呈现在学生面前的是建筑完好的大厦，对大厦本身的建筑过程留下的痕迹不深，这对培养学生的批判性思维和创新思维是极为不利的，我们在教学中很重要的一项任务就是要向学生介绍这些大厦是如何建起来的。通过提出问题让学生自己尝试建立模型，寻找解决问题的途径和方法，变学生被动接受为主动地去研究、探索。如由开普勒行星运动三定律和牛顿第二定律去"发现"万有引力定律；由牛顿第二定律、第三定律去"发现"动量守恒定律；通过研究电磁感应现象实验去"发现"产生感应电流的条件和关于感应电流方向判断的规律。这样的探索、研究既能培养学生的批判性思维能力，也能培养学生的创新意识和创新自信心，这对学生今后进一步从事物理学（科学）知识的学习、研究、创新是极为重要的。相信通过这样的教学，培养出来的学生将来一定能自己去构建新的物理学（科学）大厦。

第十一章　溯因与推理

　　对于自然界中同一类结果，必须尽可能归之于同一种原因。——牛顿

　　溯因可导向新知识，是唯一一种可以引入新观念的逻辑操作。——皮尔士

传统逻辑学一般把逻辑推理分为两类：归纳和演绎。但是美国哲学家和逻辑学家查尔斯·桑德斯·皮尔士（Charles Sanders Peirce）认为归纳和演绎是不够的，因为由它们推导出的东西不仅有限，而且无法推出崭新的观点。演绎是一种必然性推理，即只要前提为真，结果必然为真，结论已蕴涵在大前提中，不会产生新知识。归纳是从个案推导出普遍规则（从特殊到一般），可能产生新知识，但结论不一定为真。在皮尔士

看来，每个科学研究或知识的获得始于对"令人惊讶的事实"的观察。

第一节 溯因推理概述

一、溯因推理的起源和发展

19世纪，在批判和继承亚里士多德传统三段论的基础上，皮尔士提出了一种有别于演绎和归纳的第三种逻辑推理形式——溯因推理。在皮尔士看来，演绎和归纳都不是由新知识所形成的推理形式。新知识产生的任务只能通过溯因推理来完成，因为归纳只是确定某种量值，而演绎则只是从一个纯粹假说推论出其必然的结论。他的这一科学研究方法论在很长一段时间内没有引起足够的重视。直到20世纪50年代末，美国科学哲学家诺伍德·罗素·汉森（Norwood Russell Hanson）以开普勒发现行星椭圆形运动轨道的推理过程为案例，全面展示了皮尔士所说的溯因推理过程，溯因推理（汉森当时称之为回溯推理）在新观念的产生和科学发现中的价值才开始被越来越多的学者所认识。

溯因推理是对已观察到的或已知的结果提出假设，再由结果向原因推导,由果溯因,并在众多的可溯之因中寻求最佳解释的推理过程。皮尔士说道:"溯因推理是一个形成解释性假设的过程。它是唯一一种能够引入新观念的逻辑操作。"皮尔士用一个严密的逻辑形式描述了作为知识获得的第一步——(1) 一个令人惊讶的事实 C 被观察到;(2) 如果 A 为真,那么 C 会是一个不言而喻的事实;(3) 因此,有理由相信 A 为真。也就是说,溯因推理是根据已观察的现象去猜测其内在机理的一种思维形式。在逻辑结构上,它包括以下要素:(1) 观察现象陈述;(2) 导致观察现象的可能原因,即作为猜测性的假说。汉森曾指出,科学家"所致力的工作是从被解释项到解释项"的追溯,它既不是演绎性的,也不是归纳性的。这里的所谓"被解释项",就是科学家们认为需要加以说明的现象,而"解释项"则是能够因果地推出被解释项的某个命题。因此,在科学活动中,寻找解释项的过程也是科学发现的过程。如果我们用 E 表示观察现象陈述,用 H 表示猜测性的假说,那么溯因推理可用公式表示为:

$$E, H \to E \parallel \!-\! H \qquad (11.1)$$

这里的"→"表示蕴含关系,而"∥—"表示前提与结论之间的逻辑联系是"或然地可推出",具有或然性,因为该式两前提的合取并不蕴涵结论。按照汉森的表述,溯因推理则可以概括为:(1) 意外的现象 E 被观察到;(2) 如果 H 为真,那么 E 将被解释为当然的事;(3) 因此,有理由相信 H 为真。

溯因推理一般有广义和狭义的两种解释,广义的溯因推理是指根据事物发展所造成的结果推断形成结果的一系列原因的整个逻辑思维过程;而狭义的溯因推理则指从结果出发运用一般规律性知识推测出该结果发生的原因的推理。简单地说,溯因推理运用的思维规则是"从果到因",要求从这个事物的结果逆推得出事物的本质原因。溯因推理不仅产生了新知识,而且为演绎和归纳提供了材料基础;而演绎和归纳则是检验溯因推理结果真假与否的手段。在探索自然奥秘的科学思维中,溯因推理是一种不可或缺的思维形式,它以独特的方式发挥着创建科学原理的助发现功能与确认理论可行性的评价功能。

意大利学者洛伦佐·玛格纳尼(Lorenzo Magnani)认为矛盾和不一致是溯因推理的基础,他把溯因推理理解为问题求解理论的主要课题,并将之分为两种类型:选择性溯因推理和创造性溯因推理。表达选择性溯因推理的背景知识的语言是固定的、封闭的;而表达创造性溯因推理的背景知识的语言是开放的。

皮尔士明确承认溯因观念中有忽发奇想的成分。甚至可以说,我们形成溯因假说的能力是一种能正确猜测的"神秘力量"。正因为其背景语言是开放的,所以科学理论具有可修正性,并且由此形成的假说相对于既有理论来说可能具有革命性。其实,这种开放性、可修正性乃至革命性是知识的可错性所内含的特征。在玛格纳尼的意义上,选择性溯因是在既有选项中做选择,而创造性溯因的选项则是富于创造性的、不确定的、开放的,当然也是可错的或部分可错的。实际上,从皮尔士的溯因推理形式及其阐述来看,他所讲的溯因主要是或者根本就是创造性溯因推理。创造性溯因推理就是在看到反常的结果事件的情况下,去猜测先前未知的原因、事件或内在机制,其背景语言是开放的,有可能创造新假说,也可能导致对既有理论的修改,从而可能增加我们的知识。在科学发现中,具有认知合理性和逻辑有效性的创造性溯因占主导地位。

二、溯因推理的基本方法

(一) 溯因解释法

溯因解释法是对已知现象的机理(或原因)做出回溯推测的推理方法。它是溯因推理的典型形式,可表示如下:

E——已观察到的某现象

如果 H,则 E——猜想理论 H 成立,则 E 可被解释

所以,H——猜想理论成立

从公式可以看出，溯因解释法几乎完整地传承了皮尔士和汉森最早提出的理论，因此说它是最基本的方法也并不为过。

（二）多元溯因法

有时，某一现象的共时性因果联系呈现复杂多样性，即某一现象可由不同现象分别导致，也可由多种现象共同引起，加之事物的机理本来是隐藏其后的，因此人们对事物现象机理的认识常常难以"一举定夺"，此时，就需运用创造性、灵活性的科学思维模式，对现象的机理做出多元性的大胆猜测。也就是说，由于事物现象的因果联系的复杂性，某一现象可能是由相互联系的多种不同现象引起的，因此，人们追溯这一现象的原因时，往往可从不同的角度推测，这就是多元溯因法，如果我们用 E 表示某一特定现象，用 H_1、H_2、……、H_n 表示不同的猜测性假说，那么，多元性假说的溯因模式可表述为：

E

$H_1 \rightarrow E$（如果 H_1，则 E 可被解释）

$H_2 \rightarrow E$（如果 H_2，则 E 可被解释）

……

$H_n \rightarrow E$（如果 H_n，则 E 可被解释）

推测：H_1 或 H_2 或……或 $H_n \rightarrow E$

(三) 多级溯因法

探索事物现象机理的溯因活动除了呈现多元特征外，还常常呈现多层次特征。因为客观事物在其发展过程中所形成的因果联系既有阶段性也有多层次性。与其相应，人们对客观事物本质或规律性的认识也表现出相应的阶段性、多层次性；同时，人们对事物本质的认识因受种种条件的制约而呈现不断深化的发展过程，正如列宁所指出的：人对事物、现象、过程等的认识是从现象到本质、从不甚深刻的本质到更深刻的本质的深化的无限过程，从并存到因果性以及从联系和相互依存的一个形式到另一个更深刻更一般的形式。那么，逐层探索事物机理的思维是如何进行的呢？显然，其依靠的是溯因模式，而且是一种连续的溯因模式——多级溯因，这是一种逐层探索事物现象原因的溯因思维方法，即根据事实 E 去猜测可以解释 E 的原因 H_1；接着根据 H_1 的特征，去猜测蕴涵 H_1 的上层原因 H_2……如此连续下去，不断追求高一层次的原因。多级溯因法也是多个有内在联系的溯因推理的连锁式。多级溯因法可用以下公式表示：

$$E$$
$$H_1 \rightarrow E$$
$$H_2 \rightarrow H_1$$

$H_3 \to H_2$

……

$H_{n+1} \to H_n$

推测：H_{n+1}

当然，从逻辑上看，多级溯因法的每一推导环节都是或然性的，经过多次逆传递之后，最先的事实与最后推断之间的联系程度很可能降低，也就是说，最后的推断不一定能合理地解释原来的观察事实。这也表明，运用多级溯因法时，要注意提高其结论的可靠性。而要提高溯因推理结论的可靠性，则要求尽量做到以下几点：

（1）逆推时所设想的理论性假说 H 与待解释的观察现象 E 之间要有逻辑相关性，即从前者可导出后者（如果 H 真，则 E 可被解释）。否则，逆推的理论就无可靠性。

（2）逆推的解释理论不应是特设性的，而应是可检验的。否则，如果逆推的理论不能进行检验，那么它就导不出与实际相符合的事实性推断，因而也就不能为待解释现象提供任何说明。

（3）要注意分析假设原因 H 与现象 E 之间的联系是否具有必然性。如果 H 蕴含 E，溯因的推测结论就可靠。这就要求我们在运用溯因推理时努力寻找有关现象产生的真正原因，防止得出虚假结论。

三、溯因推理的特点

(一) 溯因推理结论的或然性

溯因推理探寻某现象产生的原因并给予一定的解释说明，但这种解释具有尝试性和猜测性，所猜测的原因与现象陈述间并非是客观必然的，而是一种或然联系。反映在逻辑形式上，溯因推理的前提和结论并不具有逻辑蕴含关系，而是用解释项来说明原因何以存在。这里的或然性是指结论的猜测性、不确定性和可错性。溯因推理的或然性是由于其前提的猜测性，由于缺少严密的逻辑规则的约束，因而其结论带有很大的自由度，正因如此，结论的或然性就不可避免，但并不是说溯因推理得到的结论永远都是或然的，如果穷尽引起结果的所有原因，并排除掉大部分原因之后，剩下一个唯一的原因，那就不是或然的结论了。

(二) 溯因推理的认知合理性

加拿大哲学家、心理学家萨伽德认为溯因的本性并不是肯定条件的推理谬误，而是丰富有力的思维形式。这样说当然有道理，因为一事物可以同时拥有很多属性。萨伽德说："尽管溯因内在地具有冒险性，但是溯因推理仍然是人类心理生活中的一个基本部分。当科学家们提出解释其数据的理论时，他们运用了溯因……在日常生活中，溯因推理无处不在。"概而言之，萨伽德不是从逻辑层面，而是从实践层面去论证溯因对人类认识的积极作用，并将之看作溯因的本性。因为如果我们没有上帝之眼，不能从外部俯瞰世界及其奥秘，那么，我们就只能从世界内部大胆地探索、尽可能合理地猜测世界的奥秘，并从内部检验之，尽管我们会犯错误，因为从内部看世界的人不可避免地会犯错误，但是，溯因推理得出的结论常常切合人们对于认知和因果分析的基本要求。因此，从实践的层面上看，溯因推理具有很强的认知合理性，可以认为是一种理性运算。

（三）溯因推理的非单调性

溯因推理在很大程度上是根据常识的推理，但常识具有不确定性，允许例外，是尚无理论依据或充分验证的经验法则或经验性知识。同时，常识往往对环境有较强的依赖性，非单调性正由此而生。传统演绎逻辑具有单调性的性质，意味着如果有一个有效论证，那么不管再添加多少新前提（即使由此导致一个不一致集合），该论证仍是有效的。但是溯因推理倾向于非单调性，因为如果随着可改变给定情况的新信息的加入，理性的结论可能选择将最新信息考虑进来。实践推理与传统演绎推理的静止和不变相比可谓是变动和变化的。同时，在不同的语境下，相同的前提也可能得出不同的结论。溯因推理因为在将来的某些点由于新信息的进入而经常受制于修改或更正，所以被理解为是非单调的。这种推理是根据不完全的前提所进行的可修正和可废止的推理。这似乎意味着，如果前提是真的（或可接受的），那么结论并非是演绎或归纳得出的，而是仅仅作为在给定境况下的一个合理的假设或假定，并且如果境况改变了，则可能撤回该结论。

（四）溯因推理的创造性

正如前文中提到的那样，从溯因模式中我们可以看到，由观察现象到原因的猜测推导，既不同于演绎推理，也不同于归纳推理，而是一种独立的逻辑推理方法，它不是封闭的，而是具有开放性。同时，运用溯因推理去猜测现象的机理，所受的逻辑规则的制约程度小，因而灵活性程度大。因此，可以说溯因推理是一种颇具创造性的思维方法，如果没有创造性才能的发挥，人们是无法找到隐藏于自然现象背后的本质的。但是，有赖于创造性才能的溯因活动不是非逻辑的、纯心理学的，这不仅仅是因为逻辑思维与心理学并行不悖，更是因为它是一项以科学理论为指导、以事实材料为依据的理性工作。

四、溯因推理的应用

作为人类推理研究中解释与建构的一个中心议题，兼具心理和逻辑特征的溯因推理广泛应用于数学、语言学、神经科学等认知科学领域，并日益发挥重要作用。

例如：溯因法已经应用于人工智能的各种任务。溯因法最直接的应用是自动检测系统中的故障，给出与有关故障和表现的理论和一组故障（故障的可见效果），就可以使用溯因法来推导故障的某个集合好像是问题的原因；溯因法也用于建模自动计划与信念修正；此外，在司法侦查实践中，更是大量运用回溯推理（溯因推理），侦查人员总是利用作案现场和已有知识，通过回溯推理先找出犯罪嫌疑人，进而确定作案者。

第二节 溯因推理与物理学的发展

在物理学漫长又曲折的发展历程中，溯因推理为我们发现新规律、探索新知识提供了强有力的工具，它加速了物理学的进展，使我们对客观世界的认识更加深入。可以说，没有溯因推理，物理学的发展将会走更多的弯路，物理学的进程也将会大大减缓。在这一节，我们将从溯因推理的两种常见形式出发，并且以物理学中原子模型的早期发展为例，讨论溯因推理对物理学发展的推动与促进作用。

一、定向溯因推理在物理学发展中的运用

我们讨论物理学史上一个著名的例子。经典物理学是以牛顿的力学定律和万有引力定律为核心的，由它们可以演绎出行星的椭圆轨道并计算出由于行星间相互引力所引起的摄动，从而精确地预测行星的位置。但是，当天王星被观测到后，却出现了意外的情况：运用万有引力等定律，并考虑了一切已知行星所可能引起的摄动后，计算出的天王星轨道仍与观测不符。这时，人们必须按照普遍原理——万有引力定律所规定和允许的思路去补充新的假设，以期待理论计算同观测事实相统一。勒维耶所做出的关于在天王星附近存在一颗新的行星的预言，正属于这种假设。

天王星外存在一颗新行星是作为一个假设提出的，对它的要求是：由于它的补充，能够有助于从普遍原理演绎出正确的结果。换句话说，该假设的提出将有助于解释天王星轨道。因此，这里的推理属于溯因推理。但是，这个溯因推理的特殊之处在于：提出的假设不能离开普遍原理的作用。若没有普遍原理，我们可能提出无数其他的假设，如假设天王星轨道"反

常"是由于温度的变化等。但有了普遍原理以后，假设的选择范围就被大大限制了，只有与普遍原理有关的因素才会被考虑。这时，新行星的存在就成为一个几乎必然要考虑的因素。正确的原理在这里起着一种思维定向的作用：它帮助选择假设，并提高了假设的可靠程度。由于普遍原理的思维定向作用所具有的意义，我们称这一推理形式为定向溯因推理。

为了说明定向溯因推理的应用的广泛性，我们再考虑一个例子。这个例子就是牛顿通过研究岁差（在天文学中是指一个天体的自转轴指向由于重力作用导致在空间中缓慢且连续的变化）现象而预言地球的正确形状。牛顿试图以万有引力定律解释岁差，他发现，如果假定地球是一个"扁球"（赤道直径大于两极直径），便可以由万有引力定律推导出岁差的正确数据。尽管当时的测量报告曾错误地断言地球的两极直径大于赤道直径，牛顿仍相信自己的推断：地球一定是赤道直径大于两极直径的。这里，万有引力定律仍发挥着指导作用。地球的岁差是一已知事实，地球的赤道直径大于两极直径是一假设，它是在万有引力定律的指导下为解释岁差这个事实而提出的，并且存在着如公式（11.1）的蕴含关系，既然事实及原理都是正确的，便可推断假设很可能为真，这显然符合定向溯因推理的模式。

定向溯因推理是科学在理论阶段上发展解释性假说并做出科学预言的重要手段。一般而言，理论科学总是以某种普遍原理为核心，组成一个严密的演绎系统，它力求以最普遍的原理解释对象领域中的一切现象，在遇到"反常"时，理论的核心定律不仅处于不能轻易被否定的地位，而且对于补充新的假说提供指导，定向溯因推理便体现了这种指导作用，因此它是科学在理论指导下做出新的预言的一种特别富于成效的推理方法。

二、综合溯因推理在物理学发展中的运用

　　定向溯因推理之所以可以在科学的理论阶段屡获成功，主要应归功于理论本身的正确性和稳固性。但一切理论毕竟只是相对真理，因此它在一定情况下仍会发生根本性变革，这种变革又是同一定形式的溯因推理——综合溯因推理的运用有关的。

　　我们再讨论一个著名的例子。黑体辐射问题对于量子力学理论的建立所起的作用是人们所共知的。在一定的绝对温度 T 下，辐射强度在波长的极大值处达到最大，并且波长仅与 T 成反比，而与材料等无关。人们试图从理论上推导出反映辐射能量与波长的关系的公式，但没有成功。普朗克参考维恩公式并根据实验结果构造了一个新公式，它圆满地同实验数据相吻合，但问题在于普朗克公式并非理论推导的结果，因此它虽描述了现象，但本身有待解释。普朗克本人也认为，这只是"成功推测的中间公式"。我们假设存在一个被实验的"黑体"x，而普朗克公式所描述的在该黑体辐射中的能量 波长关系为一个现象 A（x），我们要从传统的物理学理论 T 中选取一组具有普遍性的定律 L，试图解释这个事实。可是普朗克发现，只有引入一个假设 B（x）作为辅助，才能达到这个目的，这个假设就是：在辐射中，能量是以同常数 h 有关的某个量为单位而非连续释放的。既然如此，按照定向溯因推理的概念，我们就应该推断这个假设是真实的。可是，这里却出现了一个问题：我们的假设 B（x）是同原来的理论 T 中的某些基本概念相冲突的。这样，普朗克就发现他自己处于一种两难的境地：一方面，若不假定 B（x）为真，便无从解释现象 A（x）；另一方面，B（x）又与原有理论 T 中关于能量连续性的观念相冲突。我们知道，普朗克是带有很大保留地肯定量子假设的，并且，他曾一再试图限制量子概念的使用范围。

时隔不久，爱因斯坦就遇到了同样的问题。为了解释光电效应，再一次需要求诸量子假设。正如爱因斯坦后来写道："我要使物理学的理论基础同这种认识相一致的一切尝试都失败了。"爱因斯坦不同于普朗克的地方表现在他自己所指出的如下一点上："我的兴趣主要不在于普朗克的成就所得出的个别结果，尽管这些结果可能非常重要，我的主要问题是，从那个辐射公式中，关于辐射的结构，以及更一般地说，关于物理学的电学基础，能够得出什么样的普遍结论呢？"他的结论之一就是："普朗克的量子必须被认为是一种直接的实在，因而，从能量的角度来看，辐射必定具有一种分子结构，这当然是同麦克斯韦理论相矛盾的。"这里，爱因斯坦的推理步骤是：第一步，同普朗克一样，运用定向溯因推理预言某一特定的能量传递（释放或吸收）过程存在非连续现象。第二步，果断地断言量子是普遍的客观实在，也就是说，量子现象不仅存在于个别的过程中，而且普遍地存在于自然界中。这里运用的是枚举归纳推理、即由某个问题假设推出普遍存在的情况。第三步，由该假设的普遍存在而推翻与之不相容的传统理论，这是基于演绎推理。将上述三个步骤合并起来，从形式上看，是综合了定向溯因推理、归纳推理与演绎推理的结果，但由于它在理论变革中的特殊的重要性，需要特别予以强调，因此我们把这一形式命名为综合溯因推理。

这里需要说明的是，这一推理虽否定了 T，但并非否定其全部，特别是，必须不伤害 L，即不伤害在解释现象 A(x) 时必须用到的那些本属于经典物理学的定律的有效性，否则，推理便不能成立。

将定向溯因推理与综合溯因推理联系起来，可以较好地解释科学理论的变革问题。例如，当人们发现 β 衰变过程中前后能量不等以后，玻尔和泡利就曾做出不同的选择性判断：玻尔倾向于否定理论定律（能量守恒定律），而泡利则倾向于认为，原先假定的初始条件——衰变过程中的一切射线都已考虑在内——可能是不充分的，因此，他假定有一种未知的粒子被发射出去而带走了能量，如果这一假设成立，则能量守恒定律就可以适用于 β 衰变过程。泡利根据上述考虑，成功地预见了中微子的存在，他使用的逻辑方法是定向溯因推理。因此，当"反常"出现后，科学家有权做出下述选择：否定理论定律或改变初始条件。后者意味着增加新的假设，这就要运用定向溯因推理；前者则意味着对已有理论做出重大变动。而每个科学家在做出上述选择时是有着复杂的理由的，其中可能包括科学家的经验、直觉及种种社会的和心理的因素，这是一个不能完全用逻辑来解析的决策过程，但不论哪种决策，均应服从事实的检验。当科学家选择了运用定向溯因推理以补充新的假说这一途径以后，能否成功地"保护"原来的理论，也还有两种情况：第一种情况，所补充的假说同已有理论不发生任何矛盾，这时，可以认为对理论的"保护"获得了成功，并且理论由于成功地指导了新的假说而证实了自身的预见力。第二种情况，所补充的假说不得不同原有理论的某一部分发生冲突（如普朗克所遇到的情况），这时，就需要使用我们所说的综合溯因推理来否定某些理论，在这种情况下，理论不得不发生变革。

三、溯因推理与原子模型的早期发展

原子光谱的发展带来了原子内部的丰富信息，为原子内部结构建模提供了重要依据；电子的发现则帮助科学家迈过"原子界限"为原子结构建模；放射性的发现与深入研究为原子建模提供了黑箱方法。于是，各种原子模型纷纷涌现，在原子模型的早期发展中，意义较大的有汤姆逊、卢瑟福、玻尔等人建立的原子模型。

（1）从汤姆逊正电球体原子模型到卢瑟福原子有核模型。自道尔顿以来，科学界公认原子是最小的不可入、不可分的实体。但电子的发现使道尔顿的原子"破裂"了，原子理论遭遇了一场革命。这场革命已经历了好几个阶段，现在停滞于夸克层次。1904年，汤姆逊提出正电球体原子模型。他当时认为，电子是组成原子的全部要素，为了解释原子的电中性特征，他假设原子球体内的空间带正电，正电总量与电子负电总和相平衡，电子按同心环均匀分布于这一空间内，并在环中不停地匀

速旋转。他根据经典电磁理论计算出电子在各环上等速旋转的稳定条件和数学表示式,还用此模型解释了原子的稳定性、元素周期表、元素光谱的谱线差异、化合价、放射性等。这是第一个有科学事实基础,而不是哲学想象的原子模型,也是当时在理论上较完善的原子结构模型。因为汤姆逊是电子的发现者和物质的电结构理论的最早提出者,所以该模型被科学界普遍接受,并被类比地赋予好几个名称:西瓜模型、葡萄干布丁模型、面包模型等。但是,该模型中的正电是根据数学推理而来的,并无实验基础,且正电无载体,其正电球体也是一个模糊的概念,同样缺乏实验基础。这些缺陷对于重视实证方法和实验基础的科学家来说很容易引起怀疑。卢瑟福作为汤姆逊的得意弟子,非常了解该模型,并且在研究α粒子的实验中持续关注该模型。1905年,卢瑟福已经认识到能量和质量很大的α粒子在研究原子内部结构中的重要作用。他集中研究α粒子通过物质后受阻滞的现象,并长期将之作为探索原子内部结构的关键性措施。1906年6月,他发现了α粒子通过云母箔时发生了大约2°的偏斜径迹,即α粒子小角散射现象,这使他认识到α粒子在临界速度以上时能够打入原子,由散射和引起原子内电场反应可以探索原子内部结构。事实上,他已经运用了黑箱方法——联想一下汤姆逊原子模型就可以理解卢瑟福的思路。根

据 α 粒子小角散射现象，卢瑟福预测 α 粒子大角散射可能存在，问题是能否在实验中观察到。不久，卢瑟福与盖革在计数 α 粒子时发现云母箔和计数室中的气体分子使 α 粒子产生了散射现象，这使他们认识到 α 粒子散射问题的重要性，盖革因此转向研究该问题。1908 年 6 月，盖革指出散射角与材料的原子量有很大关系。同年 10 月，卢瑟福从布拉格的信中获知他用 α 粒子轰击原子时出现了"径迹急转弯"现象。这两个新的经验反常现象结合 1906 年发现的 α 粒子小角散射现象，进一步引发了卢瑟福深刻的怀疑和合理的猜测，使他更加相信较大的散射角可能发生，所以在进行 α 粒子记数实验时，他们便采用原子量大的金或铂一并做散射实验，他指导马斯顿时说："看一看，你能否得到从金属表面直接反射的一些 α 粒子的效应。"1909 年 3 月，盖革和马斯顿果然发现了 α 粒子的大角散射：采用 1 平方厘米的铂箔作为反射物时，约 1/8 000 的入射 α 粒子被反射，平均反射角为 90°，这种反常的漫反射现象与汤姆逊原子模型相矛盾。卢瑟福在听说自己的猜测变为现实时大感惊讶："这是我一生中最不可思议的事件。它是如此不可思议，就好像是用一个 15 英寸的炮弹轰击一张卷烟纸，而炮弹竟从纸上反弹回来，并击中了射击者。"由此，他展开了深刻的思索与后续研究，追溯 α 粒子大角散射现象的原因。这个事例反映了实验中的经验反常是如何激发"有准备的"科学家的惊奇感的。萨伽德强调：对于反常现象的困惑、惊讶、意外等强烈情感往往能激发科学家执着地寻找引起反常的原因，从而展开扩展性研究。这个事例为之提供了一个不争的事实。如此，"发现始于意识到反常"这句话就更具深意了。与此同时，汤姆逊为了解决这个矛盾，于1910年提出了"小角复合散射理论"，即α粒子打在原子内的电子上，尽管电子的体积和质量很小，但无数个电子对其散射的小角叠加起来，就构成了大角散射。克劳瑟立即用铝和铂材料对β粒子做散射实验，并于1910年6月得出支持性结论：汤姆逊模型预言的曲线形状与实验得出的结果符合得很好。这证实了汤姆逊模型。当时，这个实验被科学界认为是对汤姆逊模型正确性的支持性判决实验。但是，卢瑟福长期从事放射性研究，对α粒子与电子的性质有深入了解，他对克劳瑟的实验产生了怀疑。他进行了严密的数学计算和理论推理，得到的结论使他感到克劳瑟的实验和曲线在凑合汤姆逊的理论，他"完全肯定曲线的开始部分是编造的"。卢瑟福同样怀疑，汤姆逊原子模型中正电均匀分布是出于数学上正负电荷平衡的考虑而做出的假定，并没有实验基础，因而是不可靠的。另外，既然以太不存在，一个空虚的空间如何能够负载正电荷呢？这是没有科学根据的。这样，汤姆逊原子模型在解释新的科学事实上遇到了不可克服的困难与矛盾，其自身的合理性也存在着缺乏实验基础的问题。矛盾出现即问题所在。科学问题大多是在科学理论解释新的科学事实时遇到的困难和矛盾中涌现出来的，科学理论本身的诸多缺陷也是科学问题产生的焦点。既然不能让科学事实去迎合理论，那么，当理论不能解释新事实时，修改该理论或者放弃该理论，建立能够解释新事实的新假说或新理论便成了科学发展的必然要求。同时，这个事例向我们表明了判决性实验的局限性和可错性，也提醒我们要杜绝其中具有偏离性质的人为因素。此事例还显示出具有一定解释力的错误理论，如果不遭遇强劲的反对者，也可能繁荣。这时，卢瑟福深感必须建立一个新原子模型以合理解释 α 粒子的大角散射现象。卢瑟福在否定空虚的原子空间可能负载正电荷的前提下，从 α 粒子大角散射的现象出发，从理论上考虑，"似乎有理由假设大角度偏折是由于单次原子碰撞，因为第二次能再碰到大偏折的机会极小。简单的计算表明，原子一定是处于很强的电场中，才能在单次碰撞中产生这样大的偏折……再将理论推导与实验数据进行比较"。溯因推理的合理猜测在认知上的合理性在此得到体现。1910 年 12 月 10 日，他猜测到原子内存在着集中在一点的很强的中心电荷，它十分强烈地排斥 α 粒子，使之偏转，甚至直接弹回；

1912年8月，卢瑟福将其改称为"核"。这样，卢瑟福创造了原子理论的新概念：原子核。1911年5月，卢瑟福发表《α粒子和β粒子被物质散射和原子结构》一文，提出："考虑高速α粒子通过一个带有N个正中心电荷并被N个电子补偿的电荷所包围的原子。"这就是卢瑟福创立的原子有核模型，通常被类比地称为太阳系行星原子模型。这里充分体现出溯因推理的背景语言的开放性特征，同时显示出经验反常的新奇性、与已有理论的不调和性和隐含意义性特征。隐含意义性即经验反常的意义有可能激发新的解释性假说，这个特征最为重要，因为它导致新概念的产生和新理论的发现，这意味着在认识自然方面的深化与进步，意味着科学知识的增长。

现在，我们可以比较清晰地看到卢瑟福为寻找α粒子大角散射现象的原因所展开的创造性溯因推理的思路历程：1）预先意识。由汤姆逊模型的数学假设与实验缺失，以及小角散射现象，意识到大角散射可能发生。2）扩展研究。在多次受控实验中用原子量大的金箔或铂箔阻滞α粒子，产生α粒子大角散射现象。这就是反常的确证阶段，即由实验结果的可重复性特征认识到反常现象存在。3）经验反常与既有理论相矛盾。汤姆逊模型不能解释α粒子大角散射现象。这就是反常的理论定位阶段。4）猜测新假说。提出原子核概念，建立原子有核模型，以合理解释该经验反常。即单次碰撞导致α粒子大角散射现象，且数学计算结果显示出带正电的、极小的原子核是必要的。

这样，我们就清晰地看到了这个封闭实验系统中的原因事件与结果事件，也清晰地看到了事件中的两个客体及其作用机制：依据同种电荷相互排斥的定律，用α粒子轰击金原子，当α粒子距离金原子核相对较远时，由于在广大虚空中运动的外围电子对于α粒子的阻力小，于是α粒子就直接贯穿过去，或者出现小角散射现象。一旦α粒子靠近金原子核，则质量较大、带强正电场的金原子核就排斥带正电的α粒子，从而导致α粒子的大角散射现象。这样，卢瑟福的原子有核模型就满意地解释了α粒子大角散射的经验反常现象，也满意地解释了α粒子小角散射或直接贯穿的经验现象，以及原子的电中性等，即初步认识到了反常是什么。在进行理论推导后，卢瑟福提出了四点推论。至1913年，盖革和马斯顿用一系列实验证明了"原子中心有很强的电荷，这个中心比原子直径要小得多"。卢瑟福和他的学生就是这样在可靠的实验和严密的论证的基础上，确定原子内部有核存在这一事实，从而否定了汤姆逊模型。

(2) 卢瑟福-玻尔原子模型的诞生。卢瑟福原子模型的理论基础是经典物理学,但不能根据经典物理学解释原子的稳定性和元素的线状光谱。因为按照经典电磁理论,电子连续旋转时必然连续放出辐射和能量,就会产生连续光谱(而不是实验测到的分立的线状光谱),也会在极短的时间内陨落到中心电荷上,从而引起原子崩塌,然而,现实中的原子是相当稳定的。对此,卢瑟福勇敢地说:"原子的稳定问题先不必考虑,因为这个问题显然取决于原子的微细结构和带电部分的运动。"这样一来,从另外一个角度来看,原子的稳定性与线状光谱对于卢瑟福原子模型来说就是经验反常。正是这种反常激发了玻尔在理论上进行后续的扩展性探索以解释这两大反常。玻尔综合了光谱理论、卢瑟福原子模型和量子理论,提出了定态能级与电子跃迁的新概念,并假定电子在定态能级上旋转时不放射能量,解释了原子的稳定性问题,再假定电子只有在高低能级之间跳跃时才放出或吸收能量,这样就产生了线状光谱,并以氢光谱与理论计算数值做对比,证明了该理论的正确性。这样,玻尔修改并完善了原子有核模型,建立了定态跃迁原子模型,学术界称之为卢瑟福-玻尔原子模型。该模型引起科学界的极大兴趣和关注,玻尔回应匹克林谱系问题的出色论证使得科学界普遍接受了该模型。在这里,溯因推理的科学背景语言是开放的,又一次得到充分体现。

第三节　溯因推理与中学物理教学

中学物理教学中传统的"灌输和填鸭式"教学方式被诟病已久，新的探究性教学的方式方兴未艾。中学物理教学的本质是一个师生互动交流、不断深入进行物理探究的过程。通过物理教学活动的展开，学生将获得物理知识，掌握物理方法，从而形成物理学科的基本素养。探究性教学不仅可以较深入地达到对知识技能的理解与掌握，更有利于创新思维与创新能力的形成与发展，即有利于创新人才的培养。

皮尔士认为溯因过程本质上是推导，人类历史上的新的物理知识产生必须通过溯因推理来完成。中学物理教学具有丰富的内涵，可以分为不同的类型。从教学的内容看，物理教学可以分为概念课、规律课、实验课、方法课、习题课等。从教学的方法看，物理教学可以分为讲授式、探究式等。从教学的组织形式看，物理教学可以分为班级授课、自主学习、小组合作等。尽管物理教学形式多样，我们在教学中也没有明确提出溯因推理的思维方法，但实际上因为物理教学的过程对于学生来说就是一个认识新知的过程，学生通过探究活动进行学习的过程可以被看作一个微缩版本的科学发现的历程，所以不论我们怎样将物理教学进行分类，溯因推理的思维方法一定是贯穿了整个教学的始终。

汉森认为溯因推理的思维方法主要应用于理论发现的模式中，也可应用于理论可行性的评价模式中。探究性教学通常包括以下五个环节：创设情境、启发思考、自主（或小组）探究、协作交流、总结提高。其中，创设情境、启发思考和自主（或小组）探究三个环节体现了溯因推理的理论发现的模式，学生可根据已观察现象去猜测其内在机理。在逻辑结构上，它包括以下要素：（1）观察现象陈述；（2）提出导致观察现象的可能原因，即作为猜测性的假说。这就是我们中学物理探究性教学活动中经常提到的"提出问题""猜想和假设""运用逻辑得出结论"。自主（或小组）探究、协作交流、总结提高这三个环节体现了溯因推理可行性的评价模式。

现代教育理论认为，一个优质的教学过程，最好是师生共同参与的问题的研究过程。教师是课堂的主导者，通过物理现象的呈现激发学生探究现象的发生的机理，寻求科学的解释。溯因推理的典型形式就是通过溯因来解释现象。如在进行"研究物体做曲线运动的原因"时，教师可以先让学生观察生活中的各种曲线运动。如图11-1中所示的抛体运动、圆周运动、一般曲线运动等。

图 11-1 生活中的曲线运动

可以通过问题层层递进引导学生进行猜想：

(1) 物体的速度方向为什么变化了？

(2) 如果没有外部作用，物体会怎样运动？

(3) 如果受到和运动在同一直线上的力，物体怎么运动？

(4) 如果受到和运动不在同一直线上的力，物体怎么运动？

通过讨论，学生不难得出猜想"物体受力和物体的运动方向有夹角是物体做曲线运动的条件"。这个不断深入的分析推理，使学生找到了物体做曲线运动的原因。这一过程属于溯因推理的理论发现阶段。紧接着，教师进一步提出问题：同学们的猜想一定成立吗？即引导学生进入溯因推理可行性的评价阶段。学生为了进一步的确定猜想的正确性，会设计一些验证性的实验来验证上面的猜想，如可以做如图 11-2 所示的"磁铁吸引小球改变其运动方向"的实验，或者做"释放细线后圆周运动的小桶飞出"的实验等。通过大量的实例进一步确定猜想的正确性。

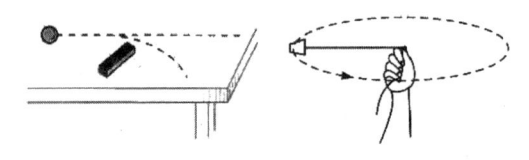

图 11-2 验证性实验

很多时候，教学中的溯因推理的过程往往不是收敛的、一元的过程，更多会经历一个多元溯因推理过程。在教学过程中，对于同一现象，学生可能提出多个猜想，即我们经常提到的思维过程的发散性，思考问题的角度的不同，学生会有不同的溯因方式，提出不同的猜想。面对讨论过程中产生的猜想1、猜想2、猜想3等，这个时候进行充分的溯因评价是关键。

例如：对于"物体的惯性与什么有关"的问题，有的学生认为"惯性与物体质量有关"；有的学生认为"惯性与物体速度有关，速度越大，则惯性越大"；有的学生认为"惯性与物体的位置有关，在不同的地方可能物体惯性不一样"。

面对这样的一些猜想，教师要组织学生进行讨论和分析，可以通过逻辑推理分析，或是实验验证的手段来进行猜想的溯因推理评价。

第一，由于物体的质量越大，同样的力作用在物体上，质量大的物体的运动状态难以改变，也就是物体保持原来的运动状态的性质强一些，物体的惯性大一些。这种现象比较容易观察到，由此可以得出惯性与物体的质量有关。

第二，对于惯性与速度有关的猜想，在学生中比较普遍，速度大的物体运动状态的改变是否更加困难？如何用合适的方式去描述物体的运动状态的改变的难易程度？这是教学的难点所在。教师可以利用控制变量法，在让相同大小的力作用在质量相同但是速度不同的物体上，探究不同速度的情况下物体的加速度大小，来定量说明物体的运动状态的改变与速度无关，即惯性与速度无关。

至于惯性与运动物体的位置的关系的讨论，就更加复杂。可能学生会提出，地球上的物体的惯性和月球上的物体的惯性不一样，理由是月球上的人比地球上的人跳得更高，所以在地球上物体的惯性大于在月球上的惯性。解决这个问题的关键依然是如何理解力和物体运动状态的改变以及惯性三者的关系。月球上的人之所以会跳得更高，是因为月球表面的重力加速度小于地球表面的重力加速度。要讨论惯性和地理位置是否有关，也必须要做好控制变量的工作，即保持外力一定、物体质量一定的情况下，去研究惯性与地理位置的关系才有意义。

当然，学生提出的猜想，可能更加发散和多元，无论猜想如何离奇古怪，教师都要充分尊重这些想法，并尽可能——加以评价，以保持学生的探索热情并培养他们的科学精神。即使学生通过多元的溯因推理后，初步得出了惯性与质量有关，那么能不能说惯性仅仅和质量有关呢？还不能简单的立即下结论，严格来说，还要进行更加广泛的溯因推理的论证。

关于溯因推理在中学教学中的应用，除了简单的一元溯因发现或是多元溯因推理、溯因评价外，还有对思维要求更高的多级溯因推理。多级溯因法是一种逐层探索事物现象原因的思维方法。它是一种连续的溯因模式，即根据事实 A 去猜测可以解释事实 A 的原因 B_1；根据 B_1 的特征，去猜测蕴含 B_1 的上层的原因 B_2……如此连续下去，不断寻找高一层级的原因。不难发现，多级溯因推理在中学物理探究性教学中的应用也是十分普遍的。例如：在讲光谱的时候，会提到人类观察恒星的光谱时发现了恒星的红移现象。这是为什么呢？学生自然会联想到波的多普勒效应可以解释这种光现象。要发生光的波长变长（即红移）现象，则恒星相对于地球是远离的。那么为什么又会产生恒星相对于地球的退行呢？可以引导学生提出宇宙膨胀的猜想。可是问题又来了，如果宇宙膨胀是真的，那么宇宙为什么会膨胀呢？于是可以引出"宇宙大爆炸的理论"。一条因果链条就被建立起来，宇宙大爆炸的理论被提了出来，它很好地解释了人们观察到的恒星的红移现象。教学的过程展现了历史上大爆炸理论提出的根本原因。通过对现象的多级溯因推理，师生共同体验了形成了新的物理理论的历史过程。

下面，我们通过多级溯因来探究布朗运动的成因。

1827年，英国植物学家布朗用显微镜观察悬浮在水中的植物花粉颗粒，发现这些小颗粒永不停息地做无规则运动，这种运动叫布朗运动。人们对布朗运动的成因起先也是不清楚的。直到1877年，德耳索首先指出布朗运动是颗粒受到液体分子碰撞的不平衡力作用而引起的。1904年，法国科学家潘卡雷进一步解释，说明布朗运动是液体分子处于不停息的、无规则热运动的宏观表现。1905—1906年，爱因斯坦和斯莫卢霍夫斯基分别发表了从理论上分析布朗运动的文章。1908年，皮兰用实验验证了爱因斯坦的理论，从而使分子动理论的物理图像为人们广泛接受。在高中物理教学过程中，教师要通过引导将人类探索布朗运动的过程进行浓缩、简化，让学生通过溯因推理对布朗运动进行深入的研究，并得出物质分子在作用不停息的、无规则的热运动的结论。

布朗运动的现象的呈现：

（1）实验器材：

显微镜、红墨水、黑墨汁、两只烧杯（分别装入冷、热水）、滴管一支。

（2）实验过程：

1）调好显微镜。

2）在载玻片上滴上一大滴水，然后滴一小滴稀释的墨汁，盖上玻璃片放在显微镜下观察。

3）在载玻片上再滴上一滴热水后，再继续观察布朗运动与前次看到的有何不同。

（3）实验现象：

1）小颗粒都在不停运动。

2）小颗粒运动的轨迹复杂，各不相同，杂乱无章。

3）有的颗粒运动得快，有的运动得慢，颗粒越小的运动越明显。

4）加上热水后，运动激烈程度增加了。

布朗运动成因的探究：

问题1：为什么小颗粒都在不停地运动而且轨迹杂乱无章呢？

学生猜想1：小颗粒有生命，可以自己游动。

学生猜想2：周围环境中有振动，导致小颗粒运动。

学生猜想3：环境温度变化导致液体有对流，小颗粒随水流动。

对于猜想1，教师可以介绍历史上英国的植物学家布朗在显微镜下观察到的花粉运动。布朗起初也认为花粉的运动是自发的，花粉颗粒是有生命的。可是我们在实验之中使用的是墨水，里面是无生命的碳颗粒。看来猜想1是站不住脚的。实际上布朗也用了当时保存了上百年的植物标本，取其微粒进行实验，他还用了一些没有生命的无机物粉末进行实验。结果是不管哪一种微粒，只要微粒足够小就能发生这种运动。在条件允许的情况下，可以让学生选用不同的微粒做分组实验，通过实验进一步确认微粒的运动不是有生命的自发运动。

对于猜想2，教师可以指导学生从两个方面进行研究：一是能不能创造更加安静、稳定的环境进行实验，如可以找夜间安静的实验室来做实验，进行观察，布朗运动是否消失或是减弱了。二是能不能从微粒运动的杂乱无章去否定这个猜想的正确性，如可以将观察到的布朗微粒的运动与振动的微粒在液体中的运动特征进行比较，发现二者的异同来确认布朗运动的成因是否为振动。事实证明，振动条件下微粒的运动所具有的规律和布朗运动的杂乱无章是不一样的，即使最大限度地避免了环境的振动，布朗运动依然存在，这样就排除了振动是形成布朗运动的原因。

对于猜想3，教师可以指导学生通过制造恒温的环境来观察小颗粒的运动是否还是存在。事实证明，小颗粒在恒温条件下仍能保持杂乱的无规则运动。从逻辑分析上也可以判断，小颗粒的布朗运动不应该是对流引起的，若小颗粒随水流动，则会有不少的微粒的运动情况具有高度的相似性，而通过显微镜观察到的微粒的运动是明显具有各不相同、毫无规律的特征，结合教材中记录三个小颗粒运动情况的图片，即每隔30s记录到微粒的位置后用直线连接起来的图，虽不是小微粒的径迹但也可以看出小颗粒的运动是极不规则的。这就很好地说明猜想3是错误的。

当学生最容易想到的三个猜想被排除后，溯因推理的过程似乎陷入了困境。这时候教师的引导非常重要。教师可以提醒学生，布朗微粒的运动轨迹杂乱无章，说明微粒的运动状态在不断发生改变，根据动力学的理论，物体的速度大小或方向发生改变说明有加速度，而产生加速度的原因又是存在不为零的合外力。那么在排除了布朗微粒自身有生命活动的基础上，不难分析出肯定是外部作用力导致了布朗运动的产生。在教师的引导下，学生进入了多级溯因的过程，进一步思考有哪些外界的物体和布朗微粒有作用。答案很明确，除了地球的引力外，和布朗微粒有接触的就是周围的液体，看来是周围的液体的作用导致了布朗运动。教师可引导学生形成猜想：大量的液体分子在不停地运动撞击小颗粒，导致小颗粒不停地运动。接下来要分析的是为什么在周围液体作用下的布朗运动是杂乱无章的。由于布朗微粒轨迹的杂乱性，通过理论分析可知微粒受到的合力的大小和方向不停在变化。那么布朗微粒的合外力不停地变化又是什么原因造成的？进一步可猜想：布朗微粒周围的液体分子是不停地做无规则运动的，当大量液体分子和布朗微粒相撞时，每个液体分子对布朗微粒都有冲力作用，在每一瞬间各个方向都有大量分子碰撞布朗微粒，而这种冲击作用的不平衡性，即某个时刻，在某个方向的冲击作用比较大，而下一个时刻，又在另一个方向上冲击作用比较大，这就导致小颗粒不停地做无规则的运动，形成了布朗运动。总结起来就是一句话，布朗运动是周围液体分子的杂乱无章的运动导致布朗微粒受冲击作用不平衡引起的。通过多级溯因，提出了重要的两点猜想：一是布朗微粒周围的液体分子是做杂乱无章的运动的；二是这些液体分子对布朗微粒的冲击作用是不平衡的，所以布朗微粒的运动状态不断改变。通过多级溯因得到的理论显然还需要进行溯因评价，即教师要带领学生进行猜想的正确性的讨论，能否用该理论进一步解释更多的现象呢？

问题2：为什么颗粒越小布朗运动越激烈？

根据上述理论，可以解释原因：布朗颗粒越小，来自各方向的水分子的冲力越不平衡，布朗运动越激烈。颗粒较大时，这种不平衡就很不明显，而当颗粒很大时就看不出布朗运动了。

问题3：为什么随着温度升高，布朗运动的激烈程度会增加？

可以进一步提出猜想，温度升高使液体分子运动得更加激烈了。基于这样的判断，液体分子的碰撞更加激烈会导致碰撞的不平衡性更加明显，这就导致小颗粒不停地运动。

通过多级溯因推理，不仅布朗运动的本质渐渐地解开了，还说明了布朗运动的激烈程度与哪些因素有关。通过对布朗运动的成因的不断溯因，学生意识到布朗运动间接反映液体分子在做永不停息的无规则运动。进一步可大胆地外推一切物质分子都在做永不停息的热运动。

第四节　中学物理中"溯因与推理"的教学案例

一、什么样的运动是简谐运动？

教师：如图11-3所示，每两位同学都有一个竖直的或者是水平的弹簧振子，请一位同学沿弹簧方向把小球拉离原来的位置一段距离，然后一起观察小球的运动情况，并归纳这种运动的特点。

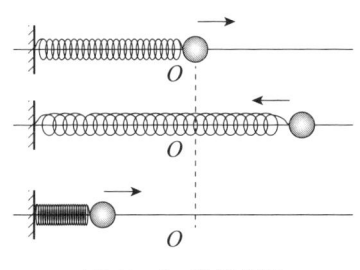

图 11-3 弹簧振子

学生：这种运动的特点是来回往复。

教师：既然是来回往复，那有没有一个中心位置？

学生：有！

教师：物体原来静止在这个对称中心，所以我们把物体原来静止时的位置称为平衡位置，把物体在平衡位置附近的周期性的往复运动称为机械振动，简称振动。振动现象在生活中比比皆是，请同学举几个机械振动的例子，如风中树枝上下晃动，水中浮标在上下浮动，音叉在振动发声，弹簧振子在水平面来回运动，摆球在竖直平面内摆动……

学生：地震，荡秋千，钟摆的运动，琴弦的振动，敲鼓时鼓面的运动，等等。

教师：可见，振动在生活中普遍存在。我们今天就来研究振动中最简单的机械振动，也是一种理想化运动模型——简谐运动。刚刚我们看到的被弹簧连接的小球做机械振动，发现随着时间的推移，这个小球的振动幅度越来越小，最后停止振动，是小球受到空气阻力的缘故。如果我们去除阻力的因素，使用一个光滑杆来控制小球的运动轨迹，而且弹簧采用轻弹簧，这样我们就可以建立一个模型：把一个有孔的小球装在弹簧的一端，弹簧的另一端固定，小球穿在光滑的杆上，能自由滑动，把小球拉向右方然后放开，它就左右振动起来。这时，小球的振动幅度不再发生变化，而且小球的形状和大小相对于它的运动情况来讲可以忽略不计，能看成一个质点——这样的系统称为弹簧振子模型，这个小球就是弹簧振子，简称振子。

二、弹簧振子做简谐运动的特征

教师：这个弹簧振子模型是理想模型。我们之前学过哪些理想模型？

学生：自由落体、质点、点电荷等。

教师：那在研究质点的直线运动时，我们是用哪些物理量来描述的？

学生：位移 x，速度 v，加速度 a，时间 t，x-t 图和 v-t 图协助研究。

教师：我们看到，振动也是一种直线运动，所以我们来研究振子的空间位置随时间的变化规律，也就是说，我们的任务是研究弹簧振子的位移-时间图 $x\text{-}t$ 图。

学生小组合作，两人共同实验，合作绘制振动图像。

先在白纸中央画一条直线 OO' 使它平行于纸的长边，作为图像的横轴。一个同学用手使铅笔尖在白纸上沿垂直于 OO' 方向振动，另一个人沿 OO' 的方向匀速拖动白纸，纸上就画出了一条描述笔尖振动情况的图像。边做实验边思考三个问题：

（1）白纸上 OO' 轴上的坐标代表什么物理量？

（2）若匀速拖动白纸的速度 v 已知，在 OO' 轴上应该怎样标出时间的坐标刻度？

（3）这个图像是不是笔尖的运动轨迹？如果不是，那笔尖的轨迹是怎样的？

学生：（1）白纸上 OO' 轴上的坐标代表白纸的位移，可用刻度尺量出。

（2）只要用位置坐标除以速度 v 就可得时间坐标。由于白纸匀速移动，纸带上位移的均匀变化反映了时间的均匀流逝，因此 OO' 轴上时间刻度均匀。

（3）不是。笔尖的运动轨迹就是一条与 OO' 轴垂直的直线。其中，原点 O 是笔尖的平衡位置。

教师：我们来看纵轴。如果规定向上为正方向，那么这个图像中的任意一点的纵坐标就是笔尖相对于平衡位置的位移，所以这个图像就是笔尖的位移-时间图像。那么，请大家小组讨论，怎么来研究弹簧振子的 x-t 图？

学生：在弹簧振子上固定一支笔，振动的同时，在与它的振动平面平行的平面内匀速移动白纸，笔尖就可以在白纸上画出弹簧振子的 x-t 图。

教师：很好！这里有一个自制的实验器材——振动图像描绘器，它可以描绘简谐运动的 x-t 图（也就是振动图像）。在一个水平弹簧振子的中央固定一根铜丝，桌上放置一块有机玻璃，有机玻璃上面粘连一排用过的墨粉纸盘，电子感应圈通电后产生高压，加在铜丝和墨粉纸盘之间，振子振动时，铜丝和墨粉纸盘不断放电，在它们中间的白纸上不断打点。只要匀速拖动白纸，振子的 x-t 图通过不断打点就记录下来了。

把描绘器打出的点迹展示出来，建立时间横轴和位移纵轴，可以看到：弹簧振子的 x-t 图与数学中学过的正弦图像非常相似。（也可以拍摄弹簧振子运动的视频，把视频分解成帧，然后打开一张空白的幻灯片，把这些照片插入同一张幻灯片中，照片会按拍摄时间的先后一帧一帧地自动向右平铺，接着所有照片左对齐，便能得到钢球在不同时刻的位置。）

通过溯因推理，我们得到理论猜想——假如是正弦图像，则函数表达式为 $x=A\sin\omega t$，$\omega=2\pi/T$，图上我们可以把周期 T 和最大位移 A 读出来，这样，我们就找到简谐运动的运动学规律了。但这只是猜想，怎么来验证呢？

方法一，利用课本上弹簧振子的频闪照片，得到位移-时间曲线。选择若干个位置，用刻度尺量出它们的横纵坐标，代入根据图像写出的正弦函数表达式进行检验。

方法二，测量小球在各个位置的横纵坐标，把测量值输入计算机，用软件做出这条曲线，再用正弦函数曲线拟合。

学生总结：在误差允许的范围内，弹簧振子的 x-t 图是正弦函数图像。我们把振动图像（x-t 图）是一条正弦曲线的振动叫作简谐运动。简谐运动是最简单、最基本的运动，自然界中的很多运动都是由简谐运动合成的。

三、探究简谐运动的运动规律

（一）简谐运动的动力学特征

学生探究：填写表 11-1，记录弹簧振子在简谐运动（如图 11-4 所示）中 x、v、a 随时间的变化规律，并研究振子的位移情况、受力情况、加速度情况和速度情况的对比规律。

表 11-1　弹簧振子在简谐运动中的变化规律

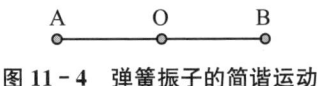

振子	位移	合力	加速度	速度
A→O	减小 方向 O→A	减小 方向 A→O	减小 方向 A→O	增大 方向 A→O
O	最小	最小	最小	最大
O→B	增大 方向 O→B	增大 方向 B→O	增大 方向 B→O	减小 方向 O→B
B	最大	最大	最大	最小
B→O	减小 方向 O→B	减小 方向 B→O	减小 方向 B→O	增大 方向 B→O
O→A	增大 方向 O→A	增大 方向 A→O	增大 方向 B→O	减小 方向 O→A
A	最大	最大	最大	最小

A　　　　O　　　B

图 11-4　弹簧振子的简谐运动

（二）简谐运动与匀速圆周运动

设一小球从 A 点开始在竖直平面上按逆时针方向沿"单位圆"轨迹做匀速圆周运动，有一水平方向的平行光照在小球上，在竖直平面上生成了一个小球的投影，投影在上下振动。若小球做匀速圆周运动的半径为 R，角速度为 ω，经过某一时间 t_1 小球到达位置 P，连接质点的半径在这段时间中所扫过的角度 $\varphi=\omega t_1$，可得，$x_1=R\sin\omega t_1$。从图 11-5 和图 11-6 可知，

x_1 就是 t_1 时刻小球的投影所振动的位移。对任意时间 t，投影振动的位移 $x=R\sin\omega t$。根据三角函数知识可知，x-t 图像是一条正弦曲线。因此，做匀速圆周运动的物体在某一直径方向上的投影的运动，是简谐运动。

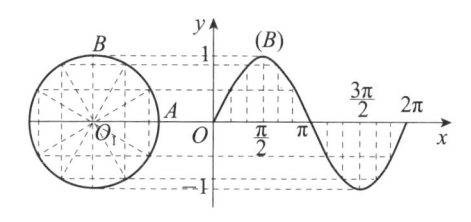

图 11-5 单位圆和正弦曲线

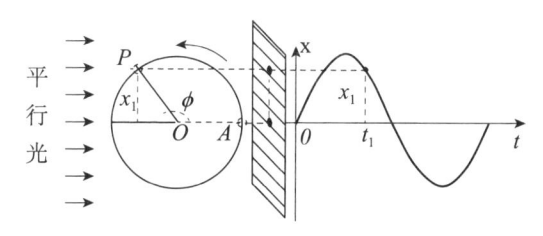

图 11-6 匀速圆周运动质点的投影做简谐运动

（三）简谐运动各物理量变化规律

简谐运动中的弹簧振子模型是应用非常广泛的一个物理模型，在回复力的作用下，振动物体具有很鲜明的运动特征。运动过程中具有代表性的物理量其变化的规律小结如图 11-7 所示：

```
         ┌ 平衡位置：位移及与位移相关联的回复力、加速度、势能
   特殊 │ 有最小值速度及与速度相关联的动能、动量有最大值。
   位置 │ 最大位移：位移及与位移相关联的回复力、加速度、势能
         └ 有最大值速度及与速度相关联的动能、动量有最小值。

         ┌ 平衡位置 ⟶ 最大位移：位移及与位移相关联的回复力、
         │ 加速度、势能逐渐变大。速度及与速度相关联的动能、动量
   典型 │ 逐渐变小。
   过程 │ 最大位移 ⟶ 平衡位置：位移及与位移相关联的回复力、
         │ 加速度、势能逐渐变小。速度及与速度相关联的动能、动量
         └ 逐渐变大。
```

图 11 - 7 简谐运动各物理量变化

必须注意到，在分析解决简谐运动问题时，要注意位移、回复力、加速度、速度、动量等物理量具有矢量性，另外，简谐运动还具有一定的对称性特点，即做简谐运动的物体，在通过对称于平衡位置的两个位置时的一些物理量具有对称性：

（1）相对于平衡位置的位移大小相等，方向相反。

（2）速度大小相等，方向可以相同，可以不同。

（3）加速度、回复力大小相等，方向相反。

（4）从一个位置直接到达平衡位置的时间与从平衡位置直接到达另一位置的时间相等。

（5）从一个位置直接到达最大位移的时间与从最大位移直接回到该位置的时间相等。

结语

基于传统的演绎逻辑和归纳逻辑在科学发现中都不能产生新知识的观点,皮尔士提出了溯因推理理论,用以弥补演绎和归纳的不足。经过溯因推理获得的新知识,较之由传统的演绎和归纳获得的知识,有如下显著优点:(1)溯因推理是个开放的逻辑推理过程,从溯因的假设产生和选择,到演绎的理论推导,再到归纳的经验验证,从而动态地获得知识,即"溯因推理→演绎→归纳"循环不止。而传统的由演绎和归纳得来的知识是个封闭的系统。(2)溯因推理颠覆了传统的逻辑推理过程,强调从果出发,推断出可能的因(假设)。证伪的假设被剔除,而证实的知识成为新知识体系的构成部分。而传统的演绎知识永远为真,无须证明;归纳知识或许为真,无法证明(存在有无数个案,无法一一证实)。(3)溯因推理逻辑过程本身有助于学生培养批判思考的能力。溯因推理强调个体的猜测本能,促使我们在面对新的问题时,不怨天尤人,不囿于传统,敢于创新。假设的产生和选择的过程就是对已经演绎和归纳的知识的"反叛"和"批判式"接受。(4)在溯因推理中,前提也许是不完全的,但人们从这样的前提可以得出有用的结论。当我们必须做出行动时,在没有可利用的客观证据时,这种推理就成为行动的向导。(5) 一般而言，科学原理的发现是较为复杂的，所运用的推理形式也是多种多样的。但由于科学原理的不可直接观察性与猜测性，在其发现过程中，溯因推理起着十分突出的作用。因为科学原理的发现需要创造性思维的加工，而溯因推理因受其他条件制约的程度较小，可以为创造性思维拓展航道，帮助人们根据已知现象结合背景知识去猜测隐藏于现象深处的机理。虽然人类具有正确的猜测本能，但是溯因推理并不像演绎一样是必然推理，它只是或然推理，也就是说它的假设能力过大，溯因推论只是貌似真实，因此不像演绎，溯因不能保证真实，它产生的新知识或许是错误的。此外还要注意到，溯因推理的助发现功能只是潜在的，其功能的真正发挥还需一些有效性条件。

第十二章　基于批判性思维的深度学习模型

  教育，不能没有虔敬之心，否则最多只是一种劝学的态度，对终极价值和绝对真理的虔敬是一切教育的本质。——雅斯贝尔斯

  科学的态度是批判的态度，它不寻求证实而寻求判决性检验，这些检验能反驳被检验的理论，虽然它们绝不可能确证它。——波普尔

  课堂是课程改革的"最后一公里"。科学精神、学会学习和实践创新是我国学生发展核心素养中的要素。前几章重点讨论了批判性思维能力在物理学科维度上的表现，科学家是如何运用批判性思维能力思考问题的，以及中学课堂教学如何培养学生的批判性思维能力。那么问题来了，在课堂教学中，如何

教会学生"像科学家一样思考"呢？

第一，要思考什么是科学。"科学"一词源于英文 science，蕴含有知识和智慧之义。北大物理学泰斗赵凯华先生提出：科学的基本理念是两条，一是理性思维（合乎逻辑），二是尊重实验。即不屈从权势，不迷信权威，科学的命题必须是能够由实验来证伪的，并认为这是辨别真伪科学的分野。

第二，要思考什么是科学素养。科学素养，一般意义上是指具备基本的科学知识、运用科学方法的能力、掌握科学思维和科学思想，以及运用科学技术处理社会事务、参与公共事务的能力。据统计，我国在 2018 年具备科学素质的公众比例达到了 8.47%。此比例是衡量一个国家是否进入创新型国家行列的重要标准。

为什么要教会学生"像科学家一样思考"？2020 年 1 月，教育部着眼于国家对人才的战略需要，为培养拔尖创新人才而实施"强基计划"。国际上，美国已经把其 21 世纪学习框架中人才培养的 18 个要素聚焦为"4C 核心素养"，再聚焦核心素养的心脏（the heart of key competencies）——"反思"。反思的本质就是对思维不断批判、不断重新认知的过程，因此，课堂教学应该提供给学生真实的问题场景，让学生在与情境的持续互动过程中开展观察、实践、评价与反思，从而发展学生分析、评估和创造等高阶思维能力，竭力让学生学会"像科学家一样思考"。

帕斯卡说："人的全部尊严就在于思想。"教育的目的，必然包含优秀思维品质的培育。然而在学校教育实践中，以"传递—接受"为范式的教学传统仍然处于支配地位，学生的学习多呈被动、肤浅的状态。由于缺乏对学习内容的深入理解，学生无法有效地将知识迁移到实际问题的解决中。以知识化、网络化为特点的未来社会往往要求学生掌握批判与创造、乐于协作、善于沟通等综合素养。学习的最终目的，在于达成知识的应用、分析、综合、评价，直至创造，实现对于知识的深度加工、融合与运用。作为教育实践者，我们一直在思考如何建构利于学生创新精神与实践能力培养的教学模型。鉴于批判性思维是深度学习的基本要素，可以基于批判性思维的学习与运用，达成对于知识的深度加工，实现深度学习。因此，本章尝试通过对批判性思维与深度学习内涵、特征与内在联系的分析，建构一个基于批判性思维的深度学习模型，以期为学生核心素养的培育提供教学模式的参考。

第一节　批判性思维与深度学习

一、深度学习的内涵

汉语中的"深度学习"对应两个英文术语：deep learning

与 deeper learning，但两者归属于不同的学科领域。计算机领域的"深度学习"（deep learning），又称"深层结构学习"（deep structured learning）或"层级学习"（hierarchical learning），是机器学习中一种基于对数据进行表征学习的方法。教育学领域的"深度学习"（deeper learning），是相对于"浅层学习"（shallow learning）而言的。两种英文术语译文的雷同引发了一些学者的误解，使其发出"机器都会深度学习了，更何况人！"这样的哀叹。

教育学领域里关于深度学习研究，始于瑞典学者弗伦斯·马顿（Ference Marton）和罗杰·萨尔乔（Roger Saljo）对学习过程中学生信息处理方式差异的研究。在他们的实验中，两组学生阅读相同的文本内容（由两部分构成），却作答侧重有所不同的试题。两组被试读完文本的第一部分以后，分别作答两套题：一套侧重知识细节的记忆（浅层学习小组），另一套侧重基于知识理解的运用（深层学习小组）。完成后，两个小组继续阅读文章的第二部分，此时两组学生的学习行为出现了较大差异：浅层学习小组的注意力会集中在文本信息本身，大量采用死记硬背的方式，而深层学习小组则有着较高的加工水平，会对作者观点进行更加深刻的理解。从这项实验可以看到，学生会根据不同的任务要求转移注意力，采用不同的信息加工方式，表现出不同的信息加工层次，即深度学习和浅层学习。

国内学者黎加厚等在综合国内外相关研究的基础上，明确给出了深度学习的定义：深度学习是学习者在理解的基础上，批判性地学习新的思想和事实，将它们纳入原有的认知结构中，并且能够联系不同的思想，将已有的知识迁移到新的情境中，做出决策和解决问题的学习。以此考察课程改革中涌现的众多教学模式，如发现学习模式、抛锚式教学模式、随机进入教学模式等，它们都以促进学生的深度理解能力、知识迁移能力以及问题解决能力为目标指向，因而都属于深度学习的范畴。

美国研究院（American Institutes for Research）所建构的深度学习概念非常利于学校的课程教学实践。他们将深度学习定义为学生胜任未来变动不居的职业与公民生活所必备的学习能力与方式，包括娴熟掌握核心学科内容、高阶思维以及积极的学习意愿。深度学习有助于学生应对未来社会对他们提出的诸多要求，如分析推理能力、复杂问题解决、协作沟通等。美国研究院所构建的深度学习能力框架如表12-1所示：

表 12-1 深度学习能力的构成要素

领域维度	能力维度	基本内涵
认知领域	掌握核心学术内容	建构扎实的学术知识基础，并利用它完成各类新任务
	批判性思维与问题解决	进行分析性、创造性思考，设计解决问题的方案
人际领域	有效沟通	在书面、口头表达中清晰地组织数据、结论和观点
	协作能力	建立共享目标、团队合作
自我领域	学会学习	监控、管理学习过程与结果
	学术心智	形成积极的学习态度、学业信念和学术身份认同

由此可见，注重学术内容学习过程中的批判性思维与问题解决能力培养，并基于此发展学习策略意识、乐学态度，以及协作交往能力，是深度学习的基本特征。

二、批判性思维的内涵

批判性思维是英文术语"critical thinking"的汉译，其基本含义可从英文词源进行考察。"critical"源于希腊语的两个词根：一个是"kriticos"（辨别、判断），另一个是"kriterion"（标准），批判性思维的基本含义就是"运用恰当的评价标准，进行有意识的思考，最终做出有充分根据的判断"。美国批判性思维运动开拓者恩尼斯给批判性思维所下的定义与此基本相同：批判性思维是为了决定相信什么或做什么而进行的合理的、反省的思维。

就批判性思维能力的构成要素看，学界存在着众多模型。1987年，美国哲学协会（APA）委托哲学家彼得·法乔恩（Peter Facione）召集众多专家，采用"德尔菲法"，经过两年多的充分探讨、求同存异，建构了批判性思维的双维结构模型。他们将批判性思维界定为认知与情感两个维度。认知维度包括6项技能：阐释、分析、评价、推理、解释、自我调节，其中的分析、评价和推理为核心技能；情感维度包括好奇、自信、开朗、灵活、公正、诚实、谨慎、好学、善解人意等。

理查德·保罗（Richard Paul）和琳达·埃尔德（Linda Elder）提出了三元结构模型，主张批判性思维由思维元素、思维标准和思维特质三个维度构成，即：思考者运用思维标准（清晰性、精确性、准确性、重要性、相关性、完整性、逻辑性、理据性、广度、深度）对思维的各个要素（目的、问题、信息、概念、假设、视角、推理、启示）进行辨析，以发展优秀的思维特质（谦恭、独立、正直、勇敢、坚毅、自信、同理、公正）。

国内学者林崇德提出了批判性思维的三棱结构模型，包含六种因素：思维目的、思维过程、思维材料、思维自我监控、思维品质、思维中的认知与分认知因素。三棱结构模型与 Paul 和 Elder 提出的三元结构模型有较多的相似之处。该模型的特点在于将自我监控置于顶部，统领思维全局，体现出批判性思维的反思性和有意性。国内学者文秋芳在综合各类模型的基础上，依据中国学生的特点和语言思维传统（其将 critical thinking 译为"思辨"），建构了批判性思维层级模型，如表 12-2 所示。

表 12-2　批判性思维层级模型

元思辨能力（自我调控能力）——第一层次		
思辨能力——第二层次		
认知		情感
技能	标准	
分析（归类、识别、比较、澄清、区分、阐释等） 推理（质疑、假设、推论、阐述、论证等） 评价（评判预设、假定、论点、论据、结论等）	精晰性（清晰、精确） 相关性（切题、详略得当、主次分明） 逻辑性（条理清楚、说理有根有据） 深刻性（有广度与深度） 灵活性（快速变化角度、娴熟自如地交替使用不同思辨技能）	好奇（好疑、好问、好学） 开放（容忍、尊重不同意见，乐于修正自己的不当观点） 自信（相信自己的判断能力、敢于挑战权威） 正直（追求真理、主张正义） 坚毅（有决心、毅力，不轻易放弃）

层级模型列举了三种主要的认知技能：分析、推理和评价，并将三元结构中的思维标准精简为 5 条，将批判性思维的情感特质精简为 5 项。层级模型比较符合中国人的语言习惯和

思维方式，可以为批判性思维的培养提供切实的指导。

三、深度学习与批判性思维的关联

通过对深度学习、批判性思维的内涵与特征的分析，我们不难发现两者存在着内在的联系。首先，批判性思维是学生达成深度学习的重要保障和基本路径。深度学习各项要素的实现，有赖于高阶认知活动的介入，失去了知识的批判性建构与运用，深度学习便丧失存在的基础。其次，批判性思维是深度学习的基本要素和目标。深度学习能力由众多要素构成，批判性思维位列其中，且具有一定的特殊性：作为一种优秀的思维品质，它可以渗透于深度学习的其他要素。图 12-1 描述了深度学习中批判性思维的特殊作用。

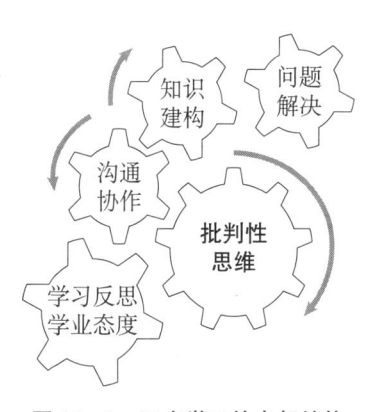

图 12-1　深度学习的内部结构

具体而言，批判性思维促进学生基于审慎分析、推断和整合，深度理解和建构知识；批判性思维帮助学生多角度审视知识，建立理性、周密的认识，提升沟通与协作的质量与水平；批判性思维具有反省性，激励学生监控自身的思维活动，养成严密、谨慎的思维习惯，促进学生优秀学业态度的形成。此外，问题解决是达成深度学习的重要机制，批判性思维能够帮助学生准确感知问题、全面考察问题成因、形成合理的方案假设，并在知识运用过程中进行有效的评价反馈，实现知识的深度建构。

第二节　基于批判性思维的深度学习模型

一、深度学习的一般过程

建构主义学习观强调知识是学习者主动建构的。知识建构所涉及的思维活动远非简单的记忆和存储，它依赖于学生对知识进行多层次的认知加工，包括分析、综合、推理、评价、综合、创造等高阶思维活动，而这些思维活动正是批判性思维能力的基本要素。这种批判加工通常发生于一定的问题背景下，赋予知识以意义和情境。皮连生首先基于广义知识的学习过程建构深度学习的一般过程（如图12-2所示）。

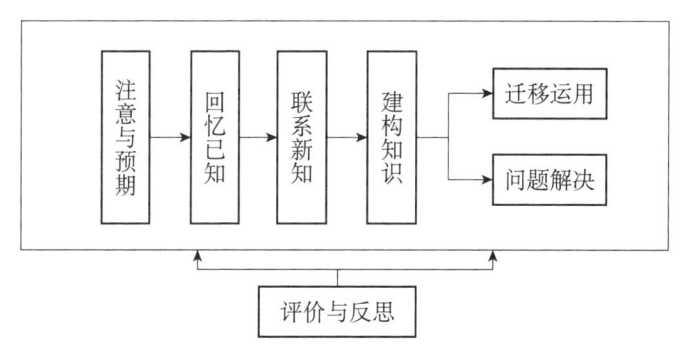

图12-2 深度学习的一般过程

在深度学习的一般过程中，"注意与预期"和"回忆已知"主要指学生感知刺激材料，这是绝大多数学习都会经历的过程，是深度学习的必要基础。"联系新知"和"建构知识"构成了深度学习的基本要素，学生由此可以实现知识的基本学习，但未能达到较高层次的深度学习。通过"迁移运用"，学生得以在新情境中运用新知，达成知识的巩固和深度理解；而通过"问题解决"，学生能够在复杂情境中运用知识解决问题，实现更高程度的深度学习。在整个学习过程中，学生可以随时对学习状态进行"评价与反思"，以此判断、调整、优化学习进程。为了便于分析，深度学习被描述为线性递进的过程，而实际上我们可以围绕某个问题建立学习情境，将"注意与预期""回忆已知""联系新知"等过程嵌入问题的解决过程中，由此凸显它们的学习意义和目标指向。此外，深度学习所包含的诸多环节相互联系和影响、循环往复，有些环节可能反复出现。

二、基于批判性思维的深度学习模型

以深度学习的一般过程为基本框架，凸显批判性思维技能对深度学习的促进作用，可建构起"基于批判性思维的深度学习模型"（如图 12-3 所示）。

图 12-3 展示了"基于批判性思维的深度学习模型"。左侧的虚线框呈现了深度学习的一般过程，右侧的虚线框呈现了批判性思维的相关技能，两框之间的箭头表明了批判性思维对深度学习活动的促进作用。

首先，在学习的初期，通过"识别问题"和"明确目标"，学生将知识与其产生的问题背景相联系，明晰知识产生的目标价值取向。通过深度剖析知识产生的来龙去脉，有效避免了知识的孤立学习，为知识的抽象提炼提供更为丰富、深刻的经验背景。

在"激活原有知识"（即回忆已知）和"选择性知觉"（即联系新知）阶段，学生通过批判性思维，感知、收集、梳理与

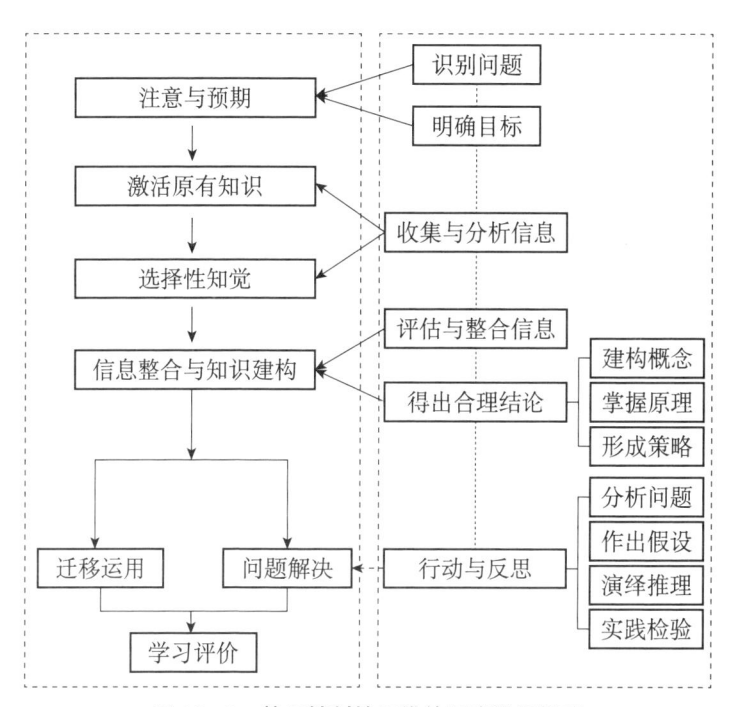

图 12-3 基于批判性思维的深度学习模型

当前所学知识相关的信息内容,将注意力引向重要的内容细节;在"信息整合与知识建构"阶段,学生通过评估、整合信息,将新学知识与相关旧知建立内在关联,形成合理的判断,即建立有关概念、原理、策略的理性认识。

"迁移运用"和"问题解决"最能体现深度学习的基本特征。两类活动促使学生突破知识的简单记忆,达成知识的深刻理解与灵活运用。"迁移运用"和"问题解决"均要求学生在新的问题情境中运用所学知识界定问题、分析问题、提出假设、行动反思，而这恰恰蕴含着批判性思维的基本过程。通过批判性思维的运用，学生基于相关信息，有效分析问题的关键因素，提出解决方案的合理假设，然后基于演绎推理或实践检验，获得有关方案施行的结果信息，并在不断的反思检验中深入地认识问题。通过这样的理解、应用、反思历程，学生得以从多样角度、多层次理解知识，实现知识的深度、多维建构。特别需要说明的是，深度学习模型，未将"沟通协作"这一深度学习要素明确列入。其实，知识学习的整个过程穿插着学生的表达活动和协作探究活动。批判性思维有助于学生建构更加缜密的观点和认识，并基于公开的表达或小组的协作获得反馈和改进，进而构建更为周详的思想。所以，沟通协作是学习活动的应有之义。

第三节 课堂教学案例的具体实施

随着发展学生核心素养成为课程改革的基本价值追求，培养创新性人才逐步成为学校教育的一个重要目标。深度学习所内含的批判性思维、问题解决、沟通协作等，均是学生适应变动不居的未来社会所应该具备的关键能力与必备品格。鉴于批判性思维在深度学习能力结构中的特殊地位，本节以教材中"追寻守恒量"这一章节教学内容为例，在建立深度学习一般过程的基础上，以基于批判性思维的深度学习模型为载体，将该模型与物理学科教学相结合，以实验研究验证其学习效果，意图通过思维课堂与深度学习相整合，希望学生能提高自身的知识建构、迁移与运用水平，建构学生运用批判性思维和高阶思维的能力与品质。

"追寻守恒量"这一章节是物理新课程改革的新增内容，文字内容虽少，思想地位却极其重要。这需要教师根据学情和自身研究特长进行有目的的扩展，具体说来有三方面：一是从生活现象中感悟守恒的思想种子，知道自然界中存在着多种守恒，守恒是自然界的重要规律；体会寻找守恒量是科学研究重要的思路，也是解决问题的途径。二是从物理学角度挖掘相关物理量守恒的实验，运用实验观察分析与数学推理分析，让学生经历类似于科学家的研究过程，从实际情景中抽象概括出某种关键因素，运用已有的知识和方法，迸发灵感，升华出新概念或新观念。三是从物理学史角度介绍能量守恒的发现历程，了解人类追寻"能量"这一守恒量的探究过程，体验守恒思想的重要意义，增强学生的科学意识，提升科学探究能力和促进其科学思维的形成。

一、生活情境，体验科学建模

先引导学生细读文本内容，接着设计一个小实验，利用玩具魔方，故意让其掉落在地上，散落讲台前各处，然后让学生寻找遗失的部分，结果发现还是缺少一块。提问：

教师：在确保刚刚魔方是完整的情况下，如果给你足够的时间，我们能不能找到？

学生：能。

教师：是什么坚定你可以找到的信念？

学生：魔方块是不可能无故消失的，其总量是保持不变的。

调动出学生的兴趣之后，教师再给学生讲一个"淘气的丹尼斯"的小故事，增加生活中案例的复杂性，联系数学公式进行逻辑推理，同时抽象出守恒的概念，让学生体会生活中的守恒思想。

教师：有一个叫丹尼斯的孩子，他有一堆积木，这些积木是绝对不会损坏的，也不能分成更小的东西。每一块都和其余的相同。我们假定他共有28块积木。每天早上他的母亲把他连同28块积木一起留在一个房间里。到了晚上，母亲出于好奇心很仔细地点了积木的数目，于是发现了一条关于现象的规律——无论丹尼斯怎样玩积木，积木数仍旧是 28 块！这种情况继续了好几天。

直到有一天，她发现积木只有 27 块了，但是稍许调查一下就发现在地毯下面还有一块——为了确信积木的总数没有改变，她必须到处留神。然而，某一天积木的数目又有些变化，只有 26 块了！原来窗户已经打开，再朝窗外一看，她就发现了另外的两块积木。

又过了几天，丹尼斯的母亲经过仔细的清点，发现总共有 30 块积木！这使她相当惊愕，了解之后才知道布鲁斯这个孩子曾带着他的积木来玩过，并留了几块在丹尼斯的房间里。自从丹尼斯的母亲拿走了多余的积木，把窗关上，并且不再让布鲁斯进来以后，一切都正常了。

直到有一次，她清点时发现只有 25 块积木。然而，在房间里有一个玩具箱，她走过去打开这个箱子，但是丹尼斯大声叫喊道："不，别打开我的箱子。"不让她打开玩具箱。这时她想出了一个办法，她知道 1 块积木重 3 英两，有一次当她看到积木有 28 块时曾经称过箱子的重量为 16 英两，这一次她想核对一下，就重新称了一下箱子的重量，然后减去 16 英两，再除以 3 英两，于是就发现了以下的式子：

$$\text{所见到的积木数} + \frac{\text{箱重} - 16 \text{ 英两}}{3 \text{ 英两}} = \text{常数}$$

接着，好像出现了某种新的偏差，但是丹尼斯的母亲仔细研究后又指出，浴缸里的脏水的高度发生了变化，孩子正在把积木扔到水里去，只是她看不见这些积木，因为水很混浊，不过在她的公式里再添上一项就可以查明在水中有几块积木。由于水的高度原来是 6 英寸，每一块积木会使水升高 1/4 英寸，因此这个新的公式将是：

$$所见到的积木数 + \frac{箱重-16 英两}{3 英两} + \frac{水的高度-6 英寸}{\frac{1}{4} 英寸} = 常数$$

支撑母亲积木数目 28 块不变的信念是什么？

学生：物质不灭，积木数目总量守恒。

二、实验探究，领悟科学方法

物理离不开实验，实践是检验真理的唯一标准。为了使学生对守恒思想有所感悟，教学中设计了各类不同实验，采用类似于科学家的研究范式，运用"实验—归纳"思维，让学生对科学研究过程有所体验，从实际情景中抽象出能量、动能、势能等概念，提升学生的认知能力。

实验 1："小球碰鼻子"。一位"勇敢"的同学将铁球拉到鼻子位置从静止释放（如图12-4所示），观察小球的运动情况以及在球再次摆回来时学生的反应。

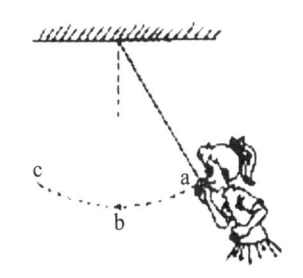

图 12-4 "小球碰鼻子"实验

实验 2："弹簧振子"。弹簧振子是一个不考虑摩擦阻力，不考虑弹簧的质量，不考虑振子的大小和形状的理想化的物理模型。图12-5是气垫式弹簧振子，把振子拉出平衡位置后，观察其在振动时位置坐标变化的特征。

图 12-5 "弹簧振子"实验

实验 3："麦克斯韦滚摆"。当捻动滚摆的轴（如图12-6所示），使滚摆上升到顶点时，贮存势能。然后松开滚摆，开始旋转下降，观察实验现象，会发现滚摆下降时速度变大，到最低点后，它又开始缠绕悬线使滚摆上升。如果没有任何阻力，滚摆每次上升的高度都相同，上下滚动中最大高度几乎不变，好像它"记得"原来上升的位置。

图 12-6 "麦克斯韦滚摆"实验

实验 4："弹性碰撞球"。拉起一个小球，让其碰撞其他静止的小球，结果原先被拉起的小球会突然静止，而原先静止的最后一个小球会接过第一个球的速度，运动到第一个小球被拉起的高度，而且好像"记得"原来的高度，然后落下，如此来回往复（如图 12-7 所示）。实验中还可以拉起两个小球、三个小球……让学生观察现象，同时教师不断强化"记得"原来的位置。

图 12-7 "弹性碰撞球"实验

由上可知，似乎在这些实验现象的背后，好像隐含着某一个物理量是守恒的，这个守恒量到底是什么呢？人们也是在长期的观察中发现这样的事情的，其中伽利略的理想斜面实验就已经显露出了寻求这种守恒思想，我们来看看伽利略的理想斜面实验，分析运动过程的特殊状态。

实验5："伽利略理想斜面"。让小球从左边某一高度静止滑下（如图12-8所示），最终它不仅能滚到右边相同的高度，而且能回到初始位置；若将右边的斜面变得平缓些，会发现小球运动的路程更长了，但还是"记得"原来的高度……

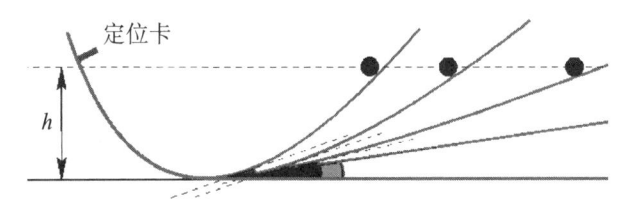

图12-8 "伽利略理想斜面"实验

教师：如果将右边的斜面变成水平，那么小球的运动又将如何呢？

学生：小球将一直运动下去。

教师：为什么会出现这种情况，你的理由呢？

学生：因为小球"记得"原来的高度，但又达不到原来的高度，所以要一直"追寻"下去。（运动过程中能量守恒）

以上实验有一个共同的特点，就是"记得"某种东西，经过长期的研究，科学家把记得的这个东西叫作"能量"。"能量"是一个高度抽象和概括的概念，是牛顿留给我们的少数没有研究的力学概念之一。

进一步分析"伽利略理想斜面"实验，被抬高的小球释放后能够向下运动，我们说小球就有能量。教师阐述"势能"的定义，并强调小球的这种能量叫作"重力势能"，列举生活中其他情况下的重力势能，如生活中打夯、雪崩，水力发电站高处的水……

教师：在小球向下运动的过程中，重力势能逐渐减小，能不能说小球的能量消失了呢？

学生：不能。

教师：为什么？

学生：小球的重力势能转变成了小球的动能。（能量转化与守恒）

总结：教师阐述"动能"的定义，列举生活中其他现象中的动能，如飞奔的运动员、踢出去的足球……

三、逻辑论证，体现科学思维

逻辑论证过程重视的是演绎推理，即从一般性的前提出发，通过周密推导（即演绎），得出具体结论的过程。演绎推理的逻辑形式对于理性的重要意义在于，它对学生培养科学思维的严密性、一贯性有不可替代的作用。在教学中，可再次突出物理建模思想，对"伽利略理想斜面"实验进行逻辑论证（如图 12-9 所示）。

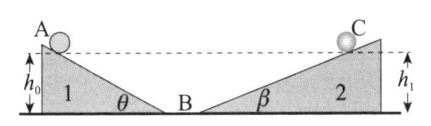

图 12-9　"伽利略理想斜面"实验建模

教师：小球在 A→B、B→C 阶段如何运动？这两段运动过程又有何联系？

学生：A→B，小球做匀加速运动；B→C，小球做匀减速运动，且 B 点处的速度承上启下。

教师：可否证明小球到达另一斜面的最大高度 $h_0 = h_1$？

学生：运用牛顿第二定律与匀变速直线运动规律进行推导证明（略），可得结论 $h_0 = h_1$。

教师：如果 β 角发生变化能证明上升的高度依旧等于 h_0 吗？

学生：可以，证明方法同前一致。

总结：小球仿佛有灵气，能"记得"初始高度。小球每次都能到达另一斜面的相同高度处，那"记得"究竟蕴含了什么物理原理呢？

教师引导学生进行深度思考，"记得"这一说法只是关注小球在整个运动过程中的初、末两个状态，事物变化的规律应该是由过程决定结果。由此猜想：小球在运动中的各个位置是否存在"守恒量"？

学生：猜想1，h和v之和守恒。猜想2，h和v以一定的形式守恒。

教师：请同学们注意，思考第一个猜想，这里有量纲上的差别，即需要体会数学量和物理学量的区别。思考第二个猜想，你们能不能给出一个定量的表达式呢？

学生：继续探究……

教师此时要视学生的研究进展情况，适时给出指导，或设置引导性问题，提醒学生运用所学知识来处理问题："如果一个小球由静止开始沿光滑斜面运动可否，建构出小球在不同位置的高度与速度相关联的表达式呢？"如果学生学情不够理想，还可以进一步搭建学习台阶，降低学习坡度，可设置三个台阶。

台阶1：对于整个运动过程，可以选取小球下降阶段作为研究对象，建立物理模型。

台阶2：这个物理量虽是未知的，但不要随意猜想，可以从学过的"力与运动"的知识体系中出发，进行探寻。

台阶3：在所学的知识当中，有没有处理"一个小球由静止开始沿光滑斜面运动，将不同位置的高度与速度联系起来的表达式"？

学生：自主探究，协作交流。

$$v^2 - 0 = 2ax \qquad ①$$
$$x = (h_0 - h_1)/\sin\alpha \qquad ②$$
$$a = g\sin\alpha \qquad ③$$

由①②③得：

$$v^2 + 2gh_1 = 2gh_0$$

教师：如果两边都乘以 $\frac{1}{2}m$，则得到了物理学中的动能和势能表达式，这就是我们苦苦追寻一种守恒量（能量）。

总结：师生共同协作研究，抽象概括出了势能和动能的概念。此处对学生思维品质要求较高，也是体现理性思维和数理逻辑的过程，由于学生的知识学习进程和思维能力的局限，在课堂教学时，教师可以起主导作用，循序渐进，引导学生体会能量的转化与守恒的思想。

四、评价反思，感悟科学本质

通过实验探究与理论探索，学生会认为"能量"这一守恒量的学习确实迷人。但这不是教学的全部，教学中既需要让学生体会能量守恒在整个自然科学中的普遍性，也需要让学生认识到，任何一种科学探索都不是一蹴而就的，它需要漫长的时间积累。笔者了设计两个案例供学生来探究学习。

一是从物理学史的角度，回顾能量守恒思想的发展历程，"能量转化和守恒定律"的提出必须建立在三个基础之上：（1）对热的本质的正确认识；（2）对物质运动的各种形式之间的转化的发现；（3）相应的科学思想。到了19世纪，这三个条件都已经完全具备。因此，能量守恒定律的发现是人类对自然科学规律认识逐步积累到一定程度的必然结果，向学生说明，它诞生时和今天课堂高度浓缩版的探索的机械能守恒并不一致，其实它始于热机效率的探索，与机械能和热能的定律相联系。让学生查询资料学习"能量守恒定律"的发现时间简史。

1842年，迈尔发表了论文《论无机界的力》，提出机械能和热量的相互转换原理。

1843年，焦耳在《哲学杂志》上发表了测量热功当量的实验报告。

1847年，亥姆霍兹出版了《论力的守恒》一书。全面论述了机械运动、热运动以及电磁运动的"力"互相转换和守恒的规律等。

其他科学家也做出不同程度的贡献,如法国的卡诺于1824年,德国的莫尔于1837年,法国的塞甘于1839年,生活在俄国的瑞士化学家赫斯于1840年,德国的霍耳兹曼于1845年,英国律师出身的电化学家格罗夫于1846年,丹麦的柯耳丁于1847年,以及法国的伊伦于1854年,都曾独立地发表过有关能量守恒方面的论文,对能量守恒定律的发现做出了贡献。

需要指出的是,在这段历史时期内,之所以各国科学家都能独立地发现能量的转化与守恒定律,是由当时的生产力发展所决定的。在18世纪,蒸汽机大量使用,工业蓬勃发展,尤其是在炼铁业、纺织业中,工程师对热机效率和机器中摩擦生热额外功等问题的研究,极大地促进了人们对能的转化与守恒规律的认识,这说明科学发展与生产力紧密相连。

二是向学生介绍学习能量守恒定律成功应用的最典型事例,那就是基本粒子"中微子"的发现旅程。中微子是一种静止质量微小、不带电且与物质相互作用极其微弱的基本粒子。20世纪20年代末至30年代初,对原子核β衰变能谱的研究发现,衰变后发射出的电子(即β射线)带走的能量比它按能量守恒定律所应带走的能量要小(似乎丢失了部分能量),而且原子核的自旋与电子的自旋不符合量子力学中的角动量合成规则。奥地利物理学家泡利为了解释这一现象，挽救能量守恒定律，提出了一个著名的猜想，认为是一种不可探测的中性粒子"偷走"了部分能量。这种粒子随后被意大利物理学家费米叫作"中微子"，以区别于中子。他接受了泡利的猜想，成功地建立了β衰变理论，于是中微子很快为科学界所接受。但由于中微子不带电、静止质量为零、穿透力极强，据估算，它要穿过100光年厚的铁板才能被吸收掉，因此，探测中微子十分困难。中国科学家、原子物理之父、两弹功勋王淦昌在他的论文《关于探测中微子的一个建议》中提出了"中微子捕获方案"。经过科学的探索，美国的莱因斯在1956年终于"抓获"了"中微子"这个能量小偷，再次说明"能量守恒定律"的普适性和重要性。

1930年，科学家泡利预言了中微子的存在。

1956年，莱因斯和柯万在实验中直接观测到中微子，莱因斯获1995年诺贝尔奖。

1962年，莱德曼、舒瓦茨和斯坦伯格发现第二种中微子——缪中微子，获1988年诺贝尔奖。

1968年，戴维斯发现太阳中微子失踪，获2002年诺贝尔奖。

1985年，日本神岗实验室和美国IMB实验室发现大气中微子反常现象。

1987年，日本神岗实验室和美国IMB实验室观测到超新星中微子。小柴昌俊获2002年诺贝尔奖。

2015年，诺贝尔物理学奖授予梶田隆章和阿瑟·麦克唐纳，以表彰他们在发现中微子振荡（即中微子有质量）上所做出的贡献。

由上可知，学会"像科学家一样思考"的课堂，不是让学生胡乱思维，而是要遵循一定教学规律和结构范式。首先，教学是一个简约化的科学研究过程，教师先通过研究学情和文本，认真"识别问题"和"明确目标"，将学生的学习心理倾向与生产实践中问题背景相联系，明确课堂教学目标的价值取向。课堂不是学习的孤岛，教师应该精心设计学习案例，为学生能从纷繁复杂的生活世界提取和生成科学概念体系提供帮助。

在"激活原有知识""选择性知觉"和"信息整合与知识建构"阶段，先是激活学生的原有质量守恒的思想，让学生联系批判性思维，再通过大量实验，来感知和内化守恒思想，最后通过信息评估与认知推理，做出科学判断，抽象和概括出能量守恒的概念，形成科学观念。

"迁移运用"与"问题解决"是学生进入深度学习最重要

的阶段，要求学生在新的问题情境中建构概念，识别规律和实现问题解决，既能提出问题和界定问题，又能分析问题和进行反思评价。在课堂教学中，运用理性思维，让学生构建机械能守恒的物理模型，并运用逻辑思维进行科学论证推理，站在科学史的高度评价能量守恒定律对社会发展的贡献，让学生深入消化演绎推理和实践检验两类科学思维，培育学生的理性精神，促进学生对科学本质的理解，升华学生的科学态度与情感。

结语

需要指出的是，"像科学家一样思考"是一种教学范式，不是形而上地理解或是解释某一位科学家的具体研究方法。科学发展是具有时代性的，如在哥白尼和开普勒时代，科学家们大多信奉"简洁性"与"和谐性"，他们习惯于提出无法证实的准则，把自然规律的主宰归因于上帝，认为运动规律应该是"和谐而简洁"的。而在牛顿时代则是重视理性思维，牛顿的科学观是因果决定论，他认为客观世界是物质的、统一的、相互联系的，"实验—归纳"是牛顿在科学方法重要特征。在爱因斯坦时代又有所不同，他发展了批判性思维，在世界统一观和唯物主义认识论的基础上，形成了自己独特的批判性思考，创造出"直觉—演绎"思维，完美地结合了经验论与唯理论，实现了逻辑思维与非逻辑思维的统一。

科学本质上是一种真理体系，是认识世界的实践方法。要想让学生"像科学家一样思考"，课堂教学就应该重视学生批判性思维的培育，从物理知识的表层学习过渡到科学思维发展的深度学习，从科学规律探究、应用的角度展开分析，让学生深刻体会到：(1)科学规律是可以认识的，也是有一定的适用范围的。我们现在已经知道牛顿运动学不能适应微观与高速世界，那能量守恒定律呢？(2)科学探究需要科学精神与实证观念，既要大胆假设，也要小心求证，实践才是检验真理的唯一标准。其中，中国科学家王淦昌的"捕获方案"更容易唤醒学生民族自豪感和学习进取心。(3)进一步认识能量守恒定律的普适性。"淘气的丹尼斯"的故事其实反映的是质量守恒定律，经典力学中质量守恒和能量守恒相结合成为统一的质能守恒定律，这也充分反映了物质和运动的统一性。

国际物理教育委员会前任主席埃德蒙·约瑟姆（Edmund Leonard Jossem）说过："最好的老师能够让所教的学生感觉到自己是自己最好的老师。"话虽拗口，但意义清楚明白，即能够培养学生自学能力的老师是最好的老师。教会学生"像科学家一样思考"，其实是培养学生的一种综合性的能力。从批判性思维的视角来理解,它包括多个维度——从思维内容维度有科学现象、问题、概念和规律等;从思维倾向维度有理性的心态,敢于质疑的品格等;从思维能力维度有观察概括、推论预测、解释论证、探究创新等;从思维品质维度有深刻性、灵活性和敏捷性等。概括而言,就是让学生一直拥有好奇心和求知欲,具有探寻新知识和新方法的能力,最终形成学生的批判性思维能力和创新思维能力,会质疑、会迁移、会批判、会创新,真正实现学生核心素养的发展。

参考文献

中文期刊

[1] 潘涌."创造性文化基因"的缺失与培育——对美国大学在华招生考试的深度透视[J].教育发展研究,2012(24).

[2] 崔允漷,夏雪梅."教-学-评一致性":意义与含义[J].中小学管理,2013(01).

[3] 钟启泉."批判性思维"及其教学[J].全球教育展望,2002(01).

[4] 杨武金,阎景强."形式逻辑与非形式逻辑及批判性思维"学术讨论会综述[J].中国人民大学学报,2003(02).

[5] 王海澜."知识论"教学:开发学生思维的探索[J].上海教育科研,1998(09).

[6] 罗清旭，杨鑫辉.《加利福尼亚批判性思维技能测验》的初步修订 [J]. 心理科学，2002（06）.

[7] 罗清旭，杨鑫辉.《加利福尼亚批判性思维倾向问卷》中文版的初步修订 [J]. 心理发展与教育，2001（03）.

[8] 董振域. 标新立异——创造性思维的本质特征 [J]. 发明与革新，2002（09）.

[9] 邱学华. 尝试学习的原理、策略与实践 [J]. 人民教育，2002（11）.

[10] 刘文明. 初高中学生创造能力和学习能力同步增长实验报告 [J]. 教育研究，1997（03）.

[11] 顾恺. 刍议在高中物理课中提升学生的批判性思维品质 [J]. 物理教学探讨，2016（02）.

[12] 燕良轼. 传统知识观解构与生命知识观建构 [J]. 高等教育研究，2005（07）.

[13] 王缉慈. 创新及其相关概念的跟踪观察——返朴归真、认识进化和前沿发现 [J]. 中国软科学，2002（12）.

[14] 衣新发，蔡曙山. 创新人才所需的六种心智 [J]. 北京师范大学学报（社会科学版），2011（04）.

[15] 余华东. 创新思维的关键是非逻辑思维 [J]. 山西大学师范学院学报，2002（01）.

[16] 张谨. 创新思维及其基本原则 [J]. 经济师, 2004 (03).

[17] 秦虹, 张武升. 创造性教学的本质与特点 [J]. 教育科学研究, 2014 (12).

[18] 陶文中. 创造性教学模式的初步研究 [J]. 教育科学研究, 2001 (04).

[19] 初玉霞, 张景焕, 苏培然. 创造性教学行为的实行状况及发展策略 [J]. 全球教育展望, 2009 (01).

[20] 林崇德. 创造性人才·创造性教育·创造性学习 [J]. 中国教育学刊, 2000 (01).

[21] 林崇德, 胡卫平. 创造性人才的成长规律和培养模式 [J]. 北京师范大学学报（社会科学版）, 2012 (01).

[22] 张武升. 创造性思维及其培养方法的探索 [J]. 人民教育, 2004 (02).

[23] 张丽华, 白学军. 创造性思维研究概述 [J]. 教育科学, 2006 (05).

[24] 王艳玲. 从"客观主义"到"建构主义"：教学认识论的变革与超越 [J]. 全球教育展望, 2006 (09).

[25] 周燕. 从知识的外在意义到知识的内在意义——知识观转型对教育的影响 [J]. 全球教育展望, 2005 (04).

[26] 岳伟．促进人的自我实现：一种新的教育目的观[J]．南京师大学报（社会科学版），2008（01）．

[27] 王海燕，冯莹倩，徐建东．促进学生批判性思维的QICT模型教学应用探讨[J]．电化教育研究，2013（10）．

[28] [美] 莉莲·麦克德莫特，李萍昌．改进学生学习的关键（续）——2001年美国物理教师协会奥斯特奖受奖演讲[J]．物理通报，2001（10）．

[29] 王宽明．高中生批判性思维能力现状调查[J]．教育导刊，2016（12）．

[30] 屠建波．高中物理教学培养批判性思维的几条途径[J]．文理导航（中旬），2015（02）．

[31] 王集峰．高中物理教学中高阶思维能力培养现状探究[J]．新课程（下），2017（10）．

[32] 左素云．高中物理教学中培养批判性思维的思考[J]．当代教育理论与实践，2012（01）．

[33] 罗斯乔．高中物理教学中如何培养学生的批判性思维[J]．当代教研论丛，2014（06）．

[34] 程素萍．高中物理解题策略的训练方法[J]．课程·教材·教法，2000（01）．

[35] 沈伟强．高中物理模型教学与学生批判性思维的培

养［J］.太原教育学院学报，2004（04）.

［36］薛学民.高中物理探究式教学研究［J］.中学生数理化（教与学），2018（03）.

［37］宋玉山.高中物理习题教学思维能力的培养［J］.中国培训，2017（04）.

［38］王源生.关于批判性思维［J］.求索，2004（07）.

［39］张武升.国外创造性教学研究的发展与特点［J］.教师教育学报，2014（02）.

［40］卫晓萍.国外批判性思维研究概述［J］.科教文汇（上旬刊），2014（02）.

［41］武宏志.何谓"批判性思维"？［J］.青海师专学报（教育科学），2004（04）.

［42］李金露.核心素养视域下批判性思维培养的问题及对策［J］.教学与管理，2017（30）.

［43］毕景刚，董玉琦，韩颖.基础教育开展批判性思维教学的六个前置性问题［J］.教育探索，2018（02）.

［44］颜强.基础主义的批判与奎因的整体主义知识观［J］.长沙理工大学学报（社会科学版），2014（02）.

［45］董平军.基于复杂性认识的新知识观［J］.科学学研究，2008（06）.

[46] 杨燕燕. 基于批判的课堂互动观［J］. 全球教育展望，2009（04）.

[47] 范文霈. 基于批判性思维能力的知识转化［J］. 扬州大学学报（高教研究版），2008（01）.

[48] 张建伟. 基于问题解决的知识建构［J］. 教育研究，2000（10）.

[49] 韩裕达. 激发好奇心，实现创新［J］. 宁波大学学报（教育科学版），2002（04）.

[50] 冯雪，彭凯平. 技能和风格：理性思维的两种测量途径［J］. 心理科学进展，2015（09）.

[51] 黄朝阳. 加强批判性思维教育，培养创新型人才［J］. 教育研究，2010（05）.

[52] 于旺. 简议在高中物理教学中促进学生的深度学习［J］. 高考（综合版），2014（08）.

[53] 赵强，刘炳升. 建构与前概念（续）［J］. 物理教师，2001（08）.

[54] 刘儒德. 建构主义：知识观、学习观、教学观［J］. 人民教育，2005（17）.

[55] 董毓，刘玉. 将批判性思维引入国际化课程，培养创新型工程师［J］. 高等工程教育研究，2013（02）.

［56］董毓．角逐批判性思维［J］．人民教育，2015（09）．

［57］程良宏，李雁冰．教师的课程批判力及其生成［J］．教育发展研究，2008（18）．

［58］张文桂．教师课程批判力的缺失与回归［J］．教学与管理，2012（27）．

［59］吴义昌．教师批判意识初探［J］．教育探索，2003（01）．

［60］金传宝．教师如何提高发问技巧［J］．外国教育研究，1998（02）．

［61］张良，乐维英．教学方法的理解误区、概念重建及其构建策略——基于知识论的视角［J］．教育发展研究，2014（08）．

［62］钟志贤．教学设计的宗旨：促进学习者高阶能力发展［J］．电化教育研究，2004（11）．

［63］庞维国．教学实验中的处理忠实度［J］．心理发展与教育，2010（03）．

［64］郭方玲，吉标．教学思维方式解读［J］．天津市教科院学报，2006（04）．

［65］邓友超．教育解释学论纲［J］．教育理论与实践，2006（23）．

［66］刘伟．教育理论研究中的知识论形而上学倾向解析［J］．教育评论，2002（03）．

［67］闫德明．教育理念的形成与创新：知识论视角［J］．教育理论与实践，2007（11）．

［68］但武刚．教育目的：培养现实活动的主体［J］．华中师范大学学报（人文社会科学版），2005（02）．

［69］冯建军．教育目的：一种视角的转换［J］．教育发展研究，1999（06）．

［70］扈中平．教育目的应定位于培养"人"［J］．北京大学教育评论，2004（03）．

［71］邢清清．教育学研究方法反思：知识论和学习论的视角［J］．教育学术月刊，2008（05）．

［72］刘庆昌．教育知识论的基本任务［J］．天津市教科院学报，2007（02）．

［73］邸玉川．科学探究教学中培养学生高级思维能力的策略与方法［J］．新课程（教育学术），2010（08）．

［74］辛继湘．课程评价改革的当代知识论基础［J］．课程·教材·教法，2005（06）．

［75］王鉴．课堂重构：从"知识课堂"到"生命课堂"［J］．教育理论与实践，2003（01）．

[76] 孙杰远．类比：比较教育研究及其创新的思维本质[J]．西南师范大学学报（人文社会科学版），2005（05）．

[77] 何晔，盛群力．理解的六种维度观——知识理解的新视角[J]．全球教育展望，2006（07）．

[78] 何晔，盛群力．理解的维度之探讨[J]．开放教育研究，2006（03）．

[79] 包景东．理论物理教学应在培养学生批判性思维能力上发挥作用[J]．大学物理，2014（01）．

[80] 曲亮生，郭玉英．力的概念测试及概念转换的教学策略[J]．物理通报，2000（11）．

[81] 顾正山．两道不符实际的电学题的分析[J]．文教资料，2005（27）．

[82] 周鸿．论创新素质教育的意蕴及其研究的问题[J]．西南师范大学学报（人文社会科学版），2002（01）．

[83] 刘义兵．论创造性教学过程的本质及其特征[J]．中国教育学刊，1999（05）．

[84] 唐松林．论创造性教学模式[J]．外国教育研究，2001（01）．

[85] 刘军民，张俊华．论创造性思维培养[J]．江西教育科研，2005（06）．

［86］吕林海．论基于设计的研究的主旨、特征及案例简析［J］．教育科学，2007（05）．

［87］粟莉．论教师在批判性思维培养中的角色［J］．中山大学学报论丛，2004（04）．

［88］吴刚．论教学创新的知识基础［J］．教育研究，2004（01）．

［89］朱德全，杨鸿．论教学知识［J］．教育研究，2009（10）．

［90］靖国平．论教育的知识性格和智慧性格［J］．教育理论与实践，2003（19）．

［91］单文经．论批判力教学［J］．中国德育，2009（02）．

［92］张永久，胡苗灿．论批判思维在中学研究性学习中的作用［J］．浙江教育学院学报，2002（05）．

［93］何云峰．论批判性思维［J］．社会科学辑刊，2000（06）．

［94］武宏志．论批判性思维［J］．广州大学学报（社会科学版），2004（11）．

［95］刘儒德．论批判性思维的意义和内涵［J］．高等师范教育研究，2000（01）．

［96］武宏志．论批判性思维教学中的逻辑主义［J］．延

安大学学报（社会科学版），2006（01）.

[97] 蒋鸣．论批判性思维在物理教学中的必要性和重要性 [J]．物理教学探讨，2014（01）.

[98] 苏翊翔．论说文批判性思维显性教学与隐性教学之比较 [J]．北京理工大学学报（社会科学版），2011（02）.

[99] 顾建元．论物理教学中对学生批判性思维的培养 [J]．物理教学探讨，2009（04）.

[100] 张都爱．论西方近代知识观及其矛盾 [J]．社会科学，2003（11）.

[101] 张增田，靳玉乐．论新课程背景下的对话教学 [J]．西南师范大学学报（人文社会科学版），2004（05）.

[102] 林崇德．论学科能力的建构 [J]．北京师范大学学报（社会科学版），1997（01）.

[103] 姚本先．论学生问题意识的培养 [J]．教育研究，1995（10）.

[104] 杨旸．论学校教育下的知识异化 [J]．教育理论与实践，2008（04）.

[105] 郭晓明，蒋红斌．论知识在教材中的存在方式 [J]．课程·教材·教法，2004（04）.

[106] 胡卫平，罗来辉．论中学生科学思维能力的结构

[J].学科教育,2001(02).

[107]张德胜,金耀基,陈海文,陈健民,杨中芳,赵志裕,伊莎白.论中庸理性:工具理性、价值理性和沟通理性之外[J].社会学研究,2001(02).

[108]杨燕.略谈物理问题解决中的思维定势及其对策[J].四川师范大学学报(自然科学版),1996(04).

[109]马培培.美国大学批判性思维教学解析[J].外国教育研究,2016(01).

[110]张梅,印勇.美国批判性思维研究及其启示[J].重庆大学学报(社会科学版),2012(06).

[111]缪四平.美国批判性思维运动对大学素质教育的启发[J].清华大学教育研究,2007(03).

[112]缪榕楠.难以弥合的区隔——大学教师学术评价复杂性探讨[J].教育研究与实验,2010(02).

[113]蒋鸣.排除"前概念"对新概念构建的干扰——基于批判性思维培养的《加速度》教学[J].中学物理,2017(01).

[114]林崇德.培养思维品质是发展智能的突破口[J].国家教育行政学院学报,2005(09).

[115]梁建新.批判的武器失掉批判力了吗?——西方全

球化强势语境下的沉思［J］.探索，2004（01）.

［116］岳晓东.批判思维的形成与培养：西方现代教育的实践及其启示［J］.教育研究，2000（08）.

［117］朱新秤.批判思想的教学与迁移［J］.教育研究与实验，1999（01）.

［118］申瑞红.批判型知识观对我国课程内容改革的启示［J］.黑龙江教育学院学报，2009（09）.

［119］赵晓芬.批判性思维：创新人才的首要思维范式［J］.马克思主义与现实，2008（03）.

［120］武宏志.批判性思维：多视角定义及其共识［J］.延安大学学报（社会科学版），2012（01）.

［121］［美］罗伯特·恩尼斯，仲海霞.批判性思维：反思与展望［J］.工业和信息化教育，2014（03）.

［122］［美］彼得·范西昂，都建颖，李琼.批判性思维：它是什么，为何重要［J］.工业和信息化教育，2015（07）.

［123］武宏志.批判性思维：一种通识教育中的逻辑教学［J］.延安大学学报（社会科学版），2013（01）.

［124］武宏志.批判性思维：语义辨析与概念网络［J］.延安大学学报（社会科学版），2011（01）.

［125］武晓蓓，周建武.批判性思维——21世纪的重要技

能［J］.延安大学学报（社会科学版），2011（05）.

［126］谷振诣.批判性思维辨析［J］.逻辑研究专辑，2003（12）.

［127］彭正梅.批判性思维的工具性、领域性、解放性及其教育改革意义［J］.江淮论坛，2018（02）.

［128］罗清旭.批判性思维的结构、培养模式及存在的问题［J］.广西民族学院学报（自然科学版），2001（03）.

［129］武宏志.批判性思维的灵魂——理性标准［J］.逻辑学研究，2016（03）.

［130］欧阳康.批判性思维的前提性反思［J］.高等教育研究，2012（11）.

［131］武宏志.批判性思维的苏格拉底模型［J］.延安大学学报（社会科学版），2014（01）.

［132］董毓.批判性思维的探究本质和对创新的作用［J］.工业和信息化教育，2017（05）.

［133］黄朝阳.批判性思维对大学素质教育的重要性和迫切性［J］.现代大学教育，2013（02）.

［134］侯玉波.批判性思维对中国人创新观念与行为的影响［J］.心理科学进展，2017（05）.

［135］［美］多拉·豪维尔，王爽.批判性思维和创造性

思维——推动知识社会前进的主要动力[J].全球教育展望,2001(12).

[136]武宏志,刘春杰.批判性思维和论证批判[J].河池学院学报,2007(06).

[137]贺善侃.批判性思维和认知活动[J].东华大学学报(社会科学版),2004(04).

[138]郑鲁晶.批判性思维和思维品质——两大思维教学理念对比分析[J].内蒙古师范大学学报(教育科学版),2012(02).

[139]王习胜.批判性思维及其技能研究[J].扬州大学学报(高教研究版),2006(02).

[140]刘儒德.批判性思维及其教学[J].高等师范教育研究,1996(04).

[141]张晓芒.批判性思维及其精神[J].重庆工学院学报(社会科学版),2007(06).

[142]刘叶涛.批判性思维及其社会文化功能[J].学术论坛,2009(09).

[143]谷振诣.批判性思维教学:理论与实践[J].工业和信息化教育,2014(03).

[144]李晶晶,潘苏东,廖元锡.批判性思维教学的教师

技能研究及启示［J］．中小学教师培训，2017（08）．

［145］［加］戴维·希契柯克，张亦凡，周文慧．批判性思维教育理念［J］．高等教育研究，2012（11）．

［146］陈洪泉，张安清．批判性思维能力培养问题研究［J］．中国电力教育，2013（35）．

［147］张磊．批判性思维能力在中学物理教学中的培养［J］．中学物理教学参考，2013（03）．

［148］陈振华．批判性思维培养的模式之争及其启示［J］．高等教育研究．2014（09）．

［149］李学书．批判性思维培养的思考［J］．教育学术月刊，2011（01）．

［150］吴亚婕，陈丽，赵宏．批判性思维培养教学模式的探究［J］．电化教育研究，2014（11）．

［151］肖薇薇．批判性思维缺失的教育反思与培养策略［J］．中国教育学刊，2015（01）．

［152］董毓．批判性思维三大误解辨析［J］．高等教育研究，2012（11）．

［153］顾彬彬．批判性思维与IB知识论课程［J］．南通大学学报（教育科学版），2007（02）．

［154］贺善侃．批判性思维与辩证思维［J］．广州大学学

报（社会科学版），2005（03）.

[155] 许宁. 批判性思维在中学物理教学中的应用研究[J]. 科教导刊（下旬），2015（01）.

[156] 潘家明. 批判性阅读教学与批判性思维能力培养[J]. 教育探索，2009（03）.

[157] 胡芳. 批判知识观时代教师角色的重建[J]. 扬州大学学报（高教研究版），2011（02）.

[158] 廖伯琴，黄希庭，范伟. 朴素表征影响物理问题解决的实验研究[J]. 西南师范大学学报（自然科学版），1997（06）.

[159] 李放. 钱学森是中国"创新教育之父"[J]. 中国发明与专利，2010（04）.

[160] 邵文泽. 浅谈批判性思维培养与主动性知识建构在当代高等教育中的核心地位[J]. 大学教育，2013（14）.

[161] 王文彬. 浅谈中学生批判性思维缺失的成因及对策[J]. 现代中小学教育，2004（01）.

[162] 申继亮，王鑫，师保国. 青少年创造性倾向的结构与发展特征研究[J]. 心理发展与教育，2005（04）.

[163] 胡卫平，林崇德. 青少年的科学思维能力研究[J]. 教育研究，2003（12）.

［164］叶澜．让课堂焕发出生命活力——论中小学教学改革的深化［J］．教育研究，1997（09）．

［165］王策三．认真对待"轻视知识"的教育思潮——再评由"应试教育"向素质教育转轨提法的讨论［J］．北京大学教育评论，2004（03）．

［166］刘永红．如何通过高中物理习题教学培养学生的批判性思维［J］．新课程（教师），2010（06）．

［167］韩和舟．如何在物理教学中培养学生的批判性思维能力［J］．中小学电教（下半月），2009（08）．

［168］任丽平，杨明智，李晓林．陕西省中学物理教师素质结构现状调查研究［J］．陕西教育学院学报，2006（02）．

［169］阳轶军．设计优化解题方法的课后作业激活师生思维［J］．湖南中学物理，2014（12）．

［170］高潇怡．试论"促进概念性理解"的科学课教学［J］．课程・教材・教法，2009（04）．

［171］王冬明，陈彦国．试论学生批判思维能力的形成［J］．湖北师范学院学报（自然科学版），2003（01）．

［172］许锡良．试论知识在我国教育中的命运——一种知识观的另类思考［J］．教育研究与实验，2006（01）．

［173］彭泽平，徐辉．守护批判品性：大学教学的超越之

道[J].高等教育研究,2013(01).

[174]梁桂明.思维的两重性及其向创造性思维的转化——纪念钱学森院士《关于思维科学》发表15周年[J].中国工程科学,2003(02).

[175]林崇德.思维心理学研究的几点回顾[J].北京师范大学学报(社会科学版),2006(05).

[176]李海生.素质教育理论研究综述[J].上海教育科研,1997(06).

[177]孟庆军.谈批判性认知与建构主义教育思想[J].电化教育研究,2002(09).

[178]孙立仁.谈物理学习中问题解决能力的培养[J].学科教育,1998(04).

[179]冯莹倩,张康英,王海燕,徐建东.提问交互模型(QICT)教学应用方法的实践研究[J].远程教育杂志,2013(06).

[180][美]唐娜·沃克·泰勒斯通,李海英.通过高阶思维过程构建知识[J].人民教育,2017(22).

[181]郅庭瑾.为智慧而教——超越知识与思维之争[J].全球教育展望,2007(07).

[182]於佳,沈伟强.问题教学与批判性思维的培养

［J］．太原大学教育学院学报，2007（02）．

［183］郑红娜．我国创造性教学研究现状、问题及展望［J］．教学研究，2017（02）．

［184］迟艳杰．我国基础教育课程改革的知识论基础之反思［J］．教育科学研究，2011（05）．

［185］王建芳．我国批判性思维教学与研究：问题及反思［J］．河南社会科学，2018（02）．

［186］李加义．我国批判性思维研究综述［J］．唐山师范学院学报，2014（06）．

［187］赵慧臣，王玥．我国思维可视化研究的回顾与展望——基于中国知网2003—2013年论文的分析［J］．中国电化教育，2014（04）．

［188］彭泽平．我国新课程改革的价值转型及其知识论与人学根源［J］．华东师范大学学报（教育科学版），2005（02）．

［189］胡万彪．物理创造性思维的培养策略［J］．物理教学探讨，2015（11）．

［190］钱骏，尤义芳．物理概念教学中的逆向思维方法［J］．物理教师，2003（12）．

［191］陈金华．物理教学如何提高学生批判性思维意识与能力［J］．教育前沿（理论版），2007（05）．

[192] 赵凯华. 物理教育与科学素质培养 [J]. 大学物理, 1995 (08).

[193] 沈启正. 物理解题中的批判性思维 [J]. 物理教师, 1991 (Z1).

[194] 邢红军, 陈清梅. 物理能力的基本理论研究 [J]. 首都师范大学学报 (自然科学版), 2006 (04).

[195] 朱铁成. 物理思维的批判性、范畴及其培养 [J]. 物理教师, 2004 (02).

[196] 吴书勤. 物理问题的解决和元认知能力的培养 [J]. 青海师专学报, 2001 (06).

[197] 王烨. 物理问题解决的探讨 [J]. 西安教育学院学报, 2001 (03).

[198] 廖元锡, 龙志明. 物理问题解决过程的两种思维方式——问题表征和图式 [J]. 湘潭师范学院学报 (自然科学版), 2001 (04).

[199] 何善亮. 物理问题解决中"思维策略自我提示卡"的应用 [J]. 教育科学研究, 2004 (03).

[200] 陈波波, 黄晓琴. 物理学习中的"博客"辅助课外阅读 [J]. 物理教学, 2010 (04).

[201] 李朝东. 现代教育观念的知识学反思 [J]. 教育研

究，2004（02）.

[202] 董奇. 新课程改革的众说纷纭与理性思考——基于上海学生 PISA 测试结果的视角［J］. 中国教育学刊，2015（07）.

[203] 张颖. 新课程高中物理教科书呈现方式的研究［J］. 课程·教材·教法，2011（05）.

[204] 吴汉华. 学生批判性思维能力的培养［J］. 四川教育，1985（Z1）.

[205] 李润洲. 学生学习力提升的知识论透视［J］. 教育科学研究，2015（11）.

[206] 马莹华，隋雪. 学业成绩、创造力与入学成绩等因素的相关研究［J］. 辽宁师范大学学报，2002（01）.

[207] 郭玉英. 以研究促改革：美国物理教学的发展变化及启示［J］. 物理教师，2005（06）.

[208] 姚臻. 影响学生批判性思维发展的因素［J］. 黑龙江农垦师专学报，1996（01）.

[209] 干咏昕. 用批判性思维方法打造批判性思维课程［J］. 西南大学学报（社会科学版），2010（06）.

[210] 石尧，胡扬洋. 原始物理问题——培养中学生批判性思维的新途径［J］. 北京教育学院学报（自然科学版），2015

（02）.

［211］何强生．在合作学习中进行批判性思维教学［J］．教育探索，2004（12）.

［212］张云义．在物理教学中培养学生的批判性思维［J］．学科教育，2002（10）.

［213］李善良．怎样培养学生的批判性思维能力——美国中小学教材考察报告［J］．教育科学研究，2012（03）.

［214］黄运奇．正确认识新时期课堂教学中的一些不宜行为［J］．教育教学论坛，2011（25）.

［215］王欣瑜．知识·能力·思维——现代学力观的嬗变与反思［J］．内蒙古师范大学学报（教育科学版），2014（10）.

［216］尹鑫，苏健．知识创新与思维创新［J］．广西社会科学，2001（01）.

［217］王帅．知识的个体属性及其教育意蕴［J］．山西师大学报（社会科学版），2007（02）.

［218］张建伟．知识的建构［J］．教育理论与实践，1999（07）.

［219］郭元祥．知识的教育学立场［J］．教育研究与实验，2009（05）.

［220］莫雷．知识的类型与学习过程——学习双机制理论

的基本框架［J］.课程·教材·教法，1998（05）.

［221］郭晓明.知识的意义性与"知识获得"的新标准［J］.华东师范大学学报（教育科学版），2004（02）.

［222］钟启泉.知识建构与教学创新——社会建构主义知识论及其启示［J］.全球教育展望，2006（08）.

［223］郝文武.知识教学促进思维能力发展的有效方式［J］.当代教师教育，2014（04）.

［224］李海.知识论对教学的影响［J］.高等教育研究，2007（02）.

［225］赵长林.知识论发展与课程知识观的嬗变［J］.教师教育研究，2004（04）.

［226］钟启泉.知识论研究与课程开发［J］.外国教育资料，1996（02）.

［227］李松林.知识性质的多维透视与当代课堂教学改革［J］.山西师大学报（社会科学版），2005（02）.

［228］翟楠.知识与知识观及其演变的教育意涵［J］.教育学报，2008（01）.

［229］朱荣贤.直觉思维及其对知识创新的方法论意义［J］.广西社会科学，2003（12）.

［230］宋改敏，赵建斌.质性研究选题的效度探讨——基

于知识论的视角［J］. 教育理论与实践，2010（26）.

［231］林崇德. 智力结构与多元智力［J］. 北京师范大学学报（人文社会科学版），2002（01）.

［232］胡卫平，刘丽娅. 中国古代教育家思维型课堂教学思想及其启示［J］. 教育理论与实践，2011（28）.

［233］倪荫林. 中国逻辑之树为什么萎缩？——兼论我国逻辑教学改革的方向［J］. 安徽大学学报，2005（04）.

［234］吕林海，张红霞，李婉芹，万东升. 中国学生的保守课堂学习行为及其与中庸思维、批判性思维等的关系［J］. 远程教育杂志，2015（05）.

［235］核心素养研究课题组. 中国学生发展核心素养［J］. 中国教育学刊，2016（10）.

［236］李蕾，杨卫平，徐晓梅. 中美高中物理教材例题呈现方式的比较研究［J］. 物理教师，2016（05）.

［237］樊丽丽，乔翠兰，乔文辉，谢娅. 中美高中物理教材中批判性思维内容的比较研究［J］. 物理教师，2013（06）.

［238］祁映宏. 中美物理教材学生实验的比较研究［J］. 物理教师，2007（03）.

［239］胡卫平. 中小学生创造力发展的课堂教学影响因素［J］. 教育理论与实践，2010（22）.

[240] 蔡笑岳, 朱雨洁. 中小学生创造性倾向、智力及学业成绩的相关研究 [J]. 心理发展与教育, 2007 (02).

[241] 赵国权. 中小学生问题意识的培养 [J]. 中国教育学刊, 2005 (11).

[242] 胡卫平, 孟进. 中学科学分组实验教学的心理分析 [J]. 学科教育, 2003 (01).

[243] 李小平, 张庆林, 何洪波. 中学生创造性倾向发展的初步测试 [J]. 西南师范大学学报（人文社会科学版）, 2005 (06).

[244] 梁宁建, 俞海运, 邹玉梅, 周佳树, 明茏. 中学生问题解决策略的基本特征研究 [J]. 心理科学, 2002 (01).

[245] 武珍. 中学生智力、创造力与学业成绩相关的实验研究 [J]. 教育研究与实验, 1988 (03).

[246] 张礼勇. 中学物理教学中学生创造性思维能力的培养 [J]. 西部素质教育, 2017 (08).

[247] 黄俊杰. 刍议基于培养学生批判性思维能力的高中物理教学实践 [J]. 中学物理, 2015 (17).

[248] 刘权东. 注重分析评价题型 培养综合思维能力 [J]. 中学物理, 2012 (04).

[249] 杜环欢, 甘杰. 注重批判性思维培养——高等教育

不可忽视的一环［J］．教育探索，2005（03）．

［250］崔允漷．追问"核心素养"［J］．全球教育展望，2016（05）．

［251］陈钧．自然科学中对学生批判性思维的培养初探［J］．教学与管理，2004（09）．

中文图书

［1］［法］让-保罗·萨特．辩证理性批判［M］．林骧华，徐和瑾，陈伟丰，译．合肥：安徽文艺出版社，1998．

［2］［美］亨利·N. 波拉克．不确定的科学与不确定的世界［M］．李萍萍，译．上海：上海科技教育出版社，2005．

［3］林崇德．创新人才与教育创新研究［M］．北京：经济科学出版社，2008．

［4］李冰．创新实践与社会发展［M］．北京：中央民族大学出版社，2006．

［5］杨雁斌．创新思维法［M］．上海：华东理工大学出版社，2005．

［6］苏振芳．创新思维方法论［M］．北京：社会科学文献出版社，2013．

［7］丁辉．创新思维理论与实践研究［M］．北京：华龄出版社，2010．

[8] 王跃新. 创新思维学教程[M]. 北京：红旗出版社，2009.

[9] 梁良良. 创新思维训练[M]. 北京：中央编译出版社，2000.

[10] [法] 亨利·柏格森. 创造进化论[M]. 姜志辉，译. 北京：商务印书馆，2004.

[11] 俞国良. 创造力心理学[M]. 杭州：浙江人民出版社，1996.

[12] [德] 马克斯·韦特海默. 创造性思维[M]. 林宗基，译. 北京：教育科学出版社，1987.

[13] 张德. 创造性思维的发展与教学[M]. 长沙：湖南师范大学出版社，1990.

[14] 王如平. 创造性思维的开发与培养[M]. 北京：光明日报出版社，2012.

[15] 何克抗. 创造性思维理论[M]. 北京：北京师范大学出版社，2000.

[16] 陈龙安. 创造性思维与教学[M]. 北京：中国轻工业出版社，1999.

[17] 张庆林，[美] 罗伯特·斯腾伯格. 创造性研究手册[M]. 成都：四川教育出版社，2002.

［18］顾林正．从个体知识到社会知识［M］．上海：上海人民出版社，2010．

［19］刘义．大学生批判性思维研究［M］．北京：中国社会科学出版社，2014．

［20］李向成，任强．点击学生的创新思维［M］．北京：中国社会科学出版社，2002．

［21］霍力岩，等．多元智力理论与多元智力课程研究［M］．北京：教育科学出版社，2003．

［22］丁邦平．国际科学教育导论［M］．太原：山西教育出版社，2002．

［23］高文．建构主义教育研究［M］．北京：教育科学出版社，2008．

［24］郅庭瑾．教会学生思维［M］．北京：教育科学出版社，2001．

［25］林崇德．教育的智慧［M］．北京：北京师范大学出版社，2005．

［26］［新加坡］Ng Aik Kwang．解放亚洲学生的创造力［M］．李朝辉，译．北京：中国轻工业出版社，2005．

［27］［美］约翰·杜威．经验与教育［M］．姜文闵，译．北京：人民教育出版社，2005．

[28]［美］约翰·杜威. 经验与自然［M］. 傅统先, 译. 北京: 商务印书馆, 2014.

[29] 傅世侠, 罗玲玲. 科学创造方法论［M］. 北京: 中国经济出版社, 2000.

[30]［美］雷·斯潘根贝格,［美］黛安娜·莫泽. 科学的旅程［M］. 郭奕玲, 陈蓉霞, 沈慧君, 译. 北京: 北京大学出版社, 2008.

[31]［美］乔治·萨顿. 科学的生命［M］. 刘珺珺, 译. 上海: 上海交通大学出版社, 2007.

[32]［英］卡尔·波珀. 科学发现的逻辑［M］. 查汝强, 邱仁宗, 译. 北京: 科学出版社, 1986.

[33]［美］托马斯·库恩. 科学革命的结构［M］. 金吾伦, 胡新和, 译. 北京: 北京大学出版社, 2003.

[34]［英］温·哈伦. 科学教育的原则和大概念［M］. 韦钰, 译. 北京: 科学普及出版社, 2011.

[35] 李太平. 科学教育论［M］. 北京: 人民出版社, 2010.

[36] 美国科学促进协会. 科学素养的基准［M］. 北京: 科学普及出版社, 2001.

[37] 魏冰. 科学素养教育的理念与实践［M］. 广州: 广

东高等教育出版社，2005.

[38]［德］H. 赖欣巴哈. 科学哲学的兴起［M］. 伯尼，译. 北京：商务印书馆，1983.

[39]李召存. 课程知识论［M］. 上海：华东师范大学出版社，2009.

[40]［美］格兰特·威金斯，［美］杰伊·麦克泰. 理解力培养与课程设计［M］. 么加利，译. 北京：中国轻工业出版社，2003.

[41]孙可平，邓小丽. 理科教育展望［M］. 上海：华东师范大学出版社，2002.

[42]［美］琼·温克. 批判教育学——来自真实世界的笔记［M］. 路旦俊，译. 长沙：湖南教育出版社，2008.

[43]［美］内尔·诺丁斯. 批判性课程［M］. 李树培，译. 北京：教育科学出版社，2012.

[44]［美］理查德·保罗，［美］琳达·埃尔德. 批判性思维：思维、沟通、写作、应变、解决问题的根本技巧［M］. 乔苒，徐笑春，译. 北京：新星出版社，2006.

[45]［美］布鲁克·诺埃尔·摩尔，［美］理查德·帕克. 批判性思维［M］. 朱素梅，译. 北京：机械工业出版社，2014.

[46]［美］约翰·查菲. 批判性思维［M］. 姜丽蓉，刁继

田，李学谦，译. 太原：山西人民出版社，1989.

[47] 武宏志. 批判性思维 [M]. 北京：中国人民大学出版社，2010.

[48] 武宏志. 批判性思维初探 [M]. 北京：中国社会科学出版社，2015.

[49] [美] 理查德·保罗，[美] 琳达·埃尔德. 批判性思维工具 [M]. 焦方芳，译. 北京：人民邮电出版社，2014.

[50] 谷振诣. 批判性思维教程 [M]. 北京：北京大学出版社，2006.

[51] [美] 斯蒂芬·D. 布鲁克菲尔德. 批判性思维教与学：帮助学生质疑假设的方法和工具 [M]. 钮跃增，译. 北京：中国人民大学出版社，2017.

[52] [英] 斯特拉·科特雷尔. 批判性思维训练手册 [M]. 李天竹，译. 北京：北京大学出版社，2012.

[53] [英] 加里·R. 卡比，[英] 杰弗里·R. 古德帕斯特. 批判性思维与创造性思维 [M]. 韩广忠，译. 4版. 北京：中国人民大学出版社，2016.

[54] 董毓. 批判性思维原理和方法 [M]. 北京：高等教育出版社，2010.

[55] 胡卫平. 青少年科学创造力的发展与培养 [M]. 北

京：北京师范大学出版社，2003.

[56][美]Eric Jensen，[美]LeAnn Nickelsen. 深度学习的7种有力策略[M]. 温暖，译. 上海：华东师范大学出版社，2009.

[57]谢小庆. 审辩式思维[M]. 上海：学林出版社，2016.

[58][美]约翰·杜威. 我们如何思维[M]. 伍中友，译. 北京：新华出版社，2010.

[59][美]约翰·杜威. 我们怎样思维[M]. 姜文闵，译. 北京：人民教育出版社，1991.

[60][美]约翰·杜威. 我们怎样思维·经验与教育[M]. 北京：人民教育出版社，2005.

[61]乔际平，等. 物理创造思维能力的培养[M]. 北京：首都师范大学出版社，1998.

[62]王较过. 物理教学论[M]. 西安：陕西师范大学出版社，2003.

[63]续佩君. 物理能力测量研究[M]. 南宁：广西教育出版社，1999.

[64]马德录. 物理群星[M]. 沈阳：辽宁教育出版社，1985.

[65] 张德启，等. 物理实验教学研究 [M]. 北京：科学出版社，2005.

[66] 田世昆，胡卫平. 物理思维论 [M]. 南宁：广西教育出版社，1996.

[67] 陈世杰. 物理学的 100 个基本问题 [M]. 太原：山西科学技术出版社，2004.

[68] [美] 阿尔伯特·爱因斯坦，[波] 利奥波德·英费尔德. 物理学的进化 [M]. 周肇威，译. 上海：上海科学技术出版社，1962.

[69] 母小勇，李代志. 物理学教育新论 [M]. 南京：江苏教育出版社，2001.

[70] [美] Gerald M. Nosich. 学会批判性思维 [M]. 柳铭心，译. 北京：中国轻工业出版社，2005.

[71] [美] M. 尼尔·布朗，[美] 斯图尔特·M. 基利. 学会提问 [M]. 赵玉芳，向晋辉，等，译. 7 版. 北京：中国轻工业出版社，2006.

[72] [美] 约翰·杜威. 学校与社会·明日之学校 [M]. 赵祥麟，任钟印，吴志宏，译. 北京：人民教育出版社，2005.

[73] 乔炳臣，潘莉娟. 中国古代学习思想史 [M]. 北京：人民教育出版社，1996.

［74］楚渔．中国人的思维批判［M］．北京：人民出版社，2011．

［75］胡卫平．中学科学教学心理学［M］．北京：北京教育出版社，2001．

［76］阎金铎，田世昆．中学物理教学概论［M］．北京：高等教育出版社，2003．

［77］王沛清．中学物理教学中容易混淆的问题［M］．长沙：湖南人民出版社，1979．

［78］［美］M．尼尔·布朗，［美］斯图尔特·M．基利．走出思维的误区［M］．张晓辉，马昕，译．北京：中央编译出版社，1994．

［79］［美］朱蒂·查坦德，［美］斯图尔特·埃默里，［美］拉斯·霍尔，［美］希瑟·石川，［美］约翰·梅克塔．最佳思考者［M］．王蕙，译．北京：人民邮电出版社，2013．

外文文献

[1] Vanithamani Saravanan. "Thinking Schools, Learning Nations": Implementation of Curriculum Review in Singapore [J]. Educational Research for Policy and Practice，2005（2）．

[2] Lloyd H. Barrow. A Brief History of Inquiry: From Dewey to Standards [J]. Journal of Science Teacher Education,

2006 (3).

[3] Lore Hoffmann, Peter Ha. A Curricular Frame for Physics Education: Development, Comparison with Students' Interests, and Impact on Students' Achievement and Self-Concept [J]. Science Education, 2000 (6).

[4] James W. Guthrie, Matthew G. Springer. A Nation at Risk Revisited: Did "Wrong" Reasoning Result in "Right" Results? At What Cost? [J]. Peabody Journal of Education, 2004 (1).

[5] Curtis Jay Bonk, G. Stevenson Smith. Alternative Instructional Strategies for Creative and Critical Thinking in the Accounting Curriculum [J]. Journal of Accounting Education, 1998 (2).

[6] Tengfei Wang, Xuezhu Ren, Michael Altmeyer, Karl Schweizer. An Account of the Relationship between Fluid Intelligence and Complex Learning in Considering Storage Capacity and Executive Attention [J]. Intelligence, 2013 (5).

[7] Sarita Cargas, Sheri Williams, Martina Rosenberg. An Approach to Teaching Critical Thinking across Disciplines Using Performance Tasks with a Common Rubric [J]. Thinking Skills

and Creativity, 2017 (5).

[8] Philip Adey, Michael Shayer. An Exploration of Long-Term Far-Transfer Effects Following an Extended Intervention Program in the High School Science Curriculum [J]. Cognition and Instruction, 1993 (1).

[9] Christopher P. Dwyer, Michael J. Hogan, Ian Stewart. An Integrated Critical Thinking Framework for the 21st Century [J]. Thinking Skills and Creativity, 2014 (12).

[10] Beth Black. An Overview of a Programme of Research to Support the Assessment of Critical Thinking [J]. Thinking Skills and Creativity, 2012 (2).

[11] E. Michael Nussbaum, Gale M. Sinatra. Argument and Conceptual Engagement [J]. Contemporary Educational Psychology, 2002 (3).

[12] Handan Eskin, Feral Ogan-Bekiroglu. Argumentation as a Strategy for Conceptual Learning of Dynamics [J]. Research in Science Education, 2013 (5).

[13] Kelly Y. L. Ku. Assessing Students' Critical Thinking Performance: Urging for Measurements Using Multi-response Format [J]. Thinking Skills and Creativity, 2009 (1).

[14] Diane F. Halpern. Assessing the Effectiveness of Critical Thinking Instruction [J]. The Journal of General Education, 2001 (4).

[15] Mei-Ling Yeh. Assessing the Reliability and Validity of the Chinese Version of the California Critical Thinking Disposition Inventory [J]. International Journal of Nursing Studies, 2002 (2).

[16] Philip Langer, David Chiszar. Assessment of Critical Thinking Courses [J]. Perceptual and Motor Skills, 1993 (3).

[17] Edward R. Howe. Canadian and Japanese Teachers' Conceptions of Critical Thinking: A Comparative Study [J]. Teachers and Teaching, 2004 (5).

[18] Sharon Bailin, Roland Case, Jerrold R. Coombs, Leroi B. Daniels. Conceptualizing Critical Thinking [J]. Journal of Curriculum Studies, 1999 (3).

[19] Donald J. Treffinger. Creative Problem Solving: Overview and Educational Implications [J]. Educational Psychology Review, 1995 (3).

[20] Kurt T. Taube. Critical Thinking Ability and Disposition as Factors of Performance on a Written Critical Thinking

Test [J]. The Journal of General Education, 1997 (2).

[21] Mark Mason. Critical Thinking and Learning [J]. Educational Philosophy and Theory, 2007 (4).

[22] Sharon Bailin. Critical Thinking and Science Education [J]. Science and Education, 2002 (4).

[23] Robert H. Ennis. Critical Thinking Assessment [J]. Theory into Practice, 1993 (3).

[24] Nancy Lampert. Critical Thinking Dispositions as an Outcome of Undergraduate Education [J]. The Journal of General Education, 2007 (1).

[25] Richard A. Griggs, Sherri L. Jackson, Pam Marek, Andrew N. Christopher. Critical Thinking in Introductory Psychology Texts and Supplements [J]. Teaching of Psychology, 1998 (4).

[26] Richard W. Paul. Critical Thinking in North America: A New Theory of Knowledge, Learning and Literacy [J]. Argumentation, 1989 (2).

[27] Richard Paul, Linda Elder. Critical Thinking: Teaching Students to Seek the Logic of Things [J]. Journal of Developmental Education, 1999 (1).

[28] Daniel T. Willingham. Critical Thinking: Why is it so Hard to Teach? [J]. Arts Education Policy Review, 2008 (4).

[29] Lisa Tsui. Cultivating Critical Thinking: Insights from an Elite Liberal Arts College [J]. The Journal of General Education, 2007 (3).

[30] Arthur Lewis, David Smith. Defining Higher Order Thinking [J]. Theory into Practice, 1993 (3).

[31] Jane S. Halonen. Demystifying Critical Thinking [J]. Teaching of Psychology, 1995 (1).

[32] Wan YimIp, Diana T. F. Lee, Iris F. K. Lee, Janita P. C. Chau, Yvonne S. Y. Wootton, Anne M. Chang. Disposition towards Critical Thinking: A Study of Chinese Undergraduate Nursing Students [J]. Journal of Advanced Nursing, 2001 (1).

[33] Lian Niu, Linda S. Behar-Horenstein, Cyndi W. Garvan. Do Instructional Interventions Influence College Students' Critical Thinking Skills? A Meta-Analysis [J]. Educational Research Review, 2013 (12).

[34] R. Keith Sawyer. Educating for Innovation [J]. Thinking Skills and Creativity, 2005 (1).

[35] James H. McMillan. Enhancing College Students' Critical Thinking: A Review of Studies [J]. Research in Higher Education, 1987 (1).

[36] Yoko Kusumoto. Enhancing Critical Thinking through Active Learning [J]. Language Learning in Higher Education, 2018 (1).

[37] Huy Phuong Phan. Exploring Students' Reflective Thinking Practice, Deep Processing Strategies, Effort, and Achievement Goal Orientations [J]. Educational Psychology, 2009 (3).

[38] Robert M. Bernard, Dai Zhang, Philip C. Abrami, Fiore Sicoly, Evgueni Borokhovski, Michael A. Surkes. Exploring the Structure of the Watson-Glaser Critical Thinking Appraisal: One Scale or Many Subscales? [J]. Thinking Skills and Creativity, 2007 (1).

[39] David Hestenes. Force Concept Inventory [J]. The Physics Teacher, 1992 (3).

[40] Lisa Tsui. Fostering Critical Thinking through Effective Pedagogy [J]. The Journal of Higher Education, 2002 (6).

[41] Grady Venville, Philip Adey, Shirley Larkin, Anne Ro-

bertson, Hammersmith Fulham. Fostering Thinking through Science in the Early Years of Schooling [J]. International Journal of Science Education, 2003 (11).

[42] Sheila Tobias. From Innovation to Change: Forginga Physics Education Reform Agenda for the 21st Century [J]. Journal of Science Education and Technology, 2000 (1).

[43] Gregory Sawin. General Semantics as Critical Thinking: A Personal View [J]. ETC: A Review of General Semantics, 1991 (3).

[44] Liam O'Hare, Carol McGuinness. Measuring Critical Thinking, Intelligence, and Academic Performance in Psychology Undergraduates [J]. The Irish Journal of Psychology, 2012 (11).

[45] Fred Ende. Not Another Lab Report [J]. Science Scope, 2012 (5).

[46] Raymond S. Nickerson. On Improving Thinking through Instruction [J]. Review of Research in Education, 1988 (1).

[47] Leslie Rupert Herrenkohl, Marion R. Guerra. Participant Structures, Scientific Discourse, and Student Engagement in Fourth Grade [J]. Cognition and Instruction, 1998 (4).

[48] Heather A. Butler, Christopher Pentoney, Mabelle P. Bong. Predicting Real-World Outcomes: Critical Thinking Ability is a Better Predictor of Life Decisions than Intelligence [J]. Thinking Skills and Creativity, 2017 (6).

[49] Barak Miri, Ben-Chaim David, Zoller Uri. Purposely Teaching for the Promotion of Higher-Order Thinking Skills: A Case of Critical Thinking [J]. Research in Science Education, 2007 (4).

[50] Sufian A. Forawi. Standard-Based Science Education and Critical Thinking [J]. Thinking Skills and Creativity, 2016 (2).

[51] Rachel E. Scherr, David Hammer. Student Behavior and Epistemological Framing: Examples from Collaborative Active-Learning Activities in Physics [J]. Cognition and Instruction, 2009 (2).

[52] Denise de Souza Fleith. Teacher and Student Perceptions of Creativity in the Classroom Environment [J]. Roeper Review, 2000 (3).

[53] Deanna Kuhn. Teaching and Learning Science as Argument [J]. Science Education, 2010 (5).

[54] Robert J. Sternberg. Teaching Critical Thinking: Eight Easy Ways to Fail before You Begin [J]. The Phi Delta Kappan, 1987 (6).

[55] Tim van Gelder. Teaching Critical Thinking: Some Lessonsfrom Cognitive Science [J]. College Teaching, 2005 (1).

[56] Shari Tishman, Eileen Jay, David N. Perkins. Teaching Thinking Dispositions: From Transmission to Enculturation [J]. Theory into Practice, 1993 (3).

[57] Christine S. Lee, David J. Therriault. The Cognitive Underpinnings of Creative Thought: A Latent Variable Analysis Exploring the Roles of Intelligence and Working Memory in Three Creative Thinking Processes [J]. Intelligence, 2013 (5).

[58] Peter A. Facione, Carol A. Sánchez, Noreen C. Facione, Joanne Gainen. The Disposition toward Critical Thinking [J]. The Journal of General Education, 1995 (1).

[59] Alan Gellin. The Effect of Undergraduate Student Involvement on Critical Thinking: A Meta-Analysis of the Literature 1991—2000 [J]. Journal of College Student Development,

2003 (6).

[60] Christopher P. Dwyer, Michael J. Hogan, Ian Stewart. The Evaluation of Argument Mapping as a Learning Tool: Comparing the Effects of Map Reading versus Text Reading on Comprehension and Recall of Arguments [J]. Thinking Skills and Creativity, 2009 (1).

[61] Anton E. Lawson. The Nature and Development of Hypothetico-Predictive Argumentation with Implications for Science Teaching [J]. International Journal of Science Education, 2003 (11).

[62] Leandro S. Almeida, Lola Prieto Prieto, Mercedes Ferrando, Emma Oliveira, Carmen Ferrándiz. Torrance Test of Creative Thinking: The Question of its Construct Validity [J]. Thinking Skills and Creativity, 2008 (1).

[63] Joel Royalty. Undergraduates'Class Standing and Critical Thinking [J]. Psychological Reports, 1994 (3).

[64] Risto Leinonen, Mervi A. Asikainen, Pekka E. Hirvonen. University Students Explaining Adiabatic Compression of an Ideal Gas—A New Phenomenon in Introductory Thermal Physics [J]. Research in Science Education, 2012 (6).

后 记

近年来，学术界对批判性思维的研究表现出强烈的兴趣，讲述批判性思维的书也慢慢多了起来，但是将批判性思维与中学各学科教学相联系的著作很少。作为一名教育者，我也常常思考，教学中如何让更多的受教育者拥有批判性思维，让他们在学习的过程中能自由地表达批判和质疑的声音，能健康地茁壮成长。

书可载道。因此，我自不量力，想联系自身的教学实践来著述这样的一本书，试图从历史视角、国际视角、学科视角和实践视角等几个方面，在学术上融批判性思维于中学物理教学，在叙事上兼顾故事性与学理性。这样写，既有实践理性，也有理论张力；既有说服力，也有可读性。

学术研究过程比学术成果表达更重要。本书由我主持，拟订提纲，撰写各章，修改审定全书。我的常州中学同事周亚文、虞俊、丁岳林、李灯贵、刘立亮、应兆标、吴天峰、周莉英、洪冠芳、胡甜、王勇、冀林、仲伟康、郑康、孔琛、毛奇等老师参与撰写了第四章至第十一章。常州一中陈新华老师、前黄中学李桂旺老师、奔牛中学祁红菊老师阅读了初稿，并给出了中肯的修改意见。两年多来，我们查阅资料、考证核实、反复推敲、数易其稿，结下了深厚的研究情谊。因此，本书是一本集体研究、集体写作、集体修改的集体成果。

最后，感谢从事物理学研究的陶洪教授和潘苏东教授，感谢从事逻辑学研究的林胜强教授、吴格明教授、董毓博士和仲海霞博士在学术研究方面对我的指导和帮助，感谢中国人民大学出版社的费小琳、张菲娜、崔灵琳和周扬帆四位编辑老师，没有大家的督促、指导和关心，本书的编辑和出版是不可能的。

批判性思维与中学物理教学研究之路依然漫长，这是以一个全新的价值观去发掘一个全新的认识世界，让我们共同携手，一起为中学生的生命成长进行有质量的奠基。

汪明

2021年2月22日

图书在版编目（CIP）数据

批判性思维与中学物理 / 汪明著. --北京：中国人民大学出版社，2021.5
（批判性思维与基础教育课程教学丛书 / 林胜强，仲海霞主编）
ISBN 978-7-300-29247-2

Ⅰ. ①批… Ⅱ. ①汪… Ⅲ. ①中学物理课-教学研究 Ⅳ. ①G633.72

中国版本图书馆 CIP 数据核字（2021）第 060885 号

批判性思维与基础教育课程教学丛书
批判性思维与中学物理
汪　明　著
Pipanxing Siwei yu Zhongxue Wuli

出版发行	中国人民大学出版社		
社　　址	北京中关村大街 31 号	邮政编码	100080
电　　话	010-62511242（总编室）	010-62511770（质管部）	
	010-82501766（邮购部）	010-62514148（门市部）	
	010-62515195（发行公司）	010-62515275（盗版举报）	
网　　址	http://www.crup.com.cn		
经　　销	新华书店		
印　　刷	北京联兴盛业印刷股份有限公司		
规　　格	145 mm×210 mm　32 开本	版　次	2021 年 5 月第 1 版
印　　张	18.75 插页 2	印　次	2021 年 5 月第 1 次印刷
字　　数	320 000	定　价	66.00 元

版权所有　　侵权必究　　印装差错　　负责调换